우리 속의 타자

한국사회의 다문화 현상

우리 속의 타자

한국사회의 다문화 현상

조효래 지음

머리말

2016년 현재 국내에 체류하는 외국인은 200만 명을 돌파해 전체 인구에서 차지하는 비중이 3.9%에 달하고 있다. 90일 이상 체류하는 등록외국인 수 역시 116만 명으로 1992년 65,000명과 비교하면 17배나 급증했고 이러한 변화는 더욱 가속화될 전망이다. 정부는 이런 추세가 불가피한 것일 뿐 아니라 국제이주를 국내의 저출산과 노동력 부족을 해결할 주요한 해법 가운데 하나로 생각하고 있고, 2006년에 이미 '다문화·다민족사회로의 전환'을 선언한 바 있다. 이후 정부는 수많은 다문화정책을 쏟아냈고 많은 예산을 투입하였지만, 정부의 다문화정책이 다문화주의에 충실한 것이라기보다는 차별배제와 동화정책의 틀을 벗어나지 못하고 있다는 평가가 지배적이다.

국내 이주민 수가 급증하면서 한국사회의 다문화현상에 대한 연구도 급증했고, 다문화교육에 대한 수요도 크게 증가했다. 지난 10여 년간 학계에서는 다문화주의에 대한 이론적 논의와 다문화정책에 대한 평가가 광범위하게 진행되어 왔고, 정부의 정책을 뒷받침하기 위해 이주민집단에 대한 실태조사도 상당수 이루어져 왔다. 이러한 정책 연구는 주로 이주민집단의 성공적 정착을 위한 지원과 인권실태, 외국의 다문화정책 소개, 이주노동정책이나 다문화정책의 효과와 문제점에 대한 비판, 다문화가족의 안정성과 다문화교육의 방향, 국민의 다문화 수용성, 결혼이주자나 이주노동자, 탈북이주민 등 각 집단의 현황과 쟁점 등을 포괄하고 있다.

다문화현상에 대해 각 집단별·학문영역별로 상당히 많은 연구가 축적되어 왔음에도 불구하고, 아직까지 한국사회의 다문화현상에 대한 연구를 개괄하고 정리할 수 있는 개설서가 부족한 것이 현실이다. 필자는 그간 한국사회의 다문화현상에 대한 학부강의를 진행하면서 적절한 교재가 부족한 점에 많은 아쉬움을 느껴왔다. 다양한 영역의 연구자나 활동가들의 공동 작업을 통해 만들어진 다문화 개설서가 없지 않지만, 한국사회의 다문화현상을 이해하기 위한 이론적 개념과 우리 사회에서의 역사적 과정, 다양한 쟁점들을 포괄하고 요약한 교재가 많지 않았다. 한국사회 다문화현상에 대한 기존의 개설서들이 주로 다문화주의에 대한 이론적 고찰, 외국의 다문화정책 소개, 정부의 다문화정책 평가, 다문화가족, 다문화교육을 중심으로 쟁점을 정리하고 있는 반면, 이주노동자나 결혼이주여성 등 다양한 소수자집단을 둘러싼 쟁점에 대해서는 깊이 있게 다루는 경우가 많지 않았다.

이 책은 주로 사회학적인 시각에서 다문화와 관련된 이론적 배경과 쟁점을 요약하고, 한국사회의 대표적인 다문화 집단들에 대한 최근의 연구 성과를 반영하여 이들의 실태와 정책, 쟁점을 정리하는 데 많은 비중을 할애했다. 이 책에서 중점을 둔 것은 한국사회 다문화현상이 1980년대 이후 세계화의 영향뿐만 아니라, 20세기 들어 한민족이 경험한 역사적 상흔과 분리해 생각할 수 없다는 점이다. 우리사회 국제이주의 주요한 특징 중 하나는 재외동포 이주자의 귀환 비중이 매우 높다는 점이다. 한국사회의 다문화현상에는 국민과 비국민, 한민족과 이민족, 인종적 차이에 따른 위계가 크게 작동하고 있다. 이 책에서 주목하는 것은 한국사회 다문화현상에서 나타나는 민족주의와 다문화주의 사이의 긴장과 딜레마이다. 한국사회는 분단체제를 극복해야 하는 민족적 과제와 세계화시대 문화적 차이의 존중과 공존이라는 보편적 과제를 동시에 안고 있다. 한국사회의 다문화현상은 한민족의 디아스포라로부터 시작되었고 기지촌 혼혈의 경험을 안고 있으며, 현재 조선족과 고려인 동포의 노동이주, 돌아갈 곳이 없는 탈북이주민의 디아스포라 현상이 전 세계적인 노동이주, 결혼이주의 급증이라는 다문화현상과 중첩되어 있다.

이 책은 일반적으로 다문화현상과 관련하여 중요하게 다루어지는 이주노동자, 결혼이주자와 함께, 식민지시대 민족이산의 고통과 분단·냉전의 상흔으로 존재하는 재한조선족과 탈북이주민의 국내이주를 한국사회 다문화현상의 주요한 특징으로 다루었다. 여기에는 한국사회의 다문화현상에 대한 이해가 국민과 비국민, 한민족과 이민족, 한국인-재외동포-북한주민으로 이어지는 민족 내부 위계 관계와 관련하여,

세계화시대 한국의 '열린 민족주의' 또는 미래의 시민공동체 방향에 대한 모색과 깊은 관련을 갖고 있다는 문제의식이 담겨 있다.

이 책의 구성은 크게 두 부분으로 나누어져 있다. 제1부에서는 다문화사회에 대한 사회학적 이해, 제2부에서는 한국 다문화의 역사와 다문화집단을 다루었다. 제1부 '다문화사회에 대한 사회학적 이해'에서는 각 장을 문화, 민족, 지구화, 국제이주, 다문화주의 정치철학으로 구분해, 다문화현상의 이해를 위한 주요 개념과 이론, 관점을 정리했다. 제1장에서는 '다문화'의 의미를 이해하는 출발점으로 '문화'와 '문명' 개념, 근대이행기 한국에서 '문화'의 수용, 문화진화론과 문화상대주의를 검토했다. 제2장에서는 민족과 민족주의, 인종주의의 개념과 이론을 검토하고, 한국에서 민족과 국민, 인종 개념의 수용과 민족적 정체성 문제를 다루었다. 제1, 2장의 논의를 통해 한국인에게 '타자'란 어떻게 이해되어 왔고, 타자들과의 관계에서 한국인의 정체성이 어떻게 구성되어 왔는가를 성찰한다. 제3장에서는 현대사회에서 지구화의 다양한 양상과 함께, 지구화를 설명하는 주요한 이론들을 요약하고, 지구화의 일부로서 국제이주의 양상과 이론을 검토했다. 특히 지구화가 국민국가를 단위로 한 '사회' 개념을 위협하고 있다는 점에서, 현대성의 변화라는 맥락에서 지구화와 국제이주, 시민권과 관련한 쟁점들을 다루었다. 제4장에서는 차이의 존중과 인정의 정치에 대한 정치철학적 논의를 자유주의와 공동체주의의 논쟁, 공동체주의적 다문화주의와 자유주의적 다문화주의로 요약하고, 인정의 정치와 재분배정치를 어떻게 결합할 것인가에 대한 정치철학적 논쟁을 검토했다. 이를 통해 차이의 인정과 보편적 평등의 결합, 문화적 존중과 경제적 평등의 관계에 대한 관점을 정리한다.

제2부 '한국 다문화의 역사와 다문화집단'에서는 한국사회에서 다문화현상으로 포괄할 수 있는 코리안 디아스포라, 화교, 혼혈인, 이주노동자, 결혼이주자, 재외동포, 탈북이주민 등 각 집단의 역사와 현실을 다룬다. 구체적으로 한국의 다문화현상을 식

민지시대의 역사적 상흔으로서의 다문화와 1990년대 세계화와 이민 수용국으로 전환하는 과정에서 발생한 다문화현상을 구분했다. 먼저 제5장 한국의 다문화 역사에서는 한민족 디아스포라와 화교, 혼혈 등 우리 사회 내부의 오래된 다문화현상을 다루면서, 이를 단순한 국제이주라기보다는 동아시아 근현대사의 역사적 상흔이라는 관점에서 정리했다. 제6장에서는 1990년대 한국사회의 구조변동이라는 맥락에서 이주민의 급증과 한국이주정책의 성격과 문제점을 둘러싼 논란을 검토한다. 제7-10장은 각각 이주노동자, 결혼이주자, 조선족, 탈북이주민을 다루는데, 각 장에서는 이들의 국내이주 양상과 정책 제도상의 변화가 서로 어떻게 영향을 미쳤는가를 검토하고, 각 이주자들이 한국사회 적응과정에서 겪는 어려움을 정리했다. 특히 이주정책의 변화가 이주과정에 미친 영향, 이주자들의 노동실태나 사회문화적 배제, 이주자 가족의 이산과 재결합, 초국적 가족의 형성, 이주민의 정체성 변용과 집합행동 등 이주민문제의 쟁점과 관련하여 국내 주요한 연구 성과를 반영하고자 노력했다.

우리 사회의 다문화현상은 일차적으로 이주노동과 결혼이주, 화교와 같은 다양한 이주민집단의 시민권 인정과 정체성 존중의 문제이지만, 여기에는 우리 속의 타자라 할 수 있는 경계집단들, 재한조선족과 고려인, 탈북이주민과 북한주민, 혼혈과 다문화자녀 등 한민족 내부의 소수집단들, 나아가 성, 연령, 장애, 성적 취향 등 우리 사회 내부의 다양한 소수집단에 대한 존중을 아우르는 확장된 범위를 갖는다. 이러한 의미에서 한국사회 다문화현상에 대한 이해는 미래 시민공동체의 경계를 어떻게 획정할 것인지, 국민과 비국민, 민족과 이민족의 위계 속에서 시민권의 형태와 내용을 어떻게 재구성해야 할 것인지에 대한 사회적 대화와 담론 형성을 위해 필수적인 전제라고 할 수 있다.

목 차

제1부
다문화사회에 대한 사회학적 이해

제1장 문화

우리가 다문화사회라고 말할 때, 다문화사회란 무엇을 의미하는지, 한 사회에서 문화가 여러 개라는 것은 무슨 의미인지, 과연 어떠한 의미에서 우리 사회를 다문화사회로 규정할 수 있는지 등의 질문이 떠오르게 된다. 이러한 질문에 답하기 위해서는 먼저 다문화란 무엇을 의미하는지, 보다 근본적으로 문화가 무엇인지를 이해해야 한다.

그러나 우리는 일상적으로 대중문화, 문화생활, 사회문화, 문화 융성, 문화체육부, 문화 공간, 문화 산책 등 '문화'라는 말을 수없이 사용하지만, 과연 '문화'가 무엇을 의미하는지, 더 나아가 '다문화'란 무엇을 의미하는지 명확히 정의하기는 쉽지 않다. 그만큼 문화라는 말은 인간 삶의 모든 것을 담고 있기도 하고 아주 한정된 현상들만을 지칭하기도 한다. 문화라는 말을 사용하는 사람마다 그 말의 외연과 내포는 상당한 차이를 보이는 경우가 대부분이다. 나라마다 문화가 다른 것처럼, 연령, 성, 학력, 지역, 종교, 이념에 따라 매우 이질적이고 다양한 문화가 존재하기 때문이다. 청년문화와 노인문화가 다르고, 남성문화와 여성문화가 다르다. 유교문화와 기독교문화가 다르고 경상도문화와 전라도문화가 다르다. 이런 관점에서 보면 모든 사회는 다문화사회이며, '다문화'란 별로 특별할 것도 없는 현대사회의 특징이다.

'한국사회의 다문화현상'을 이해한다는 말은 곧 한국사회에 무언가 문화현상이 존재하며, 그것도 여러 개의 다양한 문화현상이 병존하고 있다는 사실을 전제로 한다. 우리가 다문화사회를 살고 있다거나 다문화라는 새로운 현상에 직면해 있기 때문에 이를 정확히 이해하고 그에 걸맞게 대처해야 한다는 인식은 문화를 무엇으로 보는가, 나아가 다른 문화를 어떻게 보는가에 대한 관점, 태도와 깊이 연관되어 있다. 특히 문화에 대한 이러한 태도와 관점은 우리에게 낯선 다른 문화를 어떻게 바라보고 타자의 문화에 대해 불편함을 느끼기보다 이를 이해하고 함께 어울려 살아갈 수 있을 것인가 하는 과제와 긴밀하게 연관되어 있다. 우리에게 다문화사회가 화두가 되기 시작한 것은 세계화 현상과 국제이주가 진행되면서 다른 인종, 언어, 민족에 속하는 사람들이 서로 교류하고 이웃해 살아가게 되었다는 현실을 반영하고 있기 때문이다.

이 장에서는 먼저, 문화를 어떻게 이해해야 하는지 문화의 개념을 살펴보고, 다음으로, 역사적으로 상이한 문화들의 접촉이 이루어졌을 때 문화의 우열을 바라보는 관점들이 어떻게 변화되어 왔는지 문화를 바라보는 관점들을 정리하고, 마지막으로 근대 이후 한국에서 '문화' 개념이 어떻게 수용되고 이해되어 왔는지 검토한다.

1. 문화란 무엇인가?

1) 다른 문화를 이해하는 것이 왜 중요한가?

문화는 인간이 자신의 삶을 영유하고 생존을 위해 공동생활을 해나가는 과정에서 만들어낸 모든 것을 의미한다. 즉, 문화란 자연과 대비되어 인간이 생존을 위해 스스로 창조한 것, 자연에 적응하기 위해 인위적으로 만들어낸 모든 것이다. 이러한 의미에서 문화는 인간을 동물로부터 구분 짓는 것으로, 자연적으로 존재하지 않는 것을 인간의 사고와 노동, 협력을 통해 만들어낸 모든 것이다. 문화는 자연적인 것이 아니라 인위적인 것이기 때문에 태어나면서 문화를 내면화하는 것이 아니다. 문화는 생활과정에서 타인과의 교류 속에서 학습되는 것이고, 특히 언어를 통해서 학습되고 계승된다. 이런 의미에서 문화의 가장 핵심적 요소는 언어이다.

인간은 사회생활을 통해서 여러 가지 행위양식이나 가치규범, 태도, 사고방식을 습득하고, 이를 통해 사회생활에 효과적으로 적응하며, 자신의 삶을 영위해나간다. 이러한 의미에서 문화는 "지식, 신앙, 예술, 도덕, 법률, 관습 등과 같이 인간이 학습으로 얻은 모든 것의 총체"(에드워드 테일러)이다. 즉, 문화란 인간이 사회생활을 통해 학습하고 언어를 통해 세대에 걸쳐 전승하는 생활양식의 총체이다.

이러한 문화는 인간이 의식주의 기본적인 욕구를 충족하고 생존하기 위해 집단생활을 어떻게 영위해야 하고 특정한 상황에서 어떻게 행동해야 하는가에 대한 규범과 기준을 제공한다. 개인은 특정 사회의 문화, 즉 제도, 행동양식, 가치규범 체계를 내면화하여, 자신의 삶의 목표를 설정하고 자아를 형성하며, 행위의 사회적 의미를 해석하고 욕구를 충족하는 방법을 학습하게 된다. 동시에 개인들이 공유된 가치와 규범에 따라 행위하고 상호작용함으로써 사회는 사회적 관계의 안정성과 지속성, 질서를 유지할 수 있게 된다. 이처럼 가치, 규범, 행위양식을 학습하는 사회화 과정을 통해서 특정한 사회의 문화는 다음 세대에 걸쳐 재생산된다.

　동시에 인간은 혼자 살아가는 것이 아니라 생존을 위해 공동생활을 영위한다는 점에서, 공동생활을 영위하는 각 집단들은 자신들의 특정한 규범과 가치, 행위양식, 생활방식을 공유하게 된다. 이때 문화는 공동의 생활을 영위하는 특정집단의 성원들이 다른 집단의 성원들과 대비되어 그들이 공유하고 있는 생활양식의 총체다. 즉, 문화란 오랜 공동생활을 통해 전통으로 굳어지고 외부의 그들과 내부의 우리를 구분하는 경계를 의미한다. 특정한 집단의 문화란 우리와 그들을 구분하는 경계, 우리의 것으로 간주되는 모든 것을 의미한다. 의식주의 생활양식이나 집단적인 취향과 정서, 사회적 가치와 규범, 성, 연령에 따른 역할 기대, 바람직한 삶에 대한 목표나 의미 등은 사회나 시대마다 다르다. 특정집단은 그들이 특정한 생활양식이나 가치규범, 행위양식을 공유한다는 의미에서 문화를 공유한다.

　이러한 문화는 몸으로 체화되며, 신체화된다. 어렸을 적 먹었던 음식의 맛과 취향은 쉽게 변하지 않으며, 일상 속에서의 음식 습관은 그 사람의 문화적 특성으로 체화된다. 마찬가지로 어렸을 때 습득한 모국어는 개인의 사고구조의 기반을 형성하며, 개인은 자신의 모국어가 부여하는 사고체계의 틀을 벗어난 개념적 사고를 하기 어렵다. 이처럼 지역, 언어, 종교, 교육, 음악, 예술, 유희와 같은 행위와 믿음, 규칙들은 일상 속에서 내면화되고 집단속에서 전통으로 당연시된다. 이 문화는 의식적으로 선택하는 것이 아니라 취향과 같이 자연스럽게 나의 몸에 배여서 익숙해지고 편안한 것이다. 외국에 나갔을 때 다른 언어와 낯선 규칙에 긴장했다가 한국공항에 내려 한글로 된 안내판과 한국어 안내를 대할 때 느끼는 안도감이나 편안함과 같은 것이다.

　사회학자들은 이를 문화의 보편성과 다양성이라는 말로 설명한다. 모든 사회가 결혼과 가족제도, 종교제도, 성과 속의 구분, 정치적 의사결정 체계, 교육 체계를 갖고 있다는 것은 보편적이지만, 시대적·지역적 맥락에 따라 그 구체적인 모습은 다양성을 띨 수밖에 없다. 결혼제도의 구체적 양상은 나라나 민족마다 다르고 음식문화 역시 기후나 자연적 특성에 따라 다양하다. 이 경우 문화는 '우리'라는 사회의 범위를 규정하며, 자신의 문화에 대한 소속감과 동일시, 충성심을 가진 구성원들에게 집단적 정체성을 부여한다. 사회가 개인에게는 구조적으로 주어진 지위와 역할의 체계라고 한다면, 문화는 개인이 내면화하고 있는 가치규범을 의미한다. 문화의 중요한 기능은 집단구성원의 통합을 유지하는 것이고 문화의 사회화 과정은 개인의 집단에 대한 동일시, 집단과의 일체감을 고양시킨다. 이때 문화는 자신이 속해 있고 스스로 동일시하는 집단의 구성원들이 공유하고 중요시하는 어떤 가치, 규범, 행동양식, 생활양식을 의미하게 되며, 이는 집단에 대한 소속감과 응집력을 부여한다. 그러한 의미에서 문화는 본질적으로 동질성과 차이를 생산해낸다. 문화는 우리들 사이의 동질성과 그들과의 차이로 나타난다.

문화는 하나가 아니라 여럿이다. 내가 속해 있고 내가 익숙하게 여기는 생각과 행동, 취향, 가치는 한 사회 내에서도 집단에 따라 다양하기 때문이다. 개인이 소속된 모든 집단, 즉 나라, 언어, 인종, 민족, 종교, 연령, 성, 지역, 취향, 계급, 학력집단들은 각기 사고방식과 행위양식에 차이를 드러낸다. 연령, 세대, 성, 직업, 계급, 민족, 지역, 언어, 종교, 장애, 교육수준 등에 따라 생활패턴과 소비양식, 가치규범, 생각은 다를 수밖에 없고, 문화는 집단에 따라 다양하고 그리하여 각 집단은 문화적 차이를 드러낼 수밖에 없다.

문제는 나에게 익숙한 것은 항상 편안하고 자연스러우며 정상인 것으로 생각되는 반면, 나에게 익숙하지 않은 것은 불편하고 부자연스럽고 비정상인 것으로 느껴진다는 점이다. 평생 김치와 밥을 주식으로 먹고 살아온 사람에게 항상 빵과 고기를 먹는 식습관은 낯설 수밖에 없고, 어렸을 때부터 교회를 다니는 삶을 살아온 사람에게 무속신앙이나 조상제사의 풍습은 불편할 수 있다. 항상 삼겹살과 소주로 직장 회식을 해온 문화에서 식사 때마다 돼지고기가 첨가되지 않았는지 노심초사하는 외국인 노동자의 모습은 당혹스러울 수밖에 없다. 상급자의 권위가 강조되고 윗사람의 지시에 묵묵히 복종하는 것을 미덕으로 삼는 직장문화에서, 자신의 주장을 고집하는 사람은 튀는 사람으로 폄하되기 쉽다. 희생과 헌신을 강조하는 보수적인 가족문화에서,

남녀평등과 공평한 가사분담을 요구하는 며느리는 시부모의 분노를 일으키기 쉽다.

이처럼 성, 연령, 지역, 민족, 종교, 계급, 직업에 따라 가치규범이나 사고방식, 생활양식은 다양할 수밖에 없고, 상이한 생각을 가진 사람들이 같이 살아가야 하는 현대사회에서 문화적 차이는 사람들을 불편하게 하고 잠재적인 갈등의 요인이 되기 쉽다. 많은 경우 문화적 차이는 단지 익숙한 것과 낯선 것, 서로 다른 것을 넘어, 우월한 것과 열등한 것, 정상적인 것과 비정상적인 것으로 구분되기도 한다. 이때 문화적 차이는 다수자문화의 지배와 소수자문화에 대한 차별로 변화할 가능성이 높다. 차이는 항상 존재하기 때문에 소수자의 문화에 대한 포용과 배려가 없다면, 문화적 차이는 곧 다수자문화의 지배, 소수자문화에 대한 차별과 배제로 귀결되기 쉽다.

더욱이 세계화된 현대사회에서는 서로 다른 언어와 국적을 가진 사람들의 경제적·문화적 교류가 일상화된다. 세계 각 지역 사람들이 일상적으로 다른 나라를 여행하거나, 일자리를 찾아서 이동하고, 인터넷이나 대중매체를 통해서 서로 교류하고 문화적으로 접촉하는 것이 보편화된 시대다. 이 과정에서 언어가 다르고 생각이 다르고 의식주 문화가 다른 사회의 성원들이 서로 의사소통하고 협력해야 하는 상황이 늘어가고 있다. 익숙하지 않은 문화와의 접촉이 일상화되면서, 문화적 차이가 분명하게 인식된다. 이 과정에서 다른 문화의 충격과 그에 대한 선망, 불편함과 혐오가 교차하는 상황이 늘어나고 있다.

차이를 존중하는 것, 이방인의 문화와 행동을 이해하는 것은 타자와 함께 살아가는 현대인에게 필수적이다. 차이를 존중하지 않고 억압하고 배제한다면, 현대사회는 무한정의 갈등과 충돌로 뒤덮일 것이다. 왜냐하면 세계화되고 개인화되며 문화적으로 다양화된 현대사회는 차이를 필연적으로 생산하고, 우리는 지구적 교류와 항상적인 이동 속에서 문화적 차이와 함께 살아갈 수밖에 없기 때문이다. 특히 한국사회는 전통적으로 단일 언어를 가진 단일민족국가로 존재해왔고, 단일문화권 내에서 동질성의 가치가 중시되는 위계적이고 권위적인 문화가 광범위하게 존재하고 있다. 이러한 상황에서 문화적 차이는 사회통합을 교란하는 이질적인 것, 위계화된 사회구조에서 열등한 것으로 폄하되고, 인종주의적 편견에 오염되기 쉽다. 문제는 국제적 인구이동이 증가하고 국내에 정주하는 외국인이 증가하는 상황에서, 동질성을 강조하는 단일문화의 관점으로는 문화적 차이와 다양성을 이해하고 복잡한 상황과 맥락을 파악하기 어렵다는 점이다. 결국 차이는 차별로 귀결되기 쉽고, 타자의 문화는 편견과 오해에 노출되기 쉽다. 이는 소수자를 배려하고 다양성을 존중하는 민주사회의 이상과 거리가 먼 것이다.

이러한 점에서 문화적 다양성에 대한 인식, 다른 문화에 대한 이해와 자신의 문화에 대한 성찰은 글로벌시대를 살아가는 민주시민으로서 꼭 필요한 덕목이다. 문화를 어떻게 이해하는가는 문화적 차이를 어떻게 대할 것인가에 대한 태도와 직결된다. 사회학은 항상 익숙한 것을 낯설게 바라보는 관점을 강조한다. 우리에게 자연스럽고 당연한 사고, 관점, 행동을 비판적으로 재점검하고, 우리에게 낯설고 익숙하지 않은 다른 문화를 불편하게 바라보는 시선을 문제시해야 한다. 우리와 그들의 차이를 자연스러운 것과 부자연스러운 것, 익숙한 것과 불편한 것, 우월한 것과 열등한 것, 바람직한 것과 그렇지 못한 것으로 단순화하는 익숙한 시선으로부터 벗어나야만 다문화사회에 걸맞은 다양성과 관용, 상호인정과 존중, 협력이 가능해진다. 다문화사회에서의 문화적 차이는 단지 한국인과 외국인의 문화적 차이로 한정되지 않는다. 그것은 여성과 남성, 아이와 어른, 노인과 젊은이, 장애인과 일반인, 소수민족과 다수민족, 성적 소수자와 일반인, 빈곤층과 중산층 등 우리 속의 수많은 타자들을 어떻게 이해하고 존중할 것인가의 문제이기도 하다. 이러한 의미에서 다문화에 대한 인식, 문화에 대한 이해는 소수자의 문화, 소수자의 상황에 대한 이해를 필요로 한다. 결국 다문화시대의 사회통합, 문화적 차이에 대한 이해는 다수자의 당연시된 관점, 우리의 익숙한 시선을 재점검하는 것으로부터 시작된다.

2) '문화'와 '문명' 개념의 어원과 역사적 변천

'문화'라는 말이 광범위하게 사용되지만 사용하는 사람에 따라 그 범위와 내용이 다른 것은 '문화'가 근대 이후 서양에서 수입된 말이고, 서양에서조차 시대와 나라에 따라 그 의미가 변해온 역사적 개념이기 때문이다. '문화'라는 단어에는 고유의 역사가 담겨 있다. 따라서 문화가 무엇을 의미하는가를 이해하기 위해서는 역사적 맥락에 따라 '문화'라는 말에 담긴 의미가 어떻게 변화되어 왔는가를 검토할 필요가 있다.

유럽적인 전통에서 '문화'라는 개념은 포괄적인 의미로 사용되어 왔다. 고전 라틴어에서 문화는 자연으로부터 분리된 농경생활을 가리켰으며, 점차 한 집단 내에서의 제의활동이나 지적인 활동을 지칭하는 것으로 의미가 변화되어 왔다. 나아가 근대에는 교양과 학문의 영역으로 그 의미가 확장되었다. 독일어에서는 전통적 표현인 문화 Kultur, 프랑스와 영국에서는 문명 Civilization이라는 신조어가 주로 쓰였지만 둘다 인간이 자신과 타인, 자연에 대해 행하는 활동 전체를 가리켰다.[1] 특히 '문화'는 '역사'와 '진보'라는 개념과 결부되면서 역사적 과정의 일부가 되었으며, 유럽적 삶과 가치에 대한 자긍심을 표현하는 개념이 되었다.

'문화'의 어원은 라틴어 colere로, '거주하다', '머물다'의 의미와 '돌보다', '경작하다'의 의미를 지니고 있었다. 이 동사로부터 신들에 대한 경배를 의미하는 cultus와 돌봄과 밭의 경작을 의미하는 cultura라는 명사가 파생되었다. 이 '돌보다'와 '경작하다'는 밭을 경작하고 가축을 돌보는 것을 포함해 인간이 생계를 위해 자연으로부터 얻어내는 모든 것을 의미했다. 이 돌봄이 인간을 대상으로 할 때, 교육이나 존경, 개인적 능력이나 성격의 훈련을 포함하는 '교양'이라는 의미를 포함했고, 마음의 경작, 정신 계발의 뜻을 가지면서 추상적인 학문, 예술 등을 포함했다. 결국 이 말은 어원상으로 인간이 작용하여 자연적으로 존재하는 것 이상을 만들어낸 것, 자연으로부터 인간을 구별시켜 주는 그 무엇을 포괄하며, 인간에 대해 그 말을 사용할 때 교양과 정신의 계발을 의미하는 것이었다.[2]

반면, 문명Civilization은 시민을 의미하는 civis에서 출현했으며, 형용사 civilis(시민의), civilitas(예의 바름)으로부터 파생된 것이다. 이 말은 cultura와 달리, 거칠고 야만적이고 비문명적인 것과 구분하여 그 경계선을 강조하는 의미를 담고 있다. civil의 기원은 city도시이다. 도시의 성벽 외부는 미개, 야만Barbarian의 땅이며 성벽 안은 '예의 바름' 정치적 공동체 속에서 삶, 문명화된 삶의 영역이다. cultura와 달리, civilis는 공동체적 존재로서의 인간을 강조하는 것이고, 공동체와 밀접한 관련을 가지고 있기 때문에 civilization 역시 문명화되는 능동적 과정, 집단적 진보를 가리킨다.[3] 그리하여 문명과 야만의 구분은 정치적 삶, 공동체 안에서의 삶과 자연적인 삶의 구분을 의미한다.

문화, 문명 개념이 널리 사용되기 시작하고 근대적 의미를 갖기 시작한 것은 18세기 계몽주의시대 이후였다. 이제 culture의 비유적 의미가 확장되면서 능력을 배양하

---

1) 코젤렉의 개념사 사전1 『문명과 문화』, 12쪽.
2) 코젤렉, 앞의 책, 26-37쪽.
3) 드니 쿠슈, 『사회과학에서의 문화개념』, 19쪽; 코젤렉, 앞의 책, 37-40쪽.

고 발전시키는 행위를 가리키게 되었다. 점차 culture는 '자연'과 개념적으로 대립하면서 동물과 구분되는 인류의 특성으로서 교양을 의미했고, 인류 전체에 의해 역사 속에서 전달되고 축적된 지식의 총체를 의미했다. '문화'라는 말은 계몽주의 사고의 중심에 있는 '진보', '진화', '교육', '이성' 등의 개념과 결합되었으며, 개인의 교양, 교양을 갖춘 인간, 인간의 모든 문화적 생산물을 가리키는 것이 되었다. 이 '문화'culture는 프랑스에서의 문명civilization과 혼용되어 사용되었지만, 강조점에는 차이가 있었다. culture가 주로 개인적인 진보를 표현한다면, 문명화는 집단적인 진보를 가리켰다.[4]

문명civilization은 능동형의 개념으로 어떤 활동과 사건의 경과, 과정을 지칭했다. 문명화는 역사발전의 지표가 되었고 야만과 미개에 반대되는 진보와 도덕의 상태를 의미했다.[5] 동시에 그것은 제도와 법, 교육의 발전과정을 의미했고 특정한 상태를 의미하는 것일 뿐 아니라 역사의 발전과정에서 끊임없이 추구되어야 하는 과정이고 운동으로 이해되었다. 특히 프랑스에서 '문명' 개념은 계몽주의의 역사 발전에 대한 낙관, 시민혁명을 통해 성취한 새로운 사회에 대한 긍지와 민족적 자부심을 상징하는 용어가 되었다. 프랑스에서 계몽주의자들은 문명화된 모든 국가의 지식이라는 개념을 통해 문명과 미개의 이분법을 사용했다. 문명은 인류의 진보단계를 가늠하는 기준인 동시에 인류의 진보와 역사가 지향하는 목표이기도 했다. 이들은 기존 진보와 발전이 문명에 포함된 기본관념이며, 문명이 사회적 관계(제도, 상업, 산업, 정치)와 개인의 내면적 생활(종교, 문학, 과학, 예술)의 두 측면을 갖는다고 강조했다. 특히 계몽주의자들은 문명의 국민적 성격을 강하게 의식했고, 국민, 국가라는 단어를 문명론에 도입하여 국민생활의 모든 것을 총괄하는 것으로 생각했다. 프랑스어 '문명'civilization은 '시민'civilis에서 온 말이기 때문에 시민사회 전체의 발전성과를 나타내는 것으로 인식되었고, 시민사회 선진국인 프랑스인들이 선호하는 말이 되었다. 프랑스에서 문명은 국민국가와 동일시되어 존재했다. 시민혁명에서 프랑스가 문명의 중심이라는 사고가 형성되었고, 기조의 경우, 문명은 보편적인 것을 지향하는 운동으로 이해되었다. 기조는 문명을 이성, 진보, 발전의 운동으로 설명했고, 모든 문명의 진보 발전에는 기독교가 있다고 주장했다.[6] 그리하여 문명은 인류의 보편성과

---

4) 드니 쿠슈, 앞의 책, 18-19쪽.
5) 코젤렉, 앞의 책, 102-114쪽.
6) 야나부 아키라, 『한단어사전: 문화』, 29-30쪽.

단일성을 표현하는 개념이 되었다.

반면, 독일에서 '문화'라는 용어는 18세기 말에서 19세기에 걸쳐 널리 사용되었고, 일차적으로 정신문화와 교양을 의미하는 것이었다. 칸트는 '문화'를 인간의 정신이 자연을 극복하고 고양되어 간다는 의미로 사용하였으며, 인간의 개인정신을 육성한다는 의미, 자연에 대립하여 인간의 정신을 경작한다는 의미로 사용했다. '～의 육성', '～수양'이라는 보어가 탈락하고 육성, 수양이라는 의미만이 독립하여 정신형성, 교육이라는 의미를 띠게 되고 그 결과까지 포함하게 되었다.[7] 점차 '문화'는 독일정신과 시대정신을 표상하는 말로 사용되기 시작했고, 단순히 개인의 교양이라는 의미를 떠나 관념화되어 갔다. 문화는 농작물 경작에서 인간 정신을 창조한다는 의미로 발전하면서, 독일인들은 한 시대, 한 국민의 정신, 그 성과라는 의미에서 예술, 학문 등의 성과를 강조했다.[8]

그 결과 독일에서는 '문명'과 '문화'에 대한 의식적 구분이 생겨났다. 독일인들은 정신적 풍요와 관련된 것은 '문화'에 귀속하는 반면, 물질적인 발전과 화려하고 세련된 것들은 문명에 속한 것으로 간주했다. 물질적으로는 뒤처졌지만 정신적인 측면에서 독일적인 것에 대한 자부심이 강했던 독일 지식인들은 분열된 독일민족의 지식, 학문, 예술 등 정신적 측면을 민족적 '문화'로 인식하는 경향이 강했다. 헤르더에게 문화는 일차적으로 한 민족의 문화이며 이를 통해 역사화가 진행되어 민족의 역사는 민족문화의 역사가 되었다. 그러나 이러한 문화는 꼭 진보를 의미하는 것은 아니며, 모든 민족이 자신의 문화를 갖고 있는 한 문화의 복수성이 생겨난다.[9] 그는 각 민족의 문화와 인류의 다양성을 인정하면서 문명이 담고 있는 보편성을 거부했던 것이다. 점차 문화는 민족의 개념과 연결되었고, 독일 지식인들은 보편적이고 물질적인 문명과 민족적이고 정신적인 문화를 대비시켜 이해했다.

이처럼 근대 계몽주의적 사고의 영향과 국민국가 형성과정에서 생겨난 '문명'과 '문화'라는 용어는 둘 다 인간을 자연으로부터 분리하는 역사철학적 관점을 반영하는 것이었다. 그러나 프랑스와 독일 각각의 역사적 상황과 맥락에 따라 서로 용어사용의 의도와 강조점에서 차이가 나타난 것이다. 이처럼 문화와 문명 개념은 근대 이후 국민국가의 발전과 밀접한 관련을 가진다. 독일에서 '문화' 개념은 영국, 프랑스

---

7) 한경구, '다문화사회란 무엇인가' 『다문화사회의 이해』, 96쪽.
8) 야나부 아키라, 앞의 책, 58-62쪽.
9) 코젤렉, 앞의 책, 87-93쪽.

의 '문명'에 대한 대항개념으로 사용되었다. 문명화는 유럽이 그 이전 또는 동시대의 더 미개한 사회보다 진화했기 때문에 가지고 있다고 믿는 모든 것을 의미했다. 큰 틀에서 보면, '문명'이 인류의 보편적인 기술발전이나 경제발전의 정도를 보여주는 것이라면, '문화'는 상징이나 종교를 포함해서 특정 집단의 환경이나 외부 변화에 맞춰 삶을 조직해내는 민족의 정신적 특성을 강조하는 것이었다.

3) 동아시아와 한국에서 문화, 문명개념의 수용

'문화'와 '문명' 개념은 근대 이후 일본을 통해 동아시아로 수입되었다. 동아시아에서도 근대 이전에 이미 '문화'(文化)라는 말이 사용되었지만, 그것은 주로 형벌이나 위력을 사용하지 않고 인민을 교화하는 문치교화(文治教化)를 의미하는 것이었고, 무력(武)과 대비되는 것으로서의 문(文)을 의미할 뿐이었다. 중국어에서의 '문명'(文明)은 개인의 문(文), 교양이나 그 성과를 지칭하는 것으로 계몽주의자들의 생각처럼 성벽 외부까지 문명화하고 도시화 한다는 역동적 의미를 갖는 것은 아니었다. 원래 중국에서의 문(文)은 예악제도, 경전에 따라 행하는 이상정치를 가리키는 말이었다.[10]

'문화'라는 말이 처음 일본에 수입된 시대는 일본이 경제적으로 번영하던 시대였고, 의미는 약간 다르지만, 식민지 조선에서의 '문화' 통치, 서양풍의 주택인 문화주택 등 문화라는 말이 다양하게 사용되었으며, 전체적으로 문화는 서양에서 수입해온 용어였다. '문화', '문명'이라는 말이 동아시아에 수입되는 과정은 일본을 매개로 비서구사회에 의한 서구적 원리의 자발적 수용이라는 측면과, 서양의 지배를 벗어나기 위해서는 서양문명을 수용해야 한다는 모순적 상황과 관련되어 있었다. 특히 일본의 문명개화는 서구 문명을 받아들이고 이를 사회발전의 토대로 삼아야 한다는 사회적 공감대를 바탕으로 한 것이었고, 1870년대 이래 일본사회의 지배풍조였다.[11] 이때 문명은 곧 과학지식의 수용, 법률의 개혁, 기독교의 전파, 공리주의나 사회진화론 같은 서구사상 등 서양의 문물 일체를 가리키는 것이었다.

일본의 지식인 후쿠자와 유키치가 처음 '문명개화'(文明開化)를 주장할 때, 이것은 저속하고 고루한 야만에서 문명개화를 향해 나아가는 운동으로 이해되고 있었다.[12]

---

10) 야나부 아키라, 앞의 책, 31-32쪽.
11) 함동주, '근대일본의 문명론과 그 이중성' 『근대계몽기 지식개념의 수용과 그 변용』, 364-367쪽.

즉, 보편적인 것을 지향하는 운동이라는 의미에서의 문명개념이 그대로 수용되고 있는 것이다. 그는 문명이 야만, 반개, 문명의 세 단계로 발전해간다고 보았고 서구문명은 인류 문명발전의 최고단계로 개화, 문명의 단계에 속하는 반면, 일본을 포함한 아시아의 문명발전은 크게 낙후되었다고 평가했다. 이 문명발전 단계론은 일본인들에 대한 계몽의 논리로 큰 영향을 미쳤다.[13]

　일본이 수입한 '문명'개념은 근대화를 위해 서양문물을 수용하고 국민을 계몽해야 할 필요에 부응하는 것이었다. 그러나 1880년대 이후 동아시아에서 일본의 패권이 강화되고 일본이 동양의 신문명국이 되었다는 인식이 강화되면서, '문명', '개화'라는 관념은 서구 제국주의와의 동등성을 인정받고, 조선 문제에 개입하기 위한 근거로 활용되기 시작했다. 일본이 문명의 선진국이라는 생각이 일반화되면서 일본인들은 일본의 조선에 대한 침략이 조선의 문명화를 위한 것이고 이에 반대하는 세력은 반문명적인 것으로 간주했다. 나아가 일본의 문명 관념은 일본과 조선 간의 발전 격차에 주목하면서 야만적인 조선에 대한 문명지도론의 형태로 나타났다.[14]

　메이지시대 일본의 사전을 보면, '문화'는 '문학(학문), 교화가 활발하게 발달한 것', '문명'은 '문학, 지식, 교화가 잘 발달하고 정치가 올바르며 풍속이 더없이 양호한 것'으로 정의하고 있다. 이 시기에는 문명과 문화가 거의 같은 의미의 말로 수용되고 있었다. 다이쇼시기에 비로소 독일어 Kultur의 번역으로 문화라는 말이 널리 사용되기 시작했고 주로 '교양'이라는 의미를 담고 있었다. 이때 문명은 물질문명, 문화는 정신문화라는 의미에서 문화는 뭔가 문명보다 질적으로 높은 것이라는 사고가 생겨났다. 이제 과학과 기술은 '문명'에 속하며, 철학 문학과 같은 교양은 '문화'에 속하는 것으로 구분되기 시작했다. 일본인들은 문명을 인간 지덕의 진보로 파악하였으며, 문명과 미개의 이분법을 받아들였고 서구문명사를 국민국가 형성의 역사로 이해했다. 반면에 문화는 정치와 무관한 교양을 의미하는 것으로 인식되었다.[15] 영국과 프랑스에 비해 후진국이었던 독일이 영국, 프랑스적인 문명이라는 개념에 대항해 국민적·민족적인 것으로 문화라는 말을 사용했던 용례를 그대로 수입한 것이다.

---

12) 야나부 아키라, 앞의 책, 25-27쪽.
13) 함동주, 앞의 책, 369-373쪽.
14) 함동주, 앞의 책, 380-381쪽.
15) 야나부 아키라, 앞의 책, 45-46쪽.

이러한 변화는 20세기 접어들면서 일본의 문명이 서구문명과 대등한 가치를 가진 것임을 강조하는 것과 관련된다. 문명개념을 더 이상 단선적이고 무조건적인 선망으로 보는 것이 아니라, 일본문화의 우월성을 강조하려는 움직임이 나타나기 시작했다. 일본문명의 고유한 가치를 재발견하고 서양문명의 보편성에 의문을 제기하기 시작한 것이다.[16] 그리하여 점차 '문명'개념과 함께 독일적인 '문화'개념이 널리 사용되기 시작했다. 문화개념이 확산된 것은 1) 국민통합과 문화적 통일이 깊이 결합되어 있으며 문화는 곧 국민문화라는 사고, 2) 문화를 국제관계 속에서 선진국에 대한 후진국의 입장에서 생각하기 시작했다는 점, 3) 문화의 개별성과 함께 보편적 문명의 진보가 동시에 가능하며, 개별적 문화를 보존함으로써 문명의 진보를 가능케 한다는 논리 등에 기초한 것이었다.[17]

한편, 우리나라는 1894년 갑오개혁을 거치면서 서구문명을 보편적 문명으로 인식하는 단계로 접어들었다. 서구화된 일본이 청일전쟁에서 승리하면서 서구문명은 보편문명의 지위를 획득하게 되었다. 조선에서 문명이라는 말이 대중적으로 유포된 것은 1896년에서 1899년까지 발간된 "독립신문"과 "매일신문"의 기사를 통해서이다. 이 시기 근대의 수용은 전통적 사상, 질서, 제도와 대비되는 근대적 표상체계로 '문명' 개념을 수용하는 것으로 나타났다.[18]

이 시기 신문기사들은 서양의 문물과 제도가 부강과 문명의 기반이며, 서구를 가리키는 문명을 개화라는 말과 함께 발전된 제도와 문물을 함축하는 의미로 사용하기 시작했다. 특히 독립신문에서 '문명'은 완전히 중화문명과 단절한 서구문명 개념으로 전환되고, 일본을 통해 수용했던 '문명'의 잣대로 생활과 습속을 재배치하기 시작했다. 독립신문은 문명과 야만을 대척적으로 배치하고 사람들에게 문명화된 의식과 개화를 촉구하기 시작했다. '문명'한 나라의 부국강병, 밝고 공정한 정치, 철도, 전신, 전화와 같은 발달된 문물, 정치학, 수학, 화학 같은 새로운 학문, 회사의 설립과 유지, 편한 의복, 위생, 근면, 평등한 권리, 정직함, 부지런함 등 서양에서 실현된 제도와 문물, 행위 모든 것이 문명으로 인식되었다. 서양 자체, 서양의 모든 것이 문명으로 인식되었던 것이다. 나아가 문명화 정도에 따라 등급을 매긴 문명위계론이 수용되고, 서양과 동양 각국의 문명적 지위가 문명국, 개화국, 반개화국, 미개화국

---

16) 함동주, 앞의 책, 383-390쪽.
17) 한경구, 앞의 글, 105-106쪽 재인용.
18) 길진숙, '독립신문, 매일신문에 수용된 문명/야만 담론의 의미층위' 『근대계몽기 지식개념의 수용과 그 변용』, 59-61쪽.

등 위계적으로 배치되었다.[19] 이제 조선은 문명화의 시기를 놓쳐 서구와 일본을 쫓아가야 할 뒤처진 존재로서 이미 문명화를 이룬 선진문명국을 따라잡기 위해서 노력하지 않으면 안 되는 존재가 되었다.

그리하여 독립신문과 매일신문은 교육을 실시하고, 습속을 변화시켜 문명화로 가는 길을 제시했다. 먼저, 문명의 기초는 교육이기 때문에 서구식 학문과 교육은 가장 핵심적인 문명의 척도였다. 서구의 정신과 문물을 모방하는 핵심은 서구식 학문이었다. 교육을 통해 머리에서 발끝까지 서양화되는 것이야말로 문명화의 길이었던 것이다. 둘째로 서구식 매너와 위생이 시급한 문명화의 기획으로 강조되고 서구식 매너로 조선의 야만적 신체습관을 바꾸고자 했다. 결국 문명은 서양의 모든 것을 의미하는 것으로 부강, 자주독립과 동의어였고, 문명화의 기초인 교육과 학문, 학교, 매너와 위생도 서양식 삶의 방식에 대한 수용을 의미했다. '문명'담론은 서구적 가치와 동양적 가치의 갈등이나 문명과 전통의 충돌에 의해 조율되거나 여과된 것이 아니라, 서양인의 시선으로 조선의 문명화를 요구했던 것이다.[20]

문명을 수용하여 서구를 따라잡겠다는 사고는 일차적으로 서구문명의 시선을 그대로 수용하는 것으로 나타났다. 이러한 의미에서 서양의 문명, 특히 자연과학의 효용은 대포와 군함으로 대표되는 물리적 강제로, 의학과 위생을 통한 신체적 통제로, 단발령의 강제로 드러난 야만적 문화폭압으로 나타났다.[21] 문명국이 되는 길은 서구를 수용하고 모방하는 것이기 때문에, 서양적이지 않은 모든 것은 곧 야만이 되었다.[22] 야만은 벗어나야 할 상태이며 문명은 추구해야 할 과제가 되었고, 이러한 상황은 스스로에 대한 열등감과 자기부정의 결과를 가져왔다. 이제 문명은 서구적 근대를 보편으로 간주하고 이를 전 지구적 차원에서 이식하려는 이데올로기가 되었다. 서구문명을 수용하여 근대적 삶을 기획하겠다는 것은 일차적으로 서구의 문명적 시선을 그대로 받아들이는 것을 의미했다.[23]

바우만에 따르면, 문명화는 비합리적이고 반사회적인 충동들을 억제하는 것이면서, 동시에 사회적 삶으로부터 폭력을 제거해 국가의 통제하에 집중시키는 것이다. 특히 문명사회를 "도덕적인 힘"으로 보는 관점은 역사과정에서 정상과 비정상 사이

---

19) 길진숙, 앞의 책, 74-81쪽.
20) 길진숙, 앞의 책, 82-94쪽.
21) 박정심, 2016, 『한국근대사상사』 천년의 상상, 52-53쪽.
22) 박정심, 앞의 책, 123쪽.
23) 박정심, 앞의 책, 115쪽.

에 자의적인 구분선을 그으며, 어떤 문명의 정당성을 부정함으로써 파괴하는 잠재력을 갖기도 한다.[24] 이러한 측면에서 근대 이후 한국의 문명화에 대한 강박증은 전통문화의 정당성을 부정하고 이를 폭력적으로 말살함으로써, 서구적 의미의 합리화를 도덕적인 규범의 차원으로 확장하고 폭력적 형태로 문명화를 강제하는 양상으로 나타났던 것이다. 이는 한편으로 서구문명의 보편적 우위를 인정한 문화진화론을 수용한 것이며, 동시에 서구제국주의의 침탈과 서구를 모방한 일본제국주의의 침략하에서 자국의 생존을 위해서는 서구 '문명'을 적극적으로 수용하지 않으면 안 된다는 절박한 상황을 반영한 것이었다.

2. 문화진화론과 문화상대주의

1) 문화진화론과 자민족/자문화중심주의(ethnocentrism)

인류문화의 단일성, 문명화 과정, 문명의 위계 같은 담론들은 문화진화론의 입장을 내포한 것이었다. '문화진화론'은 문화 혹은 사회는 지속적으로 진화한다는 가정하에, 모든 인간집단은 단일한 발전의 선을 따라 진화하고 사회마다 발전의 속도가 다르다고 믿는 개념이다.[25] 문화진화론은 다윈의 진화론, 계몽주의의 역사발전 단계에 대한 믿음, 사회학에서의 단순사회에서 복잡사회로의 진화, 기능적 분화에 따른 내적 복잡성의 증가와 같은 사고와 깊이 연관되어 있다. 문명과 야만의 대비, 문명화된 생활방식과 문명화되지 않은 생활방식, 문명화된 민족과 그렇지 못한 민족이라는 대조, 인간사회가 야만으로부터 문명으로 변화하고 운동한다는 사고, 문화의 등급과 문화의 단계가 있다는 사고는 인간사회의 진보라는 계몽주의적 사고, 역사철학적 인식과 결합되었다. 이런 관점에서 문명은 고도로 발전한 사회의 상태이고, 현명한 법률 아래 자유와 평등의 상태로 나아가는 것으로 인식되었다.

야만과 문명의 대비, 야만으로부터 문명으로 인류 진화의 과정은 19세기까지 서구 지식인들의 일반적인 사고였다. 고대 그리스에서 그리스어를 모르는 주변사람을 멸시하여 '바르바로이'라고 불렀는데, 이는 의미를 알 수 없는 말을 하는 사람이라

---

24) 지그문트 바우만, 2013a. 『홀로코스트와 현대성』 66-80쪽.
25) 김현미, '문화란 무엇인가' 『우리 모두 조금 낯선 사람들』, 69쪽.

는 뜻으로 바바리언(barbarian, 야만)의 어원이 되었다.[26] 초기 인류학자들 역시 문화진화론의 시각을 공유하고 있었다. 인류사회의 발전단계를 처음 도식화한 사람은 몽테스키외였는데, 그는 『법의 정신』(1748)에서 처음으로 인류의 발전단계를 야만, 미개, 문명의 세 단계로 분류하였다. 이러한 인식은 헤겔이나 콩트와 같은 사회학자들에게도 이어졌다.

문화에 민족학적 개념을 처음 도입한 에드워드 테일러 역시 인간의 능력은 진보한다는 신념에서 문화의 진보와 보편성이라는 관점을 견지했다. 그는 『원시사회』(1871)에서 문화의 기원과 그 진화의 메커니즘을 탐구했으며, 문화의 진보를 연속적 과정으로 개념화했다. 즉, 당대의 원시문화는 인류의 문화적 기원을 나타내며, 이 원시문화는 문화적 진화의 첫 단계에서 살아남은 요소로서 문명화된 민족의 문화가 이미 거쳐 간 단계라는 것이다. 그리하여 그는 원시문화와 진보된 문화, 원시 야만인과 문명인 사이에 질적인 차이가 있는 것은 아니지만 발전 정도가 다른 연속적 단계를 표현한다고 주장했다.[27]

모건은 『고대사회』(1877)에서 인류의 발전단계를 야만-미개-문명의 단계로 구분하고 야만과 미개단계를 다시 저-중-고 단계로 세분하였다. 그는 미국에서의 현지조사를 통해 각 단계에서 기술발전과 상업 활동, 혼인제도, 가족, 친족관계, 정치조직의 변화를 분석하고, 서양사회를 일부일처제, 유일신, 발달한 사회조직을 갖춘 문명사회로 간주했다.[28] 사회학에서는 허버트 스펜서가 사회진화론을 주장했는데, 생물학에서 단순한 생물이 복잡한 생물로 진화하는 것처럼 인간사회도 단순사회에서 복잡사회로 진화한다는 것이다.

이처럼 문화진화론의 시각에 따르면 각 민족의 문화는 야만과 미개, 문명의 연속적 단계의 어딘가에 위치하며, 각 민족이나 사회의 문화는 그 발전 정도에 따라 일정한 위계를 형성하게 된다. 이와 같은 문화진화론은 문명화된 국가들이 아직 야만적이거나 미개한 단계에 있는 민족과 나라들을 문명화로 이끌어야 한다는 논리를 통해 서구제국주의의 식민지 지배를 정당화하는 데 활용되었다. 문화진화론은 모든 인간집단이 문명화의 단계에 오를 수 있는 것은 아니라는 전제를 가진다. 이런 의미에서 문화진화론은 인종주의, 경제제일주의, 기독교중심주의에 기반을 둔 위계화 담

---

26) 헨리 스튜어트, 2006, '문화진화론' 『문화인류학의 20가지 이론』, 17쪽.
27) 드니 쿠슈, 앞의 책, 29-31쪽.
28) 비판사회학회, 『사회학』, 148쪽.

론이다.29) 그리하여 문화진화론에 대해서 많은 비판이 제기되었다. 대표적인 것은 모든 사회가 똑같은 역사단계를 거쳐 단선적 진화과정을 밟는다는 것은 역사적 사실과 맞지 않으며, 서구사회와 서구문명을 가장 발전된 문명으로 간주하는 자민족중심주의에 불과하다는 것이다. 또한 진화는 진보적으로 변화한다는 의미를 갖는데, 문화와 사회는 서열화할 수 없다는 것이다.30)

문화진화론은 서구와 비서구, 제국주의 국가와 식민지 민족 사이의 관계에서, 지배적 민족, 국가, 집단이 자신의 우월성, 보편성을 강조하는 자민족/자문화중심주의(ethnocentrism)의 관점을 깔고 있다. 자민족/자문화중심주의는 미국 사회학자인 윌리엄 섬너가 1906년『습속론』에서 처음 사용한 용어로 "내가 속한 집단이 모든 것의 중심이며 다른 집단은 내가 속한 집단과의 관계에 의해 측정, 평가된다는 관점을 표현한다. 모든 집단은 각각 고유의 자부심과 자만심을 품고 있으며, 자신이 우월하다고 생각하고 고유의 신성함을 표출하고 외부인을 경멸한다." 즉, 자민족중심주의는 개인이 자기 집단을 중심으로 해서 사물을 보는 관점이고, 자기 문화의 우수성을 믿으면서 다른 모든 집단이나 사람들은 그것에 준거하여 측정되고 평가된다. 섬너는 이 용어를 내집단과 외집단의 구분과 관련하여 사용하였다.31) 사실 자민족중심주의는 관용을 용인하지 않는 극단적 형태를 띠기도 하며, 매우 섬세하고 합리적 형태를 띠기도 하는 등 그 정도나 양상이 다양하게 나타나지만 보편적인 현상이라고 할 수 있다. 인종차별주의가 비과학적인 전제에 기반을 둔 이데올로기인 것과 달리, "자민족중심주의는 사회학적으로 정상적인 현상이다. 왜냐하면 그것은 민족의 존재 자체를 유지하는 긍정적 기능을 하면서 외부에 대한 집단 내 보호메커니즘을 형성하기 때문이다. 어느 정도의 자민족중심주의는 모든 민족 집단의 생존에 필요하다."32)

그러나 대부분의 경우 자민족중심주의는 자신의 집단이 다른 집단보다 우월(優越)하다고 여기는 사고에 기초해 자기 문화의 틀 속에서 다른 문화를 해석·평가하는 경향을 갖는다. 따라서 다른 문화를 있는 그대로 이해하기보다는 자기 문화의 관점에서 다른 문화를 평가하고 재단하는 편견에 노출되기 쉽다. '자민족중심주의'는 자신의 생활양식과 문화가 다른 문화보다 우월하다고 보는 관점이며, 자기가 속한 문

---

29) 김현미, 앞의 글, 69-70쪽.
30) 헨리 스튜어트, 2006, 앞의 글, 29-36쪽.
31) 고영복, 2000,『사회학사전』, 사회문화연구소.
32) 드니 쿠슈, 앞의 책, 189쪽.

화는 자연스럽고 바람직하다고 느끼지만 이질적인 문화는 부자연스럽고 바람직하지 않다고 느끼는 것이다. 문제가 되는 것은 바로 부자연스럽고 바람직하지 않은 문화를 자기문화보다 열등하다고 생각하여 이를 자기문화로 바꾸려고 할 때이다.[33] 자신의 문화만을 가장 우수한 것으로 믿고 다른 사람에게 강요하는 태도나, 자기문화의 관점에서 다른 문화를 나쁘게 평가하는 사고방식, 결과적으로 자기문화에 대한 성찰 없이 자기문화를 당연하게 생각하고 다른 문화에 대해 관심을 갖지 않는 것 등은 모두 자민족중심주의에 다름아니다.[34] 이 때문에 자민족중심주의는 다른 문화와 일상적으로 교류하며 내집단과 외집단의 경계가 유동적인 사회에서, 다른 문화에 속하는 집단과 개인에 대한 올바른 이해를 방해하고 편견과 배타적 태도를 낳게 된다. 자기문화의 우월성에 기초해 자기집단의 관점에서 다른 집단의 문화를 측정하고 평가한다면, 다른 집단 내부의 변화와 과정에 주목하지 못하게 되어 그 집단에 대한 지나친 단순화와 고정관념, 편견에 빠지기 쉽다.

2) 문화상대주의

인류학자들이 비서구사회, 원시문화에 대한 연구를 실증적으로 심화시켜 감에 따라, 원시인과 문명인 사이의 자연적 차이란 없으며 다만 습득된 문화적 차이가 있을 뿐이라는 시각이 점차 지배적이 되어갔다. 그리하여 다양한 사회에서 나타나는 문화적 차이들은 인간사회의 다양성을 보여주는 증거로 간주되기 시작했다.

원시문화를 실증적으로 연구한 프란츠 보아스는 야만으로부터 문명단계로 진화하는 '보편문화'가 존재하는 것이 아니라 여러 다양한 개별 '문화들'이 존재할 뿐이라고 주장했다. 각 문화는 환경과의 관계나 이주경험, 인접한 타문화로부터의 차용 등 고유한 역사가 쌓여 형성되는 것이므로 단순히 진화도식으로 설명할 수 없다는 것이다.[35] 그는 인디언에 대한 민족지적 연구를 통해 인간집단 간의 '차이'에 대해 분석했다. 그는 인간사회의 문화적 진보에 대한 일반적 규칙이나 문화진화의 단계와 같은 시대구분론을 거부했다. 보아스는 미개인을 비롯한 모든 집단이 나름의 문화를 가지며, 하나의 집단은 하나의 문화를 갖는다는 가정을 갖고, 문화의 역사적 지속성

---

33) 누마자키 이치로, 2006, '문화상대주의' 『문화인류학의 20가지 이론』, 85-86쪽.
34) 김현미, 앞의 글, 71-72쪽.
35) 누마자키 이치로, 2006, '문화상대주의' 『문화인류학의 20가지 이론』, 80쪽.

과 통합성을 강조했다. 그는 자문화중심주의가 개입되지 않으려면 선입견 없이 그 문화를 연구하고 연구자 자신의 고유한 범주를 적용시키지 않으며 성급하게 다른 문화와 비교하지 않아야 한다고 주장했다. 모든 문화가 각각 독자적인 총체를 이루고 있으며, 각각의 특별한 관습은 그 문화적 총체, 문화적 맥락 속에서만 설명할 수 있다는 것이다. 모든 문화에는 각각 특수한 양식이 있으며, 이는 언어, 신념, 관습, 예술 등 다양한 통로를 통해서 표현된다. 보아스가 제기한 연구방법론상의 원칙으로서 문화상대주의는 각 문화의 존엄성을 주장하고 다른 문화에 대한 존경과 관용을 주장하는 윤리적 원칙으로서의 문화상대주의로 연결된다.[36]

한마디로 요약하면, 방법론적으로 문화상대주의는 특정한 사회의 문화를 그 사회의 특수한 환경과 역사적 맥락에서 이해하고 해석하는 관점이다. 그러나 동시에 문화상대주의는 지역이나 나라에 따라 다양한 문화가 존재하며 각각의 문화는 나름대로 독특한 가치를 지닌다는 것을 인정하고 다른 문화에 대한 존중과 관용을 주장하는 윤리적 원칙이기도 하다. 먼저, 연구방법론상의 원칙으로서 문화상대주의는 각각의 문화가 서로 전혀 다른 상황과 맥락에서 존재하는 분리된 개체이며 동일한 기준에 따른 비교나 측정이 불가능한 실체라는 의미를 갖는다. 따라서 다른 문화를 이해하기 위해서는 내 문화의 기준으로 쉽게 판단하기보다 신중하고 인내심을 갖고 많은 시간과 경험을 투여해야 한다는 것, 동시에 개별 문화현상이나 특징이 해당 문화의 전체 체계 내에서 어떠한 의미를 갖는지를 판단하는 내재적 접근이 필요하다는 것을 의미한다. 둘째, 윤리적 원칙으로서의 문화상대주의는 각 문화의 본질적 가치를 인정하고 다른 문화에 대한 중립성을 유지해야 한다는 것을 의미한다. 윤리적 원칙으로서의 문화상대주의는 소수자문화의 독자적 가치나 의의를 인정하고 존중해야한다는 것이다. 이때 문화적 상대주의의 핵심은 각 문화가 나름의 가치를 가지며 어떤 문화도 다른 문화보다 우수하거나 열등하다는 식으로 우열을 가릴 수 없다는 것이다.

문화상대주의에서 중요한 것은 문화가 학습된다는 사실이다. 판단은 경험에서 비롯되며, 경험은 그 사람이 속한 문화를 바탕으로 해석된다. 여기서 '상대적'이라는 것은 인간이 내리는 판단에는 그가 속한 문화가 반영된다는 점을 의미한다. "문화상대주의는 각 사회가 그 성원의 생활을 이끌기 위해 만들어낸 가치를 인정하고, 모든

---

36) 드니 쿠슈, 앞의 책, 32-39쪽.

관습에 내재하는 존엄과, 자신의 것과는 다른 전통을 관용할 것을 강조하는 철학이다."[37] 따라서 문화상대주의의 핵심은 문화적 차이의 존중, 모든 문화의 긍정적 가치를 인정하는 것으로, 문화의 복수성과 대등성을 강조하는 것이다. 레비 스트로스는 문화상대주의를 다음과 같이 요약한다. 먼저, 인류사에서 진보라는 현실을 부정할 수 없지만, 진보는 특정분야에 한정되며, 지역에 따라 정체하거나 후퇴한다. 둘째, 공업화 이전 사회에서는 이 사회들을 공통된 척도로 측정할 만한 기준을 찾아낼 수 없다. 셋째, 인류학자들은 개개의 신앙체계나 사회조직에 대해 지적·도덕적 판단을 내릴 수 없다. 왜냐하면 판단기준 자체가 그것을 채택한 사회의 일부이기 때문이다.[38]

이처럼 문화상대주의와 자민족중심주의는 다른 문화를 이해하고 바라보는 상이한 관점을 대표한다. 이 두 개의 관점이 단지 올바른 관점과 잘못된 관점을 대표하는 것은 아니다. 우리가 자신이 소속된 집단에 대한 애착과 충성을 갖고 있는 한 자기 집단을 중심으로 다른 집단을 바라보고 평가하는 것은 불가피하다. 내집단과 외집단의 구분은 불가피하게 내집단을 중심으로 외집단을 평가하고 인식하는 관점을 포함하기 때문이다. 다만 자민족중심주의는 내적인 성찰이나 외집단, 다른 문화에 대한 인정과 존중이라는 태도를 포함하지 않는다면, 곧바로 다른 문화에 대한 고정관념, 편견으로 나아가고, 심지어 다른 문화를 이상한 것, 열등한 것, 위험한 것으로 보는 극단적인 인종주의로 나아갈 수 있다. 마찬가지로 문화상대주의 역시 윤리적 관점에서 타자의 문화에 대한 인정과 관용이 분리주의를 낳기도 하고, 보편적인 인간적 가치와 어긋나는 억압적 문화에 대한 정당한 비판을 가로막을 수도 있다. 다만 문화상대주의는 우리 문화와 다른 문화를 우월한 것과 열등한 것으로 보는 위계적 관점이나 진화론적 관점을 거부한다는 점에서 다른 문화에 대한 이해와 존중에 한 발짝 더 다가갈 수 있을 것이다.

자민족중심주의와 문화상대주의는 우리에게 익숙하지 않고 낯선 타자의 문화, 소수자의 문화를 어떻게 바라보고 어떻게 이해할 것인가와 관련하여 매우 중요한 관점이다. 우리의 것과 다르고 우리에게 익숙하지 않은 낯선 문화를 비정상적이거나 잘못된 문화로 보기보다, 모든 문화가 상이한 환경에 적응하기 위한 사람들의 오랜

---

37) 누마자키 이치로, 2006, 앞의 글, 86-87쪽.
38) 누마자키 이치로, 2006, 앞의 글, 92쪽.

역사의 산물이라는 점을 이해하는 것은 매우 중요하다. 이러한 관점이 없다면, 타자의 문화, 낯선 문화는 파편적인 지식이나 단편적 경험에 기초해 특정한 이미지와 고정관념으로 단순화되고 맥락과 상관없이 보편화된다. 나아가 이러한 고정관념은 타자의 문화에 대한 부정적 평가, 문화적 차이를 우열의 관점에서 보는 '편견'으로 발전하게 된다. 편견이란 '다른 문화나 집단의 특징을 실제로 확인하지 않고 자신의 주관적 판단에 따라 부정적이고 적대적인 태도를 갖는 것'을 의미한다. 편견은 차별을 가져오게 된다. 특정 집단과 특정문화에 대한 편견과 차별은 극단적인 경우 '윤리적 배제'로 귀결되기도 한다. '윤리적 배제'란 정의와 평등한 대우의 범주 밖으로 일부 사람들을 밀어내는 것, 그들을 향한 멸시를 모른 척하고 심지어 허용하는 것을 지칭한다.[39] 특정범주의 사람들을 인간적 동일시와 존중의 대상에서 제외하는 현상은 역사에서 종종 발견된다. 유대인에 대한 나치의 만행, 신대륙에서 흑인노예와 원주민에 대한 유럽인의 학살, 이교도에 대한 탄압, 조선사회 백정이나 노비에 대한 신분적 억압, 분단시대 대한민국에서 빨갱이로 간주된 사람들에 대한 인권탄압 등은 소수자와 소수자 문화에 대한 편견과 차별이 그들의 인간됨, 인간으로서의 존엄성 자체를 무시하는 윤리적 배제의 사례들이다.

결국 문화상대주의 관점은 타자의 문화, 소수자의 문화에 대해 집단적 편견에 빠지지 않고 우리와 그들 간의 문화적 차이를 존중하고 공존하기 위한 노력의 일환이다. 문화적 차이란 우리와 그들 사이에만 존재하는 것이 아니라, 우리 내부에서도 다양하게 존재한다. 개인은 국적이나 민족, 인종적 차이뿐만 아니라, 계층, 학력, 연령, 젠더, 성적 지향, 출신지역 등에 따라 다양한 문화적 차이에 직면하고 서로 간의 이해와 배려가 필요한 상황에 노출된다. 우리와 그들의 차이, 우리 내부의 차이들이 편견과 차별로 귀결되지 않고 각자의 개성과 특징을 존중하는 것은 다양하고 평등한 시민들의 공동체로서 민주사회를 만들어가는 데 무엇보다 중요한 덕목이다. 문화적 차이를 인정하고 존중하는 것은 글로벌시대를 살아가는 현대인들에게는 일상에서 타자에 대한 편견에 빠지지 않고 타자를 차별하지 않으며, 타자를 배려하고 타자와 협력적 관계를 맺고 살아가기 위한 전제조건이다.

---

39) 김현미, 앞의 글, 74쪽에서 재인용.

제2장 민족과 민족주의

　다민족·다문화사회를 말할 때 가장 논란이 되는 것은 전통적으로 대한민국이 단일민족국가로 간주되어 왔다는 점이다. 하나의 국민국가가 다수의 언어를 가진 다양한 인종과 민족으로 구성된 다인종 다민족사회와 달리, 대한민국은 단일한 언어와 비교적 동질적인 혈연집단, 오랜 역사와 문화적 동질성을 특징으로 하는 단일민족국가로 평가된다. 다문화사회로의 이행은 비교적 최근의 현상이며, 21세기 세계화시대의 새로운 현상으로 간주된다. 더욱이 근대로의 이행과정에서 일제의 식민지로 전락했던 역사적 경험 때문에, 우리에게는 한민족의 독립과 통일된 민족국가 수립이 최대의 과제였다. 그런 한에서 민족의 동질성과 유대, 충성을 강조하는 민족주의 이념은 남북한을 통틀어 가장 강력한 이념적 좌표로 기능해왔다. 그러나 민족주의란 전형적으로 우리 민족과 다른 민족을 구분하고 다른 민족에 대한 우리 민족의 우수성, 우리 민족 내부의 동질성과 통일을 강조하는 이념체계이다. 우리가 스스로를 유구한 역사와 혈통, 언어, 문화를 같이하는 하나의 단일민족국가라고 생각하고 민족 내부의 통일을 우선적인 과제로 삼아왔다는 점에서, 단일민족이라는 인식은 다른 민족에 대한 우리 민족의 차이와 우월성을 강조하고, 우리 민족 내부의 다양성보다는 동질성과 통일을 강조하는 경향을 내포한다. 그리하여 우리 내부의 차이는 최소화되고, 우리 민족과 다른 민족의 차이는 크게 강조된다. 민족에 대한 이러한 인식과 민족주의적 경향은 식민지 근대로의 이행과정에서 불가피한 것이었다고 해도, 세계화와 함께 서로 다른 언어와 인종, 민족에 속한 사람들이 항상적으로 교류하는 시대에는 여러 가지 부작용을 낳고 있다.

다민족 다인종사회에서 다문화주의는 자연스럽고 쉽게 수용될 수 있는 가치 이념이지만, 한국처럼 오랜 기간 단일민족국가를 유지해온 사회에서 다문화현상은 익숙하지 않고 다문화주의란 종종 민족주의 이념과 충돌하기 쉽다. 더욱이 남북이 분단된 상황에서 민족주의 이념은 여전히 강고하고 유효하지만, 더 이상 한국인과 한민족이 완전히 일치하지 않는 상황에서, 한민족의 동질성과 우월성을 강조하는 민족주의와, 소수자에 대한 배려나 차이의 존중을 요구하는 다문화주의가 어떻게 상호공존할 수 있는지에 대한 고민이 제기되고 있다.

이 장에서는 민족과 민족주의란 무엇인지를 설명하는 다양한 시각을 검토하고, 나아가 인종차별주의의 특징과 문제점을 정리한다. 그리고 한국에서 민족주의가 어떻게 형성되었고, 한국민족주의라는 맥락에서 한국인의 정체성이 어떻게 인식되고 있는지 살펴보도록 하겠다.

1. 민족과 민족주의, 인종주의

1) 민족의 개념: 두 개의 시각

'민족'은 영어의 Nation, 독일어의 Volk를 번역한 말로, 보통 "객관적으로 언어, 지역, 혈연, 문화라는 요소를 공유하며, 주관적으로 민족적 정체성을 가진 집단"으로 정의할 수 있다.[40] Nation은 혈통이나 출생을 의미하는 라틴어 natio에서 나온 말로 인종이나 종족과 같은 혈연관계에 기초한 혈연집단을 의미했고, 로마에서는 로마 시민보다 신분이 낮은, 같은 지역출신의 외국인을 가리켰다. 중세에는 특정한 촌락에 거주하는 동일혈족의 씨족집단을 의미했고, 중세 후기에는 유럽의 신분제 의회를 구성하는 특권적 신분계층, 공통의 의식이나 생각을 공유하는 의견공동체의 의미를 내포하기도 했다. 16세기 영국에서 비로소 일반 주민을 포괄하는 말로 사용되기 시작했고, 프랑스혁명 이후 국가의 주권을 공유한 정치공동체, 자유 평등 박애라는 정치이념을 공유하는 사람들의 계약공동체 또는 합의공동체라는 현재의 의미를 갖게 되었다.[41]

---

40) 비판사회학회, 2012, 『사회학』, 701쪽.

르낭은 민족을 프랑스의 **nation** 개념으로 정의한 대표적 학자였다. 르낭은 종족, 언어, 종교, 지리 등의 구성요소로부터 민족을 설명하는 견해들을 반박하면서, 순수한 종족이란 존재하지 않으며, 언어나 종교, 지리적 경계 역시 민족을 형성하는 결정적 요인은 아니라고 주장했다. 대신에 그는 "하나의 민족은 하나의 영혼이며 정신적 원리"이며, 공통의 과거에 대한 정서적 공유와 민족을 이루고자 하는 구성원들의 정치적 의지가 민족을 구성하는 핵심요인이라고 강조했다. 즉, 민족은 개개인에 의해 만들어지고, 시간에 의해 다져지며 개인들의 헌신적 감정으로 충만한 자발적 의지의 결합체라는 것이다.[42] 프랑스의 민족 개념은 종족이나 언어, 종교, 지리와 무관하게, 프랑스혁명 이후 자유와 평등, 박애의 가치 위에 설립된 정치적 공동체에 대한 정서적 유대와 자발적 결합의지에 의해 구성되는 것이었다.

한편, Nation과 마찬가지로 민족, 국민으로 번역될 수 있는 독일어 Volk는 정치적 의지와 시민적 권리를 지닌 집합체가 아니라, 언어와 전통, 혈통, 관습과 정서를 공유하는 문화적 집단을 의미했다. 민중, 민족, 국민, 인민 등 다양한 의미를 지니는 Volk는 18세기 중반까지 군대와 같은 집단이나 사회하층민을 가리키는 경우가 많았다. 18세기 말에 헤르더는 Volk를 '공통의 언어를 기초로 역사적으로 형성되고 독자적인 개성을 갖는 문화공동체'로 정의했다. 프랑스의 nation이 국민국가의 성립과 함께 만들어진 정치적 범주라면, 독일의 Volk는 국가형성 이전부터 존재해온 문화적이고 혈통적인 공동체를 의미했다.[43]

이처럼 둘 다 민족, 국민으로 번역되지만, 프랑스의 nation이 이념을 공유하는 정치적 공동체의 성격을 강하게 갖는 반면, 독일의 Volk는 언어, 역사를 같이하는 문화적 공동체로서 규정되었다. 이러한 차이는 프랑스에 비해 경제적 발전과 정치적 통합이 뒤늦은 독일의 특수한 국민국가 형성과정을 반영한 것이었다. 부르주아혁명을 경험하지 못한 채 수많은 봉건국가들로 분열되어 있던 독일은 종족, 언어, 종교, 문화, 전통, 영토, 관습을 공유하는 원초적 유대와 문화적 집단이라는 공동체성을 근거로 민족을 규정함으로써 국민국가 형성을 위한 대안적 길을 찾고자 했던 것이다.

민족, 국민 개념 형성의 상이한 역사적 과정 때문에, 과연 민족이란 무엇이고, 민

---

41) 박찬승, 2010, 『민족, 민족주의』, 27-31쪽; 홉스봄, 1994, 『1780년 이후의 민족과 민족주의』, 30-38쪽; 시에예스는 1789년 『제3신분이란 무엇인가』라는 책에서 nation을 "하나의 공통된 법 아래에서 생활하며 동일한 입법체에 의해 대표되는 사람들의 사회"로 규정했다. 박명규, 2009, 『국민, 인민, 시민』, 64쪽.

42) 에르네스트 르낭, 2002, 『민족이란 무엇인가』, 66-84쪽.

43) 박명규, 2009, 앞의 책, 69-71쪽.

족을 구성하는 가장 핵심적인 요인은 무엇인지에 대한 다양한 주장이 제기되었다. 민족과 민족주의가 세계사적으로 강력한 영향을 미쳐왔음에도 불구하고, 그 개념의 다의성 또는 모호성으로 인해, 민족이 과연 오랜 역사 속에서 객관적으로 존재해온 실체인지, 아니면 근대 이후 새로운 민족주의 사상을 통해 만들어진 '상상된 공동체'인지 하는 논쟁이 벌어졌다. 이러한 맥락에서 민족에 대한 이론들은 크게 두 가지 입장으로 대별된다. 하나는 민족이란 근대 이후 민족주의가 만들어낸 산물이라는 근대주의적(modernist) 입장이고, 다른 하나는 민족이 과거로부터 이어져온 영속적인 실체라는 영속주의적(primordial, perennial) 입장, 적어도 민족의 전근대적인 종족적 기원을 강조하는 역사주의적 입장이다.

(1) 근대적 산물로서의 민족

먼저, 어네스트 겔너, 베네딕트 앤더슨, 에릭 홉스봄 같은 근대주의자들은 근대 이후 산업화 과정에서 민족주의가 발흥하면서 민족이 만들어졌다고 주장한다. 겔너에 따르면, 민족이나 국가는 어느 시대, 어떤 상황에서나 존재했던 것은 아니며, 민족은 '민족주의의 시대'라는 관점에서만 정의될 수 있다. 국가가 없으면 민족주의도 없고, 민족주의가 없으면 민족도 없다. 보편적 문자해독과 사회이동, 개인주의, 정치적 중앙집권화, 교육체계에의 차별적 접근이라는 산업시대의 새로운 경향이 정치적 경계와 문화적 경계가 일치하는 민족국가를 만들어냈다는 것이다. 산업사회로의 이행과 함께 사회이동이 증가하고, 문화적 경계가 개인의 사회이동을 제한함으로써 그것이 곧 정치적 경계가 되었다는 것이다. 그리하여 문화와 정치체제의 일치를 요구하는 민족주의가 등장하게 된다.[44]

겔너에게 민족은 '의지'와 '문화'라는 두 가지 상호연관된 요소로 설명된다. 먼저, 두 사람이 같은 '문화'를 공유할 때만 두 사람은 같은 민족이며, 이때 문화는 관념, 기호, 연상, 행동과 의사소통 양식의 체계를 의미한다. 동시에 두 사람이 서로 같은 민족에 속한다고 '인식'할 때만 같은 민족이다. 이때 민족은 인류의 신념, 충성 및 결속의 산물이다.[45] 결국 하나의 민족이 존재하는 것은 어떤 공통된 속성 때문이 아니라, 서로 같은 문화를 공유하고 서로를 같은 민족에 속하는 동포로 인식하기 때문

---

44) 겔너, 2009, 『민족과 민족주의』, 188-190쪽.
45) 겔너, 2009, 『민족과 민족주의』, 24쪽.

이다. 그리하여 민족은 의지와 문화, 정치단위의 수렴에 의해 정의할 수 있다. 개인들이 스스로를 국가 교육체계에 의해 표준화된 문화와 동일시하게 될 때, 비로소 문화는 정치적 정통성의 원천이 된다. 국가에 의해 표준화되며 문자와 교육에 기반을 둔 커뮤니케이션 체제(고도문화)가 수립되면, 이제 '민족성'은 공유된 문화로 간주된다. 결국 민족주의가 지키고 소생시키려는 민족문화는 민족주의 자체의 고안물이라는 것이다.[46]

마찬가지로 베네딕트 앤더슨도 민족성, 민족주의가 18세기 말경 우발적인 결과로 창출된 특정한 문화적 구성물이라고 주장한다. 그에 따르면 민족이란 '본래부터 한정된 경계 안에서 주권을 가진 것으로 상상되는 정치공동체'이다. 즉, 민족이란 그 구성원들이 서로 알지 못하며 만난 적도 없지만, 마음속에서 공통성(communion)의 이미지를 가지고 있기 때문에 '상상된 것'에 불과하다.[47] 민족의 구성원들은 민족을 한정된 경계를 가진 것으로 상상하며, 자유로운 주권을 가진 것으로 상상하고, 형제애를 가진 공동체로 상상한다. 그는 민족이 상상되고, 일단 상상되자, 모방되고 적응되며 변형되는 것으로 인식했다.[48] 이 '상상의 공동체'는 특정한 시기에 사람들의 경험을 통해서 구성되고 의미가 부여된 역사적 공동체라는 의미를 갖는다. 그리하여 민족이 근대에 와서 생겨난 개념임에도 불구하고, 사람들은 민족이 모든 사람이 타고난 것이자 고대로부터 존재해온 것이라고 상상한다.[49]

민족의식의 기원과 관련해, 앤더슨은 근대 이후 자본주의와 인쇄술의 발달, 인간 언어의 다양성 사이에 발생한 우연적이면서 폭발적인 상호작용이 새로운 공동체를 상상할 수 있게 만들었다는 점을 강조한다. 상품으로서 인쇄물의 발달이 '동시성'이라는 새로운 개념을 만들어냈으며, 자본주의의 발달과 함께 인쇄된 지식은 재생과 전파가 가능하게 되었다. 자본주의의 발달에 따라 서적시장은 라틴어 독자인 엘리트층을 넘어 특정한 단일어를 사용하는 대중을 겨냥하게 되었다. 지방어화가 가속화되고 행정의 중앙집권화는 행정 지방어를 탄생시켰다. 결국 활자화된 지방어들은 민족주의 의식을 만들어내기 시작했다. 먼저, 활자어(print-languages)는 교환과 커뮤니케이션의 통일된 장을 만들었고, 이제 같은 언어를 사용하는 사람들은 인쇄물과 신문

46) 겔너, 2009, 『민족과 민족주의』, 99-104쪽.
47) 앤더슨, 2002, 『상상의 공동체』, 23-25쪽.
48) 앤더슨, 2002, 『상상의 공동체』, 183-184쪽.
49) 윤형숙, 2002, 역자 해설, 『상상의 공동체』, 264쪽.

을 통해 서로를 이해할 수 있게 되었을 뿐 아니라, 같은 언어를 사용하는 서로를 의식하게 되었다. 이처럼 인쇄물을 통해 서로 연결된 동료 독자들은 눈에 보이지 않는 특정한 민족이라는 상상된 공동체를 형성하기 시작했다. 둘째, 인쇄된 책들은 시간적·공간적으로 무한정 재생산할 수 있게 되면서 영구적인 형태를 띠게 되었고, 사람들은 시간을 넘어서 과거 조상들의 말에 접근할 수 있게 되었다. 인쇄자본주의는 활자화된 언어의 영속성을 통해 민족이 고대부터 존재해온 것이라는 이미지를 만들어냈다. 셋째 인쇄자본주의가 확장되면서, 활자화된 방언들은 많은 사람들이 사용하는 일종의 권력언어가 되었다.[50] 다종다양한 언어들의 각축 속에서 자본주의와 인쇄술이 수렴됨으로써 활자어를 통해 공통성을 자각한 사람들은 같은 민족이라는 상상의 공동체를 형성하기 시작했다는 것이다.

역사적으로 보면, 민족주의의 선구자였던 신대륙의 크리올들이 식민지 행정 단위 내에서 지역신문을 통해 스스로를 하나의 공동체로 인식하게 되었고, 이들이 주도한 민족해방운동은 인디언 원주민을 통합하면서 대중민족주의로 발전했다. 이와 달리 유럽의 민족주의는 종족과 언어를 핵심요소로 하는 종족언어 민족주의의 성격을 띤다. 사전편찬과 인쇄자본주의에 의해 나타난 새로운 상상의 공동체들은 자신들이 고대로부터 존재해왔다고 사고하기 시작했고 이 공동체의 과거를 고대 왕조들에서 찾고자 했다.[51] 지방어로 번역된 고전들은 주민들의 민족의식을 일깨웠다.

앤더슨에 따르면, 이 종족언어 민족주의는 다시 동질성과 형제애 이념에 기반을 둔 '대중민족주의'와 왕조국가의 지배계층이 표방하는 '관주도 민족주의'로 구분된다. 19세기 중엽부터 발전한 '관주도 민족주의'는 민족으로 상상된 공동체의 출현과정에서 주변화의 위협을 느낀 지배계층이 채택한 전략이었다. 국가가 통제하는 초등의무교육과 공식적인 역사 재편찬, 과시를 위한 군국주의, 왕조의 민족정체성에 대한 부단한 확인이라는 정책을 통해 관주도 민족주의가 뿌리를 내렸다. 제1차 세계대전 이후 신생국에서도 민족주의 열정과 함께 대중매체, 교육제도, 행정 규정을 통해 민족주의 이념이 체계적으로 주입되었고, 제국주의 행정단위의 영토와 일치하는 식민지국가가 점진적으로 민족국가로 변형되는 현상이 나타났다는 것이다.[52]

에릭 홉스봄도 민족의 근대적 의미는 18세기 이후에 생겨났으며, 민족에 대한 객

---

50) 앤더슨, 2002, 『상상의 공동체』, 62-74쪽.
51) 베네딕트 앤더슨, 2002, 『상상의 공동체』, 145-146쪽.
52) 베네딕트 앤더슨, 2002, 『상상의 공동체』, 137-138쪽.

관적 정의(대표적인 것이 민족은 언어, 영토, 경제생활 및 문화공동체 내에 구현된 심리구조 등을 지닌 역사적으로 진화한 안정적 공동체라는 스탈린의 정의다)와 주관적 정의(민족은 일상의 국민결의라는 르낭의 정의가 대표적이다) 모두 만족스럽지 못하기 때문에, 실용적으로 꽤 큰 집단의 사람들이 자신들을 한 민족의 구성원으로 생각하고 있다면 민족으로 간주할 것을 주장한다. 그리하여 그는 민족을 원초적이거나 불변의 사회적 실체로 보지 않으며 오직 역사적으로 최근의 특정한 시기에만 나타나는 것으로 간주한다. 민족은 근대적 영토국가, 민족국가와 관련될 때만 의미가 있는 사회적 실체라는 것이다. 민족은 특수한 형태의 영토국가를 수립하려는 열망의 함수이며, 특정 단계의 기술 및 경제발전의 맥락 속에 위치한다는 것이다.[53]

프랑스 민족주의를 역사적으로 분석한 젠킨스 역시 민족주의가 민족을 창조한 것이며, 민족들은 민족주의 이데올로기와 운동에 의해 생겨난 정치적 산물이라고 주장한다. 그에게 민족은 문화적으로 정의되는 실체로서 이전부터 존재해온 것이 아니라 정치활동에 의해 창조된 것이다. 민족들은 시간을 벗어난 자연적 실체들이 아니며, 종족적·언어적·영토적 결속과 공유된 역사적 체험이 민족을 구성하는 원료가 된 것은 맞지만, '자신의 국가를 건설하려는 욕구가 없는 종족적·언어적 공동체는 민족이 아니'라는 것이다. 민족공동체는 오직 민족국가의 존재나 그것을 건설하려는 운동, 자치공동체를 수립하려는 열망을 통해서만 표현될 수 있다.[54]

민족 개념이 성공할 수 있었던 것은 그것이 일련의 모순된 사회적·경제적 열망을 동원할 수 있는 '정치적' 내용을 담고 있기 때문이다. 이는 왕권의 전통적인 기반을 부정하고 왕의 권력에 법적·입헌적 통제를 부과하는 것을 의미했으며, 적어도 원칙적으로 법 앞에서 평등을 누리는 시민공동체의 수립을 전제했다.[55] 이처럼 민족을 정치적 측면에서 접근하면, 민족과 계급의 관계라는 문제가 전면에 부상한다. 그는 특히 사회의 어느 한 계급이 주도권을 완전히 장악하지 못하고 다른 계급의 도움을 필요로 할 때가 바로 민족주의가 출현할 수 있는 시기라는 것이다. 민족을 구성하는 여러 시민의 형식적 평등을 강조하는 민족주의는 자본주의적 계급분화 과정이 아직 충분히 진척되지 않은 단계에서 출현했다. 귀족이 봉건적 지배력을 점차 상실하고 부르주아 계급은 아직 형성 중이며, 농노제 해체는 지지부진하고, 도시대중은

---

53) 에릭 홉스봄, 1994, 앞의 책, 21-26쪽.
54) 브라이언 젠킨스, 『프랑스 민족주의: 1789년 이후의 계급과 민족』, 31-41쪽.
55) 브라이언 젠킨스, 앞의 책, 38쪽.

프롤레타리아 계급을 형성하지 못하고 있던 상황이 '민족공동체'의 원칙이 출현한 사회적 배경이다.

그러나 일단 구질서가 제거되고 계급분화가 진행되자 새로운 민족국가는 부르주아의 계급지배를 정당화하며 민족문화를 그 자신의 가치에 맞게 재조립할 수 있는 하나의 투쟁무대가 되었고, 부르주아 계급의 헤게모니를 위한 이상적인 틀을 제공했다. 민족이 인민이 아니라 국가와 동일시되면서, 민족은 이제 위로부터 강요되는 통합적 제도에 대한 절대적 복종과 충성을 강조하는 조직 원리로 변했다. 프랑스에서도 혁명이 쇠퇴하고 보나파르트체제가 등장하자, 민족에 대한 충성은 국가에 대한 복종, 교회에 대한 존경, 군대에 대한 자부심, 지도자에 대한 헌신을 의미하는 것으로 바뀌었고, 민족은 통합과 통제이데올로기로 재정립되었다는 것이다.[56]

이처럼 근대주의자들의 시각에서 민족은 근대로의 이행과정에서 분출한 민족주의의 산물이고, 민족은 민족주의의 발명품이다. 이들의 주장을 요약하면, 민족주의는 근대의 새로운 현상인 계몽주의와 낭만주의의 산물이며, 민족 또한 근대에 출현한 새로운 것이다. 결국 민족과 민족주의는 모두 근대화, 근대성으로 나아가는 사회변동의 산물이었다. 이러한 시각에서 민족의 형성은 특정 공동체 내 혁신적 개인과 집단이 추구한 사회적·정치적 근대화 프로젝트의 핵심을 이루는 것이다.[57]

(2) 역사적 실체로서의 민족

민족이 과거로부터 이어져온 영속적인 실체라거나 전근대적인 종족집단의 정체성에 기반하고 있다고 보는 입장들은 비록 민족주의 이데올로기 자체는 근대적인 것이라 할지라도, 민족은 사실상 확대된 형태의 친족관계라고 주장한다. 이들에게 공동체 범주로서의 민족은 초역사적인 것이고, 특정한 근대민족들은 전근대 종족과 연속성을 가지고 있다. 앤서니 스미스는 민족의 전근대적 기원을 강조하면서 역사적 실체로서의 민족을 주장한다. 그는 민족이 근대에 깊이 뿌리박고 있는 목적이 분명한 사회학적 공동체, 특정한 역사적·지리-문화적 맥락에 뿌리박은 역사공동체라는 점을 인정하지만, 동시에 종족집단의 유대, 종족(ethnic) 정체성과 종족공동체(ethnic community)가 민족 형성과 유지에 중요하다고 주장한다.

---

56) 브라이언 젠킨스, 앞의 책, 82-89쪽.
57) 앤서니 스미스, 2016, 『족류상징주의와 민족주의』, 23-31쪽.

스미스에게 민족은 단순히 구성원이 시민으로 참여하는 영토화된 자율적인 법적-정치적 공동체로 한정되지 않는다. 그에게 '민족'(nation)이란 '① 그 구성원들이 공유된 기억, 상징, 신화, 전통, 가치를 배양하고, ② 역사적 영토나 고토에 거주하면서 거기에 애착을 느끼며, ③ 독특한 공공문화를 창조해 전파하고, ④ 공유된 관습과 표준화된 법률을 준수하는, ⑤ 이름과 자기인식을 지닌 인간 공동체'이다. 먼저, 민족은 아주 특유한 역사적 맥락과 상황 속에 깊숙이 박혀 있고, 구성원들의 기억과 전통에 뿌리를 두고 있다.[58] 민족은 개념적으로 이름 붙이기, 경계 정하기, 기원신화, 상징 배양과 같은 종족집단 창건의 상징적 과정을 토대로 반복적으로 형성되고 재형성된다. 둘째, 이 과정에서 가장 중요한 것은 영토화이다. 민족은 영토화된 공동체, 그 구성원 대다수가 역사적 영토나 고토에 거주하고, 그것에 강한 애착을 느껴야만 하는 공동체이다. 셋째, 이러한 공동체는 공유된 관습과 표준화된 법률의 산물이기도 하다. 관습이 공유되고 법률이 전 민족적 영토와 종족집단에게 차별적으로 적용되는 한, 관습과 법률은 민족공동체의 구성원들을 외부인들과 구별 지어주고 민족공동체의 구성원들에게 통일성과 형제애에 대한 인식을 부여한다. 넷째, 독특한 공공문화란 일련의 공공제례와 의식, 의회건물, 국가, 주화와 같은 공공상징물, 다양한 공공규칙들(의상, 제스처, 이미지, 음악, 이름과 낱말)을 의미한다.[59]

반면에 '종족공동체'(ethnie)는 "(최소한 상위계층 안에서) 그 구성원들이 한 영토와의 연계 및 상당한 연대를 형성하며, 공동의 조상, 공유된 기억, 하나 이상의 공동의 문화요소들(언어, 관습, 종교 등)을 소유한, 이름과 자기인식을 지닌 인간 공동체"이다.[60] 이 종족공동체는 민족과 마찬가지로 집단의 이름, 공통의 신화와 기억을 가지고 있다. 그러나 민족은 종족과 달리 구성원들이 공통의 권리와 의무, 단일한 경제를 가지고 있으며, 민족이 고토를 점유하고 있는 반면, 종족공동체는 단지 고토와 상징적으로만 연결된다. 또한 종족은 언어, 관습, 공동의 제도와 같은 문화적 요소만 있으면 되지만, 민족에게 공통의 공공문화는 핵심적 속성이다. 이를 위해 종족의 기억 전승은 역사로 편찬되고 표준화된 민족사로 변화된다.

---

58) 앤서니 스미스, 2016, 앞의 책, 74-76쪽.
59) 앤서니 스미스, 2016, 앞의 책, 111-124쪽.
60) 앤서니 스미스, 2016, 앞의 책, 68-69쪽.

<표 1> 종족과 민족의 속성

종족	민족
고유의 이름	고유의 이름
공통의 조상신화	공통의 신화
'기억'의 공유	'역사'의 공유
문화적 차이들	공통의 '공공문화'
고토와의 연결	고토의 '점유'
엘리트들의 연대성	'공통의 권리와 의무'
	단일한 경제

출처: 앤서니 스미스, 2012, 『민족주의란 무엇인가』, 31쪽에서 인용.

그는 민족과 민족정체성이 해당 집단의 상징자원, 즉 축적된 유산을 구성하는 전통, 기억, 가치, 신화, 상징들에 의존한다는 점을 강조한다. 민족사의 의미 있는 거대서사가 만들어지고, 종족공동체의 과거가 재발견되어 정치적 목적을 위해 활용되거나 조작된다. 민족은 근대에 들어 짧은 기간에 만들어지거나 발명될 수 있는 것이 아니며, 민족형성 이전부터 존재해왔던 해당 지역의 문화적·정치적 사회형태들과 연결되는 장기적 과정이 필요하다. 이러한 면에서 민족과 종족집단 사이에는 집단적 문화정체성에서 깊은 연관이 있으며, 종족성은 민족의 생성방식에 영향을 미친다. 많은 종족공동체들은 역사적으로 민족들로 전환했으며, 종족성을 이해하지 못하면 민족에 대한 애착과 헌신을 이해할 수 없다는 것이다.[61]

민족적 과거나 민족성, 민족의 구성원의 범위에 대해 미리 결정된 것은 없다. 민족서사에 대한 상이한 처방과 선택이 이루어지면서 대중의 공명을 불러일으키는 상징요소들이 민족문화로 자리 잡게 된다는 것이다. 그는 이때 상징적 문화와 역사를 공유하는 종족공동체의 유대와 네트워크야말로 민족과 민족주의 발흥과 유지에 가장 중요한 요인이라고 간주한다. 민족들은 장기 지속적으로 연대의 공동체를 창출하기 위해 종족-문화자원들을 필요로 하며, 이를 통해 주관적 차원의 민족정체성을 형성한다.[62]

결국 민족은 종족과 구별되는 더 복잡한 개념이며, 양자는 일대일로 대응하는 관계가 아니다. 종족 역시 혈통만으로 구성되는 것이 아니라 종족-문화적이라는 의미로 간주해야 하며, 이때 중요한 것은 생물학적인 유대보다는 혈통신화나 조상신화이

---

61) 앤서니 스미스, 2016, 앞의 책, 57-58쪽.
62) 앤서니 스미스, 2016, 앞의 책, 57-58, 68-69쪽; 앤서니 스미스, 2012, 앞의 책, 30쪽.

다. 그리하여 스미스는 민족을 어떤 본질을 지닌 그 무엇이라기보다 그 범위와 강도가 가변적일 수 있는 일정한 사회적·상징적 과정의 침전물로 파악한다. 민족은 단순한 주권국가이기보다 시간의 흐름에 따라 달라지는, 정치적 자율성을 추구하는 과정의 침전물이다. 민족을 종족과 구별하는 것은 정치적 주권 추구라기보다는 영토적·문화적·법률적 과정과 함께 종족집단의 기원과 관련한 상징적 과정과 자기인식이다.[63]

민족에 대한 근대주의자와 역사주의자들의 이러한 인식 차이는 우리나라에서도 그대로 반복되어 나타난다. 많은 역사학자들은 근대의 민족 형성 이전부터 선민족과 전근대민족이 있었으며, 통일신라시대에 전근대민족이 형성되었고, 근대에 들어 근대민족으로 발전했다는 입장을 보이고 있다. 예컨대, 노태돈은 근대 이전에 전근대민족이 있어 삼국통일 이후 동족의식을 지닌 민족이 형성되었고, 발해인의 합류로 한민족의 틀이 확정되었다는 입장을 보이고 있다. 반면에 많은 사회과학자들은 근대 이전 신분제에 기초한 왕조국가 공동체는 동등한 구성원들의 권리와 의무에 입각한 근대적 민족이 아니라는 점을 강조하고 있고, 일부 학자들은 과거 전근대사회의 '종족'이 근대사회에 들어 '민족'으로 형성되었다는 절충적 입장을 보이고 있다.[64]

2) 근대국민국가와 민족주의

앞에서 본 것처럼 민족과 민족주의는 분리해서 말할 수 없을 만큼 깊이 연관되어 있는 개념이다. 특히 근대주의자들에게는 근대에 출현한 민족주의 사상과 감정이야말로 민족을 만들어낸 근본적인 원인이다. Nation이 민족 혹은 국민으로 맥락에 따라 다양하게 번역되는 것처럼, Nationalism 역시 한·중·일에서 각각 '민족주의', '애국주의', '국민주의'로 다양하게 번역되어 그 뉘앙스가 다르게 인식된다.[65] 흔히 민족주의는 "민족의 자주성과 정체성을 확립하고 민족통합과 민족국가 형성을 추구하는 정치적 이념과 운동"으로 정의된다.[66] 이러한 민족주의는 서유럽에서 18세기 후반에 등장했고 19세기까지 중부유럽에 전파되었으며, 19세기 후반에는 동부유럽, 20세기 초에는 아시아, 아프리카로 확장되어 전 세계적인 현상으로 자리 잡았다.

---

63) 앤서니 스미스, 2016, 앞의 책, 257-265쪽.
64) 박찬승, 2010, 앞의 책, 40-41쪽.
65) 박찬승, 2010, 앞의 책, 126쪽.
66) 비판사회학회 엮음, 2012, 『사회학』, 701쪽.

겔너의 정의에 따르면, '민족주의는 일차적으로 정치적 단위와 민족적 단위가 일치해야 하는 정치적 원리'이다. 민족주의란 한 민족이 하나의 국가를 형성하는 것, 민족의 경계와 국가의 경계를 일치시키는 것이 그 본질이다. 민족주의는 정치적 정당화이론으로서 인종적인 범주가 정치적인 범주와 달라서는 안 되며, 특히 한 국가 안의 인종적 범주로 인해 권력을 가진 사람과 그렇지 않은 사람들이 절대로 구별되어서는 안 된다는 점을 강조한다.[67] 민족주의는 국가의 존재를 전제로 하며, 정치적으로 중앙집권적인 국가의 존재가 민족주의 필요조건이다. 국가가 없을 때는 민족주의 문제도 발생하지 않는다.[68] 겔너에 따르면 산업주의로 이행하는 시대는 정치적 경계나 문화적 경계가 변형되어 사람들이 그 경계 자체를 실감하게 된다. 산업주의로의 이행시대에 문화적 경계는 불안정해지고 극적인 운동 상태에 직면함으로써 민족주의의 씨앗이 된다. 이러한 점에서 민족주의는 문화와 정치체제를 일치시켜서 자신들의 문화에 정치적 보호막을 부여하려는 노력에 다름 아니다.[69]

겔너의 논의가 민족주의의 출현을 산업사회로의 이행과 관련지어 설명했다면, 찰스 틸리는 민족주의의 출현을 근대국가의 형성과 관련하여 설명한다. 틸리에 따르면 근대국가는 국가엘리트와 지방엘리트, 민중 사이의 복잡한 갈등과 협상의 과정을 통해 형성되었다. 근대국가 형성과정에서 민중의 협력을 얻기 위해 엘리트들은 민중에 일정한 권리와 정치적 대표성을 부여했고, 민족주의는 이러한 정치통합을 정당화하는 이데올로기로 출현했다는 것이다.[70] 젠킨스 역시 민족주의는 근대국가의 정당성이라는 쟁점과 연결되어 있다고 주장한다. 젠킨스에게 민족주의란 "인민주권 개념에 기초한 공동의 체제 아래, (종족적·문화적·역사적) 국적이라는 특수한 범주를 공유하고 있는 모든 개인을 포괄하는 하나의 민족국가를 분리나 통합, 혁명을 통해 수립하려는 정치적 운동이나 이데올로기"이다. 민족주의의 출현은 민족공동체의 '자치'라는 민주적 목표에 의해 고취된 것이지만, 동시에 입헌적 기초 위에서 새로운 민족국가들의 영토적 경계를 확정하려면, 봉건적 특수주의와 왕조국가의 낡은 구조에 도전하는 민족의식의 발전이 필요했다. 그리하여 민족주의운동의 발생은 언제나 자치공동체를 수립하려는 열망을 수반했다.[71] 18세기 말 프랑스에서 민족주의가 탄

---

67) 겔너, 2009, 앞의 책, 15-16쪽.
68) 겔너, 2009, 앞의 책, 21-22쪽.
69) 겔너, 2009, 앞의 책, 78쪽.
70) 장문석, 『민족주의』, 51쪽.
71) 젠킨스, 앞의 책, 38-43쪽.

생한 것은 자본주의적 계급분화과정이 아직 충분히 진척되지 않아서 부르주아 계급과 민중 계급은 그들 상호 간에 적대감을 충분히 인식하지 못했고, 양자 모두 민주주의 운동에 계급의식적인 주도권을 부과할 능력이 없었기 때문이다.[72]

근대주의자들이 민족주의의 출현을 산업시대로의 이행, 근대국민국가의 출현이라는 현상과 관련하여 설명한다면, 민족의 종족적 원형을 강조하는 학자들에게 민족주의는 민족감정이나 민족의식, 민족의 언어나 상징, 민족주의 운동과 민족주의 이데올로기를 포함하는 보다 다차원적이고 복잡한 현상이다. 이들은 민족주의 운동 이전부터 존재했던 원형적인 민족적 정체성을 무시할 수 없다고 강조한다. 이들에게는 민족주의 이데올로기와 민족적 정체성의 구분이 중요하다.[73] 앤서니 스미스는 민족주의 이데올로기와 함께 언어와 상징, 민족정체성에 주목한다. 그에게 민족주의란 '그 구성원의 일부가 현실적 또는 잠재적 민족을 구성한다고 믿는 한 주민을 위해서 민족의 자율성, 통일성, 정체성을 달성하고 유지하려는 이데올로기적 운동'이다.[74]

민족주의 이념의 원리에 따르면, ① 인류는 민족들로 나뉘어 있고 각 민족은 자신만의 독특한 성격, 역사, 운명을 지닌다. ② 민족은 정치권력의 유일한 원천이다. ③ 민족에 대한 충성심은 여타의 충성심보다 우선시된다. ④ 자유롭기 위해 인간들은 반드시 민족에 소속되어야 한다. ⑤ 민족들에게는 최대한의 자율성과 자기표현이 요구된다. ⑥ 세계의 평화와 정의는 다수의 민족들을 기반으로 해서만 건설될 수 있다. 모든 민족주의가 공유하는 민족주의 운동의 목표는 민족의 자율성, 민족적 통합, 민족적 정체성이다. 먼저, '민족적 자율성'은 민족공동체가 모든 외부의 간섭에서 벗어나 그들만의 법률과 리듬에 따라 살고자 하는 구성원들의 염원이다. 둘째, '민족적 통합'은 형제애와 자매애라는 사회적 연대, 영토적 통일과 방해받지 않는 전 영토 내 이동성에 대한 구성원들의 욕망을 의미한다. 셋째, '민족적 정체성'은 시간을 넘어선 대상의 동일성, 특정한 민족적 이상의 장기간 지속을 의미한다. 이는 민족공동체의 타고난 개체성의 회복, '민족성'의 가시적 구현과 제의 및 예술적 형태로 나타난다.[75]

민족주의는 이러한 목표를 달성하기 위한 정치적·문화적 프로그램을 포함하는

---

72) 젠킨스, 앞의 책, 35-36, 53-65, 88-89쪽.
73) 장문석은 이를 정체성으로서의 민족주의, 담론으로서의 민족주의, 이데올로기로서의 민족주의로 구분하고 이것이 민족의 기원을 각각 고대 및 중세, 근대 초기, 근대에 찾는 차이를 보인다고 지적한다. 장문석, 앞의 책, 65-66쪽.
74) 앤서니 스미스, 2012, 앞의 책, 47-55쪽.
75) 앤서니 스미스, 2016, 앞의 책, 141-144쪽.

데, 민족적 본성(진정성), 고토, 민족적 존엄성, 민족의 지속성, 민족의 운명, 민족에 대한 애착과 같은 개념들이 그것이다. 먼저, 진정성이란 민족의 기원, 역사, 문화 속에서 민족공동체의 참된 본성과 그것의 존재, 민족의 원래적이고 고유한 것에 대한 인식의 재발견을 의미한다. 둘째, 고토란 공동체의 구성원들에 의해 그들의 땅으로 간주되는 조상의 땅 또는 역사적 영토에 대한 소속, 기억, 애착을 의미한다. 셋째, 민족의 존엄성은 그들의 공동체가 자신들의 내적 가치에 걸맞은 위신과 지위를 부여받아야 한다는 구성원의 믿음이며, 이는 고귀한 혈통과 고대성에서 비롯되기도 한다. 넷째, 민족의 지속성은 시간을 넘어선 동일성으로 자신들이 고토의 먼 조상과 이전의 문화들과 단절되지 않은 연결선으로 밀접히 연결되어 있다는 구성원들의 확신이다. 다섯째, 민족의 운명은 민족공동체가 역사에 의해 미리 예정되고 영광스러운, 고유한 진보의 길을 가지고 있다는 구성원들의 확신이다.[76]

또한 민족주의는 정치 이데올로기를 넘어 하나의 문화와 종교의 한 형태를 띠기도 한다. 민족은 공공문화와 정치적 상징체계의 한 형태이다. 그것은 그들의 민족을 사랑하고 자신들의 법을 준수하며 고토를 지키도록 대중을 동원하려는 정치화된 대중문화의 한 형태이다. 동시에 민족주의는 정치적 종교의 형태를 띠기도 한다. 민족주의는 선택된 민족, 특수한 역사와 운명을 지닌 독특한 민족이라는 자기 이미지와 만난다. 민족주의는 민족을 배타적인 신으로, 주권 인민을 선민으로 삼는다. 그리하여 성스러운 민족적 대상 및 상징은 속된 외국의 이질적 대상 및 상징과 구분된다. 민족주의는 민족의 역사와 운명에 대한 강한 신념, 자신의 민족적 의례와 의식을 지닌 종교로 발전하기도 한다. 제례는 집단적 자기숭배행위에 참여하고 민족을 위해 죽겠다고 선언하는 신자들의 공동체를 창출한다. 믿음체계이면서 일련의 제례행위로서의 민족주의는 광범위하고 영속적인 시민종교의 한 형태인 것이다.[77]

민족주의는 시대와 지역에 따라 아주 다양한 모습을 하고, 자유주의나 사회주의 등 상이한 이념과 결합하여 상이한 역할을 수행한다. 이 때문에 학자들도 민족주의를 몇 가지 대조적인 유형으로 구분하는 것이 일반적이다. 한스 콘이 라인 강을 기준으로 서유럽 민족주의와 동유럽 민족주의를 구분한 것이 대표적이다. 서유럽 민족주의가 민족을 공동의 법과 영토로 묶인 시민들의 합리적 결사체로 생각한 반면, 동

---

76) 앤서니 스미스, 2016, 앞의 책, 144-145쪽; 앤서니 스미스, 2012, 앞의 책, 56-63쪽.
77) 앤서니 스미스, 2016, 앞의 책, 171-180쪽.

유럽 민족주의는 민족을 출생에 따라 결정된 유기체로 보는 경향이 있다. 양자는 서로 다른 계급형성과정의 차이에서 유래하는데, 서유럽에서는 강력한 부르주아가 시민적 정신을 가진 대중적 시민-민족을 만들 수 있었던 반면, 그렇지 못한 동유럽에서는 권위주의적이고 유기적 민족 개념이 출현했다는 것이다.[78] 한스 콘이 서구의 민주주의적 민족주의와 동구의 권위주의적 민족주의를 구분한 것은 이후 민족주의 유형 구분의 출발점이 되었다. 학자들은 이 구분에 따라 '시민적 민족주의'와 '종족적 민족주의'를 구분하기도 하며, '영토에 기초한 민족주의'와 '종족에 기초한 민족주의'를 구분했다.

그러나 중요한 것은 민족주의의 유형 구분이 절대적인 것이라기보다는 정도의 차이이자 역사적 맥락의 차이에 불과하다는 점이다. 민족주의의 성격은 시간의 흐름에 따라 변화하고, 어떤 측면이 더 부각되는가는 상황에 따라 달라졌다. 19세기 전반까지 유럽의 민족주의는 프랑스혁명의 영향으로 진보적 자유주의의 성격을 띠었으나, 19세기 말 제국주의시대와 함께 국가주의 이데올로기로 변모하였다. 반면에, 식민지로부터 해방과 독립을 추구했던 아시아, 아프리카의 민족주의는 저항적·방어적 민족주의의 성격을 띠기도 했다.[79] 제3세계에서 민족주의는 식민지로부터의 민족해방의 이념이면서 민족적 차별로부터 민족 구성원들의 자유와 평등을 지키려는 진보적 이념으로 기능했다. 그러나 제3세계에서도 식민지 독립과 국민국가의 수립 이후 민족주의는 민주주의를 억압하는 통치 이데올로기로 활용되는 경우가 많았다.

민족주의의 이러한 다양성과 모호성은 민주주의적 민족주의와 권위주의적 민족주의, 개방적 민족주의와 폐쇄적 민족주의가 따로 존재하기 때문이 아니라, 민족주의 운동과 이데올로기 내부에 민주주의와 권위주의, 개방적 요소와 폐쇄적 요소가 잠재적으로 공존하며 내적으로 끊임없이 갈등하기 때문이다. 이러한 모호성은 주로 민족과 계급의 복잡한 관계 때문에 발생한다.

3) 인종주의(racism)

민족 개념과 깊이 연관되어 있으면서 서구의 제국주의 팽창과정에서 등장한 또 하나의 근대적 현상이 '인종주의'다. 서구세계의 팽창과 비서구 사회와의 접촉은 서

---

78) 앤서니 스미스, 2012, 앞의 책, 71-73쪽.
79) 박찬승, 2010, 앞의 책, 129-132쪽.

구인의 눈으로 인류사회를 문명과 야만으로 구분하고, 이를 인간집단의 신체적 차이로 설명하는 관점을 만들어냈다. 서구인들은 당시 유행하던 생물학과 사회진화론의 영향을 받으면서, 전 세계의 인간집단을 '인종'이라는 생물학적 기준에 따라 분류하기 시작했다. 이들은 인종적 차이를 문명화의 정도와 결합시키면서, 비서구사회에 대한 서구의 제국주의적 지배를 정당화하는 이데올로기로 인종주의를 활용했다.

'인종'이란 골격이나 피부색, 머리카락 빛깔과 같은 신체적 특성에 의해 구분되는 인간집단이다. 그러나 민족과 종족, 부족이 그렇듯이, 인종 역시 모두가 합의할 수 있는 분명한 기준에 따라 사용되는 개념이라고 보기 어렵다. 다만 종족(ethnie)과 부족(tribe)이 공통의 조상이라는 혈연적 요소와 함께, 언어, 종교, 역사와 같은 문화적 요소를 중시한다면, 인종은 생물학적·유전적으로 결정되는 신체적 차이를 강조하는 개념이다. 그러한 한에서 인종은 인종주의라는 이데올로기적 의미로 사용되는 경우가 대부분이다. '인종주의'란 '피부색이나 외모와 같은 신체적 차이에 따라 어떤 사람들이 다른 사람들에 비해 우월하거나 열등하다는 것을 생물학적으로 설명할 수 있다고 믿는 사고나 태도'를 말한다.[80]

인종(raza)이라는 말은 1449년 스페인 기독교인들이 유대인을 학살한 이후 개종한 유대인들을 배제하기 위해 처음 사용한 용어이다. 종래 '동물의 종자'를 의미하던 raza를 인간에 적용하기 시작하면서 '인종'이라는 용어가 만들어진 것이다. 서유럽에서는 십자군 원정과 함께 이교도에 대한 종교적 반감이 극대화되었고 이는 반유대주의와 이슬람인들에 대한 반감으로 나타났다. 스페인에서는 왕위계승전쟁을 거치면서 기독교도들의 지지를 받기 위해 1412년 유대인들의 토지소유와 공직진출, 직업을 제한하는 반유대인법이 만들어졌고 유대인에 대한 박해가 심화되었다. 그러자 많은 유대인들은 박해를 피해 기독교로 개종하였고, 스페인국왕은 '콘베르소'라 불렸던 개종한 유대인에 대해서는 시민적 권리를 인정하였다. 그러나 유대인들이 개종을 통해 스페인사회에서의 정치경제적인 우위를 여전히 유지하게 되자, 기독교들은 '콘베르소'들이 자신들과 유전적으로 다르며, 개종에도 불구하고 여전히 유대인의 언어와 풍습을 유지하고 있다는 점을 강조하기 시작했다. 유대인에 대한 박해가 종교적 차이에서 유전적 차이로 바뀌면서 인종은 중요한 사회적 범주로 인식되기 시작했다. 이제 15세기 스페인에서 시민으로 인정받기 위해서는 종교와 인종, 기독교

---

80) 비판사회학회, 2012, 앞의 책, 707쪽.

인이자 유럽인이라는 요건을 충족해야 했고, 유럽인이 아니면 기독교로 개종하더라도 인종적 차별의 대상이 되었다.[81]

베네딕트 앤더슨에 따르면 인종주의는 원래 민족보다는 계급의 이념에 그 기원을 두고 있으며, 통치자들의 신성성, 귀족들의 혈통과 족내혼을 주장하는 이념에 그 기원을 두고 있다. 인종주의는 외국과의 전쟁보다는 국내의 억압과 지배를 정당화하는 이데올로기였던 것이다.[82] 특히 반유대주의는 유대인이 민족들의 세계에서 비민족적 요소였다는 사실에서 비롯된 것이었다. 모든 민족 안에서 그들은 내부의 적이었고, 민족의 경계로는 유대인을 정의할 수 없었다. 한 민족의 틀 내에 다른 민족의 틀로 자유로이 오갈 수 있는 대규모 집단이 존재한다는 것은 질서에 대한 위협이었다. 근대 이전에 유대인은 여러 신분, 계층들 중의 하나였던 데 반해, 근대의 등장과 함께 유대인의 분리가 쟁점이 되었다. 근대의 반유대주의는 집단들 간의 차이로부터 탄생한 것이 아니라 차이의 부재라는 위협, 유대인과 기독교도 사이의 전통적인 사회적·법적 장벽이 없어졌기 때문에 발생했다. 특히 개종하는 유대인이 많아짐에 따라 모든 지역에서 유대인과 비유대인을 문화적으로 구분할 수 없게 되자, 새로운 경계 만들기가 필요했다. 이제 유대주의(Judaism)는 유대인다움(Jewishness)으로 대체되고, 더 이상 유대인은 개종과 같은 탈출구를 찾을 수 없게 되었다.[83]

이러한 측면에서 반유대주의는 다수 주민과 별도의 정체성을 유지하는 소수집단 사이의 관계에서 비롯된 것이다. 유럽인들에게 유대인은 아직 개종하지 않은 이교도도 아니고 신의 은총을 잃은 이단자도 아닌 기이한 존재였다. 문제는 구체제 붕괴와 근대적 질서의 출현과 함께 오랜 구분이 사라지고 정체성에 대한 새로운 경계선이 필요했다는 점이다. 유대인은 토지귀족들을 위한 마름으로 귀족들로부터는 사회적 경멸을 받았고 하층계급에게는 착취자인 유동적 계급이었다. 부유하지만 경멸스러운 유대인은 근대로의 이행과정에서 근대성에 대한 저항의 표적이 되었다. 그것은 자본주의에 대한 전 자본주의사회의 적대감과 연관되어 있었다. 부르주아로 변모하는 유대인들은 기존의 엘리트를 위협했고, 유대인의 경제적 주도권이 확대되는 가운데, 유대인을 새로운 혼란 및 불안정과 동일시하는 프레임이 형성되었다.[84]

---

81) 이종일, 2013, 『다문화사회와 타자이해』, 155-173쪽.
82) 베네딕트 앤더슨, 2002, 앞의 책, 193-194쪽.
83) 지그문트 바우만, 2013a, 『현대성과 홀로코스트』, 103-116쪽.
84) 지그문트 바우만, 2013a, 앞의 책, 76-100쪽.

이처럼 인간의 사회적·문화적 차이가 생물학적·유전적 품종의 차이로 바뀌는 것은 인종 프로젝트의 중요한 의미론적 변화였다. 특히 인종 개념은 유럽인들이 신대륙을 식민지화하고 비서구사회의 사람들과 본격적으로 접촉하면서, 이제 백인과 유색인을 구분하는 생물학적 의미로 널리 사용되기 시작했다. 인종 개념은 유대인과 아랍인을 넘어, 아시아, 아프리카, 아메리카의 식민지 사람들에게 적용되기 시작했다. 식민지 인종주의는 항상 유럽의 지배와 연관되어 있고, 전형적으로 백인들 간의 결속을 강화했다.[85] 신대륙에서 유럽인들은 처음 보는 동식물을 분류하고 계층화한 것과 마찬가지로, 원주민에 대해서 그들의 언어와 문화, 신체적 특징을 유형화하고 기술했다. 식민지 원주민에 대한 폭력적 지배는 문명과 야만의 논리로 정당화되었다. 특히 논란이 된 것은 자신들이 정복한 신대륙 인디언들에게 법률적·정치적 권리를 보장해야 하는지, 이들을 기독교로 강제 개종시켜야 하는지 여부였다.[86] 스페인 정복자들은 신대륙 원주민들이 기독교로 개종하더라도 이들의 유전적 요소가 다르기 때문에 백인들과 결코 동등해질 수 없다는 생각을 고수했다. 왜냐하면 식민지의 비서구인들을 자신들과 같은 인류로 간주한다면, 이들에 대한 노예화나 식민지지배는 모든 인간이 평등하고 천부적인 인권을 갖고 있다는 근대적 사고와 양립할 수 없었기 때문이다. 틀림없이 같은 인간인 종의 개념을 다시 인종으로 분류한 다음 인종과 인종 사이에 우열이 있다는 식으로 계층화시키면, 식민지에 대한 폭력적 지배에 대해 야만에 대한 문명의 계몽이라는 의미를 부여할 수 있었던 것이다.[87]

이러한 의미에서 '과학적 인종주의'는 18세기 계몽주의의 평등사상과 제국주의의 불평등한 지배관계라는 모순의 산물이다. 이는 인간의 천부적 인권과 평등을 강조하면서도 그 인간의 범위를 서구의 백인에게 한정하는 불평등 사상이다.[88] 제국주의시대 이전까지 서구인들은 식민지 원주민에 대한 착취와 차별을 문명과 야만, 문화와 종교의 원시성을 통해 정당화하다가, 19세기에는 서구 인종의 우월성을 과학적으로 입증함으로써 제국주의 침략을 정당화하고자 했다. 시민혁명을 통해 자유와 평등의 원리를 보편화한 상황에서 식민지 원주민에 대한 제국주의적 착취와 차별, 노예화는 정당화될 수 없었기 때문이다. 이러한 의미에서 인종주의는 인종차별 프로젝트의 결

---

85) 베네딕트 앤더슨, 2002, 앞의 책, 193-194쪽.
86) 이종일, 2013, 앞의 책, 174-179쪽.
87) 고모리 요이치, 2013, 『인종차별주의』, 44쪽.
88) 이종일, 2013, 앞의 책, 181-182쪽.

과물이었다.

린네는 최초로 피부색, 머리색, 모발모양, 홍채의 색, 코와 얼굴 모양 등 신체적 특징에 따라 인종을 분류하기 시작했다. 녹스는 흑인의 뇌구조와 신체를 해부하고, 이를 백인과 비교함으로써 신체적 열등성을 입증하고자 했다. 녹스는 인종들 사이에는 유전적 우열이 존재하며, 유전인자의 차이 때문에 열등인종이 자연도태상황에 처해 절멸되는 것은 자연의 순리라고 주장했다. 이러한 인종주의적 사고는 모건의 문명진화론, 스펜서가 주장한 사회진화론의 영향하에서 널리 확산되었다. 그리하여 인종들 간의 투쟁이 문명사회의 활력과 진보를 가져오며, 우등인종에 의한 열등인종의 절멸을 통해 인종의 퇴보를 막을 수 있다는 주장이 횡행하기 시작했다.[89] 이러한 관점에 따르면, 인종주의란 "인간은 자연적으로 상이한 신체유형으로 구분되며, 외형적인 각 신체적 특성은 본질적으로 그들의 문화, 개성, 지적 능력과 연관되어 있고, 이들의 유전적 형질에 기초하여 어떤 집단은 다른 집단에 비해 월등하다고 믿는 사고"이다.[90] 이러한 인종주의가 횡행할 수 있었던 것은 그것이 생물학과 해부학 등 과학의 이름으로 포장되었고, 식민지에 대한 제국주의적 지배와 착취를 자연적 순리로 정당화하려는 필요에 부응했기 때문이다.

바우만에 따르면, 인종주의는 상상된 완벽한 현실과 불일치하는 요소들을 박멸함으로써 인위적 사회질서를 창출하려는 실천이다. 인종주의는 특정 범주의 사람들이 어떤 노력을 통해서도 합리화된 이상적 질서 안으로 편입될 수 없다는 확신을 반영한다. 나치의 인종주의는 이러한 요소들을 축출하려고 하지만 그것이 불가능하면, 물리적으로 절멸시키는 전략을 추구한다. 인구의 추세를 능동적으로 관리하는 사회공학은 인간의 생명을 가치 있는 것과 가치 없는 것으로 나누어, 전자는 배양되고 후자는 격리하거나 절멸하는 것이다. 사회공학의 구상에서 인종주의는 현대성의 산물이며, 유대인의 소멸은 완벽한 세계를 실현하는 데 필요한 것이다. 인종주의는 경계선을 긋고 유지하기 위한 집단적 적대감이며, 현대국가의 사회공학적 실천의 결과이다.[91]

그러나 나치즘의 만행이 폭로된 제2차 세계대전 이후 노골적인 인종주의는 더 이상 가능하지 않게 되었다. 유전적 신체형질에 따라 구분되는 인종은 문화적 특성과

89) 이종일, 2013, 앞의 책, 191쪽.
90) Marger, 1994, 이종일, 앞의 책, 219쪽에서 재인용.
91) 지그문트 바우만, 2013a, 앞의 책, 117-144쪽.

아무 관계가 없으며, 인종 간의 우열은 근거가 없다는 주장이 설득력을 갖게 되었다. 그 결과 오늘날의 인종주의는 문화적 담론의 형태를 띠기 시작했다. 현대적 인종주의는 생물학적 우월성보다 민족 간의 문화적 차이를 강조한다. 즉, 민족성과 같은 문화적 차이가 선천적인 운명과 같은 것으로 해석되면서 다른 집단에 대한 배제와 차별을 정당화하는 근거로 활용되기 시작했다. 이제 인종주의는 '문화적 인종주의'라는 형태를 띠기 시작한다.

1970년대 들어 서구사회에서는 실업이 증가하는 가운데 이주민의 수가 늘어나고 이들과의 일자리 경쟁이나 문화적 충돌이 일상화되면서, 문화적 정체성을 기반으로 이주민을 배제하고 차별을 정당화하려는 새로운 움직임이 나타나고 있다. 흔히 외국인에 대한 공포, 혐오, 기피로 번역되는 '제노포비아' 현상은 문화적 차이를 준거로 한 '문화적 인종주의'의 전형적 양상이다. 제노포비아 현상은 "특정의 종족, 민족, 인종이 다른 종족, 민족, 인종에 대해 느끼는 '우리는 너희들과 다르다'라는 정서나 의식에 근거해, 공동체의 정체성 유지나 자기보존을 위해 다른 타자를 배제해야 한다는 정서나 의식"을 의미한다.[92] 이러한 의미에서 새로운 인종주의는 문화적 차이를 절대화한다. 신체적 차이에 기반을 둔 우월성과 지배를 강조하는 인종주의에 비해, 이 문화적 인종주의는 '문화적 차이'를 기반으로 타자를 기피하고 배제하려는 움직임으로 나타난다.[93]

그리하여 현대적 의미의 인종주의는 단순히 생물학적 차이에 준거해 집단 간의 우열을 고정화하고 이를 차별의 정당화 근거로 사용하는 전통적인 의미를 넘어서, '현실적 차이나 가공의 차이에 결정적인 가치를 매기는 것'으로 이를 근거로 자신의 이익을 위해 타자에게 피해를 주고 타자에 대한 공격을 정당화하는 사고나 태도를 의미한다.[94]

그리하여 고모리 요이치에 따르면, 인종주의는 다음과 같은 특징을 갖는다.[95] 첫째, 차이의 '가치매김'이다. 인종주의는 차별받는 타자와 자신의 '차이'를 철저하게 강조하는 데서 시작되는데, 이 차이에 대한 '가치매김'을 일반화하고 확장해 '결정적이고 바꾸기 힘든 것'으로 그려낸다. 차이의 가치매김은 타자의 차이를 부정적인

---

92) 김세균, 2006, 이종일, 앞의 책 222쪽에서 재인용.
93) 이종일, 2013, 앞의 책, 237-240쪽.
94) 고모리 요이치, 2013, 앞의 책, 16-19쪽.
95) 고모리 요이치, 2013, 앞의 책, 20-34쪽.

것으로 규정하고 그와 대비되는 자신의 특징은 긍정적인 것으로 그려내는 형식을 취한다.

둘째, 차이의 가치매김은 일반화·전체화된다. 개인의 특징으로 간주되던 부정적 차이가 집단 전체의 차이로 간주되면서, 특정집단의 차이는 그 집단과 혈통을 같이 하는 모든 사람에게 확대 적용된다. 이제 구체적인 차이는 현실적 차별의 기준으로 활용되어 같은 인간들 사이의 차이는 상대방을 '비인간화'시키기 위한 도구로 전환된다.

셋째, 인종주의에는 상대방에 대한 공격이 내포되어 있으며, 그 공격을 정당화하기 위해 피해자를 희생시킨다. 타자에게 문제나 결함, 부당함이 있다고 강조해야만 타자에 대한 공격을 정당화할 수 있기 때문이다. 인종주의는 차별당하고 공격당한 피해자에 대한 죄책감을 억지로 숨기고 스스로 정당화하려는 충동을 내포하고 있다.

넷째, 자기정당화와 사고의 정지다. 희생자에 대한 폭력과 배제를 정당화하기 위해서 그 불행을 필연으로 간주하고자 하며, 이러한 정당화가 개인의 의지를 넘어 집단적 감정 속에서 이루어진다. 그리하여 부당한 처벌과 제재에 대한 인과관계, 역사적 원인을 생각하지 않으며, 이는 구조적 폭력과 부정에 대한 '개인의 책임을 면책'하는 기능을 수행한다.

다섯째 존재론적 환원이다. 역사적으로 규정된 차별의 구조에서 역사성은 사라지고, 희생자의 불행이 여성, 흑인과 같은 존재조건의 필연적이고 운명적인 것으로 인식된다. 마지막으로 인종주의는 기득권을 옹호하려는 욕망, 존재하지 않는 우월성에 대한 욕망과 깊이 연관되어 있다. 특권을 옹호하기 위한 공격과 폭력은 언제나 죄책감을 야기하기 때문에 정당화가 필요하다. 이러한 마음의 빚이나 죄책감을 없애기 위해서는 차별받는 타자가 자신과 대등한 상대임을 부정해야 한다.

이처럼 인종주의를 생물학적 차이에 기초한 차별적 태도를 넘어 차이에 대한 가치매김으로 인식하게 되면, 인종주의는 세계화시대에 문화적 차이를 차별의 체계로 변화시키는 중요한 논리구조로 자리 잡게 된다. 한국의 경우 근대로의 이행과정에서 민족형성과 민족국가 수립을 위한 노력은 서양과 동양, 백인종과 황인종이라는 인종적 차이에 근거한 문명론적 따라잡기의 양상을 보여 왔다.

2. 한국의 민족주의와 한국인의 정체성

1) 한국의 민족주의

민족, 국민이라는 용어는 서구 Nation의 번역어로 일본을 통해 수입되었고, 애국 계몽시기를 거치면서 문명, 개화, 독립, 인민, 동포, 백성 등의 개념과 혼용되기도 하고 짝을 이루기도 하면서 사용되기 시작했다. 원래 중국에서 민족은 민(民)과 족(族)의 합성어로 백성의 무리, 민의 무리라는 의미였고, 족류(族類)라는 단어가 오늘날의 민족과 같은 동족의 의미로 사용되었다.

그러나 민족이라는 용어가 오늘날의 의미로 사용된 것은 1860년대 후쿠자와 유키치에 의해서였다. 그는 people과 nation 모두를 '국민'으로 번역했다. 메이지유신 이후 일본은 천황을 중심으로 중앙집권적 국가체제를 수립했고 이 체제를 구성하는 사람들을 '국민'이라는 말로 개념화했다. 이때, '국민'은 지배의 대상이 아니라, 정치적 책임을 자각한 집단으로서 새롭게 형성되어야 하는 정치적 범주를 의미했다.[96] 일본에서 nation의 번역어로 '민족'보다 '국민'이라는 용어가 주로 사용되었던 것은 일본의 근대국가로의 이행과정에서 국민의 권리가 보다 더 중요한 이슈였을 뿐 아니라, 홋카이도와 오키나와의 병합으로 일본은 이미 다민족국가의 성격을 갖게 되었기 때문이다. 반면, 중국에서는 전통적으로 화이(華夷)의 구분을 위해 '족류'라는 단어를 사용해왔는데, 근대적 의미에서 민족이라는 말은 1899년 양계초가 처음 사용하였다. 그는 '민족'이란 '동일한 언어, 풍속을 가지고 동일한 정신과 성질을 가지며, 그 공동심(公同心)이 점차 발달하여 건국의 기초를 이루는 것'으로 파악했고, 민족은 국가를 세워야만 국민이 될 수 있으며 그렇지 못하면 국민이 되지 못한다고 주장했다. 이후 민족은 한족 중심의 청조타도, 신해혁명 이후 오족공화(五族共和), 소수민족의 한족으로의 동화가 쟁점화하면서 널리 사용되었다.[97]

우리의 경우, 조선은 중국과 말과 습속이 다른 나라라는 인식이 분명했고, 중국, 여진, 왜, 유구와 구분되는 동국(東國)이라는 인식은 주로 족류(族類)라는 말로 표현되었다. '족류'는 족(族)이 같은 무리, 동족을 의미하며, 다른 종족과의 경계 짓기를 통해 자기 종족의 정체성을 확인하는 단어였다. 동시에 많이 사용되었던 '동포'는

---

96) 박명규, 2009, 앞의 책, 74-75쪽.
97) 박찬승, 2010, 앞의 책, 44-49쪽.

원래 한 부모에서 태어난 형제·자매를 의미하는 말로 '국왕의 은혜를 같이 입고 있는 백성'이라는 의미였다. '국왕이 백성들을 동포, 형제라는 심정으로 보살펴야 한다는 것으로 동포'는 국왕의 애휼과 구제의 대상이었다. 이는 양반과 평민, 심지어 천민까지 포함하는 포괄적 범주였다. '족류'가 외족과의 경계 짓기를 위한 용어였다면, '동포'는 내부의 동질성을 확인하는 용어였다. 근대에 들어 '동포'라는 말이 널리 사용될 때는 애휼의 대상이라기보다 계몽의 대상, 서로 사랑해야 할 형제라는 의미가 강조되었다.98)

근대적 주권을 담지하고 국가공동체의 근간을 이루는 정치적 주체로서의 '국민' 개념은 갑오개혁기『국민소학독본』에 처음 등장하였고, 근대국가 수립을 위한 근대적 '국민 만들기'의 일환으로 사용되었다. '민족'이란 말은 1900년『황성신문』에 처음 등장했을 때 사실상 인종 개념으로 사용되었다. 1906년경『대한매일신보』에서 한반도 주민집단을 가리키는 말로 '민족'이 사용되기 시작했지만, 애국계몽기에 와서도 여전히 '동포'라는 단어가 더 많이 사용되었다.99) 점차 '이천만 민족은 단군 혹은 기자의 자손이자 혈맥과 기운, 고난의 경험, 생사영욕, 이해화복을 같이해온 동포형제'로 강조되면서, '조선의 혼'을 가진 주체, 국권회복의 주체로 설정되어 갔다. 신채호는 동포=국민=민족의 개념 위에서 새로운 국민을 창출하여 근대국가를 세울 것을 제창했다.100)

대한제국시기 '민족'의 개념은 주로 같은 종족, 언어, 문자, 습속을 가진 사람들이라는 문화적 측면에서 주로 이해되고 있었다. 대한제국시기 지식인들이 영토나 법적인 권리와 의무, 경제보다는 국조와 역사, 언어를 강조했다는 점에서, 한국민족주의는 '문화적 민족주의'로 출발했다고 볼 수 있다. 구한말 민족주의는 민족의식의 고취와 민족정신의 보전에 중점을 두었고, 국수를 국조(國祖), 역사, 언어, 종교에서 찾고자 했다. 국조로서 단군은 개국시조, 기자는 조선 유교문화의 개창자로 숭배되었다. 한국사와 역사교육의 중요성이 강조되었고 특히 단군-부여-고구려로 이어지는 고대사가 강조되었다. 문화적 민족주의자들은 언문일치와 국문사용을 통해 문자의 독립이 민족국가의 독립을 나타내는 것으로 인식했다.101)

---

98) 박찬승, 2010, 앞의 책, 50-64쪽; 권보드래, 2004, '동포의 역사적 경험과 정치성'『근대계몽기 지식개념의 수용과 그 변용』, 2004, 114-119쪽.
99) 박찬승, 2010, 앞의 책, 67-68쪽; 박명규, 2009, 앞의 책, 85-88쪽.
100) 박찬승, 2010, 앞의 책, 74-77쪽.
101) 박찬승, 2010, 앞의 책, 105-151쪽.

1908년 『대한매일신보』는 '민족'과 '국민'을 구분하면서 다음과 같이 규정했다. "민족이란 단지 동일한 혈통에 속하며, 동일한 토지에 거주하며, 동일한 역사를 가지며, 동일한 종교를 받들며, 동일한 언어를 사용하면 동일한 민족이라 가히 칭하는 바이다. …… 국민이란 것은 그 혈통, 역사, 거주, 종교, 언어의 동일한 것 밖에 또한 필연적으로 동일한 정신을 가져야 하며 동일한 이해를 느끼며 동일한 행동을 하여 그 내부의 조직이 한 몸의 공결과 흡사하며 그 대외의 정신이 한 병영의 군대와 흡사해야 이를 국민이라 말하나니……."[102] 이 정의에 따르면, '민족'은 혈통, 영토, 역사, 종교, 언어를 공통으로 하는 자연발생적인 종족집단인 반면, '국민'은 객관적인 민족에 더해 정신과 이해, 행동을 같이하는 정치적 주체로서 인식되고 있다.

20세기를 민족 간, 인종 간의 경쟁시대로 파악했던 당시 민족주의자들은 경쟁에서 낙오된 민족은 필연적으로 멸종할 수밖에 없다는 사회진화론을 받아들였고, 민족의 생존을 위해 국민과 민족에 대한 개인의 책임과 헌신을 강조했다. 이들에게 '민족'은 종족적 의미를 갖는 객관적인 것이었지만, '국민'의 정의에는 개인이 국가적 의무에 충실한가 여부가 훨씬 중요했다.

특히 사회진화론은 근대화, 문명론, 민족 개념 형성에 압도적인 영향을 미쳤다. 약육강식과 적자생존을 핵심으로 하는 사회진화론에 따르면, 사회적으로 우월한 자는 환경에 잘 적응해 진화한 결과이며, 열등한 자는 멸종하는 것이 자연법칙이었다. 유길준이 강조했던, 문명국과 개화국, 반개화국, 야만국이라는 문명의 위계화는 인종 담론과 결합하였다. 이러한 시각에서 근대국가 형성에 성공한 일본은 조선의 미래를 투사하는 모델이었고, 조선을 청국으로부터 해방시킨 존재로 간주되기도 했다. 즉, 조선이 문명국으로 나아가기 위해서는 먼저 일본의 단계에 도달해야 했던 것이다. 미국과 일본으로 대표되는 문명국과 개화국이 조선의 모델이자 긍정적 타자였다면, 청나라를 비롯한 반개화국이나 야만은 배제의 대상인 부정적 타자로 설정되었다.[103]

이러한 서구 따라잡기 프로젝트에서 지식인들은 문명한 정부가 우민들을 '국민'으로 개조해야 한다는 것을 늘 강조했다. 인민, 백성은 문명화와 민족에 대한 헌신을 갖춘 '국민'으로 새롭게 태어나기 위해 계몽이 필요한 존재로 간주되었다. 국민이 계몽을 통해 만들어져야 할 대상으로 파악되었기 때문에, 계몽되지 못한 내부의 타

---

102) 대한매일신보, 1908년 7월 30일 '민족과 국민의 구별', 박명규, 2009, 앞의 책 93쪽에서 재인용.
103) 정선태, 2004, '독립신문의 조선, 조선인론' 『근대계몽기 지식개념의 수용과 그 변용』, 171-181쪽.

자를 배제하는 논리는 민족주의 담론에서 주요한 위치를 차지했다.[104] 그리하여 긍정적 민족성은 민족적 긍지의 기반이 된 반면, 부정적인 것으로 간주된 민족성은 경멸과 개조의 대상이 되었다. 문제는 '민족성'이라는 개념 자체가 외부로부터 수입된 것이기 때문에 민족성에 대한 자기인식은 상당 부분 타자의 시선을 내면화하는 방식으로 이루어졌다는 점이다.[105]

신기욱에 따르면, 서구제국주의 위협과 천하체제의 붕괴에 직면한 조선의 지식인들은 새로운 정체성을 구축하기 위해 노력하였으며, 이는 범아시아주의와 민족주의라는 두 가지 근대적 이데올로기로 구체화되었다. 당시 조선의 지식인들은 투쟁의 기본단위, 제국주의에 대한 입장, 민족적 위기에 대한 해결책에서 의견이 달랐다. 범아시아주의는 당면한 세계를 백인종과 황인종 사이의 경쟁의 장으로 보았고, 백인종과의 투쟁에서 일본을 주요한 동맹자로 여겨 한·중·일 삼국의 협력, 황인종의 연대가 조선을 지키는 중요한 관건이라고 보았다. 반면, 민족주의는 세계를 인종 사이의 투쟁이 아니라, 제국주의와 민족주의 사이의 투쟁의 장으로 인식했다. 이들에게 일본은 제국주의적 야심을 지닌 나라이므로 일본과의 동맹은 조선의 주권보호에 전혀 도움이 되지 않는 것이었다.[106]

어떤 인종이 다른 인종보다 더 문명화되었다는 사회진화론이 수입되면서, 동양평화, 아시아주의, 삼국동맹의 이름을 내건 범아시아주의자들은 '인종'을 한국인의 정체성으로 수용했다. 황인종 개념은 주로 한, 중, 일을 포함한 동양을 의미했고, 이들은 서양 백인종의 제국주의 위협에 대항하는 지역적 연대와 협력을 요구했다. 이러한 시각은 갑신정변의 주역들이나 독립협회의 지도자들에게 널리 확산되어 있었다. 1898년 아관파천 이후 인종적 타자인 러시아의 위협 속에 백인종들은 이제 조선에 대한 위협세력으로 간주되기 시작했고, 일본이 이끄는 황인종연합을 통해 이를 막아내야 하는 것으로 인식되었다. 특히 1900년 의화단 사건으로 중국이 분할될 것이라는 정세인식 속에 중국의 재앙이 조선에도 닥칠 것이라는 공포가 명확해졌다. 특히 만주지역에서 러시아의 군사적 위협은 현실적인 것이었고, 을사늑약 이전까지 열강 중에서 상대적 약자이면서 인종적·문화적으로 가까운 일본과의 동맹을 유일한 해법으로 생각하는 사람들이 많았다.[107] 이들은 백인종과 황인종의 전쟁으로 인식된

---

104) 박노자, 2004, '개화기의 국민담론과 그 속의 타자들'『근대계몽기 지식개념의 수용과 그 변용』, 230, 245쪽.
105) 박노자, 2008, '민족의 위대성과 타민족의 정복'『근대한국, 제국과 민족의 교차로』, 56쪽.
106) 신기욱, 2009, 『한국민족주의의 계보와 정치』, 57-60쪽.

러일전쟁에서 서양문명에 대항하는 일본을 지원할 것을 주장했고, 서양의 위협으로부터 지역의 안전을 지키기 위해 일본이 지도력을 발휘해야 한다고 생각했다. 이런 관점에서 러시아제국주의는 백인들의 약탈로 간주되었고 일본제국주의는 황인종의 단결에 대한 배신으로 간주되었다.

범아시아주의자들이 폭넓은 지역적 정체성과 삼국연대를 주창한 반면, 민족주의자들은 사회진화론을 받아들이면서도 인종이 아니라 민족이 새로운 정체성의 토대라고 생각했다. 당시 세계는 일본을 포함한 제국주의와 민족주의 사이의 투쟁의 장이었고, 조선은 세계체제 속의 독립된 주권국가로 간주되었다. 민족주의자들은 민족의식을 고취하고 동서양을 막론한 제국주의세력에 대한 민족적 투쟁을 통해서 조선의 생존이 가능하다고 생각했다. 이들에게 역사는 민족주의를 주입하고 민족의식을 심어주는 핵심적 도구였고, 언어는 한민족 정체성의 결정적 부분이 되었다. 1905년 을사조약 이후 민족주의자들은 민족정체성의 본질을 민족정신으로 파악했다. 신채호는 민족을 하나의 순수혈통으로 이어진 사람들의 정신에서 형성된 유기체로 정의했다. 박은식 역시 민족정신이 민족에서 가장 핵심적 부분이며, 민족국가를 민족의 종족적 토대와 정치적 토대에 상응하는 국혼(國魂)과 국백(國魄)으로 이루어진 유기체로 보았다. 그리하여 비록 나라는 망했지만, 민족의 정신, 정수는 불멸하는 것이며, 이에 기초해 민족을 소생시킬 수 있다고 주장했다.[108]

이처럼 근대적인 민족의식, 국민의식은 다양한 신분계층을 통합하는 구심점으로서의 애국심과, 국권상실이란 외부충격에 대응하는 단위로서의 국가, 혈연적 동포의식을 구성했던 역사적·문화적 경험이 결합하면서 생성되었다.[109] 근대국민국가 형성의 좌절, 식민지체제로의 변화 속에서 신분적 차별과 남녀노소를 벗어나 하나의 국민 만들기 운동이 구체화되었다. 1905년 을사늑약 이후 근대적 민족의식이 구체화되었다면, 식민지시대에 들어서는 망국과 식민통치에 대한 대응을 중심으로 민족주의가 강화되었다.

식민지 상황에서 민족주의는 다양한 형태로 나타났고, 일제하 식민정책의 지도 원리였던 인종주의는 여전히 민족주의의 성격과 양상에 큰 영향을 미쳤다. 조선인들이

---

107) 박노자, 2012, '근대 한국의 인종 및 인종주의 담론: 1890-1910년대' 『개념의 번역과 창조: 개념사로 본 동아시아 근대』, 54-56쪽.
108) 신기욱, 2009, 앞의 책, 61-73쪽.
109) 박정심, 2016, 앞의 책, 53쪽.

문명과 개화로 나아가기 위해서는 우월한 인종의 지도가 필요하다는 논리를 통해 인종주의는 일제의 식민 지배와 동화정책을 정당화했다. 일선동조론(日鮮同祖論)은 조선인이 일본인과 같은 인종에 속한다는 점을 근거로 조선인을 제국의 신민으로 바꾸는 동화정책을 정당화했다. 이제 한국인의 정체성은 성이나 지역, 신분과 무관하게 동질적인 '조센진'의 범주로 재구성되고 제국의 신민으로 규정되었다.110) 식민지 인종주의와 동화정책은 한국민족주의의 성격과 형태를 결정했다. 비타협적 민족주의자들은 같은 피와 선조의 관념을 강조하면서 인종화된 한민족의 독특함과 순수함을 강조했고, 타협적 민족주의자들은 한국의 정체성을 포기하지 않으면서도 한국이 더 큰 동아시아 문화권의 중심이라는 점을 강조했다. 신기욱은 전자를 종족민족주의, 후자를 범아시아민족주의로 호칭하며, 종족민족주의가 계급을 무시함으로써 파시즘과의 선택적 친화성을 지녔고, 범아시아민족주의는 일제의 식민주의 논리를 끌어들임으로써 친일의 구실로 이용되었다고 평가한다.111) 나아가 식민지 민족주의는 계급의 보편성을 주장하는 국제사회주의와의 대립을 통해 그 성격이 규정되었다. 공산주의자들은 민족주의를 부르주아의 계급적 이익을 보편적인 것으로 위장하는 이념이자 세계적 파시즘 운동의 일부로 간주했고, 이에 대해 '피'와 '혼'에 바탕을 둔 종족적 민족주의자들은 격하게 반발했다. 특히 만주의 조선인에 대한 중국 당국의 탄압을 민족문제로 볼 것인가, 계급문제로 볼 것인가는 이들 사이의 주요한 논쟁점이었다.112)

식민지 상황에서, 전투적 민족주의자들이 일본을 적대적 타자로 지목하는 대외적 배제에 주력했던 반면, 온건한 민족주의자들은 우리 내부의 계몽되지 못한 문화적·이념적 타자의 배제를 통한 새로운 국민 만들기에 주력했다. 식민지시대 온건한 민족주의자들은 정치적인 투쟁보다는 민족의 문명적 개조를 최우선의 과제로 삼았다. 서구문명의 시선에서 제기된 '문화'민족론은 서구적 근대성을 보편으로 삼아 조선인을 규정하고 문명화시키려는 민족개조론으로 구체화되었다. 신채호와 같은 전투적 민족주의자들이 서양 중심주의적 시각을 배격하고 민족적 주체성을 강조한 데 비해, 이광수와 같은 온건한 문화민족주의자들은 민족성의 개조를 통한 문명화를 대안으로 제시했다. 민족개조는 민족을 구성하고 있는 각 개인의 개조로 정의되었고, 민족

---

110) 신기욱, 2009, 앞의 책, 78-82쪽.
111) 신기욱, 2009, 앞의 책, 94쪽.
112) 신기욱, 2009, 앞의 책, 95-99쪽.

개조는 도덕적·문화적 차원으로 국한되어 개인적 수양과 문화사업에 집중되었다.[113] 서구화에 방해가 되는 무속인, 점쟁이, 민란주동자, 동학농민, 완고한 유교적 의병, 방랑자, 국가와 민족에 무관심한 개인주의자 등 내부적 타자가 중점적인 배제의 대상이 되었다는 점에서, 민족개조론자들은 외부적 타자의 배제를 핵심으로 했던 서구 민족주의자들과 크게 달랐다. 외부적 타자보다 내부의 타자에 대한 배제를 강조하는 특성을 박노자는 한국민족주의의 내향성이라고 표현했으며, 내부의 적대자 찾기는 한국적 근대 담론에서 중요한 위치를 차지하고 있다는 것이다.[114] 일제의 지배하에서 민족주의자들은 외부적 타자의 배제를 공개적으로 주장하기 어려웠고, 종족적으로 동질적인 조선에서는 개화에 방해된다고 생각되는 자들에 대한 내적 배제가 개화담론의 국민 만들기에서 핵심을 이루었던 것이다.

2) 한국인의 정체성

이처럼 민족주의의 강력한 영향하에 한민족, 한국인이라는 정체성이 형성되었지만, 현재 한국인들이 스스로를 인식하는 정체성은 간단치 않다. 원래 정체성이란 개념 자체가 계급, 종교, 지역, 성 등 다차원적인 속성을 갖는 것일 뿐 아니라, '상징적인 대립'에 근거한 의식적인 소속 규범이라는 점에서 그 의미가 다중적이고 유연한 것이기 때문이다. 사회적 환경과의 상호작용에 따라 집단적 정체성의 범위나 몰입의 정도 역시 변화한다. 특히 사회적 정체성은 '포함'과 동시에 '배제'를 의미하며, 어떤 집단을 다른 집단과 구별함으로써 공고화된다. 문화적 정체성이란 문화적 차이에 근거한 '우리-그들'이라는 구별을 범주화하는 양상이다. 즉, 정체성은 한 집단이 교류하는 다른 집단과 서로 대립하는 관계 속에서 생성된다.[115]

이러한 측면에서 한국인의 정체성 역시 전근대시대 중화문명권 속에서의 문명과 야만의 대비, 근대 이후 서구와의 충돌과정에서 문명의 재규정, 서양과 동양의 대비, 근대화를 위한 인종적 위계의 세계관, 일본제국주의의 침탈과정에서 형성된 조선인과 일본인의 차별, 미군을 통해 유입된 흑인에 대한 인종적 차별, 남북한의 대립 속에서 근대화 프로젝트의 성공에 기반을 둔 대한민국에 대한 자긍심 등 한민족의 역

---

113) 박정심, 2016, 앞의 책, 346-353쪽.
114) 박노자, 2004, 앞의 책, 249-255쪽.
115) 드니 쿠슈, 2004, 앞의 책, 140-141쪽.

사적 경험과 문화적 차이에 기반을 둔 '우리-그들'의 범주화 과정에서 형성된 것이다.

실제 한국인의 정체성이라는 표현 속에는 대한민국 영토 내에 거주하며 한국국적을 소유한 사람, 국적 여부와 상관없이 조상이 한국인이었던 사람과 그 후손, 인종적으로는 한국인과 다르지만 한국국적을 취득했거나 한국인으로 태어난 사람 등 다양한 사람들이 포괄될 수 있다. 역사적으로 한국인의 정체성 인식은 ① 서양에 대비되는 동양, 황인종이라는 인종적 정체성, ② 일본인, 중국인과 대비되는 조선인, 한민족이라는 민족적 정체성, ③ 최근 낙후된 북한과 달리 발전된 대한민국의 국적에 기반을 둔 한국인 정체성 등 다양한 차원에서 접근할 수 있다. 한반도 외부에 사는 동포가 700만 명에 달하고 국내에 거주하는 외국인이 200만 명을 넘어서 국적과 민족, 인종이 정확히 일치하지 않는 세계화시대에 한국인의 정체성은 과거와 같이 혈연, 언어, 영토라는 3가지 요소로 단순히 규정하기 어렵게 되었다.

박노자는 근대 이전부터 조선인과 야만적인 비조선인들을 인종적으로 엄격히 구분하고자 하는 정치적 의지와 강렬한 인종적 감정이 이미 존재하고 있었다고 평가한다. 16-17세기 유교화 과정이 진행되면서, 한국인의 인식 속에 소중화주의가 깊이 뿌리를 내렸고, 문명화된 종족으로서의 조선인과 만주, 일본의 야만인, 금수와 같은 서양의 야만인 사이에 명확한 경계선이 존재했다는 것이다. 일본의 야만인들은 부산의 왜관에 거주하는 것이 허용되었지만, 그로 인한 혼혈인의 출현을 막기 위해 엄격한 통제가 이루어졌다.[116]

1900년대 근대로의 이행과정에서 인종적 분류는 나라 밖 세상을 분석하고 교과서와 같은 매체를 통해 세계를 다음 세대에게 설명하는 가장 중요한 개념적 틀의 하나였다. 지리교과서에서 인류의 인종적 구분은 자연적 환경의 일부로 다루어졌고, 세계의 다섯 인종을 구분하거나 중국은 여섯 인종들(한족, 투르크족, 몽골족, 만주족, 티베트족, 묘족)이 사는 지역으로 서술되었다. 세계의 인종들은 복잡한 위계질서를 이루고 있으며, 동아시아의 황인종들은 변방의 야만인들보다 높은 지위를 가진 것으로 간주되었다. 변방의 오랑캐에 대한 유교적 멸시는 새로 수입된 인종적 세계관, 열등인종의 궁극적 멸종에 대한 사회진화론과 결합되었다. 박노자는 백인 약탈자에 대한 인종적 적개심이 유교적이며 전통적인 화이론의 근대적 버전이었다고 평가한다.[117]

---

116) 박노자, 2012, 앞의 책, 42-44쪽.
117) 박노자, 2012, 앞의 책, 54-56쪽.

정치적으로 인종론과 인종주의는 일본과의 근대적 관계 수립이라는 상황과 관련되어 있었다. 1880년대 개혁가들은 근대화에 성공한 일본에 매료되었고, 인종적 형제관계는 신속한 근대화의 모델을 대표할 뿐 아니라 일본의 제도를 집중적으로 도입하는 것을 정당화해주는 방책이었다. 백인종의 팽창은 이미 1880년대 전 세계적 약육강식의 핵심이자 조선의 가장 심각한 위협으로 간주되었다. 다른 인종보다 우월하다고 여겨진 백인종은 조선인들이 따라잡아야 할 대상이자 동시에 위협을 의미했으며, 조선은 인종적 위계의 피라미드에서 낮은 지위에 있는 열등인종보다 다소 상황이 나은 것으로 인식되었다. 조선인들은 인종적 차이와 위계를 분명히 인식하고 있었고 자신들을 백인종의 공격을 막아내고 백인종 수준으로까지 문명화할 수 있는 의지와 능력을 가진 황인종 집단의 구성원으로 자리매김하고자 했다. 황색인종주의는 전 세계적 차원의 인종적 위계 안에서 조선인들이 장래에는 더 높은 지위를 차지할 수 있을 것이라는 조선인들의 희망을 정당화해 주는 기능을 수행했다. 씨족과 혈연관계가 중시되었던 조선사회는 자연스럽게 백인종이나 황인종의 피를 앞세운 인종주의에 대해 수용적인 태도를 보였던 것이다.[118]

인종적 분류에 의한 한국인 정체성은 곧 순혈주의적인 단일민족주의와 쉽게 결합되었다. 혈통과 역사, 거주, 종교, 언어의 동질성은 민족주의 사학에 의해 민족의 핵심적인 구성요소로 강조되었다. 단군을 숭배하는 국조신앙은 혈연에 기초한 씨족사회 구조와 결합하여 개개인 전체가 단일한 혈통과 역사, 언어를 가진 혈연적·문화적 공동체의 일원이라는 인식을 강화했다. 그리하여 침략자 일본을 타자로 한 조선민족, 국가와 영토의 상실에도 불구하고 혈통과 역사, 민족정신, 언어의 동질성에 기초한 단일민족이라는 신화는 공고화되었다. 고려와 조선은 "단군조선을 계승한 나라"라는 의미에서 "단군의 자손"을 칭했던 것이 이제 단군의 핏줄을 이어받은 혈연공동체라는 의미로 고착화되었다. 여기에는 천황가를 본가로 하고 모든 신민을 천황의 적자로 상정하는 일본의 가족국가관과 일본발 단일민족신화가 크게 작용하였다.[119] 그리하여 조선시대의 문명론적 의미의 단군계승론이 식민지시기에 일본의 단일민족론과 유사한 혈통주의적 의미를 가진 단군자손론으로 변형되었고, 혈통적 동질성을 강조하는 단일민족주의의 성격을 갖게 되었다는 것이다.[120] 혈연을 공동으로

---

118) 박노자, 2012, 앞의 책, 56-67쪽.
119) 한경구, 한건수, 2007, '한국적 다문화사회의 이상과 현실' 『한국적 다문화주의의 이론화』, 84-86쪽.
120) 한경구, 한건수, 2007, 앞의 글, 91쪽.

하는 순혈주의적 단일민족주의는 근대에 출현한 현상인 것이다.

김현미는 '누가 100% 한국인인가'라는 질문을 던지며, 한국인의 정체성에서 '순혈주의'를 비판한다. 그에게 한국인과 외국인의 구분은 누가 '우리'에 속하고 누가 '그들'로 간주되는가 하는 경계 긋기에 다름 아니다. 그는 '한국인은 한국인 부모에게 태어나 한국에서 자라고 한국말을 하는 사람'이라는 순혈주의적 사고에 의문을 제기한다. 그간 우리 사회에서 한국인은 출생지, 혈연, 언어를 기준으로 결정되었으며, 영토적 귀속성, 부계혈연주의, 단일 언어주의라는 세 가지 원칙이 국민정체성의 기반을 형성해왔다는 것이다. 먼저, 혈연을 통해 국적을 획득하는 속인주의 원칙에서는 특정영토나 지역에서 태어나면 자동적으로 국적을 취득하는 속지주의 원칙과 달리, 외국인은 영원한 이방인일 수밖에 없다. 둘째, 부계중심의 가족제도는 주민등록 뿐 아니라 국적 취득과정에서 중요한 문화적 요소이다. 특히 아버지가 외국인인 자녀는 문화적으로 한국인임을 인정받기가 매우 어렵다. 또한 우리 땅과 연결된 강한 소속감은 한반도를 나간 재외동포와 한반도로 들어오는 귀화이주자 모두에게 강한 배타성으로 작용했다.[121]

"진정한 한국인이 되기 위해 어떤 조건이 중요한가?" 하는 물음에 대한 2007년 조사결과를 보면, '생애 대부분을 한국에서 거주'(64.6%)한 것을 제외하고, '대한민국국적 유지', '한국어 사용', '전통과 관습의 준수', '대한민국 출생', '한국인의 혈통', '대한민국의 정치제도, 법 준수'가 88.2%에서 77.5%에 이르는 높은 수준의 응답을 받았다. 동시에 "누구까지를 한국인(한민족)으로 보아야 하는가?" 하는 물음에 대해, '북한주민'(79.7%), '해외동포 1세'(71.7%), '해외입양아'(57.9%), '해외동포 2, 3세'(34.2%), '한국국적 취득 외국인'(28.1%), '한국국적 포기자'(9.1%) 순으로 긍정 응답률이 높았다.[122] 한국인 자격에서 가장 중요한 것이 국적이라고 생각하면서도, 국적을 취득한 외국인에 대해서는 배타적인 태도가 명확했고, 혈통만 같은 해외입양아를 한국인으로 본다는 비중이 높은 것도 시사적이다. 즉, 한국인의 정체성에서 국적이 중요하지만 국적만으로 한국인을 인정받는 것은 아니고, 여전히 혈통이 가장 중요한 요소로 간주되고 있는 것이다.

문제는 정체성이 항상 타자와의 관계 속에서 정의되며, 동일시와 차별화가 함께

---

121) 김현미, 2013, '누가 100퍼센트 한국인인가' 『우리 모두 조금 낯선 사람들』.
122) 한승완, 2014, '한국 국민정체성의 민주적 반추와 통일문제' 『한중일 사회에서의 소수자가족』, 203-204쪽에서 재인용.

작동한다는 점에서, 국민국가 정체성의 이런 원칙들이 이상적인 한국인 기준에 부합하지 않는 사람들을 차별하거나 배제하는 데 사용된다는 점이다. 왜냐하면 "내가 누구인가"라는 정체성은 나와 다르다고 가정되는 타자와의 차이를 강조하거나 확장시키면서 만들어지는 것이기 때문이다. 그리하여 순수한 한국인이 되기 위해서는 영토적 귀속성과 부계혈통의 순혈주의, 언어에 따른 기준을 100% 만족시켜야 한다. 이 중 일부 속성만을 만족하거나 다른 속성을 충족하지 못하면 '한국인'이라는 범주에서 배제되거나 차별대우를 받게 된다. 한국 땅에 살지 않는 한국인은 재외동포, 부모 중 한쪽이라도 한민족이 아니면 혼혈로 구분되고, 한국어를 잘 못하면 반쪽짜리 한국사람으로 간주된다.[123] 이러한 한국인 정체성 속에서는 순혈 한국인과 외국인의 경계에 선 사람들, 예컨대 헌법상으로는 대한민국 국민이지만 상이한 체제에서 70년 이상 떨어져 살고 있는 북한 주민들, 몇 세대에 걸친 이산으로 해당 국가에서 소수민족으로 살아가는 조선족과 고려인, 재일조선인, 대한민국국적을 포기하고 해외로 이주하는 수많은 재외동포들, 몇 세대에 걸쳐 한국에서 살면서도 대한민국국적을 취득하지 않은 화교들, 인종적으로 다른 아시아국가에서 시집와 초국적 가족관계를 유지하는 결혼이주여성들, 20년 가까이 한국에 체류하며 한국인이 되고 싶어 하는 미등록 외국인노동자들은 설 자리가 매우 협소하다.

비슷한 맥락에서 한승완도 남북 간에 점차 시간이 지날수록 체제이질성이 심화되면서, 민족동질성의 균열이 심화되고 있고 '한국인' 정체성이 재구성될 가능성을 지적하고 있다. 한국인 정체성이란 고정되어 있는 것이 아니라 변형되고 있으며, 점차 북한주민과 분리된 '대한민국 국민'정체성이 출현하고 있다는 것이다. 특히 그는 남한 사회의 민주적 국민정체성이 강화될수록 남북한 간의 한국인 동질성이 점차 상실될 것이라고 진단하고 있다. 그는 국민정체성의 형성에서 경계의 구획이 규범적으로 정당한 기준인가, 즉 이방인을 성원으로 받아들이거나 배제하는 기준이 무엇인가에 대해 질문한다. 규범적으로 국민성원권이란 지속적인 공론화와 토론, 최종적으로 법 개정을 통해 실현해가야 할 민주적 반추의 과정이라는 것이다.[124]

이처럼 정체성은 끊임없이 변화하며, 환경과의 상호작용과정에서 새롭게 재구성된다. 문제는 기존의 한국인 정체성이 세계화된 현실, 남북분단이 장기화되는 현실

---

123) 김현미, 2013, 앞의 글.
124) 한승완, 2014, 앞의 글, 206-213쪽.

과 괴리된 채 격차가 커지고 있다는 점이다. 과거 한국인 정체성을 형성해왔던 인종과 부계 혈통의 의미가 약화되고 민주적 정치공동체에 대한 애착이 점차 중요해지는 것처럼, 국민의 경계도 유동화되고 있다. 더 이상 한국인들은 한반도라는 영토적 경계에 갇혀 있지 않으며, 다양한 언어를 구사하고 국제결혼을 하기도 하며, 심지어 국적을 선택하기도 한다. 이제 '한국인', '우리'라는 정체성을 구성해왔던 한국 땅, 한국사람, 한국어의 견고한 범주들의 구속력이 약화되고 있는 것이 현실이다. 한국인의 정체성에서 누가 '우리'를 구성하는가, 우리의 범위를 어디까지 개방할 것인가, 개인이 국적을 선택할 수 있는 자유를 어디까지 인정할 것인가와 같은 국민정체성에 대한 사고도 새로운 성찰을 필요로 하고 민주적 담론과정을 통해 정당화되어야 할 대상으로 변하고 있다.

제3장 지구화와 국제이주

근대로의 이행기, 근대세계가 민족과 민족주의, 인종주의에 의해 특징지어졌다면, 20세기 후반 이후의 세계는 글로벌리제이션(지구화 또는 세계화)에 의해 특징지어졌다. 다문화현상 역시 그 근본적인 원인은 지구화에 따른 국제이주의 증가와 그에 따른 다양한 민족, 종족집단의 접촉과 교류의 증가라는 역사적 상황이었다. 그러나 지구화가 무엇인지, 지구화의 여러 요소 중 가장 핵심적인 것이 무엇인지, 과연 지구화는 전혀 새로운 시대상황을 의미하는 것인지, 그리고 지구화가 국민국가와 이를 기반으로 한 '사회'에는 어떤 함의를 갖는 것인지에 대해서는 모두가 동의하거나 이론적으로 합의된 바가 없다. 어리(Urry)에 따르면, 하나의 지구란 존재하지 않으며, 다만 지구와 글로벌성에 대한 다양한 메타포가 존재할 뿐이다. '지구'에 대한 다양한 메타포가 균질화와 혼종화, 단순성과 복잡성, 포섭과 배제라는 대립적 경향을 포괄하면서, 글로벌화라는 개념을 둘러싸고 경합하고 있다. 지구화는 아주 포괄적이고 광범위한 현상이어서 정치, 경제, 사회, 문화의 다양한 차원들을 포괄할 뿐만 아니라, 각 차원들에서 지구화는 아주 장기간에 걸쳐 불균등하게 진행되어 왔다.

다문화현상과 관련하여 지구화의 가장 중요한 함의는 경제적 세계화가 새로운 국제분업과 생산 재배치, 금융시장의 불안정성을 창출함으로써 사람들 삶의 여건을 근본적으로 바꾸고 있다는 것과, 문화적 세계화를 통해 고립되었던 세계 각 지역들이 서로 조우하면서 문화적 확산과 민족적 정체성 사이의 모순을 만들어내고 있다는 점이다. 한편으로 지구적 경제와 새로운 커뮤니케이션 양식이 확산됨에 따라 국민국가의 영향력이 감소하고, 다른 한편으로 지구적 규모에서 새로운 불평등이 심화되고 있다. 민족국가의 영향력이 약화되는 가운데 오히려 민족적 정체성은 강화되고 있고, 자본은 세계적 규모로 이동하는 데 비해 노동은 특정지역에 고정됨으로써 자본과 노동의 관계가 근본적으로 변화하고 있다. 그럼에도 불구하고 많은 사람들은 세계화의 흐름 속에서 새로운 삶의 기회를 얻기 위해 자기가 태어나 자라온 지역을 떠나 낯선 나라, 다른 지역으로 이주하고 있다. 세계 각 지역은 세계화의 충격으로 자신이 통제할 수 없는 힘에 의해 큰 영향을 받고 있으며, 새롭고 낯선 기술과 사람, 문화에 적응해야 하고, 끊임없이 이동하는 자본의 지배로 인해 현재의 불안정성과 미래의 불확실성, 실존적 불안에 노출되고 있다.

이 장에서는 지구화의 개념과 이론, 역사적 전개, 지구화의 주요한 측면으로서 국제이주의 양상과 주요한 특징을 살펴본다.

1. 지구화

1) 지구화의 개념과 이론

(1) 지구화의 개념

지구화(globalization)란 말이 처음 등장한 것은 1961년이며, 지구화는 1980년대 초반에 와서야 경제학에서 일반적으로 통용되었을 정도로 최근의 현상이다. 그동안 사회학자들은 각 '사회'가 명확한 영토적 경계를 가지고 그 속에서 사람들 간의 사회적 관계와 사회제도가 형성되는 것으로 생각해왔다. 그리하여 '사회'란 보통 국민국가를 단위로 하는 정치적·경제적·사회문화적 단위를 의미하는 것으로 이해되어 왔다. 그러나 지구적 수준의 경제적 상호의존성의 증대와 세계적 규모의 자본이동, 정치적 수준에서 국가 간 상호작용의 확대와 다자체제의 형성, 문화적 세계화와 국경을 넘어선 사람들의 일상적인 이동, 시공간을 넘어서 인터넷을 통한 실시간 접촉 등 사람들의 인식과 활동의 지평은 이미 국민국가의 범위를 넘어서고 있고, 전 세계적 규모에서의 상호작용과 접촉, 사회관계가 발전하고 있다. 이러한 글로벌한 수준에서의 정치, 경제, 사회, 문화적 변화는 국민국가를 단위로 한 '사회'라는 개념에 의문을 제기하고 있고, 많은 이들은 이를 글로벌리제이션(지구화·세계화)으로 규정하고 있다. 이때 글로벌리제이션은 세계의 각 민족이 하나의 사회, 즉 '전 세계적 사회'에 통합되어 가는 과정을 의미한다. 기든스에 따르면, 지구화란 "지리적으로 분산돼 있는 인구집단들이 서로 간에 보다 가깝고 즉시적인 접촉을 하게 되면서, 단일한 운명공동체 혹은 전 지구적 사회를 창출하는 것"으로 간단히 정의될 수 있다.[125]

그러나 전 세계 사회라는 것이 과연 형성되어 있는지에 대해서는 생각이 다를 수 있고 각 민족이나 구성원들이 세계사회에 통합되어 있는 정도도 매우 다르다. 어리에 따르면, 지구(globe)에 대한 이미지는 인간의 직접적 감각에서 나온 것이 아니라 오직 '시각적인 세계 관념'일 뿐이다. '로컬'한 것은 실생활 속에서 세계를 구성하는 요소들과 활동적이고 지각적인 관계를 맺으며 장소를 가르는 경계가 분명한 반면, '글로벌'한 것은 멀리 떨어져 객관적으로 세계를 관찰하는 것으로 여기에는 문화적 해석이 필요하다. 왜냐하면 하나의 지구란 우리의 감각으로는 직접 경험할 수 있는 것이 아니기 때문이다. 지구적 환경 악화란 우리 모두가 하나의 지구에 살고 있으며, 모두가 공동의 위험에 처할 수 있다는 상상력을 전제한다. 이러한 '글로벌한 상상의 공동체'는 다양한 경제적·문화적 과정을 거치며 형성되는 것이다.[126]

최근 지구화의 전개는 다국적 기업의 성장과 국제분업의 새로운 양상, 민족국가의 쇠퇴와 초국가적 무역블록의 형성, 지역경제 및 초국가적 정치기구의 활동, 해외여행 및 이주의 확산, 인터넷의 등장으로 인한 전 지구적 실시간 의사소통을 배경으로 한다. 또한 지구화는 경제적 지구화·문화적 지구화·정치적 지구화 등 여러 차원을 포함하며, 각 차원에서 지구화의 진행은 불균등하게 이루어진다. 따라서 지구화는 단순히 개념적으로 정의할 수 있는 것이 아니라, 지구화의 역사적 과정을 각 차원으로 나누어서 실제로 어떤 상황이 발생했는가를 검토해야 한다.

지구화를 '지구적 상호연결성'이 확장되고 심화되는 것으로 간단히 정의하게 되면, 이는 단순히 최근의 현상이 아니라 전근대시대부터 진행되었던 장기적인 역사과정의 일부이다. 지구화에 대한 역사적 분석을 시도하고 있는 헬드와 맥그루에 따르면, 지구화는 "지역과 대륙을 가로지르며 인간의 활동을 연계하고 확장함으로써 인간사의 조직에 변환을 일으키는 변화의 시공적 과정"이다. 지구화는 "무엇보다 사회

---

125) 앤서니 기든스·필립 서튼, 2015, 『사회학의 핵심개념들』, 동녘, 42쪽.
126) 존 어리, 2012, 『사회를 넘어선 사회학』, 휴머니스트, 63-87쪽.

적·정치적·경제적 활동이 국경을 가로질러 확장되어 세계 어느 한 지역의 사건, 결정, 활동이 먼 지역의 개인과 공동체에 심대한 영향을 미치는 것"을 의미한다. 이때 지구화는 초지역적 상호연결성과 사회적 활동이나 권력 네트워크의 확장, 원거리 행위의 가능성을 구체적으로 표현하는 말에 다름 아니다. 지구화는 국경 간 연결이 규칙적으로 이루어짐으로써, 상호연결성과 상호작용의 유형, 세계질서를 이루는 흐름이 강화되는 것이다.[127) 이런 방식으로 지구화를 접근하는 것은 지구화를 인간역사의 오랜 과정의 일부로 파악하는 것이며, 여기에서는 장기간의 역사를 통해 그 범위와 강도, 속도가 어떻게 변화되는가를 분석하는 것이 주요한 관심이 된다.

반면에 코헨과 케네디는 지구화가 오랜 역사적 기원을 가진 장기간의 과정이라는 점에 동의하지만, 세계의 각 민족이 하나의 전 세계적 사회로 통합되어 가는 과정이라는 점에서 비교적 새로운 현상이며, 분석적으로 6가지의 구성요소를 포함하는 것으로 정의한다. 지구화의 6가지 구성요소는 ① 공간과 시간 개념의 변화, ② 늘어나는 문화교류, ③ 세계인구가 직면한 공통의 문제들, ④ 상호작용과 상호의존의 증대, ⑤ 초국가적 행위자와 조직의 네트워크 강화, ⑥ 지구화의 모든 차원 사이에 발생하는 동시성과 동조화가 그것이다. 나아가 이러한 지구화의 양적 증가는 세계를 하나의 공간으로 인식하는 '지구성'(globality)을 출현시킨다는 것이다. 이 지구성은 '인류' 전체가 자신들을 하나의 존재로 집합적으로 인식하는 것, 문화적 다양성을 인정하는 다문화, 초국가의식의 성장, 사회적 행위자로서 성찰성의 확대, 로컬과 글로벌의 상호침투가 증가함에 따른 정체성의 확대라는 양상을 띠고 나타난다.[128) 지구화가 이렇게 6가지 구성요소를 포함하고 '지구성'이라는 새로운 인식을 수반하는 것으로 정의된다면, 이는 분명히 20세기 후반의 새로운 역사적 현상을 지칭하는 것이다.

코헨이 말하는 지구화의 6가지 구성요소를 자세히 살펴보면 지구화의 특징과 구체적인 양상을 알 수 있다. 먼저, 공간과 시간 개념의 변화다. 그들은 로버트슨을 따라 문화와 세계가 함께 모이고 상호작용이 증가하는 현상을 '세계의 압축'으로 정의한다. 로버트슨은 개념으로서의 지구화란 "세계의 압축이자 동시에 '전체로서의 세계'에 대한 의식"을 의미한다고 정의한다. 이는 현대 세계를 하나의 공간으로 인식하는 것이다. 로버트슨은 전 지구적 단일성으로 향하는 움직임이 비교적 최근 역사

---

127) 데이비드 헬드·앤서니 맥그루 외, 2002, 『전 지구적 변환』, 창비, 35-38쪽.
128) 로빈 코헨·폴 케네디, 2012, 『글로벌 사회학』, 83-99쪽.

에서 나타난 독특한 현상이며, 지구화가 탈근대성뿐 아니라 근대성, 근대화와 밀접히 연관되어 있다는 점, 세계화가 장기적이고 불균등하며 복잡한 과정이라는 점을 강조한다.[129] 전근대사회에서의 공간이 단단한 로컬리티를 기반으로 한 반면, 이제 세계는 점점 하나의 장소, 하나의 체제로 되어간다. 코헨과 케네디에 따르면, 시공간에 대한 이해를 바꾸게 된 중요한 역사적 변화들은 유럽에 의한 세계 탐험과 대항해, 코페르니쿠스 이론, 원근법의 발명, 인간중심적 사고방식의 등장을 의미하는 르네상스, 활자 인쇄의 보급, 기계시계의 등장, 산업화와 결합된 운송기술의 혁명 등을 포함한다. 특히 1850년대 증기선과 20세기 항공기, 대형화물선의 출현으로 사람과 재화의 이동이 급진적으로 증가했다. 동시에 기술지식의 성장에 따라 세계의 공간과 시간은 보편적이고 규격화된 단위로 측량, 구분할 수 있게 되었다. 그 결과 시간과 거리에 따른 인간 활동의 제약이 크게 완화되고, 공간과 시간을 자유롭게 조작하고 통제하는 것이 가능해졌다.

둘째, 문화적 흐름의 증대이다. 현대의 상업화된 문화는 매스-미디어의 출현과 소비형 생활양식의 보급과 긴밀하게 연결되어 있다. 사람들의 접촉이 늘어나면서 문화적 상호작용은 문화적 의미와 지식에 관한 우리의 지식을 변형시키고 시야를 확장시켰다. 과학과 관련된 추상적 지식이 전파되고 공교육을 통해 대중의 의식이 성장했다. 그 결과 문화적 의미를 원래의 사회적 문맥으로부터 분리시켜 다른 사회에 이식하는 것이 가능해졌다. 또한 외부사회로부터의 문화적 경험은 수많은 정보원으로부터 온 대량의 단편적 의미들에 신속하게 접근하는 것을 가능하게 했다. 특히 텔레비전과 영화를 통해 접하는 시각적 이미지들은 다른 사회의 생활양식에 대한 윤곽을 제공하고 다른 민족의 문화에 대한 인식을 확장시켰다. 전자적인 매스-미디어는 많은 사람들에게 빠르고 광범위하게 영향을 미치고 같은 경험을 공유할 수 있게 만들었다.

셋째, 세계 공통의 문제들이 증가하고 있다. 2001년 9·11사태, 2003년 이라크침공, 2008년 금융위기, 2010년 후쿠시마 원전폭발은 세계인구가 공통으로 경험한 역사적 현상들이다. 이러한 세계적인 문제는 글로벌한 해결방법을 요구한다. 1986년

---

129) 여기서 '전체로서의 세계'란 제국주의 헤게모니와 국가 간 동맹, 보편적 프롤레타리아트의 승리, 조직화된 종교의 글로벌화, 세계정신, 자유무역사상의 지배, 세계연방운동, 무역회사의 세계적 승리 등 여러 가지 방식으로, 세계가 단일한 체제(singular system)가 되었음을 의미한다(로버트슨, 2013, 『세계화: 사회이론과 전 지구적 문화』, 한국문화사, 18-21, 91-95쪽).

체르노빌의 방사능 낙진, 2008년 금융시장 투기로 인한 국내 통화위협, 동북아 미세먼지와 같은 환경문제, 지구온난화에 따른 해수면 상승, 국제적인 마약밀매, 국제적 테러리즘 등은 개별 국가의 힘만으로는 해결할 수 없는 지구 공통의 문제가 되고 있다.

넷째, 상호작용과 상호의존의 급속한 확대에 의하여 지역과 국가, 기업, 사회운동, 전문가 등 다양한 집단들 간의 초국적 교류와 연대의 네트워크가 만들어지고 있다. 이러한 네트워크들은 인터넷에 의해 강화되면서 사회적 관계를 결정한다. 네트워크는 이들은 국경을 넘어 확산되며, 각국의 문화와 경제는 상호침투하기 시작한다. 지식의 흐름이 증대하면서 상호연결의 효과는 '로컬'한 것과 '글로벌'한 것의 경계를 소멸시키고 있다.

다섯째, 초국가적 행위자와 조직네트워크가 강화되고 있다. 초국적기업의 국제적 힘과 영향력이 증가하고 있으며, 이들은 국경을 넘어 생산과 투자활동을 국제화함으로써 상호의존적 세계경제를 만들어내고 있다. 이미 글로벌한 금융시장이 전 세계 경제를 실시간에 연결시키고 있다. 동시에 국제연합(UN)이나 국제노동기구(ILO) 등 국제기구의 영향력이 확대되고 있으며, 노동·환경단체, 평화운동을 비롯한 국제적 비정부기구, 글로벌한 수준의 사회운동, 국제 난민과 일부 민족 집단의 디아스포라 현상이 지속되고 있다. 많은 사람들이 비즈니스나 해외여행, 이민을 통해 다른 나라에 체류하고 있으며, 이 과정에서 체류국가에 자신들의 문화와 생활양식을 전파하고 초국적 수준의 가족관계와 사회적 유대를 형성하고 있다.

여섯째, 경제, 기술, 정치, 사회, 문화의 각 측면에서의 지구화 경향이 결합하여 서로 다른 차원에 영향을 미치고 있다. 국제 금융시장의 변동이나 세계적 규모의 생산 재배치 현상은 국민국가의 정치적 영향력을 약화시키고 있다. 국민국가의 정치적 의사결정이 초국가적 행위자의 영향을 받게 됨에 따라, 국민국가 단위의 민주주의가 위협을 받으며 그에 따라 반세계화를 요구하는 사회운동도 확대되고 있다. 정보기술 혁명으로 전 세계적 규모에서 문화적 세계화가 진행되면서, 이에 저항하는 민족적 정체성이 강화되고 있다. 동시에 서로 다른 나라 시민들의 협력을 촉진하기 위한 노력이 확대되고 세계시민사회에 대한 지향이 강화되고 있다.[130]

---

130) 이상의 6가지 구성요소는 로빈 코헨·폴 케네디, 『글로벌 사회학』, 83-99쪽을 요약한 것임.

(2) 지구화의 이론들

위에서 대략적으로 스케치한 지구화의 모습에 더해서, 많은 사회학자들은 지구화를 추동하는 힘이 무엇인지, 왜 갑자기 1970년대 이후 지구화가 보편적 현상이 되었는지, 지구화가 근대성과 어떤 관계를 맺고 있는지, 또 지구화의 지역적·사회적 함의가 무엇인지에 대해 논의해왔다.

이러한 사회학자들의 논의는 몇 가지로 요약될 수 있다. 첫째, 지구화는 근대성의 새로운 양상, 근대성, 탈근대성(Post-Modernity)과의 관련 속에서 해명되어야 한다는 것, 둘째, 근대성의 맥락에서 지구화는 사람들의 감각경험에서 시간과 공간에 대한 새로운 경험을 수반한다는 것, 셋째, 지구화를 추동하는 가장 강력한 힘은 자본주의의 재구조화 과정이며, 자본에 의한 시공간 지배가 그 진정한 본질이라는 것, 넷째, 지구화가 현실적으로 가능하게 된 것은 정보기술혁명이라는 물질적 하부구조의 뒷받침이 있었기 때문이라는 것, 즉 지구화는 정보기술혁명이라는 물질적 변화 속에서 커뮤니케이션 양식의 근본적인 변화에 의해 영향을 받고 있다는 것, 다섯째, 지구화가 지역사회에 미친 충격이 대단히 크며, 특히 국민국가의 영향력을 감소시키면서 국가의 기능과 역할에 큰 변화를 초래하고 있다는 것, 여섯째, 지구화가 노동과 자본의 관계를 급격히 변화시켜, 지구적 규모의 새로운 불평등을 만들어내고 있다는 것등이 사회과학자들의 주요한 논점으로 제기되었다.

(ㄱ) 앤서니 기든스의 '원거리 행위'

먼저, 오랫동안 근대성(Modernity)문제를 천착해온 사회학자 앤서니 기든스는 일찍이 『모더니티의 결과들』에서 근대성에 대한 제도적 차원의 분석을 시도했다. 그는 근대적 제도를 ① 자본주의, ② 산업주의, ③ 국가감시체계, ④ 군사적 체계라는 4가지 제도적 차원으로 제시했다. 먼저, 자본주의는 상품생산체계로서 자본의 사적 소유와 임노동 관계를 중심으로 하는 경제제도이다. 자본주의는 경쟁과 확장성으로 인해 혁신을 추구하며, 경제와 정치의 분리를 특징으로 한다. 둘째, 산업주의는 무생물 자원을 상품생산의 동력원으로 활용하며 생산과정에서 기계가 중심 역할을 담당하는 제도이다. 셋째 국가의 행정적 집중화는 정치적 영역에서 지배받는 주민들의 행위를 감독하는 발달된 감시능력, 즉 정보에 대한 통제와 사회적 관리를 통해 이루어

진다. 넷째 군사적 힘은 전쟁의 산업화와 관련된 폭력수단의 통제를 의미한다.[131]

기든스에게 중요한 것은 근대성이 본래부터 글로벌한 현상이라는 점이다. 그는 하나의 제한된 체계로서의 '사회'를 대신해, 사회적 삶이 시간과 공간에 걸쳐 어떻게 배열되는가에 관심을 기울이며, 지역적 참여와 원거리 상호작용 사이의 복잡한 관계를 다루었다. 근대시기에는 지역적 사회와 원거리 사회형태 및 사건들 사이의 관계가 확대된다. 지구화란 상이한 사회적 맥락과 지역들 사이의 연계가 지구 전체에 걸쳐 네트워크화 되어, 지역적인 것과 원거리의 것들 사이의 관계가 확장되는 '과정'에 다름 아니다. 그에게 지구화란 "아주 멀리 떨어진 다른 곳에서 일어난 일들에 의해 특정한 지역적 사건들이 발생하는 방식으로, 멀리 떨어진 지역들(localities)을 서로 연결시키는 세계적 사회관계(worldwide social relations)의 심화"로 정의된다.[132] 특정한 행위자의 행동은 멀리 떨어진 타자의 행동에 심대한 결과를 낳게 되며, 지역적 사건의 발생이나 지역적 변화는 그것과는 아무 관련도 없어 보이는 다른 지역에서 발생한 어떤 사건에 의해 결정되는 지구화 과정의 일부일 뿐이다. 지구화된 사회관계의 발전 속에서 민족국가는 삶의 큰 문제를 다루기에는 너무 작고, 삶의 작은 문제를 다루기에는 너무 큰 것이 되어버렸다.[133]

그는 근대성의 4가지 제도적 차원에 비추어, 지구화를 각각 ① 세계자본주의 경제, ② 국제적인 노동 분업, ③ 민족국가체제, ④ 세계 군사질서라는 4가지 차원으로 구분한다. 먼저, 세계경제에서 권력의 핵심은 자본주의적 경제기업이 생산의 주된 형태를 이루는 자본주의국가다. 민족국가가 지구적 정치질서 안에서 중요한 "행위자"라면, 다국적기업들은 세계경제 안에서 지배적인 주체들이다. 다국적기업의 영향력 확대는 시장의 지구적 확장을 가져왔다. 한편 정치적 지구화 과정의 변증법적 성격은 '국가 간 체제'에 내재한 중앙집권화 경향과 특정국가의 주권 사이의 "밀고 당김"에서 나타난다. 국가들 간의 조정으로 인해, 개별국가의 주권은 감소하지만 국가체제 내부에서 국가의 영향력은 증가한다는 것이다. 지구화의 셋째 차원은 세계적인 군사질서인데, 전쟁의 산업화와 국가들 간의 동맹이 중요한 역할을 한다. 넷째 차원은 산업 발전으로 글로벌 노동 분업의 확대와 기계기술의 전 세계적 확산이다. 제2차 세계대전 이후 노동 분업에서 지구적 상호의존성이 크게 증가했다. 지구적인 경

---

131) 앤서니 기든스, 1991, 『포스트-모더니티』, 민영사, 67-71쪽. *The Consequences of Modernity*, 1990.
132) Anthony Giddens, 1990, *The Consequences of Modernity*, pp.63-65.
133) 앤서니 기든스, 1991, 앞의 책, 75-76쪽.

제적 상호의존성이 가속화됨에 따라, 개별 국가들이 자신의 경제문제를 다루기 어려워지고 있다. 또한 기계기술의 전 세계적인 확산은 우리가 하나의 세계에 살고 있다는 느낌을 강화한다. 이는 한편으로 지구 전체에 걸친 생태학적인 변화와 같은 부정적 영향으로 나타나기도 하고, 커뮤니케이션 기술의 변혁을 통해 문화적 지구화 현상을 초래하기도 한다. 기계화된 커뮤니케이션 기술은 근대적 성찰성의 본질적 요소이며, 근대를 전통으로부터 분리시키는 필수적 요소다. 왜냐하면 근대적 제도의 지구적 확장은 뉴스로 표현되는 지식의 공동소유 없이는 불가능하기 때문이다.[134]

(ㄴ) 데이비드 하비와 지그문트 바우만의 '시공간압축'

데이비드 하비는 『포스트모더니티의 조건』에서 포디즘으로부터 '유연적 축적체제'로의 변화가 시간과 공간에 대한 경험을 매개로 포스트모더니즘과 어떤 관계를 맺고 있는가를 분석한다. 그에게 진보는 공간의 정복, 모든 공간적 장벽의 철폐, '시간을 통한 공간의 괴멸'을 수반하며, 진보의 개념 속에는 공간이란 우연적인 범주에 불과하다.[135] 그에 따르면, 개인은 공간 위를 이동함으로써 시간을 소비하는 기획에 참여하는 주체이다. 개인의 일대기는 시공간 속 삶의 경로를 통해 추적할 수 있는데, 시간이라는 한정된 자원과 거리의 마찰(거리 극복에 소요되는 비용)이 개인의 일상적 이동을 제한한다. 개인의 정체성은 경험을 통해 형성되는데, 이 경험에 대한 틀을 제공하는 것이 공간과 시간의 상징적 질서라는 것이다. 그는 자본주의사회에서 "화폐, 시간, 공간에 대한 지배"가 이윤추구의 결정적 요소로서 실질적인 사회적 권력을 형성한다고 주장한다. 화폐의 가치는 사회적 노동시간에 의해 규정되며 무역과 교환은 공간이동을 수반하기 때문에, 상인들은 공간이동에 소요되는 시간에 따라 노동시간의 가격을 부여하였다는 것이다. 사회생활의 여러 관계들이 화폐화되면, 시간측정은 '기계적 시간'으로 단일화된다. 동시에 지도는 공간을 사적으로 활용할 수

---

134) 앤서니 기든스, 1991, 앞의 책, 81-88쪽. 기든스는 지구화에 대한 논의를 국제관계이론과 월러슈타인의 세계체제이론으로 구분한다. 전자가 세계화의 한 차원인 국가들의 국제적 조정, 민족국가체제의 단일화만을 강조하는 반면, 후자는 세계경제와 세계체제를 구분하지만, 근대로의 이행을 오직 자본주의의 변화에서만 찾고 있으며, 중심-반주변부-주변부의 구분은 정치적·군사적 차원을 고려하지 못한다고 비판한다. 월러슈타인에 따르면, 지리적으로 광범위한 지역에 걸친 경제적 연계의 네트워크들인 '세계경제들'은 근대 이전부터 존재해왔던 반면, 세계체제는 지난 3-4세기에 걸쳐 발전된 것이다. 월러슈타인에게 자본주의는 처음부터 '자본주의 세계경제'(world capitalist economy)였다. 자본주의는 정치적 질서가 아니라 중심-반주변-주변의 세 부분으로 구성된 경제적 질서였기 때문에 처음부터 글로벌화의 영향력을 갖고 있었다.
135) 데이비드 하비, 1994, 『포스트모더니티의 조건』, 한울, 249-255쪽.

있게 만들며, 구체적인 상품의 교환은 입지 변동과 공간 이동을 수반한다. 자본에게 효율적인 공간조직과 사회적으로 필요한 회전시간의 단축은 이윤추구의 본질적 규범이다. 그 결과 자본회전시간이 가속화되면서 시간이용을 둘러싼 노동과 자본 사이의 투쟁이 만성화되고 즉흥성과 순간성이 강조된다. 공간경험에서도, 자본에게는 세계시장을 창조해 공간의 장벽을 줄이려는 노력, 즉 '시간을 통해 공간을 괴멸'시키려는 동기가 항상 존재하며, 이는 생산(분업과 공간의 집적)과 유통(교통과 통신), 소비(거주지 분화와 집합적 소비)의 효율적인 구도로 공간조직을 합리화하려는 것이다. 이 때문에 공간적 장벽을 제거하는 혁신이 자본주의 역사에서 매우 중요하며, 철도와 전신, 자동차, 라디오와 전화, 항공기와 텔레비전, 전자통신혁명이 이를 수행했다.[136]

철도와 전신이 등장하기 전에는 자본과 노동의 공간지배력이 크게 다르지 않았다. 자본축적은 공간의 지리적 토대를 변화시킴으로써 끊임없이 사회적 권력을 해체하며, 권력관계를 재구성하기 위한 투쟁은 공간적 토대를 재조직하기 위한 투쟁으로 나타난다. 자본은 파편화된 공간을 조정하고 자본주의의 역사적 시간을 세계적 규모로 확장함으로써 노동과 사회운동의 저항을 극복한다.[137] 특히 1850년 이후 해외무역과 투자의 증가, 제국주의 경쟁을 통해, 주요 자본주의 열강은 세계주의(globalism)로 나아갔고, 세계의 공간은 탈영토화되고 제국주의 지배의 편의에 따라 재영토화되었다. 교통과 통신의 혁신을 통해 상대적 공간이 완전히 변모했고, 공간의 내용도 근본적으로 재정비되었다.[138]

또한 '유연적 축적'으로의 이행에 따라 생산에서 회전시간이 가속화되고 교환과 소비부문의 가속화가 진행되면서, 즉흥성과 순간성이 강조된다. 즉흥성은 어떤 장기적인 계획에 참여하는 것을 어렵게 만들며, 모두가 단기적 이득에 치중하면서 '순간적 이미지'의 상품화가 확대된다. 또한 통신비용과 통신시간이 거리와 무관해짐에 따라 '시간을 통한 공간의 괴멸' 과정은 가속화된다. 공간 장벽이 감소하면, 내용적으로 공간 차별화를 통해 이윤을 추구하려는 움직임이 증가한다. 공간장벽이 제거될수록 공간 내 차이에 대한 자본의 민감도가 높아지며, 자본을 유인할 수 있도록 장소를 차별화하려는 동기도 강화되기 때문이다. 그리하여 고도로 통합된 자본흐름의

---

136) 데이비드 하비, 1994, 앞의 책, 261-285쪽.
137) 데이비드 하비, 1994, 앞의 책, 291-293쪽.
138) 데이비드 하비, 1994, 앞의 책, 322쪽.

세계적 공간경제 속에서, 분절화, 불안정성, 순간적인 불균등 발전이 진행된다는 것이다.[139)

그는 "시간/공간 압축"(time-space compression)이라는 개념을 통해 포스트모던의 조건을 강조한다. 하비에 따르면, 시공간 압축이라는 개념은 "공간과 시간의 객관적 성질들이 아주 급격하게 변화하여 우리가 세상을 표현하는 방법을 근본적으로 바꾸어야 하는 과정"이다. 자본주의의 역사는 생활의 속도를 가속화하면서 공간적 장벽을 극복하는 능력을 증대시켜 왔는데, 그는 이를 "압축"이라는 말로 표현한다. 즉, '시공간 압축'의 주체는 자본주의이며, 이 용어는 자본주의가 삶의 속도를 가속화하고 공간의 장벽을 극복하는 과정을 표현하는 말이다. 이제 공간은 정보통신으로 결합된 지구촌, 경제적·생태적으로 상호 의존하는 우주선 지구호로 축소되고, 시간지평은 지금 모든 것이 존재한다고 할 정도로 짧아진다.[140) 이처럼 하비에게 '시공간 압축'은 단순히 근대로부터 포스트모더니티로의 이행과정에서 '지구화'를 의미하는 것일 뿐 아니라, 자본에 의한 시공간 지배, '시간에 의한 공간의 괴멸'이라는 자본주의 역사의 맥락에서 새로운 시대적 특징을 포착하는 개념인 것이다.

바우만 역시 시간/공간의 개념을 중심으로 '공동체'와 '지구화'의 차이를 설명한다. 바우만에 따르면, 시간과 공간은 행동을 계획하고 계산, 실행하는 데 항상 서로 연관되어 있는데, '거리'란 도달하는 데 필요한 시간에 달린 것이기 때문이다. '공동체'는 대개 물리적으로 근접한 사람들끼리 서로 알고 지낸다는 개념과 관계있으며, 인간이 움직일 수 있는 경계라는 공간에 국한된 것이다. 공동체의 '내부'와 '외부'란 '여기 현재'와 '저기 먼 곳'의 차이에 다름 아니다. 일상적인 커뮤니케이션 상호작용이 이루어지는 거리가 공동체의 경계를 나타낸다.[141)

그에게 지구화는 시간/공간 압축, 즉 시간에 의해서 공간이 절대적으로 무화(無化)되는 것이다. 지리적 경계가 유지되기 어려운 현실세계에서 거리는 그것을 극복할 수 있는 속도에 따라 다양하게 변화하다. 거리는 객관적이고 물리적으로 주어진 것이 아니라 사회적 산물이기 때문이다. '거리'란 가까운 사람/사물과 먼 사람/사물 사이의 차이에서, 그리고 다른 사람들보다 어떤 사람들이 더 가깝다고 느끼는 경험에서 비롯되는 것이다. 근대화는 국가가 지배하는 초공동체적 세계, 공동체의 범위를

---

139) 데이비드 하비, 1994, 앞의 책, 346-360쪽.
140) 데이비드 하비, 1994, 앞의 책, 294쪽.
141) 지그문트 바우만, 2011, 『사회학적으로 생각하기』, 69-87쪽.

넘어 국가의 행정 권력이 관리할 수 있는 투명한 세계를 만드는 것이다.[142]

나아가 정보의 소통은 물리적인 육체적 움직임을 필요로 하지 않게 되었으며, 정보들이 인간의 육체와 전달대상으로부터 벗어나 독립적으로 움직일 수 있게 되었다. 과거의 공동체는 지역 내부에서의 즉각적인 의사소통에 비해 지역들 사이의 의사소통 및 정보교환에 걸리는 시간이나 비용이 컸기 때문에 존재할 수 있었다. 그러나 공동체 내부의 의사소통과 공동체 사이의 의사소통이 모두 즉각적으로 이루어지는 현실에서, 지역적 규모와 지구적 규모의 정보소통에 드는 비용차이가 거의 없어졌다. 공간은 인간 육체의 자연적 제약으로부터 해방되었다. 따라서 공간을 조직하는 것은 기술의 능력, 행위의 속도, 기술사용을 위한 비용의 문제였다.[143] 오늘날 정보는 지역적 연결로부터 벗어났다는 의미에서 '전 지구적'이다. 문제는 속도이다. 시간은 상품화되고 속도는 경제적 가치가 된다. 권력은 글로벌하게 탈영토성을 보이면서 특정한 장소에 얽매이지 않고 예고 없이 떠날 준비를 늘 하고 있다. 지구화는 누구도 통제할 수 없는 과정이다. 질서는 국경 내에서 작용하는 반면, 지구화는 국경을 넘나든다.[144] 이 지구적 정보네트워크에 의해 형성된 공간에는 공간적 요소가 결여되며, 단일한 시간성 속에서 정보의 즉각적 확산이 이루어진다.

(ㄷ) 존 어리의 '이동'의 사회학

시공간 압축은 근대 이후 이동성의 증가에 의해 가속화되었다. 어리에 따르면, 근대의 이동은 교통운송수단, 전자매체의 혁신에 의해 구조화된 것이고, 실제의 이동과 상상의 여행은 우리의 세계 감각을 변용시킨다. 먼저, 철도는 기존의 자연-시간-공간의 관계를 뒤바꾸고 근대 세계에서 '파노라마적 지각'이라는 독특한 경험을 산출했다. 철도가 깔리면 서로 맞물리지 않았던 각 지역의 시간이 표준시로 일체화된다. 철도는 독자적인 공간을 창출해 모든 지방은 더 이상 공간적으로 분리될 수 없게 된다. 자동차 역시 생산, 소비, 유통, 입지, 사회성의 총체적 세계를 낳았다. 자동차 이동은 직장, 가족생활, 여가에서 기회와 제약을 재편하며, 좋은 삶에 대한 이미지와 상징으로 소비된다. 자동차 이동은 자유의 원천이면서 집과 직장, 집과 여가를

---

142) 지그문트 바우만, 2003, 『지구화, 야누스의 두 얼굴』, 한길사, 33-87쪽.
143) 지그문트 바우만, 2003, 앞의 책, 47-67쪽.
144) 지그문트 바우만, 2011, 『사회학적으로 생각하기』, 173-194쪽.

분리해 가족을 분산시킨다.

둘째로 텔레비전은 상상의 여행을 가능하게 한다. 텔레비전은 온갖 정보와 오락거리를 제공하며, 방송흐름은 하루를 주기로 코드화된 시간을 만들어낸다. 텔레비전은 생중계되는 사건을 소비하며 한 사람이 동시에 두 장소에 있을 수 있도록 만든다. 라디오와 텔레비전은 한 가정이 저 너머의 세계와 교류할 수 있도록 공간성을 변용시킨다. 텔레비전을 통한 상상의 여행은 저 멀리 떨어진 곳에서 일어나는 사건을 거실로 들여와 일상을 바꾼다. 그 결과 우리는 수많은 사건과 경험을 타자들과 공유한다고 상상하며, 일종의 상상의 공동체를 형성한다. 또한 컴퓨터와 인터넷은 물리적으로 이동하지 않고도 타자와 함께 살아갈 수 있게 한다. 사이버공간은 마찰도 없고 시간도 소요되지 않으면서 이동하는 느낌을 제공한다. 사이버공간에서 대상은 데이터나 순수한 정보로 구성되고, 컴퓨터를 통해 세계적 규모의 네트워크가 만들어진다. 사이버공간에서 사람들은 어떤 특정한 장소에 사는 것은 아니며, 그곳은 이동뿐인 공간이다.[145]

이처럼 실제적 운동수단의 혁신, 텔레비전과 전자정보통신 수단의 발전은 사람들에게 거리를 극복하고 이동에 대한 물리적 장벽을 제거함으로써 공간과 시간 개념을 변화시킨다. 시간의 차원에서는 '글로벌한 현재'와 '순간적 시간'이 확장된다. 미디어를 통해 멀리 떨어진 곳에서 일어난 사건이 일상적 경험 속으로 침투해 들어오고 '글로벌한 현재'가 생산되어 순식간에 사람들은 이곳저곳을 옮겨 다닌다. 어리는 이를 '순간적 편재'의 세계라고 부른다. 텔레비전을 보는 사람은 수시로 채널을 바꾸면서, 각각의 이미지는 잠시 지속될 뿐 이미지 사이에는 어떠한 개연성도 없다. '선형적 시간 개념에 근거한 능력보다 시간의 동시성'에 근거한 멀티미디어 능력이 더욱 중시된다. 전자통신이 구현하는 속도로 인해 점차 즉각적 대응이 요구되면서 미래는 현재 속으로 융해되어 간다. 사회생활에서 속도 감각이 가중되며 이 감각은 시간과 공간의 분명한 거리를 대체한다. 미래는 점차 가까워지고 있고, 미래에 대한 장기적 계획이나 꿈을 갖기 어려워진다.

또한 대량소비의 패턴이 다양하고 분절된 패턴으로 변화되면서, 사람들마다 점차 시간이 달라지고, 오직 '순간적 시간'만이 중요해진다. 정보와 아이디어를 순식간에 전송하고 전 세계에서 동시에 접속할 수 있게 되면서, 정보와 소통의 혁신이 일어났

---

145) 존 어리, 2012, 『사회를 넘어선 사회학』, 윤여일 역, 휴머니스트, 101-129쪽.

다. 낮과 밤, 주중과 주말, 가정과 직장, 여가와 일의 구분이 융해되며, 제품의 수명은 짧아지고 인간관계는 점차 일시적으로 되어간다.[146] 이러한 순간적 시간은 거주의 연속성을 파괴한다. 이제 장소는 주체와 그들의 고유한 인간적 의미와 상호작용에 따라 결정되기보다 일련의 사물과의 관계에서 파악된다. '지역공동체'는 각각 다른 '시간성'에 근거해 조직된다.[147]

이처럼 어리는 다양한 이동성, 다원적 감각, 상상의 여행, 이미지와 정보의 흐름으로 인해, '사회'가 '이동으로서의 사회성'(the social)으로 재구성되고 있다고 주장한다. 이제 '사회'가 아니라 시공간적 차원에서 사회적 경계를 넘나드는 '이동'이 중요한 의제라는 것이다. 과거 사회는 국민국가의 이미지 속에서 출현했고, 사회관계는 사회의 영토적 경계 안에서 형성되었다. 그러나 오늘날의 이동성은 국민-국가-사회라는 감각을 의문시하며 경계 지어진 사회라는 것은 존재하지 않는다. 신체의 이동, 사물의 이동, 상상의 이동, 가상의 여행과 같은 다양한 '이동성'이 새로운 사회 공간적 실천을 만들어낸다.[148]

어리에 따르면, 사회적 경계의 내부와 그 경계를 횡단하여 이동하는 다양한 네트워크와 흐름으로 인해, 여러 가지 '상상의 공동체'가 생겨나고 이미지가 확산되면서 사회생활이 미디어화된다. 사회경계를 넘어 퍼져가는 네트워크와 흐름이 갖는 영향력은 '사회'를 위협한다. 어리는 글로벌한 과정이 사회적 경험의 윤곽을 새로 그리고 있다는 점을 강조한다. 글로벌화의 주요한 형태는 ① 세계적 규모로 활동하는 다국적 기업의 '전략', ② 상품광고나 환경위험에 맞서는 지구, 세계라는 '이미지', ③ 자본주의의 글로벌화에 따라 정부의 세계시장 규제에 반대하는 '이데올로기', ④ 정치적 동원의 기반으로서의 글로벌화, ⑤ 사람, 화폐, 자본, 정보, 아이디어, 이미지가 흘러 다니는 다양한 경관과 흐름을 포함한다. 그리하여 이동이 초래하는 복잡한 효과, 사람과 사물이 교차하는 다양한 감각적 관계, 사회적 경계를 횡단하여 뻗어가는 관계의 시간적·공간적인 양상, 여러 지역, 네트워크, 흐름의 복잡하고도 예측 불가능한 교차가 새로운 현실이 된다. 흐름의 공간에서는 분명하고 말끔하게 정체성을 결정할 수 없고, 안과 밖을 구별할 수도 없다. 흐름의 세계는 혼합의 세계이다.[149]

---

146) 존 어리, 2012, 앞의 책, 210-216쪽.
147) 존 어리, 2012, 앞의 책, 221-228쪽.
148) 존 어리, 2012, 앞의 책, 23-36쪽.
149) 존 어리, 2012, 앞의 책, 65-81쪽.

어리에 따르면, '글로벌화'와 '사회'가 경쟁하고 있으며, 글로벌화는 분명한 경계를 가진 '사회'라는 메타포가 네트워크와 흐름으로서의 '글로벌한 것'이라는 메타포로 치환되는 과정이다. 글로벌화는 상징적으로 사회적 경계를 횡단하고 정비하는 하부구조의 발전을 수반한다. 새로운 기술들이 사람, 정보, 돈, 이미지와 함께 위험을 운반하고 있다. 점점 압축되는 순간적 시간에서 사람과 정보, 돈, 이미지는 사회 속으로 흘러가며 그 경계 위로 흘러넘친다.

글로벌화는 동시에 네트워크화를 수반한다. 네트워크는 우리 사회의 새로운 사회 형태론이다. 네트워크는 서로 이어진 노드의 연결로서, 동적이고 개방적인 구조다. 네트워크는 시간과 공간을 넘어 확산되는데, 그것은 다른 장소의 사람과 행위, 사건을 안정적인 네트워크로 편성하고 정착시키고 연결하려고 한다. 네트워크란 공간 속에 있지만 그 자체가 공간이며, 공간적인 동시에 시간적이다. 그는 '글로벌 네트워크'와 '글로벌 유동성'을 구분한다. 글로벌 네트워크는 다국적 기업과 같이 사회적 경계를 횡단하여 네트워크를 유지하는 규격화된 패턴인 반면, 글로벌 유동성은 빠르고 예기치 않게 영역을 횡단하는 균질적이지 않으며 파편화된 사람, 정보, 사물, 돈, 이미지, 위험의 흐름이다. 전자는 전자기술의 권력을 통해 어디서 소비하든 균질하고 계산 가능하며 안전한 경험을 제공하고 문화적 균질화를 낳는다. 후자는 여행이나 관광과 같이 뚜렷한 출발점이나 도착점이 없으며 특정속도로 특정방향을 향해 이동하지만, 최종적 상태나 목적이 없다. 그저 탈영토화된 운동과 이동성으로 장소적 특성이 없는 근대적 공간들(모텔, 공항, 휴게소, 인터넷, 케이블TV, 고급레스토랑)에서 상이한 흐름들이 공간적으로 교차한다는 것이다.[150]

2) 지구화의 역사적 전개: 경제적 세계화와 문화적 세계화

앞의 지구화 이론가들이 새로운 기술적 혁신과 변화에 따라 시공간 개념이 변화되고 있다는 점에 초점을 맞추고 있다면, 카스텔은 지구화 현상의 본질이 네트워크 사회의 도래이며, 이를 자본주의의 역사적 재구조화와 정보기술혁명의 결과로 설명한다. 지구화에 대한 이러한 설명은 자연스럽게 지구화의 양상, 경제적 세계화와 문화적 세계화의 전개를 분석하는 것으로 연결된다.

---

150) 존 어리, 2012, 앞의 책, 70-76쪽.

(ㄹ) 카스텔의 '지구적 정보경제'와 '현실적 가상성'의 문화

카스텔에 따르면, 정보시대에는 지배적인 기능과 과정이 네트워크를 둘러싸고 조직된다. 이미 지구적 지정학의 변화와 분권화된 네트워킹, 노동관계의 개별화와 다양화, 규제 완화와 복지국가의 쇠퇴, 지구적 경제 경쟁, 불균등 발전과 세계적 수준의 범죄활동, 공통의 디지털언어의 확산, 쌍방향 컴퓨터 네트워크의 확대와 커뮤니케이션 유형과 채널의 확산을 통해서 전 지구적 상호의존이 심화되고 있다.

그러나 무엇보다도 역사상 처음으로 자본주의 생산양식이 사회관계를 전 세계적으로 형성하고 있다는 점이 중요하다. 현재의 자본주의는 지구적이고 상당부분 금융흐름의 네트워크를 중심으로 구성되어 있다. 자본은 지구를 하나의 단위로 삼아 실시간으로 작동하고 주로 금융자본으로 구현되고 투자되며 축적된다. 지구적 금융시장에서는 금융흐름이 정보네트워크에 의해서 초시간적 공간에서 운영되며, 이 과정에서 자본축적과 가치의 창출이 이루어지고 있다. 네트워크화된 자본주의시대에는 자본축적의 실체가 금융부문에 위치한다. 금융자본은 전 지구적으로 움직이기 위해서 정보기술에 의해 뒷받침되는 지식과 정보에 의존한다. 이것이 자본주의 생산양식과 정보화 발전양식 간의 접합이다. 축적의 과정은 기업에 대한 투자와 지구적 금융네트워크를 통한 이윤 추구 사이의 상호작용에 의거하고 있으며, 투자와 장기계획에 대한 적절한 정보에 의존한다. 자본은 전자적으로 네트워크화된 경제에서 지구적 자본으로 존재해야 한다.151) 카스텔의 관점에서 경제적 지구화는 곧 지구적 금융네트워크를 통해 이윤을 추구하는 지구적 금융시장의 결과다. 그리하여 전 세계 경제의 주요부문들이 상호의존적 시스템으로 실시간 통합되고 있다.

이 '지구적 경제'는 정보경제로서, 기존의 세계경제와는 다른 새로운 역사적 현실이다. 카스텔에 따르면, '지구적 경제'는 "그 주력경제의 구성요소가 세계적 규모로 실시간이나 선택된 시간에 한 단위로서 작업하는 제도적이고 조직적이며 기술적인 역량을 가진 경제"이다. 이 '지구적 경제'는 지구적 금융시장, 상품과 서비스시장의 지구화, 다국적기업과 국제적 생산네트워크에 의한 생산의 국제화, 과학기술의 선택적 지구화, 지구적 노동의 확대를 포함한다. 이 지구적 경제의 특징은 다음과 같다.152)

---

151) 마뉴엘 카스텔, 2003, 『네트워크 사회의 도래』, 한울, 605-610쪽.
152) 마뉴엘 카스텔, 2003, 앞의 책, 141-176쪽.

먼저, 자본시장은 지구적 규모로 상호의존적인데, 자본이 역사상 처음으로 실시간으로 움직이는 지구적으로 통합된 금융시장에서 24시간 관리된다. 자본과 저축, 투자는 전 세계적으로 상호 연결되어 있으며, 지구적 금융흐름의 규모와 속도, 복잡성, 연결성이 극적으로 증가한다. 대부분의 국가들이 금융시장 규제를 풀고 초국적 거래를 자유화했고, 첨단 커뮤니케이션과 기술 인프라에 기반을 둔 새로운 금융상품이 지구적 금융네트워크의 불안정성, 지구적 상호의존성을 심화시켰다. 이제 국민경제의 운명을 결정짓는 것은 지구적 금융시장에서 자본의 성과이며, 금융시장의 지구화는 새로운 지구화경제의 중추가 되었다. 둘째, 지구화와 함께 상품과 서비스의 생산, 유통, 관리의 국제화과정이 가속화되었는데, 이는 외국인 직접투자와 다국적 기업의 역할이 커지고, 국제적 생산네트워크가 확대되었기 때문이다. 지구적 무역자유화와 세계경제의 지역화가 서로 영향을 주고받으면서, 지역과 국가의 경계를 넘어 사업하는 기업들 사이에 무역관계 네트워크가 형성되고 있다. 셋째, 지구적 과학네트워크가 존재해, 초국적 생산네트워크를 통한 기술노하우의 집중과 범세계적인 확산이 동시에 진행되었다. 마지막으로, 생산직 노동자들은 지역에 고정된 반면, 전문직 엘리트노동자의 지구화가 빠르게 진행되고 있다.

한편, 정보기술혁명은 1980년대부터 진행된 자본주의체제의 근본적인 재구조화과정을 가능하게 한 핵심 수단이었다. 동시에 정보기술 패러다임의 방향을 결정하고 가속화한 것은 1980년대 이래 지속된 자본주의 재구조화과정이었다. 카스텔은 새로운 기술-경제체제를 '정보화 자본주의'라 칭한다.[153] 그에 따르면, 지구화된 신경제는 정보기술혁명을 물질적 하부구조로 해서 출현한 것이다. 즉, 경제의 지식-정보기반, 지구적 파급범위, 네트워크 기반의 조직형태, 정보기술혁명 사이의 역사적 연계를 통해, 지구적 범위의 신경제가 출현한 것이다. 1970년대 이후 자본의 수익성 위기에 직면하여, 자본주의는 시장의 탈규제와 새로운 정보기술을 수단으로 새로운 시장을 창출했다. 정보기술에 기초한 새로운 기술패러다임은 산업경제의 역동성을 강화시키고 지구적 경제를 창조했다. 지구적 정보화 경제는 생산과 유통의 전 과정에 지식과 정보를 구현하고 기술 심화를 통해 산업경제를 활성화했다.[154] 결국 지구적 경제는 1970년대 기업과 금융시장이 재구조화를 단행한 결과이자, 새로운 정보와

153) 마뉴엘 카스텔, 2003, 『네트워크 사회의 도래』, 한울.
154) 마뉴엘 카스텔, 2003, 앞의 책, 116-141쪽.

커뮤니케이션 기술에 기반을 두어 확대된 것이었다.

동시에 지구적 경제는 단순히 시장에 의해 창조된 것이 아니라 정부와 국제금융기관들의 상호작용에 의해 창조된 것이었다. 새로운 지구적 경제를 구축한 결정적 행위자는 부유한 G7국가의 정부들과 이들에 종속된 IMF와 세계은행, WTO이었다. 이세 기관의 상호연관된 정책들과 정치적 압력, 즉 경제활동의 탈규제, 무역과 투자의 자유화, 공기업 민영화가 지구화의 기초를 만들었다. 이러한 의미에서 지구적 경제는 정치적으로 구성된 것이다. 탈규제와 민영화, 무역과 투자의 자유화 없이 기업들의 재구조화와 정보 기술만으로는 네트워크화된 지구적 경제로 발전해갈 수 없었다.[155]

카스텔에게 정보화된 지구적 경제의 기본조직은 기업이지만, 보다 중요한 것은 그 하위단위들의 국제적 네트워크다. 공급자 네트워크와 생산자 네트워크, 고객 네트워크, 지구적 표준연합, 기술협력 네트워크와 같은 5가지 유형의 네트워크가 다국적 기업들 간의 제휴와 협력의 기초 위에서 구축된다. 지구화가 진행될수록 조직형태는 다국적기업에서 국제적 네트워크로 진화한다. 다국적기업들은 네트워킹을 구축할 뿐만 아니라 스스로도 분권화된 네트워크들로 변화하고 있다. 다국적기업은 '조직 간 네트워크'이자 동시에 '외부네트워크에 배태되어 있는 네트워크'이다.[156]

카스텔에 따르면, 지구적 정보경제와 동시에 네트워크사회에서 '현실적 가상성'(real virtuality)의 문화가 출현하고 있다. 문화는 커뮤니케이션을 통해 매개되고 실행되기 때문에, 문화 그 자체가 새로운 기술시스템에 의해 근본적으로 변형된다. 최근 다양한 양식의 커뮤니케이션이 상호작용 네트워크로 통합되고 있다. 새로운 전자커뮤니케이션 시스템이 우리의 문화를 근본적으로 변화시키고 있는데, 그것은 지구적 활동범위, 모든 커뮤니케이션 매체의 통합, 잠재적인 상호작용을 특징으로 한다. 커뮤니케이션 구성요소들에서 지구화와 분권화를 향한 경향이 동시에 출현하고 있는데, 이는 매스-미디어의 형성, 분권화되고 다양화된 뉴미디어의 출현, 인터넷과 새로운 가상공동체의 발전을 포함한다.[157]

특히 1990년대 후반 지구화된 주문형 매스-미디어와 컴퓨터매개 커뮤니케이션의 통합으로 새로운 전자 커뮤니케이션 시스템이 만들어지기 시작했다. 새로운 시스템은 멀티미디어로 여러 미디어의 통합과 그것들의 상호작용 잠재력을 특징으로 한다.

---

155) 마뉴엘 카스텔, 2003, 앞의 책, 183-195쪽.
156) 마뉴엘 카스텔, 2003, 앞의 책, 264-269쪽.
157) 마뉴엘 카스텔, 2003, 앞의 책, 429-433쪽.

이 새로운 커뮤니케이션 시스템의 영향력은 그것이 다중 커뮤니케이션 양식의 디지털화되고 네트워크화된 통합에 근거하여 모든 문화적 표현을 포괄하고 종합하고 있다는 점에서 비롯된다. 모든 메시지는 멀티미디어 커뮤니케이션 시스템에서 존재와 부재라는 이진법 양식으로 구성된다. 이제 새로운 커뮤니케이션 시스템은 인간생활의 근본적인 차원인 공간과 시간을 크게 변화시킨다. 지방성은 문화적·역사적·지리적 의미로부터 분리되며, 장소의 공간을 대체하는 흐름의 공간으로 재통합된다. '흐름의 공간'과 '시간을 초월한 시간'은 역사적으로 전달된 표현시스템의 다양성을 초월하고 포함하는 '현실적 가상성' 문화의 물질적 기초를 이룬다.[158] 특히 컴퓨터 매개 커뮤니케이션의 문화적 영향력은 세계주의와 지구화를 증대시키면서, 동시에 문화적으로 가장 영향력이 큰 사회네트워크를 잠정적으로 강화시킨다. 문화영역에서 전자네트워크의 영향력은 지구적 수준에서 상징 활동에 종사하는 새로운 전문가와 경영층의 세계주의를 강화하는 기반이 된다. 전자네트워크는 지구적 문화를 지지하는 세계주의 엘리트들의 사회적 응집력을 강화시키는 매체이다.

(ㅁ) 헬드와 맥그루의 역사적 종합

카스텔의 분석이 지구화의 역사적 전개를 정보시대로의 변화, 네트워크사회의 도래라는 큰 틀에서 분석하고 있다면, 헬드와 맥그루는 지구화를 지방화·전국화·지역화·국제화로 이어지는 연장선에 자리매김하면서, 정치, 군사, 경제, 사회, 문화, 이주, 환경의 각 차원에서 지구적 상호작용의 확장을 역사적으로 접근하고 있다. 이들은 지구화가 새로운 현상이 아니라는 점을 강조하기 때문에, 시대별 지구화를 체계적으로 비교하기 위해 '지구화의 역사적 형태'에 초점을 맞춘다. 그들은 지구화의 시공적 차원을 지구적 상호작용의 범위, 강도, 속도, 영향력이라는 4가지 요소가 증가하는 것으로 파악한다. 그들은 지구화란 "초대륙적·지역 간 활동, 상호작용 및 권력행사의 흐름과 네트워크를 만들어내는 사회적 관계 및 사회적 거래의 공간적 조직방식에 큰 변화가 발생했음을 구체적으로 보여주는 하나의 과정 또는 일련의 과정들"로 정의한다.[159]

---

158) 마뉴엘 카스텔, 2003, 앞의 책, 477-493쪽.
159) 여기에서 흐름이란 "물리적 가공물, 인간 상징, 표식, 정보가 시간과 공간을 가로질러 이동하는 것"을 지칭하며, 네트워크란 "독자적 행위주체, 활동의 접속점 혹은 권력의 소재지 사이에 규칙화되거나 유형화된 상호작용이 발생하는 것"을 지칭한다.

이들은 지구화의 역사적 형태를 각 시대별로 ① 상호연관된 네트워크의 규모와 범위, ② 네트워크 내에서 흐름의 강도와 활동의 수준을 보여주는 상호연결성의 강도, ③ 상호교환의 속도를 나타내는 흐름의 속도, ④ 상호연결성이 특정한 공동체에 미친 영향이라는 4가지 차원에서 비교한다. 동시에 지구화의 조직적 윤곽을 보여주기 위해, ① 지구적 흐름과 네트워크를 지탱하는 지구화의 하부구조, ② 지구적 네트워크와 흐름, 지구적 관계의 제도화, 즉 행위자나 제도가 환경을 유지하거나 변형할 수 있는 권력, ③ 지구화에 따른 계층화의 유형과 양상, ④ 지구적 상호작용의 지배적 양식, 즉 상호작용의 유형과 권력의 일차적 수단이라는 조직적 차원의 분석을 추구한다.[160] 이들은 이처럼 지구화를 역사적으로 접근해야 지구화가 본질적으로 새로운 현상이라거나 전혀 새로운 것이 아니라고 가정하는 경향을 피할 수 있다고 강조한다.

그리하여 이들은 지구화가 완전히 새로운 사회현상이거나 근대적인 사회현상이라고 볼 수 없다고 결론짓는다. 오히려 지구화는 전근대, 근대 초기, 근대, 현대 등 4가지로 시대구분 할 수 있는 현상이다. 지구화의 형태는 시간에 따라 달라졌고, 지구화는 하나의 역사적 과정으로 거대한 변동과 역전, 분야별로 상이한 리듬에 의해 특징지어지는 것이다.[161]

먼저, 전근대시기의 지구화는 희박형 지구화이며 문화와 경제의 영향은 군사적·정치적 팽창의 영향에 비해 취약했다. 지구화의 하부구조 역시 다양하고 균질적이지 않았다. 둘째, 1500-1850년경 근대초기의 지구화는 서구의 팽창으로 특징지어지며, 진정으로 지구적이라기보다는 주로 아메리카와 오세아니아에 한정된 현상이었다. 대서양 무역과 이주에서 지구적 상호작용은 더욱 강력해졌지만, 이 시기동안 지구화의 하부구조(운송과 통신)는 그 이전과 크게 다르지 않았다. 그뿐만 아니라 지구적 관계의 제도화 역시 매우 제한된 수준이었다. 셋째, 1850-1945년경 사이에 지구화는 가속화되었다. 유럽은 산업화된 자본주의 경제와 발달한 군대, 기술, 강력한 국가제도를 구비하기 시작했고, 서구의 경제력과 문화적 영향력의 범위가 폭발적으로 확대되었다. 지구적 차원의 정치 군사관계의 팽창과 함께 그 범위와 강도가 높은 '경제적 지구화'의 유형이 생겨났다. 구미 제국들의 확장된 정치 군사적 범위로 인해 진

---

160) 데이비드 헬드·앤서니 맥그루 외, 2002, 앞의 책, 37-44쪽.
161) 데이비드 헬드·앤서니 맥그루 외, 2002, 앞의 책, 648-675쪽.

정한 지구적 상호연결망이 창조되었고, 강제적 형태의 지구화가 진정한 지구적 범위에 도달했다. 지구적 범위의 경제적 상호작용과 흐름의 네트워크가 형성되었지만 경제적 교환은 주로 제국의 중심부와 주변부 사이에서 이루어졌다. 이 시기 지구화의 하부구조는 철도와 기계화된 해운이었으며, 이전과 달리 지구화는 고도로 제도화되었고 계층화 역시 분명해졌다. 그러나 제1차 세계대전과 함께 이러한 다면적 지구화는 갑자기 중단되었다.

넷째, 1945년 이후 현대의 지구화는 질적으로 완전히 변화된 모습을 보였다. 즉, 정치, 군사, 문화, 이주, 환경, 경제의 모든 차원에서 지구화의 여러 가지 유형이 결합하는 역사적으로 독특한 양상이 나타났다는 것이다. 현대의 지구화는 제2차 세계대전의 결과에 의해 결정적으로 형성되었는데, 지정학과 군사력에서 완전한 균형이 이루어졌다. 과거 정치조직의 주된 형태였던 제국은 전 세계적 국민국가체제로 대체되었고, 지구화가 제국의 팽창논리나 강압적 제도와 연관되지 않았다는 점에서 역사적으로 독특한 양상을 보였다. 경제적 상호작용이 지구화되었고, 새로운 통신하부구조와 신자유주의적 탈규제가 결합되어 지구적 차원의 무역, 투자, 금융흐름이 폭증하였다. 지구적 이주유형에서도 선진국으로의 이주로 양상이 바뀌었고, 모든 종류의 문화적·사회적 상호작용의 속도와 범위가 크게 변하였다. 지구적 흐름은 국가 간 영역 자체를 변형시키고 확장시켰으며, 전 세계적 원격통신 네트워크가 모든 나라들을 연결하는 고도의 상호연결성은 이 시대의 특징이다. 현대의 지구화는 ① 지구적 흐름 및 네트워크의 범위와 강도, 속도, 영향력이 유례없이 크다는 점, ② 새로운 통신하부구조를 통해 전 세계적인 사회적·정치적·경제적 권력관계의 제도화와 조직화 수준이 유례없이 높다는 점, ③ 정치에서 생태에 이르는 사회생활의 모든 측면에서 지구화의 영향이 독특한 형태로 결합되어 있다는 점, ④ 지구적 상호연결성에 대한 엘리트와 대중의 의식과 성찰성이 매우 높다는 점을 특징으로 한다.

이처럼 헬드와 맥그루에게 지구화는 단일한 조건이라기보다는 하나의 '과정' 또는 일련의 '과정들'을 의미하며, 지역 간 네트워크의 대두, 상호작용 및 교류의 확대를 나타낸다. 그것은 사회 전 영역에 걸쳐 진행된 다면적이고 분화된 사회현상이다.

3) 세계화의 쟁점

지구화의 결과와 관련하여, 가장 큰 쟁점이 되었던 것은 지구화에 따른 국민국가의 미래와 지구적 수준에서 확대되는 불평등이었다. 많은 사회이론들이 지구화 문제를 다룰 때 국민국가의 쇠퇴와 세계적 규모의 불평등 현상에 대한 전망과 우려를 쏟아내고 있다.

(1) 지구화와 국민국가의 변모

많은 지구화론자들에게 지구적 경제의 부상과 문화적 세계화, 지구적 정치질서의 확립은 세계질서의 근본적 재편, 국가의 주권과 자율성이 침식되는 국민국가의 종언을 의미하는 것으로 해석되었다. 그러나 이를 비판하는 논자들은 지구화로 인해 국가의 역할이 변하기는 하지만 국가가 지구화의 희생자가 아니라 지구화의 주역이라는 점을 강조한다. 과연 지구화가 국민국가의 권력과 기능, 역할을 어떻게 재편하고 있으며, 국민국가의 미래는 어떻게 전망할 수 있을 것인가?

외견상으로 보면, 현대사회의 이동성이 국민국가를 파편화하고 있다. 분명히 지구적인 경제적 통합과 경제흐름, 다자적인 정치질서와 문화적인 흐름은 국민국가의 경계, '사회'의 경계를 넘어서고 있다. 국민국가는 단일한 영토적 경계 내로 자본과 권력, 인구와 정보의 흐름을 통제하고 제한하기가 어려워지고 있다. 개인의 삶은 국가의 경계 밖에서 이루어지는 정치적·경제적·문화적 의사결정에 의해 크게 좌우되고 있고, 다수 국민들의 정치적 참여에 기초한 일국 내 정치질서는 사람들의 경제적·정치적·문화적 삶에 대한 핵심적 의사결정과 점점 무관해지고 있다. 금융시장의 변동, 자본의 투자와 이전, 환경적 위협과 재앙, 테러와 범죄 같은 집합적 폭력의 확산, 지식정보의 확산과 문화적 흐름, 세계적 규모의 미디어 혁신 등의 변화가 일상에서 점점 큰 영향을 미치고 있지만, 어느 것 하나 국민국가의 통제와 규제에 의해 해결되기 어렵게 되고 있다. 특히 지구적 차원에서 빠르고 대규모로 진행되는 자본의 이동성은 국민의 경제적 삶을 통제하는 국민국가의 능력을 근본적으로 침식하고 있다.

그러나 글로벌한 네트워크와 흐름으로의 변화가 공간을 변용시킴에 따라, 주권적 공간을 지키기 위해 국민국가는 영토적 경계를 강화하고 영토 내 사회적 조정에 더 많은 노력을 기울이게 된다. 국가는 이례적인 정보의 흐름, 데이터베이스를 보유하게 되며, 이러한 정보의 흐름에 의해 국가의 경계선과 광범위한 지리적 영역을 횡단해서 통제를 강화한다. 어리는 서비스를 직접 제공하는 국가의 역할이 다양한 기구와 기관들이 제공하는 재화와 서비스를 '조정'하는 쪽으로 변화하고 있다고 강조한다. 이러한 조정기능은 컴퓨터에 기반을 두어 주민과 조직, 기업에 관한 대규모 데이터베이스를 확보함으로써 가능해졌다. 사회는 '국민적 사회'로부터 글로벌화하는 네트워크와 흐름으로 변모되고 있다. 글로벌한 흐름은 국경을 넘나들며 국민적 사회의 정합성을 교란하며, 국민국가의 사회는 국민적인 운명공동체라기보다는 지구적인 하이브리드한 관계로 나아가고 있다는 것이다.[162]

카스텔 역시 정보기술혁명과 자본주의의 재구조화는 전략적으로 결정적인 경제행위들이 지구화되는 '네트워크사회'를 만들어내고 있다고 주장한다. 특히 정보사회에서 네트와 자아의 분열, 지구화와 정체성의 충돌은 주권, 대의적 국민국가의 틀 위에서 구성된 정치민주주의를 위기로 몰아넣고 있다. 왜냐하면, 네트워크사회는 대다수 개인과 사회집단에게 지방과 지구화 차원 간의 체계적 분리와 함께, 시공간 틀에서 권력과 경험의 분리를 만들어내기 때문이다. 전 지구적 네트워크에서 권력 형성의 논리와 특정한 사회와 문화에서 결사-대표의 논리 사이에 연속성이 붕괴되기 때문에, 시민사회는 위축되고 분절화된다.[163]

카스텔에 따르면, 세계화시대는 민족주의가 부활하는 시대인데, 현시대 민족주의는 정치적이기 보다 문화적이며, 새로운 국가를 수립하기보다는 이미 제도화된 문화를 방어하는 데 초점이 맞추어져 있다. '문화적 민족주의'는 민족의 문화적 정체성이 위협받고 있을 때, 이를 보전하고 강화함으로써 민족공동체를 재생산하려는 목표를 지닌다. 권력과 부의 지구적 네트워크에서 정체성의 개별화로부터 배제되거나 이에 저항하는 사회행위자들에게, 종교적·민족적·영토적 기초를 갖는 문화적 공동체는 '의미' 구성을 위한 주요 대안을 제공한다.[164] 그리하여 종교적 근본주의와 문화적 민족주의, 영토적 공동체는 ① 기존의 제도와 조직을 무력화하는 지구화, ② 사회적 생산관계를 개별화하며 일·시간·공간을 불안정하게 만드는 네트워크화와 유연성, ③ 가부장적 가족의 위기라는 세 가지 근본적 위협에 대한 방어적 반작용이다. 네트워크가 시간과 공간을 분해시킬 때, 사람들은 스스로를 장소에 묶어두고 자신들

---

162) 존 어리, 2012, 앞의 책, 324-332쪽.
163) 마뉴엘 카스텔, 2008, 『정체성 권력』, 한울아카데미, 17-20쪽.
164) 마뉴엘 카스텔, 2008, 앞의 책, 86-88쪽.

의 역사적인 기억들을 되새기는 것이다.[165]

지구적 자본주의가 번영하고 민족주의가 분출하는 만큼, 근대국민국가는 권력을 상실한다. 국민국가의 역량은 핵심 경제활동의 지구화, 미디어와 전자통신의 지구화, 범죄의 지구화, 사회적 저항의 지구화, 초국적 테러리즘 같은 폭력의 지구화에 의해 침식되고 있다. 그러나 이것은 지구화의 영향이라기보다는 지구화의 본질이다. 국민국가의 위기와 함께 새로운 조직형태, 새로운 권력형성 절차, 새로운 정당성 원리에 기초한 국가가 출현한다는 것이다.

먼저, 국민경제에 대한 국가의 통제력이 약화되고 초국적 체계의 영향력이 강화되고 있다. 국가의 경제정책은 지구적 금융시장에 의해 제약을 받고 자율성도 크게 축소되어 세계자본시장에 대한 정부의 의존성이 증가하고 있다. 동시에 시장이 점차 지구적 규모로 통합되는 경제에서, 복지국가 역시 존재하기 어려워진다. 국가는 경제성과를 뒷받침하기 위한 전략적 행위주체로서의 역량을 보유하고 있지만, 이는 국가가 경제과정의 더 광범위한 네트워크 내에서 상호의존적이 될 것을 요구한다.

둘째, 정보와 오락에 대한 통제, 이를 통한 여론의 통제라는 측면에서도, 국민국가는 ① 세계화와 소유권의 상호연계, ② 기술의 유연성과 침투성, ③ 미디어의 자율성과 다양성이라는 세 가지 도전에 직면하고 있다. 통신방식의 다양화 및 디지털 하이퍼텍스트를 통한 미디어의 연계는 상호작용적 멀티미디어를 가능하게 했고, 국경을 넘나들며 전파를 송출하는 위성과 컴퓨터매개 통신은 국가의 규제능력을 침식한다. 즉, 미디어사업이 국민국가의 도달범위를 벗어나 전 지구적 수준으로 확대되고, 자본, 기술, 기업소유가 전 세계로 확장되었다. 전통적으로 정보통제는 정보시대 훨씬 이전부터 국가권력의 기초였지만, 정보의 출처를 알아도 초국경적 정보 흐름은 처벌할 수가 없다. 미디어 및 전자통신의 세계화와 지역화는 정보의 탈국민화와 탈국가화를 낳으며, 이는 국민국가의 자율성과 의사결정 권력을 침식한다.[166]

셋째, 탈냉전시대에는 국민국가들의 다자간 상호의존성이 증대한다. 이 다자주의는 냉전시기 군사블록의 해체 및 약화, 새로운 전쟁기술의 충격과 지식정보의 증가, 인류의 문제가 전 지구적 성격을 지닌다는 세계시민의식의 확산을 가져왔다. 국민국가는 점차 동맹을 형성하며, 새로운 초국가적 통치 질서로 나아가고 있다. 그 결과는

---

165) 마뉴엘 카스텔, 2008, 앞의 책, 105-108쪽.
166) 마뉴엘 카스텔, 2008, 앞의 책, 393-414쪽.

주요 의제에서 주권의 공유와 국민국가 권력의 침식이다. 이는 국가의 개입능력을 저하시켜 국가 단독으로는 행동할 수 없게 한다. 동시에 네트워크사회에서 사회적 이해관계의 다양화와 파편화로 국민국가에 대한 시민사회의 권리 요구와 도전이 증가한다. 그 때문에 국가들은 권력의 일부를 지방으로 분권화시키고 자신은 부, 통신, 권력의 세계화에 의해 제기된 전략적 도전을 관리하는 데 집중하는 경향이 있다.[167]

넷째, 과거 국가가 독점했던 물리적 폭력과 감시능력은 국가 조직 외부로 국경을 넘어 확산되고 있다. 미디어의 자율성과 기술능력이 증대됨에 따라 국가를 감시하고 견제할 수 있는 미디어의 능력이 강화되고 있다. 감시능력은 사회 속에 확산되며, 폭력에 대한 독점은 초국가적인 비국가 네트워크의 도전을 받으며, 반란을 진압할 능력도 지방적 공동체주의와 부족주의에 의해 침식당한다는 것이다. 국가는 여전히 폭력과 감시에 의존하고 있으나, 더 이상 그것을 독점하거나 완전히 행사할 수도 없다.

그리하여 국가는 계속 존재할 것이지만, 점차 좀 더 폭넓은 권력 네트워크의 결절(nodes)들로 변화할 것이다. 즉, 국민국가는 의사결정능력을 보유하고 있지만, 권력과 대항권력으로 구성된 네트워크의 일부가 된다는 것이다.[168] 이제 국가는 "상이한 사회적 행위주체들의 갈등과 협상에 영향을 받으면서, 지배와 정당화, 개발과 분배의 이중적 관계를 중재하고 관리하는 제도적 시스템"으로 정의될 수 있다. 각 국가는 사회와의 관계에서 지배, 정당화, 개발, 분배의 네 가지 기능을 수행해야 한다. 이 과정에서 다양한 권력블록의 자리매김을 둘러싸고 구축되는 국가의 가변적 지형은 초국가적 수준에서 글로벌 거버넌스를 만들어내는데, 카스텔은 이를 '네트워크국가'라고 부른다. 지구화된 세계에서 정치 관리의 실제적인 운영단위는 국민국가, 국제기관, 국민국가의 연합체, 지방정부, 비정부기구에 의해 형성된 '네트워크국가'다. 이 네트워크국가는 전 지구적·국가적·지방적 쟁점들을 협상하고 관리하며 결정을 내린다.[169]

(2) 지구화와 불평등, 위험의 심화

지구화가 가져온 또 하나의 결과는 지구적 규모에서 불평등의 확대이다. '지구적

---

167) 마뉴엘 카스텔, 2008, 앞의 책, 415-425쪽.
168) 마뉴엘 카스텔, 2008, 앞의 책, 436-440쪽.
169) 마뉴엘 카스텔, 2008, 앞의 책, 459-465쪽.

경제'의 영향은 전 지구에 퍼져나가지만, 그 실제적인 효과는 해당 국가와 지역, 부문이 국제노동분업에서 어떤 위치를 차지하는가에 따라 매우 다르게 나타난다.

카스텔에 따르면, 지구적 경제는 통합, 경쟁력, 성장의 혜택에서 나라별로 차별적인 불균형을 만들어낸다. 모든 국민경제의 지배적 부분은 지구적 네트워크로 연계되지만, 유용한 가치를 갖지 못하는 지역과 주민들은 지구적 경제의 축적과 소비과정, 네트워크로부터 단절되고 궁극적으로 폐기된다.170) 물론 '지구적 자본가계급이 존재하는 것은 아니지만, 통합된 '지구적 자본네트워크'가 존재하며, 이 네트워크의 운동과 축적논리가 궁극적으로 경제를 결정하고 사회에 영향을 미친다. 전자네트워크에 의해 작동되는 금융흐름은 '얼굴 없는 집합적 자본가'를 만들어낸다. 이들은 지구적 네트워크의 회로를 통해 경쟁하고 집중하는 전략을 추구하고, 전자적으로 조작되는 정보처리를 통해 비인간적인 자본축적을 진행한다. 지구적 정보자본주의라는 흐름의 공간에서 노동자들이 사라지는 것은 아니다. 다만 자본은 지구적이고 노동은 지역적이다. 지구적 네트워크를 통해 자본은 집중되고 지구화되지만, 노동은 분리되고 파편화되며, 분할된다. 노동은 집합적 정체성을 상실하고 노동조건이나 생산과정에서 개별화된다. 다양해지는 네트워킹과 지구화된 외주 하청의 생산체계에서, 누가 소유주이고 누가 생산자이며, 경영자인지 구분하는 경계는 흐릿해진다. 노동이 차별화되고 노동자가 분절화 되는 가운데, 지구적 규모에서 노동의 분화가 진행된다. 이제 자본과 노동은 점차 상이한 공간을 살게 된다. 자본이 흐름의 공간과 컴퓨터화된 네트워크의 순간적 시간을 살아가는 반면, 노동은 장소의 공간과 일상생활의 기계적 시간을 살아간다. 노동과 자본은 서로 이웃하여 살아가지만 서로 연결되지 않는다. 네트워크사회의 조건하에서, 자본은 지구적으로 조정되며, 노동은 개별화된다.171)

지구화 과정에서 자본과 노동의 상반된 운명은 지그문트 바우만이 다루는 주요한 주제이다. 바우만에게 지구화는 어쩔 수 없는 지구의 운명, 돌이킬 수 없는 과정이다. 특히 그는 지구화의 무질서, 불확실성과 함께, 지구화에 따른 이동성이 초래한 양극화를 강조한다. 지구화의 특징인 '시간/공간 거리의 무효화'(無化)가 인간조건을 양극화하는 경향이 있기 때문이다. 공간의 압축은 자본으로 하여금 순식간에 지구 곳곳을 이동할 수 있게 만듦으로서, 자본은 영토적 제약에서 해방되어 완전한 이동

---

170) 마뉴엘 카스텔, 2003, 앞의 책, 176-180쪽.
171) 마뉴엘 카스텔, 2003, 앞의 책, 612-616쪽.

의 자유를 누리게 된다. 그러나 주변에 있는 사람들은 여전히 지역의 제약을 받는다는 점에서, 지구화는 이동성이 양극화된 세계이다. 자본은 무제한적인 이동성을 확보하고, 자본의 권력은 지역에 대한 의무와 책임으로부터 해방된다. 자본은 자유롭게 착취하지만 착취의 결과는 무시해버릴 수 있게 된 것이다.[172]

그 결과 지구화에 따른 권력관계의 비대칭성이 극한적으로 확대된다. 새로운 권력 위계질서에 따라 사전 예고 없이 신속하게 이동할 수 있는 엘리트와 이들의 이동을 막을 수 없고 꼼짝달싹할 수 없는 대중들이 구분된다. 자유자재로 관계를 끊고 탈출할 수 있는 능력 덕분에 자본은 노동의 반발을 감시하고 무력화할 수 있게 되었다. 불안정성은 오늘날 세계 권력 위계질서의 주요한 구성요소이자 사회를 통제하는 주요기법이다. 지구화되는 세계에서 사람들은 현재를 장악할 수 있는 능력을 상실했다. 왜냐하면, 자신들의 생계와 사회적 지위를 결정하는 요소들이 그들의 통제 밖에 있기 때문이다. 빠른 이동속도와 거리에 관계없이 효과적으로 행동할 수 있는 능력, 지역사회에 어떤 약속도 할 필요 없는 이동의 자유는 오늘날 계층화의 핵심요인이다. 시간과 공간은 각 계층의 사람들에게 차별적으로 배분되어, 엘리트들은 오직 "시간" 속에서만 사는 반면, 그렇지 않은 사람들은 "공간" 속에서만 산다. 엘리트들에게 공간은 전혀 중요하지 않으며, 대중은 자신이 몸담고 있는 공간을 개선하려고 안간힘을 쓴다.[173]

'불평등의 지구화'에는 '기업과 가계의 분리'라는 과정이 기저에 깔려 있다. 그 첫 번째 분리는 '시장과 사회의 분리'로 윤리적 감독과 통제를 수행하는 사회제도로부터 기업의 이익을 해방시키는 것이다. 두 번째 분리는 '권력과 정치의 단절'로, 이제 권력은 정치로부터 자유롭고, 정치에는 권력이 결여되어 있다. 권력은 이미 전 지구적이며 정치는 지역적이다. 국민국가는 지역에서 법과 질서를 대변하는 경찰 관할구역이자, 지구적으로 생산된 위험과 쓰레기를 처리하는 재활용공장에 불과하게 된다. 세 번째는 '권력과 시장의 융합'이다. 자본이 정치적 통제에서 해방되어 자유롭게 이동함에 따라, 국가는 전 지구적 금융시장이 생산한 불확실성의 희생자가 된다. 노동은 자본에 의해 선택받지 못하는 불확실성뿐 아니라, 자본이 일시 머무르는 곳에서조차 낮은 임금에 시달리게 된다.[174]

---

172) 지그문트 바우만, 2003, 앞의 책, 47-67쪽.
173) 지그문트 바우만, 2013b, 『방황하는 개인들의 사회』, 55-70쪽.
174) 지그문트 바우만, 2013c, 『부수적 피해』, 36-43, 66-71쪽.

그리하여 빈곤의 문제는 과거 사회적 문제였던 것으로부터 이제 법과 질서의 문제로 재규정되고 있다. 국가가 가난한 사람들에게 관심을 갖는 이유는 이들을 훈육하고 무해하게 만드는 것, 통제하고 규율하기 위해서이다. 바우만에게 오늘날의 복지국가는 생존의 위기에 처한 개인들을 처리하기 위한 장치, 이들을 등록하고 분리하고 배제하는 기관으로 간주된다.175) 바우만은 이들 밑바닥계급을 '부수적 피해자'라는 개념으로 설명한다. 이들이 각종 인간 활동의 '부수적 피해자'가 될 가능성은 오늘날 사회 불평등의 가장 두드러진 특징이다. 불평등이 부수적인 이유는 작전을 계획할 당시에는 그러한 결과를 고려하지 않았기 때문이다.176) 불평등의 위험을 감수하기로 결정한 사람들에게는 그 위험이 감수할 만한 위험이라고 간주했다는 뜻이다. 부수적 피해자의 운명과 밑바닥계급의 지위를 연결하는 것은 이들의 '비가시성'이다. 이들은 계획된 활동의 비용과 그에 수반된 위험을 평가할 때면 언제나 고려대상에서 배제된다.

또한 바우만은 세계화된 지구에서 '위험'의 증가를 경고한다. 세계화된 지구에서, 안보란 특정한 국가나 국가집단 차원에서 보장될 수 없다. 전 지구적 무법성과 폭력은 서로 보충적이며 피해와 손해의 세계화는 분노와 복수의 세계화와 맞물려 움직인다. 지구화가 낳은 인류의 단일화란 근본적으로 어디에도 달아날 곳이 없다는 뜻이다. 그 누구도 안전한 쉼터를 찾을 수 없다. 유동적 근대에서는 위험과 공포조차 유동적이며, "불확실성"은 행위자와 그 행동의 범위를 뛰어넘어 확산된다. 우발적으로 벌어진 사건의 여파는 기하급수적으로 확산되며, 우리의 상상력을 초월한다. 행동의 장기적 효과와 그것을 추동하는 관심의 짧은 범위 사이에 모순이 심화되고 있다. 전 지구적으로 양산된 불만은 지구화된 공간으로 쉽사리 퍼져나간다. 이 불만의 원인 제공자나 손쉬운 희생양들에게 보복하려는 충동이 확산된다. 그 결과 세계적인 문제가 지역적 문제로 바뀌고 세계적 차원에서 해소될 수 없는 불만은 분풀이를 위해 지역적 표적을 노린다.177) 지구화의 압력이 높아지고 민족국가의 주권이 잠식되면서 강제적 동화와 소수민족의 합병, 정체성 말살이 더 이상 가능하지 않게 되자, 관계의 단절과 분리, 추방전략이 강화된다. 동화될 수 없는 타자는 말살해 버리거나 구성원들의 유사성을 중심으로 공생을 추구하고, 타자를 공동체의 경계선 밖으로 추

---

175) 지그문트 바우만, 2014, 『빌려온 시간을 살아가기』 2장.
176) '부수적 피해'는 의도하거나 계획되지 않았고 예상치 못했으나 피해와 고통, 손해를 끼치는 군사행동의 결과이다.
177) 지그문트 바우만, 2009, 『유동하는 공포』, 164-168쪽.

방하려는 움직임이 증가한다.[178] 이러한 이유로 지구화의 결과, 지역수준에서의 불평등과 갈등, 억압과 배제의 정치가 확산된다.

2. 국제이주

지구화의 일부이면서 그 결과이기도 한 대표적인 현상이 국경을 넘는 인간의 이동이다. 지구화와 함께 국경을 넘어 삶의 터전을 옮기는 사람들이 크게 늘어나고 있다. 자본의 이동만큼은 아니지만, 지구화에 따라 사람의 이동도 급격히 늘어나고 있다. 지구화된 경제네트워크의 가치창출에 기여하는 사람들의 국제적 이동은 개별국가와 자본에 의해 장려되고 있고, 자신이 살던 땅에서 밀려나거나 더 나은 삶의 기회를 찾아 국경을 넘어 이동하는 사람들 역시 크게 늘어나고 있다.

'이주'란 "인간의 지리적 이동, 그들의 한시적이고 영구적인 지리적 재배치"를 의미한다. 이주는 국경 내에서 이루어질 수도 있고 국경을 넘어 이루어질 수도 있다. 전자가 국내이주라면 후자는 국제이주를 의미한다. 오늘날 지구화시대의 두드러진 특징은 국민국가의 경계를 넘어서는 국제이주가 광범위하게 발생하고 있고 그 정치적·경제적 영향력이 커지고 있다는 점이다. 지구적 수준에서 사람의 이동이란 단순히 노동력의 이동, 두뇌의 이동일 뿐만 아니라 이동하는 사람이 속해 있는 지역의 문화가 그 사람을 통해 다른 지역으로 이동하는 것이고, 이는 유출국과 유입국 모두에 큰 영향을 미친다. 이주자가 증가하면 이주자가 유입되는 사회에서는 문화적·종족적 다양성이 증가하면서 사회적 통합의 문제가 제기되고, 이주자가 유출되는 사회역시 국민국가의 경계를 넘어서는 초국적 사회관계와 유대가 만들어지면서 새로운 문화의 영향을 받게 된다.

국제이주는 한편으로 지구적 규모의 상호의존성과 시공간 압축에 따른 불가피한 현상이지만, 영토적 경계를 가진 국민국가에게는 커다란 도전을 의미한다. 국민국가는 경제적 필요성 때문에 노동력의 국제이주를 불가피하게 수용하기도 하지만, 한편으로 국제이주가 국민의 종족적 다양성을 심화시키고 정치적·문화적으로 국민국가의 내적 통합을 위협하는 것에 대해 경계한다. 국제이주는 국가가 국경의 넘나드는

---

178) 지그문트 바우만, 2013b, 앞의 책, 337-358쪽.

사람들의 이동을 통제할 수 있는 '주권'에 대한 도전을 제기하는 것이면서, 사람들이 국경을 넘어 초국가적 관계와 유대를 형성하게 되면, 국민국가에 대한 충성이 약화되고 국민적 통합이 위협받을 수 있다. 즉, 이주는 유입국과 유출국 모두에 인구학적·경제적·사회적 구조를 변화시키며, 국제이주로 인한 문화적 다양성의 증가는 국민정체성에 대한 의문으로 이어지기도 한다. 문제는 지구화가 지속되는 한 국제이주가 지속되고 확대될 것이라는 점이다. 국가 간의 불평등과 인구학적 압력, 전쟁과 재해, 무역과 교역의 확대, 교통운송수단과 정보통신수단의 발달로 인한 시공간 압축으로 인해, 어쩔 수 없이 고국을 떠나 피난처를 찾아야 하는 사람이나 보다 나은 삶의 기회를 적극적으로 찾으려는 사람이 늘어나기 때문이다.[179]

지구화의 한 측면으로서 국제이주의 증가는 지구화된 경제에서 부국과 빈국 사이의 불평등을 반영하는 것이면서, 동시에 이주민 유입국에서 계급과 종족의 융합현상을 만들어내기도 하고 종족적·문화적 다양성을 증가시킴으로써 국민적 통합의 문제를 제기한다. 나아가 국민국가를 넘어선 지구화시대의 새로운 시민권의 문제, 문화적 차이의 공존과 인정의 문제를 제기한다.

1) 국제이주의 역사

헬드와 맥그루에 따르면, 이주의 지구화란 지역과 대륙 간의 인간의 이동을 뜻하며, 이는 국민국가 형성에 앞서 존재했던 초대양적·초대륙적 이동을 의미한다. 그들은 국경을 넘는 이주라고 할지라도 그 범위가 모두 지구적인 것은 아니며, 이주의 강도 역시 엘리트적 현상인지, 대중적 현상인지에 따라 큰 차이가 있다고 주장한다. 이주가 이루어진 속도나 이주가 유입지와 송출지에 미치는 영향 역시 다양하기 때문에, 그들은 이주의 각종 형태를 검토하기 위한 핵심개념으로 ① 이주의 지리적 범위, ② 송출지와 유입지의 인구와 비교한 이주자의 규모를 의미하는 이주의 강도, ③ 집단적·개인적 측면에서 각각 이주에 걸리는 시간을 의미하는 이주의 속도, ④ 이주가 유입지와 송출지에 미치는 영향을 분석할 것을 제안한다. 이런 시각에서 보면, 지구적·지역적 이주의 주요한 역사적 형태를 구분할 수 있으며, 전근대, 근대, 현대적인 이주의 흐름과 유형을 구분해서 그 특징과 그것이 해당 사회에 미친 영향을 분

---

179) 캐슬·밀러, 2013, 『이주의 시대』, 일조각, 26-31쪽.

석할 수 있다는 것이다.

이주는 가장 단순하게는 국내이주와 국제이주로 구분할 수 있으며, 일시적 이주와 영구이주, 합법적 이주와 미등록이주, 강제적 이주와 자발적 이주 등 그 형태와 양상도 매우 다양하다.[180] 다시 국제이주는 지역 내 이주와 대륙 간 이주, 중심을 향한 이주와 주변을 향한 이주, 엘리트이주와 대중적 이주 등을 구분할 수 있다. 헬드와 맥그루는 이주가 유입지와 송출지에 미치는 영향이 매우 다면적이라는 점을 강조한다. 먼저, 이주는 노동과 고용에 큰 영향을 미치지만, 이주의 효과는 그에 한정되지 않으며, 정치적·군사적·문화적 영향을 미친다. 둘째, 인간이 이동할 때 그들의 문화도 함께 이동한다. 일단 이주공동체가 만들어지면, 문화적 권력과 사회적 정체성의 유형이 새로 생겨나고 변화된다. 인간의 이동에는 새로운 사상, 새로운 종교, 새로운 문화가 뒤따른다. 셋째, 이주는 운송, 통신, 규제와 관련된 하부구조와 제도를 필요로 한다. 운송 및 통신의 하부구조는 잠재적 이주의 비용과 위험부담, 속도, 범위 등에 영향을 미친다.[181]

(1) 근대 국제이주의 양상

근대시기의 국제이주에 대해, 헬드와 맥그루는 ① 18세기 말까지 지리적 범위는 넓지만 사회적 강도는 약했던 근대 초기의 이주 단계와, ② 19세기 및 20세기 초의 강도 높은 전 세계적 대량이주 단계를 구분한다. 이들에 따르면, 전근대시기에도 전쟁과 정복, 인구의 증가, 생산과 교역의 발전에 의해 인류의 이동은 항상적으로 있어왔다. 그러나 지역적 범위를 넘어 말 그대로의 지구적 이주는 유럽열강에 의한 세가지 형태의 국제이주에 의해 이루어졌다. 즉, ① 유럽에 의한 아메리카 및 호주의 정복과 인구증가, ② 식민지의 경제발전을 촉발시킨 대서양 노예무역, ③ 노예제도의 종식으로 야기된 아시아의 대체 노동인력의 대규모 이동이 그것이다.[182]

먼저, 유럽의 생물학적 팽창이라고 말할 수 있는 것으로 유럽인들이 아메리카와 호주로 이동한 것이다. 대서양 간의 이동은 1492년 콜럼버스 이후로 유럽인들이 현지의 생태계로부터 저항이나 위협을 거의 받지 않았다는 점에서 특별한 것이었다.

---

180) 마이클 새머스, 2013, 『이주』, 푸른길, 34-42쪽.
181) 헬드·맥그루, 2002, 앞의 책, 445-450쪽.
182) 이하 헬드·맥그루, 2002, 앞의 책, 455-468쪽; 캐슬·밀러, 2013, 앞의 책, 157-175쪽 참조.

16-18세기 동안 유럽인들의 신대륙 이주는 느린 속도로 진행되어 미국독립혁명 직전까지 2-3백만 명을 넘지 않았다. 대서양이주의 비용과 위험이 컸기 때문이다. 19세기 초에 유럽인의 이주가 크게 증가했는데, 저렴하고 안정된 운송수단이 확립되었고, 산업화로 대규모의 잉여인구가 발생한 반면, 식민지에서는 풍부한 토지에 비해 노동력이 부족했기 때문이다. 1800-1860년 사이 미국 이민자의 66%는 영국인이었고, 22%는 독일인이었다. 대부분의 대서양이주는 나폴레옹전쟁이 끝난 1814년에서 제1차 세계대전이 일어난 1914년 사이에 일어났다. 이주자 수는 1850-1914년 사이에 5천만 명에 달했다. 특히 1880-1915년 사이에 3,200만 명이 유럽대륙을 떠났다. 1880년 이전 이주자는 주로 북유럽과 서유럽 출신이었으나, 그 이후 이주자의 다수는 남유럽과 동유럽, 특히 이탈리아 출신이었다. 제1차 세계대전과 경제위기로 대서양 간 이주의 폭증은 중단되었다. 제1차 세계대전 이후 미국은 유럽 이민자 대신에 멕시코의 비합법노동자와 남부의 흑인 노동력을 활용하기 시작했기 때문이다.

둘째, 유럽인에 의한 대서양 노예무역이다. 유럽인들은 17세기 후반부터 19세기 중엽까지 신대륙의 플랜테이션과 광산에서 노예노동을 활용한 설탕과 담배, 커피, 면화, 금의 생산을 통해 엄청난 부를 축적했다. 17-18세기까지는 대서양 횡단의 비용이 높았기 때문에 이들은 노동력부족을 보충하기 위해 강제적인 노예노동을 활용했다. 1445년에서 1870년 사이에 노예로 끌려간 사람의 수는 900만 명에서 1,200만 명 정도로 추산되며, 특히 18세기에 그 수는 670만 명으로 절정에 달했고, 19세기에도 260만 명에 달했다. 이들의 상당수는 카리브 해 지역과 브라질로 이동했고, 이들은 인디언 수가 급감함에 따라 대체노동력으로 투입되었다. 1860년 미국 남부 주들의 경우, 전체 1,100만 명 인구 중 노예가 380만 명에 달했다.

셋째, 19세기 중엽, 노예제도가 폐지되면서 아시아계 강제계약 노동자들이 대규모로 활용되기 시작했다. 19세기 말과 20세기 초, 인도, 중국, 일본, 자바 노동자들이 식민지로 대규모 이주했는데, 이들은 대규모 노동자집단의 모집을 통해 수년간 카리브 해 지역이나 말레이반도, 동아프리카 등에서 플랜테이션, 광산, 철도 건설에 동원되었다. 쿨리노동은 보통 형의 복역을 대신하는 단기성 계약이었으며, 이들은 보통 여행운임의 채무로 구속되어 야만적인 수준의 노동조건과 임금을 감수해야 했다. 인도인들은 1834년에서 1937년 사이 3,020만 명이 인도를 떠났다가 2,410만 명이 돌아와 600만 명이 이주했고, 중국인들 역시 1818-1914년 사이에 1,200만 명이 이주한 것으로 알려졌다.

넷째, 국제이주는 대륙 간 이동뿐만 아니라 지역 내 이주의 형태로도 전개되었다. 특히 유럽에서는 19세기 말 각국의 산업화와 경제성장의 격차, 대륙횡단 철도의 건설로 국경을 넘는 이주의 물결이 일어났다. 대규모 노동이민이 향한 나라는 영국, 프랑스, 독일, 스위스였고, 수출국은 폴란드, 아일랜드, 이탈리아였다. 스페인과 포르투갈 사람들은 주로 남미 식민지로 이주했다. 영국으로의 이주민은 주로 농민경제와 산업화의 실패, 대기근을 겪은 아일랜드인, 러시아에서 박해를 피해온 유대인들이었다. 독일에서는 도시로 이주한 독일노동자들의 공백을 폴란드계 노동자들이 메웠고, 이들의 빈자리는 다시 우크라이나인들에 의해 채워졌다. 프랑스에서는 공업화시기에 노동력이 부족했기 때문에, 이탈리아, 독일 등 인접국가의 외국인노동력이 그 빈자리를 채웠다.

그러나 이러한 이주의 물결은 제1차 세계대전으로 중단되었다. 많은 이주자들은 병역을 수행하거나 군수산업에 종사하기 위해 고국으로 돌아갔고, 대부분의 유럽 국가들은 전시에 필요한 노동력을 식민지에서 데려왔다. 그러나 신대륙에서는 전쟁종결과 함께 경기침체와 공황으로 유럽, 아시아, 아프리카 노동력에 대한 수요가 줄었고, 이민에 대한 적대감이 증대하면서 민족주의 정치가 부상했다. 독일은 경제위기로 외국인노동력을 필요로 하지 않았고, 미국에서는 남유럽과 동유럽 이민자들에 대한 배타성이 증가했고, 대규모 이민에 대한 대안으로 남부의 흑인노동자들이 활용되기 시작했다. 양차 대전 사이에 미국에서는 흑인노동자들이 대규모로 북동부와 서부로 이주했다. 비록 민족갈등과 제2차 세계대전으로 유럽과 전 세계에서 상당한 인구이동이 있었지만, 이는 주로 민족분규와 전쟁으로 인한 난민현상이었다.

전체적으로 19세기 중반에서 제1차 세계대전까지는 대규모 이주의 시기였다. 그것은 주로 유럽이 주도한 식민지 자본주의의 필요에 기반을 두었고, 유럽인구의 연쇄적인 대규모 이주, 노예노동, 강제계약 노동 등의 다양한 형태를 띠었다. 다른 한편으로 대규모 지역 내 이주는 유럽의 국가별 산업화 격차로 인한 노동력의 수요-공급 변화 때문에 발생했다. 이 과정은 서구의 산업화와 제국주의 팽창이라는 역사적 요인에 의한 것이었고, 이주의 물결은 자본주의 경제의 침체와 위기로 중단되었다가, 제2차 세계대전 이후의 경제번영에 따라 새로운 형태로 재개되었다.

(2) 제2차 세계대전 이후 현대의 이주

제2차 세계대전 이후 확대된 국제이주는 주로 초국경적 노동시장의 작동에 의해 영향을 받았고, 1960년대 말부터는 전쟁으로 인한 난민의 이동이 경제적 이주를 능가하고 있다. 캐슬과 밀러는 현대의 국제이주를 두 개의 국면으로 구분하고 있는데, 전반기는 1945-1970년대 초까지로 선진국의 경제호황이 개발도상국에서 서유럽과 북미의 공업부문을 향한 대규모 국제이주의 흐름을 만들어냈다. 석유위기가 시작된 1970년대 중반 이후는 복잡한 이주흐름이 나타났다. 남유럽과 중동부유럽 등 오랫동안 이민송출국이었던 나라들이 이민유입국으로 전환되는 이주변천을 경험하게 되고, 오일달러가 풍부한 중동지역으로의 이주 역시 크게 증가했으며, 아시아와 아프리카 지역에서 내전과 전쟁, 종족분쟁이 대규모 난민을 만들어냈다.

먼저, 가장 중요한 흐름은 서유럽과 호주, 북미의 OECD 국가들로의 경제적 이주였다. 서유럽으로의 이주는 초기에 지역 내 이주로 국한되었지만, 점차 전 세계에서 이주의 물결을 불러왔다. 1950년대 이후 자본주의의 황금시대를 구가했던 선진국들은 대부분 적극적인 노동력 유치정책을 시행했고 '초청노동자'제도를 활용했다. '초청노동자'제도는 단기취업 이주노동자 고용제도로서 고용노동자의 단기체류, 노동시장과 시민권의 제한, 가족을 동반하지 않는 단신노동자의 고용을 특징으로 했지만, 많은 경우 장기체류와 정주현상을 수반했다. 서유럽으로의 이주에는 프랑스, 영국, 네덜란드의 구식민지 지역에서 식민지 종주국으로의 노동이주, 유럽 주변국 노동자들의 서유럽으로의 이주, 아시아와 라틴아메리카 출신의 북미와 호주로의 영주이주 등이 포함되었다. 그뿐만 아니라 제2차 세계대전 직후에는 유럽난민의 대규모 이동과 식민지 독립 이후 본국으로의 귀환이주가 일어났다.

둘째, 1970년대 중반 전 세계적인 경기둔화로 외국인노동자 프로그램이 종료되고 이민규정이 까다로워지면서 서유럽으로의 이주는 감소했지만, 여전히 가족합류를 위한 연쇄이주는 계속되었다. 대서양 간 이주에서는 남미에서 남유럽으로 이주 방향이 역전되었다. 1970년대 중반 이후 서유럽으로의 이주기회가 줄고, 개발도상국들의 경제성장이 차등화되면서 새로운 이주유형이 나타났다. 가장 뚜렷한 것은 오일달러는 풍부하지만 노동력이 부족한 중동으로의 이주였다. 중동에서는 동아시아와 남아시아로부터 지구적 차원의 노동력 유치가 이루어졌다. 아시아에서는 이주의 방향이

유럽에서 북미, 호주, 중동으로 변화되었다. 미국으로의 이민은 1965년 출신국별 할당제도를 폐지한 이민법 개정 이후 급속히 증가했고, 캐나다와 호주는 대규모 이민 유치정책을 유지했다.

셋째, 아시아와 아프리카에서의 혁명과 내전으로 많은 난민의 흐름이 발생했다. 헬드와 맥그루에 따르면, 1990년대 전 세계적으로 1,500-2,000만 명에 이르는 난민들 중 절반이 아시아인이었다. 1960-1970년대 지역 내 혁명과 내전, 인도차이나 전쟁, 1979년 소련의 아프간 침공으로 수백만 명의 난민이 발생했다. 아프리카에서도, 대규모 전쟁과 기아로 300만 명의 수단 난민, 르완다 난민을 포함해 전체 700만 명 이상의 난민이 발생했다. 2000년대에는 시리아와 이라크를 비롯한 중동과 북아프리카 지역에서의 전쟁과 내전으로 수많은 난민들이 유럽연합으로 이주하고 있고, 난민 수용을 둘러싸고 국가 간의 갈등과 반이민정서가 촉발되고 있다.[183]

이처럼 현대의 이주는 다양성과 복합성을 특징으로 한다. 1970년대 중반까지의 이주흐름은 경제적 이주가 지배적이었고 노동력 수요의 팽창을 배경으로 한 노동이주는 유럽 내에서 가난한 국가에서 부유한 국가로의 지역 내 이주, 지구적 차원에서 개도국에서 부유한 서구국가로의 이주흐름을 만들어냈다. 그러나 1970년대 중반 이후에는 전쟁과 혁명, 내전 등 정치적·군사적 요인에 의한 난민이동과 망명요청이 경제적 이주를 능가하고 있고, 대부분 아시아와 아프리카의 갈등지역에 집중되고 있다. 동시에 선진국으로의 이주는 노동이주보다는 가족재결합을 위한 연쇄이주, 영구정착이 지배적 형태로 되고 있다. 경제적으로는 탈산업화로 인해 더 많은 이주자들이 민간서비스부문과 가사노동부문으로 유입되었고, 여성이주자의 수와 고용이 늘어났다. 동시에 다국적기업의 국제분업 확장으로 고숙련, 고학력 전문직의 이주도 증가했다. 또한 선진국에서의 출산율 저하로 유럽연합 국가에서의 인구 성장은 대부분 이민을 통해 이루어졌다. 국제이주의 가장 큰 영향은 유입국에서의 인구학적 변화이다. 이주는 현재 OECD국가들의 인구증가에 크게 기여하고 있으며 노령화 문제를 어느 정도 완화시키고 있다. 전체인구에서 외국인이 차지하는 비율이 증가했고, 대부분의 OECD 국가에서 총인구 대비 외국인 주민의 비율은 5%를 넘어서고 있으며, 외국출생 인구는 대부분 10% 내외에 달하고 있다. 2005년 외국인비율은 독일 8.8%, 영국 5.2% 프랑스 5.6%에 달하고, 스위스, 오스트리아, 벨기에는 10%에

---

183) 현대이주의 양상에 대해서는 헬드·맥그루, 2002, 앞의 책, 469-480쪽; 캐슬·밀러, 2013, 앞의 책, 177-222쪽 참조.

육박하고 있다. 이러한 변화는 선진국에서 이주민 2세의 출현과 종족적 공동체 혹은 종족적 소수자집단의 창출과 문화적 다양성, 사회적 통합의 문제를 야기하고 있다.

캐슬과 밀러는 제2차 세계대전 이후 현대의 이주에서 나타난 일반적 경향을 다음과 같이 요약하고 있다. 첫째, 이주의 전 지구화이다. 점점 더 많은 국가들이 이주 흐름에 의해 결정적인 영향을 받고 있고, 유입국들은 경제적·사회문화적 배경이 다른 국가에서 온 다양한 이주자들을 받아들이는 경향이 있다. 둘째, 이주의 가속화다. 거의 모든 주요 지역에서 국제이주의 규모가 커지고 있다. 이주의 양적 팽창으로 각국 정부들은 정책상의 어려움을 경험하고 있다. 셋째, 이주형태의 다양화다. 대부분의 국가들은 노동이주, 난민이주, 영주이주 등 다양한 이주유형을 동시에 경험하고 있고, 이주흐름 통제의 어려움으로 연쇄이주는 다른 이민유형으로 이어진다. 넷째, 이주의 여성화다. 과거와 달리 노동이주를 비롯한 모든 이주 지역과 유형에서 여성이 주요한 역할을 하고 있다. 다섯째, 이주의 정치화다. 국내정치, 양국관계, 지역관계, 안보정책이 국제이주의 영향을 점점 더 많이 받고 있고 전 지구적 거버넌스와 국가 간 협력의 필요성이 커지고 있다. 여섯째, 이주변천의 확산이다. 전통적인 이민 송출국이 경유국이나 유입국으로 전환되는 이주변천이 많은 나라들에서 나타나고 있다.[184]

2) 국제이주의 이론

마이클 새머스는 이주와 관련된 핵심적 쟁점들을 4가지로 요약하고 있다. 첫째, 이주의 원인과 결과에 대한 쟁점으로, 왜 사람들이 이주를 선택하며 이주는 송출국과 유입국에 어떠한 영향을 미치는가? 둘째, 이주자들의 삶의 조건으로서 고용과 노동의 문제다. 이주자들이 유입국에서 어떻게 직업을 얻으며 어떤 일을 주로 하고 어떤 대우를 받는가? 셋째, 이주문제에 대한 거버넌스는 이주에 대한 정부의 규제정책을 의미한다. 정부와 시민들이 이주문제를 어떻게 바라보고 어떻게 반응하는가? 넷째, 이주자들의 시민권문제다. 이주자들이 어떤 자격에 따라 시민권을 획득하며, 이들에게 어떠한 권리가 주어지고, 이주자들이 소속감과 관련하여 어떠한 정체성을 갖는가?[185] 캐슬과 밀러 역시 국제이주에 대한 연구는 한편으로 이주의 결정요인과 과

---

184) 캐슬·밀러, 2013, 앞의 책, 38-39쪽.
185) 마이클 새머스, 2013, 앞의 책, 43-50쪽.

정, 유형에 대한 연구와, 다른 한편으로 이주자들이 이민을 받아들인 사회에 어떻게 통합되는가에 대한 연구로 구분될 수 있다고 한다.[186)

이처럼 이주에 대한 이론들은 이주의 원인과 결과, 이주자들의 고용과 노동, 이주에 대한 정부와 시민들의 반응, 이주자들의 시민권 등에 초점을 맞추고 있다. 실천적으로 국제이주를 어떻게 통제할 것인가, 종족다양성의 증대가 어떻게 유입국 사회의 사회통합으로 귀결될 수 있는지가 관심의 대상이 되고 있다. 그리하여 캐슬과 밀러는 국제이주에 대한 이론들을 ① 이주과정에 대한 설명, ② 이주체계와 이주네트워크에 대한 연구, ③ 초국가주의이론, ④ 이주에서 정주로의 변화, ⑤ 종족적 소수자의 형성, ⑥ 종족성과 계급, 젠더의 관계, ⑦ 국민정체성과 ⑧ 시민권에 관한 논의들로 분류하고 있다.[187)

먼저, 이주에 대한 최초의 이론은 이주의 원인과 결과에 대한 경제학적 설명이다. 라벤슈타인의 배출-흡인이론은 인구증가, 빈곤, 정치적 억압, 전쟁, 환경 위기 등 특정국가에서의 배출요인과, 취업기회, 더 나은 삶에 대한 기대, 의료기술, 정치적 자유와 같은 흡인요인을 이주의 원인으로 본다. 이러한 신고전파 이주 모델은 이주자들이 고향에 남는 것과 이주하는 것 사이의 상대적 비용과 편익에 따라 이주를 결정한다는 점을 강조한다. 이들은 이를 '이민시장'이라는 개념으로 요약한다. 즉, 이주시장에서는 일자리가 부족한 지역에서 일자리가 풍부한 지역으로 이주를 통해 임금균등화가 발생하며, 이주자들은 경제적 기회에 대한 정보에 기초하여 효용을 극대화하기 위한 선택을 한다는 것이다. 그러나 이러한 이론은 정보가 제한된 개인의 이주선택을 단순화시키며, 왜 특정한 장소로 이주하게 되는지를 설명하지는 못한다. 또 다른 신경제학파의 접근은 이주결정이 개인이 아니라 가족 단위의 수입극대화나 위험회피 전략의 일환으로 이루어진다는 점을 강조한다. 이주가 개인의 임금 극대화 노력 때문이 아니라 가족단위에서 수입의 원천을 다원화하고 희소자원을 다양하게 배분함으로써 위험을 회피하기 위한 노력의 일환이라는 것이다.

둘째, 이러한 경제학적 접근에 대해, 구조적 접근은 이주를 경제적·정치적·사회문화적 요인이 함께 작용하는 복합적 과정으로 이해한다. 세계체제이론은 국제이주를 초과착취의 국제화를 위한 자본주의의 전략으로 이해한다. 그것은 자본주의 중심

---

186) 캐슬·밀러, 2013, 앞의 책, 53쪽.
187) 캐슬·밀러, 2013, 앞의 책, 42, 54-97쪽.

부경제와 저발전된 주변부 경제 사이의 지배관계가 형성되는 방식의 하나로 노동이주를 분석하는 것으로, 자본을 위해 값싼 노동력을 동원함으로써 빈국과 부국 간의 불평등을 영구화하는 것으로 파악된다.

글로벌화와 신자유주의 논의들 역시 이러한 접근의 연장선에 있다. 예컨대, 카스텔에 따르면, 통합된 지구적 노동시장은 존재하지 않지만, 지구적 규모에서 노동력의 상호의존성이 증가하는 경향은 세 가지 메커니즘에 의해 진행된다. 먼저, 다국적 기업과 역외 네트워크를 통한 지구적 고용은 서로 다른 국가에 입지한 노동력을 다국적 네트워크의 전략과 기능에 따라 분업화하며, 이 속에서 노동력은 위계적이고 분절된 상호의존 과정을 겪게 된다. 둘째, 국제적 무역이 남북 내의 고용과 노동조건에 영향을 미쳐, 북쪽의 숙련노동자들은 지구적 교역을 통해 경제성장의 과실을 향유할 뿐 아니라 고부가가치 제품과 공정에서 비교우위를 점하게 된다. 셋째, 각국의 노동력에서 숙련과 기술적 차이가 적어짐에 따라, 다국적 기업들은 노동력에 대한 유연관리를 통해 하청이나 비정규직 활용, 노동조건 하락 등 새로운 고용형태를 창출하고 있다.[188]

한편, 바우만에 따르면 근대는 처음부터 대규모 이주의 시대였고, 근대화된 지역들은 밑바닥계층을 대량 이주시킴으로써 지역적으로 생산된 사회문제를 타 지역으로 수출하는 전략을 활용해왔다. 이주민들을 미개발된 지역으로 이동시킴으로써 인구 과밀 문제에 대한 지구적 해결책을 추구해왔다는 것이다. 그러나 지구화가 진행되고 근대가 보편화되면서, 이제 지역적으로 생산된 잉여의 지구적 배출은 더 이상 불가능하게 된다. 이는 인간쓰레기 폐기산업의 심각한 위기를 의미한다는 것이다. 근대적 삶의 양식이 지구적으로 확산됨에 따라, 과거 지구의 일부지역에 한정되었던 잉여쓰레기의 배출구가 봉쇄되었다는 것이다. 그 결과 일시적인 무능력자와 절대적인 쓰레기 범주에 해당하는 사람들을 구분하는 경계선은 흐려지고, 쓰레기가 된다는 것은 일부의 문제가 아니라 모든 이에게 가능한 미래가 되었다. 이민자와 난민이 증가함에 따라 안전에 대한 불안감이 증가하고 이는 개발도상국에서 더 격렬하게 나타난다. 그리하여 최근에 근대화된 지역들에서는 종족 전쟁과 학살이 잉여인구를 흡수하는 지구적 문제의 지역적 해결책으로 나타난다는 것이다.[189] 그러나 이러한 구

---

188) 마뉴엘 카스텔, 2003, 앞의 책, 312-321쪽.
189) 지그문트 바우만, 2011, 『새로운 빈곤』, 160-182쪽.

조적 접근은 자본의 논리와 요구에 초점을 맞추기 때문에 상대적으로 이주자 개인의 동기나 행위주체성에 주목하지 못한다.

셋째, 이주네트워크에 대한 분석은 거시적 구조와 이주자 개인의 행위주체성을 중재하는 네트워크를 분석대상으로 삼아 이주의 사회적·개인적 동기를 동시에 설명하고자 한다. 이주네트워크 분석은 하나의 이주체계가 이주자들을 교환하는 둘 이상의 국가들로 구성되며, 이주의 흐름이 이민 송출국가와 수용국가 간의 연계에서 비롯된다는 점을 강조한다. 이주자들의 네트워크는 친척이나 친구 등의 '강한 유대'와 공통의 문화와 같은 '약한 유대'에 기반을 둔 네트워크이며, 이는 이주자가 이주를 시작하고 유지하는 과정에서 문화자본, 사회자본으로 기능한다. 이주네트워크는 이러한 문화자본, 사회자본을 기반으로 연쇄이주를 일으키며, 동시에 이민지역의 정주 및 공동체 형성과정을 촉진한다. 그러나 이러한 사회적 네트워크의 역할에 비판적인 사람들은 네트워크에 비해 수용국의 이주정책이 압도적인 영향력을 발휘하며, 1세대 이주자와 2세대 이주자들 간의 인적자본 수준에 차이가 존재하고, 밀입국이나 인신매매와 같이 이주자에 부정적으로 작용하는 네트워크도 존재한다는 점을 지적한다.

넷째, 초국가주의, 초국가적 공동체이론은 이주자 개인의 주체성을 강조하며, 교통통신기술의 성장에 의해 이주자들이 양 지역을 오가면서 순환적 이동성을 보이는 현상에 관심을 둔다. 초국가주의란 "국경을 가로질러 연결된 사람과 제도 사이의 다층적인 상호작용"으로 송출국과 정착국 사이의 사회적 관계를 구축하고 유지하는 과정이다. 이는 가족이나 친족과 같은 공동체가 국경을 넘는 원거리에서도 지속적인 의사소통과 감정적 유대를 유지하는 현상을 의미한다. 이 초국가주의 이론의 분석단위는 두 나라 사이의 로컬 커뮤니티에 기반을 두지만 전 지구에 걸쳐 경계를 넘나드는 탈식민주의적 디아스포라 네트워크이다. 원래 이산을 의미하는 디아스포라는 강제적으로 이주되거나 이산된 사람을 의미하는 것이었지만, 이제 디아스포라 네트워크는 이주 커뮤니티가 국경을 가로지르면서 유지되는 사회적·문화적·정치적·경제적 관계를 의미한다.[190] 즉, 전 지구화에 따른 디아스포라는 초국가적 공동체를 양산하고 있는 것이다.

이처럼 국제이주를 분석하는 데 있어서, 이주를 초래하는 배출-흡입요인, 지역 간 네트워크, 수용국의 이주정책, 이주민들의 정주과정, 이주자들이 유입국의 국민정체

---

190) 마이클 새머스, 2013, 앞의 책, 141-146쪽.

성에 미치는 영향과 송출국에 미치는 효과, 이주가 송출국과 유입국 사이에 구축하는 새로운 연계 등이 주요한 관심의 대상이 되고 있다.

3) 국가의 이주정책과 글로벌 시민권

그러나 이주와 관련하여 정책적·이론적으로 쟁점이 되고 있는 부분은 이주자들의 증가가 국민국가의 통합에 미치는 영향, 이주자들의 시민권과 관련한 수용국의 정책적 대응이다. 현대의 지구적·지역적 이주가 국민국가의 자율성과 주권에 어떤 함의를 주는 것일까? 많은 연구자들은 국제이주에 대한 국민국가의 통제가 한계를 보이고 있음을 지적한다. 국민국가들의 엄격한 국경통제에도 불구하고 비합법, 미등록 이주흐름이 늘어나고 있는 것은 국민국가들이 독자적으로 국제이주를 통제할 수 없다는 것을 보여준다. 제1차 세계대전 이후 여권과 비자와 같은 국경통제를 위한 행정적 수단이 등장했고 미등록 외국인에 대한 처벌을 강화했지만, 비합법적 이주는 줄어들지 않고 있고 있다. 이주를 통제하기 위한 국제적 노력이 강화되고 있지만 이는 역설적으로 개별 국가의 주권에 상당한 부담을 주고 있다.

특히 나라별로 국제이주제도가 달랐음에도 불구하고, 노동이주와 정치적 난민, 결혼이주 등 개인의 이주는 모든 나라에서 이주자 가족의 연쇄 이주로 이어지고, 이주 네트워크를 매개로 해서 특정지역에 이주자 공동체를 만들어냈다. 이주자의 규모가 증대하고 주류사회에 대한 이주자들의 종족적·문화적 차이가 클수록 국민국가 내부에는 주류집단과 구분되는 종족적·문화적 소수자집단이 형성되었다. 이러한 다문화 현상의 확산은 유입국 사회에 국민정체성에 대한 위협이라는 형태로 사회통합의 문제를 제기하고, 역설적으로 이주민들에게는 시민권의 제한과 경제적·문화적·정치적 차별, 배제의 문제를 제기했다. 이처럼 현대사회의 이주는 전 지구적인 현상으로 모든 국가에서 문화적 다양성의 증가와 새로운 종족집단의 형성을 초래하고 있다.

그러나 나라별로 이주자들의 사회적 지위와 시민권은 상이한 양상을 보였다. 캐슬과 밀러는 왜 어떤 나라에서는 종족적 다양성의 증가가 자연스러운 것으로 인정되는 반면, 어떤 나라에서는 이주민들이 주변화되고 배제되는 결과가 초래되었는가를 묻고 있다. 이들은 그 주된 차이를 이주민에 대한 대중의 태도와 시민권, 문화다원주의에 대한 정부정책에서 찾고 있다. 즉, 이민자들이 수용국 사회의 일원으로 통합되는 방식에서 개인으로서 편입되는가, 공동체로서 편입되는가가 매우 중요하다고 강조한다. 즉, 소수종족과 문화적 차이를 받아들이는 모델, 사회와 국민, 시민적 귀속과 국민정체성의 관계가 나라마다 다르다는 것이다.

이들은 먼저, ① 이민자가 일방적인 적응과정을 통해 사회에 편입되는 '동화'와, ② 이주자가 일시적으로 노동시장에 편입되지만 시민권과 정치참여에의 접근은 허용되지 않는 '차별적 배제'를 구분한다. ③ 이주가 증가함에 따라 일방적 동화는 어느 정도의 상호조정이 요구되는 점진적 과정으로서 '통합'의 원칙으로 대체되었다. 이 통합은 점진적이고 점잖은 형태의 동화를 의미한다. 반면에 ④ '다문화주의'는 이민자들이 기본적 가치에 대해 순응하면서 자신들의 고유한 문화, 종교, 언어를 포기하지 않은 채 사회의 모든 영역에 동등하게 참여할 수 있어야 한다는 것을 의미한다. 이 다문화주의에는 (ㄱ) 문화적 다양성과 종족공동체의 존재를 공식적으로 인정하지만 사회정의나 소수자문화 보호를 국가의 역할로 보지 않는 '미국 유형'과, (ㄴ) 문화적 차이를 수용하려는 다수집단의 의지와 소수자의 동등한 권리를 국가가 적극적으로 보호하는 '공공정책으로서의 다문화주 유형'이 구분된다.[191]

먼저, '배제적 모델'은 이주자를 자국민과 분리되어 불리한 조건에 놓인 집단으로 간주하는 것이다. 이 모델은 초청노동자 모델을 고수하는 국가들로 독일, 오스트리아, 스위스는 가족 재결합을 막고 이주자들에게 안정된 체류자격을 부여하지 않거나 귀화에 대해 엄격한 기준을 적용했다. 이들 국가는 초청노동자에게 특정 직업, 업무, 지역에 한정되는 취업만을 허가함으로써 노동시장에서 이주자의 권리를 제한했다. 그리하여 이들의 법적 지위는 이민유입국의 시민보다 낮은 위치에 있다. 둘째, '동화주의모델'은 완전한 성원권을 제공하지만 그 대신에 이주민이 원래 가지고 있던 언어와 문화를 포기할 것을 요구하는 것이다. 프랑스와 네덜란드, 영국과 같은 나라들에서 과거 식민지 출신의 이민자들은 시민자격으로 입국했고, 영구정착과 가족재결합이 허용되어 왔다. 이 모델은 시민적 지위를 궁극적으로 인종이 아닌 거주지와 연관시키며(속지주의), 이주자의 지위에서 시민의 지위로 이전하기가 배제적 모델보다 용이하다. 셋째, '다문화 모델'은 완전한 성원권을 제공하는 동시에 문화적 차이 또한 인정하는 것이다. 이는 고전적 이민국가에서 많이 나타나며, 여기에서는 가족 재결합과 영구정착을 장려했고 합법적 이민자를 미래의 시민으로 간주했다. 다문화모

---

191) 캐슬·밀러, 2013, 앞의 책, 415-420쪽.

델은 교육, 언어, 주택 등 이민자를 대상으로 특별한 서비스를 제공하는 정책이 이들을 격리시키지 않으면서 성공적으로 통합하는 전제조건이라고 본다. 캐나다, 호주, 스웨덴이 이러한 시민권모델에 근접한다. 마지막으로, 헬드와 맥그루는 여기에 이주민 공동체를 의도적으로 무시하는 정책으로 이민에 대한 '비실체적 태도'모델을 추가한다. 일본과 이탈리아 같은 나라들은 상당수의 비합법 이민을 모르는 체해왔고, 이주민공동체가 사회 내에서 주변화되고 배제되도록 의도적으로 실체를 무시하고 정치적으로 침묵해왔다는 것이다.

전체적으로 이 모델들의 구분은 절대적이거나 고정적이지 않으며, 시기별로 각 나라의 이민자정책은 상당한 변화를 경험하며, 일종의 수렴현상을 보여왔다. 그리하여 1970년대에서 1990년대에 걸쳐 배제모델과 동화모델에서 다문화모델로 변해가는 추세를 확인할 수 있다. 그러나 다문화모델이 경제적 통합과 소수자들의 성공을 저해하며 영구적인 문화적·정치적 분절을 초래할 수 있기 때문에 다문화정책 대신에 사회적 응집력을 강화하는 조치를 도입해야 한다는 요구가 강화되고 있다.[192]

나아가 이민 수용국 정부와 시민들이 이주자들을 대우하는 방식의 차이는 이주자 집단의 성격을 규정한다. 캐슬과 밀러는 이러한 모델에 따라 이주자집단을 세 가지 유형으로 구분한다. 먼저, 일반 사람들과 융화되어 별개의 종족 집단을 형성하지 않는 이민자들의 유형이다. 이들은 수용국의 주류집단과 문화적·사회경제적으로 비슷하다. 둘째, 종족공동체(ethnic community)를 구성한 이민자들이다. 이들은 특정지역에 모여 살며, 모국어와 문화를 유지하지만 시민권, 정치적 참여, 계층상승 기회에서 배제되지 않는다. 종족공동체가 유지되는 이유는 단지 문화적·심리적이다. 이들 공동체는 후속세대들이 다른 집단과 통혼하고 그들만의 거주 지역을 벗어나면 현저히 축소되기도 한다. 셋째, 종족적 소수자(ethnic minority)를 형성하는 이민자들이다. 이들은 모국어와 문화를 공유하는 특정지역에 모여 살면서 주류사회와 분리되어 있다. 동시에 사회경제적으로 불리하며 법적 신분이나 정치적·사회적 권리에 취약하고, 인종적 차별에 노출되어 사회적·문화적·정치적 배제를 경험한다. 그리하여 사회적으로 주변화된 집단으로 존재한다. 종족적 소수자는 한편으로 사회적으로 구성된 외모를 기반으로 지배적 집단에 의해 사회적으로 종속적 지위를 부여받은 사람들이자, 다른 한편으로 언어, 전통, 종교, 역사 및 경험을 공유한다는 믿음을 기반

---

192) 캐슬·밀러, 2013, 앞의 책, 514-515쪽.

으로 집단의식을 가진 사람들이다. 즉, 종족적 소수자는 타자가 강제적으로 열등한 지위를 부여한 타자정의이면서 동시에 자신들이 하나의 집단에 속해 있다는 자아정의의 산물이기도 하다. 그것은 다수자에 의한 배제와 자아 스스로에 의한 종족정체성을 기반으로 형성된다.

　종족적 공동체와 종족적 소수자의 차이가 왜 발생하는가? 하나의 이유는 이민자의 외형적 차이가 소수자 지위의 주된 표지가 되기 때문이다. 외형적 차이가 최근에 들어온 이민자, 문화적 거리감, 사회경제적 위치와 일치하거나 인종적 차별의 대상이 되는 것이다. 또 다른 이유는 주류사회와 수용국가의 문화적 관습과 이념과 같은 배제적 관행이다. 이 배제의 문화와 관습은 '소수자의 인종화'라는 인종차별 관행에 다름 아니다.193) 왜냐하면 익숙한 것에서 이탈하는 조건들은 불편함과 애매한 적개심의 원인이 되기도 하며, 혼란에 책임이 있다고 생각되는 이방인에 대해 적개심을 갖는 원인이 되기 때문이다. 이방인을 지배적 민족문화의 권위에 복종하도록 강제하는 목적은 동화다. 동화는 유기체가 환경요소를 동화시키고 외래물질을 자기 몸에 맞춰 변형시키는 것을 의미한다. 모든 민족주의는 언제나 '동화'에 관한 것이다. 그러나 동화는 이방인을 동화하려고 했던 사람들의 분노를 유발한다. 왜냐하면 동화는 언제나 질서와 안전에 대한 위협으로 바뀐다. 변화를 추구하는 사람들의 눈에 동화된 사람들은 잠재적으로 변절자로 보이기 때문에 동화는 결코 완전할 수 없다.194)

　이주민의 시민권이라는 문제는 지구화된 세계에서 국민국가시대의 시민권과 구분되는 글로벌한 시민권이 과연 가능한지, 가능하다면 어떤 형태를 띠어야 하는지에 대한 규범적 질문을 제기한다. 원래 시민권이란 재산과 노동, 복지와 같은 권리에 대한 사회구성원들의 접근권과 관련된 것이고, 이는 구성원의 권리와 의무를 부여하는 국가, '경계를 지니는 사회'라는 개념을 전제한 것이었다. 마샬이 말하는 시민권이란 사회의 완전한 성원으로 인정된 시민은 모두 '문명화된 생활의 조건'을 향유할 수 있어야 한다는 요구이다. 시민권은 자본주의사회의 계급불평등에 대항해 국민국가 차원에서 시민적 평등을 지키기 위한 규범적 요구인 것이다. 모든 지역의 모든 주민은 국가에 속하며, 소속은 무엇보다 법적인 의미를 가진다. 한 국가의 시민이 된다는 것은 국가가 정한 권리와 의무를 가진다는 것뿐 아니라, 권리와 의무를 구체화하는 국

193) 캐슬·밀러, 2013, 앞의 책, 76-77, 441-444쪽.
194) 지그문트 바우만, 2011, 앞의 책, 211-230쪽.

가정책에 참여할 수 있다는 것을 의미한다. 시민권은 국가 활동에 영향을 미칠 수 있는 권한이며, 법과 질서의 결정과 적용에 참여하는 것이다.

어리는 지구화된 세계에서 국경을 가로질러 이동하는 사람들에게 국민, 시민으로서의 권리와 의무는 무엇인가라는 질문을 제기한다. 글로벌화가 가속화되고 국민국가의 경계가 약화되면서, 국민적 시민권을 대신해 점차 '인간의 보편적 권리'라는 탈영토화된 시민권모델이 등장하고 있다. 이는 보편적 인권에 대한 국제적 법규가 정식화되는 현상으로 나타나고 있다. 오늘날 세계에는 다양한 종류의 시민권이 생겨나고 인정받고 있다. 어리에 따르면, 이제 흐름의 시민권, 이동하는 실체들이 누려야 할 권리와 의무의 시민권이 부상하고 있다. 현실의 시민권은 특정한 공간의 형태를 취하지 않는다. 어떤 권리와 의무는 특정 사회의 경계 바깥에 있다.[195] 정보통신과 수송수단의 눈부신 진보가 영토에 근거한 정체성을 위협하고 세계를 하나의 공동체로 바꾸어감에 따라, 글로벌 시민권이 확산되고 있다. 여기에는 모두가 향유해야 할 문화적 시민권, 다른 사회에 머물고 있는 소수자의 시민권, 지구시민으로서의 생태적 시민권, 소비자 시민권, 다른 장소와 문화를 방문하는 이들의 이동성의 시민권이 포함된다. 여기에는 글로벌 커뮤니티에 참가할 권리와 함께, 다른 환경과 문화를 향해 세계주의의 입장을 실천하고, 지구의 일원으로서 타자와 함께 고민하고 글로벌한 공공이익에 근거해 행동하는 것과 같은 의무가 포함된다. 이처럼 '글로벌한 것'이 아래로부터 축적되면 새로운 '수행적 시민성'이 구성될 것이고 이러한 시민성은 그 자체가 일종의 문화이다. 글로벌한 수준의 상상의 공동체를 형성하기 위해서, 사람들은 자신을 세계 공동체의 일부라고 느껴야 하며, 이러한 측면에서 글로벌 미디어는 이미지를 통해 글로벌 문화를 형성한다. 매스미디어는 시간, 공간적으로 떨어진 사람을 가상의 네트워크로 연결해 동시성과 공공영역을 만들어낸다. 이미지는 로컬의 경험들을 연결하고 멀리 떨어진 사건과 현상에 공통의 의미를 부여한다. 글로벌한 네트워크와 흐름으로 인해, 더 이상 공적 영역과 사적 영역, 공적 시민권과 사적 소비주의 사이에 분명한 선을 긋기 어렵게 된다.[196]

---

195) 이런 관점에서 보면, 마샬의 시민권 개념은 지나치게 국가 중심적이며, 경제적·문화적 측면을 충분히 고려하지 않은 것이다.

196) 존 어리, 2012, 앞의 책, 7장 2,3,4절.

제4장 다문화주의의 철학과 이론

세계화와 이동성의 증가, 국제이주는 더 이상 세계를 고립된 국민국가 체계로 인식할 수 없게 만들고 있고, 근대세계의 토대인 국민국가 단위에서 확립된 모든 사회적·철학적 개념과 범주를 의문시하고 있다. 글로벌한 세계에서 국경을 넘나드는 흐름의 경향, 다양한 민족과 종족, 언어, 문화의 혼재, 문화적 혼성화의 경향은 더 이상 하나의 사회가 하나의 문화로 정의될 수 있다는 전통적 사고를 유지할 수 없게 만들고 있다. 각 사회의 구성원은 국경을 넘어 교류하고 다른 문화를 항상적으로 접촉하며, 전 세계의 먼 곳에서 일어나는 사건에 실시간으로 반응한다. 그 결과 지구화시대에 모든 사회는 공동체 구성원과 이방인, 공동체의 내부와 외부, 우리와 그들을 명쾌한 경계선에 따라 구분할 수 없게 되었다. 공동체 구성원들은 국경의 범위를 넘어 끊임없이 이동하며, 정체성은 더 이상 운명적으로 부여된 것이라기보다 개인의 선택과 의지의 결과물이 되고 있다.

국경을 넘어선 교류와 국제이주의 흐름은 모든 사회에서 종족적·언어적·문화적 다양성을 증가시키고 있다. 사람들은 국민적 정체성으로 자신을 규정하는 데 한계를 느끼고 있으며, 모든 사회에서 주류집단의 언어나 문화와 구분되는 다양한 종족적 공동체나 소수자집단의 문화가 형성되고 있다. 이미 세계는 다문화를 특징으로 하는 새로운 시대에 접어들었고, 이 새로운 세상은 글로벌한 네트워크와 문화가 확산되면서 종족적·언어적·문화적 집단들의 문화적 차이를 일상적으로 경험하게 되는 세계이다.

근대사회가 프랑스혁명 이후 자유와 평등, 박애를 이념으로 한 국민국가 체제였고, 각 사회는 개인의 자유와 평등한 시민권에 기초한 사회정의를 이상으로 추구해왔다. 그러나 종족적 다양성이 증가하고 다양한 문화가 공존하며 시민과 비시민이 같이 살아가는 지구화시대에 접어들면서, 사회정의는 국민적 동질성에 기초한 통합과 평등을 넘어 문화적 차이에 기초한 다양성의 존중과 인정이라는 새로운 의미를 부여받고 있다. 근대 이후 국민을 동등하게 대우해야 한다는 '평등한 시민권'이 사회정의의 핵심적 요구였던 데 반해, 지구화시대에는 종족적·언어적, 성적 차이에 기반을 둔 소수자집단들이 무시와 차별, 강제적 동화로부터 벗어나 '차이'를 존중받고 문화적으로 '인정'받아야 한다는 요구가 부상하고 있다. 누스바움은 다문화주의를 "다문화에 속하는 사람들이 정서적으로는 우리와 같고, 동등한 존중과 배려를 받을 권리가 있으며, 그들의 삶은 우리의 삶과 마찬가지로 의미 있는 것이고 그들이 종속된 집단으로 취급되어서는 안 된다는 것"으로 정의하고 있다.[197] 다문화주의의 핵심에 있는 것은 차이(다양성)와 평등의 관계이다. 민주주의가 인간의 복수성과 다양성을 전제로 하고 있다는 점에서, 문화적 다양성과 차이의 존중은 지구화시대의 보편적 가치로 부상하고 있다. 그리하여 문화적 다양성과 문화적 혼종성을 긍정적으로 평가하는 '다문화주의'라는 이념은 다수자 문화와 소수자 문화의 공존, 각각의 문화적 정체성에 대한 비판적 숙고와 대화를 요구한다. 다수자문화와 소수자문화가 공존하는 지구화시대에 다문화주의는 어느 일방의 강제적인 동화와 맹목적 저항이 아니라, 상호 간의 차이를 인정하고 존중하는 가운데 비판적 대화를 통해 새로운 통합을 모색하려는 흐름이라고 할 수 있다. 다문화주의는 각 민족, 인종, 계급, 성 등 다양한 정체성을 가진 집단들 간의 공존과 차이의 인정, 비판적 대화를 통해 다양한 공론장의 활성화를 지향한다,

　　다문화주의의 철학과 이론은 모두가 명백히 합의할 수 있는 내용이라기보다는 시대와 사회에 따라 강조점도 달라지며, 철학적·정책적 담론 수준에서 다양한 내용을 담고 있다. 철학적 수준에서 차이의 인정과 문화적 다양성의 존중이라는 가치에 대해 동의한다고 할지라도, '동등한 대우'라는 평등의 원칙을 어떻게 이해할 것인지, 정책적 수준에서 '차이의 인정'과 평등의 원칙을 어떻게 조화시킬 것인지, 국민국가의 틀이 존재하는 조건에서 비시민의 시민권을 어떻게 보장할 것인지와 같은 문제

---

197) 프란세스코 피스테티, 2015, 169-174쪽.

가 제기된다.

역사적으로 보면, '다문화'란 말은 다양한 인종, 종족으로 이루어진 국민국가 사회에서 상이한 인종과 종족, 다양한 문화들이 혼재, 공존하는 양상을 의미했다. 미국이나 호주, 캐나다와 같이 이주에 의해 국민국가가 형성된 나라들에서는 주류집단과 원주민, 다양한 이주자들이 공존하고 있기 때문에 주류문화와 소수문화의 갈등과 대립을 해결해야 했다. 식민화와 이주에 의해 상이한 언어와 종족, 문화적 정체성이 공존하는 다민족·다인종 국가에서 다문화주의는 국민통합을 위한 정책적 담론으로 출현했다. 한편 유럽의 경우 다문화주의는 역사적으로 탈-식민지화라는 맥락과 세계화로 인한 인종적·문화적 혼종, 문화적으로 다양한 소수자문제와 관련하여 제기되었다. 그리하여 오늘날 광범위하게 사용되는 '다문화'라는 말은 이민자 사회에 존재하는 종족적·문화적 다양성과 다원화 현상을 지칭하기도 하고, 종족집단의 문화와 자율성을 인정함으로써 상이한 문화들 간의 갈등을 해결하고 국민적 통합을 촉진하려는 정책을 의미하기도 하며, 소수자집단의 문화적 정체성을 존중하고 인정하는 것을 강조하는 사회정의에 대한 철학적 담론을 지칭하기도 한다.

철학적인 측면에서 다문화주의는 문화와 집단들 간의 우열은 원칙적으로 존재하지 않으며, 각 문화집단들은 상호 존중하고 공존해야 할 주체라는 취지의 정치철학이다. 이러한 의미에서의 다문화주의는 1970년대 초반 '문화적 다원주의'라는 형태로 나타났다.[198] 미국의 경우, 문화다원주의는 존중보다는 통일에 역점을 두어 소수집단의 문화를 주류집단의 문화에 무리 없이 통합하는 것을 목표로 삼았다. 초기 다문화주의는 소수집단의 인권과 문화적 정체성을 존중하기 위한 담론이라기보다, 국민국가 내 소수 민족 집단과 그 문화에 대한 "동화주의" 정책을 옹호하고 정당화하기 위한 이데올로기로 활용되었다. 그러나 소수집단의 권리와 정체성에 대한 인식이 확산되고, 문화적 정체성에 대한 요구가 제기되자, 소수집단 문화에 대한 차별과 배제, 주류문화로의 강제적 동화가 갖는 구조적 폭력에 대한 비판이 확산되었다. 캐나다의 다문화주의는 동화주의를 대체할 현실적인 정책적 대안 입론으로 제시되었다. 캐나다는 불어와 영어를 공용어로 사용하는 두 언어 공용어법을 제정하고, 소수 이주민집단들의 민족적·문화적 정체성과 권리를 인정하고 정책적·제도적으로 보장하는 다문화주의 정책을 실시했다. 그것은 규범적 차원에서 동화주의의 한계를 반성

---

198) 선우현, 2012, '다문화주의' 『다문화사회의 이해: 9가지 접근』, 29-43쪽.

하고, 기존의 동화정책의 실패를 넘어설 수 있는 새로운 사회통합 방안을 모색하는 것이었다. 결국 1970년대 이후의 다문화주의는 기존의 동화주의 정책이 한계에 부딪히면서 불가피하게 채택된 것이다.

이런 맥락에서 다문화주의는 자유주의적 보편주의가 갖는 한계, 탈식민주의의 상황에서 제기된 새로운 문제들에 대한 응답이라고 볼 수 있다. 다문화주의는 민족정체성이나 국민적 문화에 대한 의문을 제기하고, 종족과 문화의 '차이'에 적극적 의미를 부여할 것을 요구한다. 이는 한 사회 내의 다양한 종족집단이나 소수자공동체들의 문화에 대해 동등한 가치 인정을 요구하는 것이다. '차이의 정치'는 단순히 모든 인간이 존중받을 가치가 있다는 '평등한 존엄성'을 넘어 보편적으로 공유되지 않는 특별한 문화와 정체성을 스스로 정의하고 존중받을 수 있어야 한다는 점을 강조한다. 다양한 개인과 문화에 대해 '예외 없는 기본권'을 보장하는 자유주의 정치가 다양한 문화와 정체성에 대한 인정 요구에 적절히 대응하지 못하고 있다는 점에서 그 대안으로 다문화주의에 대한 요구가 증가한 것이다.[199] 다문화주의는 현실적인 사회통합을 위한 정책적 대안이면서 동시에 지구화가 진행되는 탈근대시대 소수집단의 권리와 인권, 문화적 정체성을 존중하고 사회정의를 실현하기 위한 새로운 규범이론으로 등장했다.

1. 다문화주의 철학: 자유주의와 공동체주의의 논쟁

1990년대 동구 공산주의의 붕괴와 민족주의 물결, 서구에서 이주자와 난민의 증가, 미국에서의 흑백갈등, 국민국가들 내부에서 분리주의의 확산, 페미니즘과 동성애자운동의 확산에 따라서, 소수 종족집단이나 문화적 소수자의 권리와 요구를 통합하는 문제는 현대 정치철학의 핵심적 의제로 부상했다. 특히 소수인종과 소수민족, 민족주의, 이주민 권리의 문제는 '다문화주의'라는 새로운 이름으로 제기되었고, 이는 '개인의 시민권'에 기초해 사회정의와 정치적 공동체의 합의를 이끌어내려는 자유주의에 대한 도전으로 나타났다. 소수종족과 공동체들의 문화에 대한 '동등한 가치 인정'을 요구하는 다문화주의는 '평등한 존엄성'과 보편적 시민권을 추구하는 자

---

199) 프란세스코 피스테티, 2015, 『다문화주의 이론: 철학과 사회과학의 지도』, 경진출판사, 163-167쪽.

유주의적 보편주의와 대비되는 것으로 인식되었다. 서구 민주주의가 국민국가 내 문화적 차이를 무시하고 개인의 보편적 기본권을 보장함으로써 통합을 이룰 수 있다는 신념에 기초해 왔던 것에 비해, 문화적 차이에 대한 인정 요구는 보편적으로 공유되지 않는 특수한 문화와 정체성을 추구하고 보호받을 권리를 의미했기 때문이다.[200]

킴리카는 다문화주의를 둘러싼 정치철학적 논쟁을 3단계로 구분하고 있다.[201] 먼저, 1989년 이전 다문화주의 논쟁의 1단계는 자유주의와 공동체주의, 개인주의와 집단주의 간의 논쟁으로 나타났다. 이때 논쟁의 쟁점은 자유주의적 보편성으로부터 소수집단의 공동체를 어떻게 보호할 것인가, 소수집단의 문화공동체를 보호하기 위한 집단적 권리를 어디까지 인정해야 할 것인가의 문제였다. 논쟁의 2단계는 소수집단 권리와 자유주의의 의미에 대한 자유주의자 내부의 논쟁이다. 그것은 대부분의 소수자들이 자유주의의 기본원칙을 수용하는 상황에서 보편적 시민권과 구분되는 특별한 소수자의 권리가 따로 필요한가 하는 문제였다. 논쟁의 3단계는 '국민 만들기'라는 통합정책에 대한 대응으로서 다문화주의의 성격에 관한 것이다. 자유주의국가가 다양한 종족적 문화에 대해 중립성을 지켜야 한다면, 정치와 종교의 엄격한 분리에서처럼, 인종 문화적 다양성 문제에 국가정치가 개입하지 못하도록 해야 할 것인가의 문제였다. 현실에서 대부분의 자유민주주의국가가 인종 문화적 정체성에 중립적이거나 무관심하지 않기 때문이다.

이러한 논쟁의 핵심적인 쟁점은 인종적·문화적 소수자들이 제기하는 정체성에 대한 권리 요구가 정치공동체의 사회정의와 어떤 관계를 갖는지 평가하는 것이다. 서구사회의 지배적 사상인 자유주의는 소수자들의 요구에 대해 '정의'와 '시민적 권리'라는 개념을 중심으로 사고했는데, 인종차별이 인간의 동등성과 평등이라는 보편주의에 의해 해결될 수 있다고 생각했기 때문이다. 자유주의가 강조하는 '정의'와 '권리'는 국민국가의 틀을 전제로 한 것이고, 자유주의국가는 영토적 경계 내에서 시민들의 평등한 자유와 시민적 권리의 보장을 목표로 했다. 자유주의자들의 입장에서 보면, 국민국가 내 소수자들은 다수자 집단과 동등한 권리를 향유하고 차별을 받지 않기 위해 자유롭고 평등한 시민으로서 보편적 권리(시민권)를 부여받아야 한다.

---

200) 프란세스코 피스테티, 2015, 163-164쪽.
201) 윌 킴리카, 2005, 『현대정치철학의 이해』, 467-481쪽; 윌 킴리카, 2009, 『다문화주의 개론』, 32-43쪽.

그러나 다문화주의자들은 시민으로서의 보편적 권리라는 자유주의적 사고를 공격했고, 소수자 권리보호를 위한 철학적 근거로 공동체주의를 제기했다. 왜냐하면 공동체주의는 소수자 권리의 보장을 소수자집단의 문화적 공동체를 보호하는 문제로 파악했기 때문이다.202)

1) 롤스의 자유주의

자유주의와 공동체주의의 논쟁은 자유주의의 핵심원리인 '개인적 자유'의 우선성을 중심으로 전개되었다. 자유주의의 대표자인 롤스는 "합당한 종교적·철학적·도덕적 교리들로 분열된 다원적 사회에서 자유롭고 평등한 시민들 사이의 안정되고 정의로운 사회가 어떻게 지속될 수 있는가"라는 문제를 제기한다. 이는 가치가 다원화된 사회에서 모두가 합의할 수 있는 정치체제의 '정의'가 어떻게 가능한가 하는 질문이다. 그는 다원적 가치체계가 공존하는 사회에서 입헌적 민주정체를 위한 정치적 정의로서 '공정으로서의 정의'(justice as fairness)를 제시한다. 그는 사회제도의 제1의 덕목은 '정치적 '정의'이지 '최고선'이 아니라고 단언한다. 자유롭고 평등하지만 다원적으로 분열된 민주사회에서 시민들의 사회적 협력을 가능케 하는 공정한 조건은 '정의'의 원칙이다. 그는 중첩적 합의, '선'(좋음)에 대한 '정의'(옳음)의 우선성, 공적 이성을 강조하며, '공정으로서의 정의'를 일종의 '정치적 자유주의'로 이해한다.203) 모든 사회는 적절한 분배의 몫을 합의하는 데 필요한 어떤 원칙들의 체계를 필요로 하며, 이것이 바로 '사회정의'의 원칙이다. 그것은 사회제도 내에서 권리와 의무의 할당과 이득과 부담의 적절한 분배를 결정해준다. 동시에 서로 다른 선을 추구하는 개인들이 공유하는 정의관은 서로의 유대를 공고히 하며, 서로 다른 목적들을 추구하는 데 한계를 정해준다.204)

롤스의 논의에서 핵심적 사고는 사회의 기본구조에 대한 '정의'의 원칙들이 '원초적 합의'의 대상이라는 점이다. '공정으로서의 정의'란 "자신의 이익 증진에 관심을 가진 자유롭고 합리적인 사람들이 평등한 최초의 입장에서 그들 조직체의 기본적

---

202) 월 킴리카, 2005, 앞의 책, 468-469쪽.
203) 존 롤스, 1998, 『정치적 자유주의』 서문, xxiii-xxxx. 그는 1971년 『정의론』에서 '공정으로서의 정의'라는 정의관을 제시했고, 1993년 『정치적 자유주의』에서 '중첩적 합의'와 '공적 이성'과 같은 개념을 도입하여 계약의 안정성 및 민주적 정당성을 다루고 있다.
204) 존 롤스, 2003, 『정의론』, 36-39쪽.

조건을 규정하기 위해 채택한 원칙들"이다. 사람들은 상호 간에 상충하는 요구들을 조정하는 방식과 그들 사회의 기본원칙이 무엇인가를 우선 결정하게 된다. 이때 평등한 원초적 입장이란 사회계약론에서 '자연상태'에 해당하는 가상적 상황이다. 이 '원초적 상황'의 특징은 아무도 자신의 사회적·계층적 지위를 알지 못하며, 자신이 천부적으로 어떤 소질과 능력, 지능, 체력을 갖고 있는지 모른다는 점이다. 정의의 원칙은 이러한 '무지의 장막' 속에서 선택된다. 이러한 원초적 상황과 무지의 장막은 아무도 타고난 조건이나 사회적 여건의 우연성 때문에 유리하거나 불리해지지 않도록 보장하는 것이다.

원초적 상황은 사람들이 자유롭고 평등한 존재로 간주되어야 한다는 것을 의미한다. 따라서 이렇게 합의한 정의의 원칙은 공정한 최초의 상황에서 합의된 것이다. 원초적 입장에서 사람들은 첫째로 기본적 권리와 의무의 할당에서 평등을 요구하는 '평등한 기본적 자유'의 원칙을 채택할 것이며, 둘째로, 사회적·경제적 불평등은 '공정한 기회균등'의 조건하에서 모든 사람에게 개방된 직위와 직책에만 결부되어야 하며, '최소 수혜자'에게 가장 이득이 되는 경우에만 정당화될 수 있다.[205] 그에게 정의의 원칙들은 어떤 선택적 상황의 결과이며, 각 원칙들은 우선성에서 서열을 갖는다. '평등한 자유'의 원칙이 가장 우선적이며, 불평등이 정당화될 수 있는 '차등의 원칙'에서도 '기회균등'의 원칙이 '최소 수혜자 우선'의 원칙에 우선한다. 즉, 지위의 불평등한 배분은 기회균등이 주어지고 공정한 경쟁이 이루어진 상태에서만 정당화될 수 있으며, 높은 지위를 차지한 사람이 더 많은 몫을 분배받는 것은 그것이 가장 적은 몫을 가진 사람들에게 이익이 될 때만 허용될 수 있다.

그는 옳음(the right, 正義)과 좋음(the good, 善)을 구분하며, '옳음'이란 '좋음'을 극대화하는 것으로 보는 목적론을 비판한다. 특히 공리주의는 선(좋음)을 욕구의 만족으로 정의하며, 최대의 만족만 산출한다면 올바른 분배라고 생각한다는 점에서 잘못이다. 왜냐하면 다수가 누리게 될 보다 큰 선에 의해 소수의 자유를 빼앗는 것이 정당화될 수 있기 때문이다. 따라서 공리주의에서 올바른 결정이란 본질적으로 효율적 관리의 문제가 되며, 개인들의 차이는 신중하게 다루어지지 않는다. 롤스에게 분배의 문제는 '올바름'의 개념에 속하는 것이며, '공정으로서의 정의'는 '올바름'을 '좋음'의 극대화로 해석하지 않는다. '공정으로서의 정의'에서는 '올바름'이 '좋음'

---

205) 존 롤스, 2003, 앞의 책, 45-52쪽.

에 우선한다.206) 그는 칸트와 마찬가지로 좋음과 상관없이 사람으로서 마땅히 해야 할 일을 옳음으로 규정한다. 롤스에 따르면, '좋음'에 대한 '옳음'의 우선성이라는 관점에서 개인의 권리가 공동체의 이익에 우선하며, 정의의 원칙은 특정한 가치관에 의존하지 않는다. 207)

'공정으로서의 정의'는 '사회'를 자유롭고 평등한 개인들 간의 공정한 협력적 체제(a cooperative venture)로 간주한다. 이를 위해서는 협력의 공정한 조건에 대한 합의가 있어야 하며, '공정으로서의 정의'는 이성에 의해 인정되어 자발적인 정치적 합의의 근거로 기능하며, 시민들이 공유할 수 있는 정의관이다.208) 문제는 한 사회 내에 다양한 포괄적 교리들이 존재하며, 이러한 다원적 조건에서 시민들의 자발적 합의가 어떻게 가능한가이다. 그는 자유롭고 평등한 개인들로서의 '시민'과 정치적 정의의 원칙에 따라 일관성 있게 운용되는 '질서정연한 사회'를 공정한 협력을 위한 전제로 제시한다. 이를 위해서 '중첩된 합의'와 '공적 이성'이라는 개념을 도입한다. '공정으로서의 정의'와 같은 정치적 합의의 원칙은 합당하지만 매우 상이하고 포괄적인 종교적·철학적·도덕적 교리들로부터 '중첩된 합의'를 이끌어내야 한다. 동시에 '공적 이성'은 정치적 정의관에 대한 중첩된 합의가 자유롭고 평등한 시민들의 이성에 기초해 정당화되어야 한다는 것을 의미한다. 즉, 공정으로서의 정의가 중첩된 합의의 초점이 되고 공적 이성에 의해 정당화될 때에야 다원주의 사회의 시민들은 '공정으로서의 정의'를 받아들인다.209) 시민은 정의감과 선관에 대한 도덕적 능력을 가지며, 판단, 생각, 추론을 할 수 있는 이성을 가진 인격체이다. 자유롭고 평등한 시민들은 사회적 협력의 공정한 조건을 규정하는 공적 정의관에 입각하여 이해하고 행동하며, 자신의 합리적 이익이나 좋음에 대한 생각을 형성하고 수정하며 합리적으로 추구할 수 있는 능력을 가진 존재이다.210)

이처럼 자유롭고 평등한 개인, 원초적 상황과 무지의 장막을 통한 '공정으로서의 정의'에 대한 합의, 포괄적 교리들로 분열된 다원적 현실에서 중첩된 합의와 공적 이성을 통한 협력적 사회의 건설에 대한 롤스의 주장은 현대 자유주의의 핵심적인 논리를 대표한다. 자유롭고 평등하며 이성을 가진 개인들이 각자가 추구하는 '좋음'

---

206) 존 롤스, 2003, 앞의 책, 58-72쪽.
207) 정원섭, 2014, '롤스' 『현대철학의 테제들』, 17-21쪽.
208) 존 롤스, 1998, 앞의 책, 9-50쪽.
209) 정원섭, 2014, 앞의 책, 33-39쪽.
210) 존 롤스, 1998, 앞의 책, 9-50쪽.

이 다름에도 불구하고, 원초적 상황에서의 무지의 장막, 공적 이성을 통해 하나의 '옳음'의 원칙(공정으로서의 정의)에 합의할 수 있다. 또한 '좋음'에 대한 상이한 가치를 가진 다양한 교리들이 공존하는 다원적 현실에서도, 시민들은 공적 이성에 의해 정당화된 정의의 원칙에 합의함으로써, 정의롭고 민주적인 '질서정연한 사회'를 확립할 수 있다는 것이다.

2) 공동체주의자들의 비판

공동체주의자들은 롤스를 포함한 자유주의자들이 공동체라는 이상에 대해 무관심하다는 점을 비판한다. 자유주의가 로크나 칸트에서 연원하는 데 반해, 공동체주의는 주로 헤겔의 '인륜' 개념에 기초한다. 뮬홀과 스위프트는 자유주의자와 공동체주의들 사이의 논쟁을 ① 인간관, ② 반사회적 개인주의, ③ 보편주의, ④ 주관주의/객관주의, ⑤ 반완전주의와 국가의 중립성 등 다섯 가지의 쟁점으로 정리하고 있다.[211]

먼저, 인간관과 관련하여, 자유주의자들에게 자아는 사회관계에 참여할지 여부를 자유롭게 선택할 수 있는 자율적인 존재로서 자신의 이성적 판단에 따라 사회적으로 부여된 목적이나 가치에 대해 자유롭게 판단하고 수정할 수 있는 존재이다. 자유주의자들은 이러한 자율적 선택 능력이 행사될 수 있도록 하는 것이 정의라고 본다. 여기에서 자아는 자신이 가진 목적에 앞서 존재하며, 자아 앞에 놓인 선들은 자아에 의해 취사선택된다. 자아는 자율적 조정이 가능한 정치공동체를 구성한다.

그러나 공동체주의자들은 자신의 삶에 의미와 가치를 부여하는 목적이나 특정한 선 개념과 상관없이 자유롭게 선택할 수 있는 인간이 과연 존재할 수 있는지 의문을 제기한다. 매킨타이어에 따르면, 자유주의는 개인의 자율이 작동하기 위한 배경조건을 무시한다. 자아는 항상 상황 안에서 규정되기 때문에, 특정형태의 목적 및 공동체와 분리될 수 없다. 내가 누구인지 묻는 질문은 항상 현실의 연고에 바탕을 둔 목표나 공동체의 가치를 통해서만 대답할 수 있다.[212] 왜냐하면 개인의 자율적 선택과 결정 역시 자신의 삶에서 무엇이 중요하고 무엇이 좋은 삶인지에 대한 판단을 전제하고 있기 때문이다. 자유로운 개인은 '좋음'에 대한 가치 판단을 전제하며 이러한 자기결정이 의미 있기 위해서는 사회적 조건이 필요하다.[213] 샌델은 평등주의적 분

---

211) 스테판 뮬홀과 애덤 스위프트, 2001, 『자유주의와 공동체주의』, 40-67쪽.
212) 이양수, 2014, '매킨타이어: 덕과 공동체, 살아 있는 전통' 『현대철학의 테제들』, 53-57쪽.

배원칙을 위해서는 '무연고적 자아'가 아니라, 공동체 성원에 대한 연대감을 상정하는 자아에서 출발해야 한다고 주장한다. 샌델은 개인이 가족이나 공동체, 민족의 한 성원이라는 특수한 상황에 놓인 특수한 존재들이라는 '구성적 자아관'을 제시한다. 인간은 특수한 상황 속의 존재이며, 어떤 특정한 목적에 대해 애착과 충성을 느끼며 행동한다.214)

둘째로 자유주의자들이 자아에 대해 추상적이고 개인주의적 접근을 취하는 데 대해, 공동체주의자들은 개인에 대한 공동체의 영향을 강조한다. 공동체주의자들은 자유주의자들이 개인의 상태나 가치가 '사회'에 의해 형성된다는 점을 무시한다고 비판한다. 자유주의자들에게 사회는 각자 자신의 관심을 가진 개인들 간의 협상과 계약의 결과일 뿐이며, 사람들이 자신의 이해관계나 선에 대한 가치관을 사회로부터 도출하고 삶의 목적 역시 공동체에 의해 결정된다는 점을 간과한다는 것이다. 공동체주의자들은 정의의 원칙 역시 보편적이고 추상적인 원칙이 아니라, 사회적으로 공유된 의미와 개인의 권리에 앞선 '공공선'에 기초해야 한다고 주장한다. 자유주의자들은 인간의 윤리적 삶에서 공동체가 갖는 가치와 의미를 무시한 채 공동체를 계약에 의해 형성된 도구적 관계로 파악함으로써, 계약에 선행하는 자연적 의무를 간과한다. 인간은 추상적 개인이 아니라 사회 속의 존재이기 때문에, 개인의 권리뿐 아니라 사회의 공공선을 유지하기 위한 의무와 공공선(the common good)에 대한 관심이 필요하다는 것이다. 매킨타이어는 자유주의자들이 '정의'를 최고의 덕목으로 상정함으로써, 삶의 궁극적 목적에 대한 관심을 약화시켜 도덕적 빈곤상태로 몰고 간다고 주장한다. 삶의 의미를 제공할 공동체가 필요하며, 행위자는 권리를 가진 주체로만 인식되어서는 안 되며, 사회와 공동체를 구성하고 책임지는 도덕적 주체로 간주된다. 인간 행위의 '의미'는 고립된 자율적 존재의 사유에서 나오는 것이 아니라 자신이 속한 집단의 역사와 밀접하게 연관된다.215)

셋째, 공동체주의자들은 자유주의가 보편주의의 입장을 취하기 때문에 문화적 특수성, 문화에 따른 가치와 사회적 형태의 차이가 갖는 중요성을 간과한다고 비판한다. 자유주의의 이론적 근거는 사회계약론으로 개인의 자발적 합의를 통해 객관적이고 보편적인 도덕규범을 창출할 수 있다는 것이다. 그러나 공동체주의자들은 공동체

---

213) 윌 킴리카, 2005, 앞의 책, 295-298쪽.
214) 김은희, 2014, '샌델: 중립주의적 자유주의를 넘어 시민공화주의로' 『현대철학의 테제들』, 159-166쪽.
215) 이양수, 2014, 앞의 글, 『현대철학의 테제들』, 55-65쪽.

가 정치적으로 어떻게 조직되어야 하는가를 이해하기 위해서는 문화적 특수성에 대한 인정이 필요하며, 사회의 조직은 문화에 따라 다를 수 있기 때문에 자유주의 정치체제는 특정한 사회에만 해당될 뿐이라고 주장한다.

매킨타이어에 따르면, 현실의 이해관계에 초연한 중립적 태도는 불가능하며, 시대를 초월하는 절대적 가치 역시 존재하지 않는다. 중립적이고 보편적인 기준은 없으며, 어떤 합리적 행위자도 중립적 기준에 호소해 도덕철학의 결론을 내릴 수 없다는 것이다.[216] 자아의 구성은 역사 안에서만 가능하며, 행위의 의미는 자신이 속한 집단의 역사와 밀접한 관계를 가진다. 진정한 자아정체성은 공동체와의 관계에서 책임과 의무를 다하는 덕을 가진 존재로서 나타난다.[217] 왈저 역시 모든 사회를 비판적으로 평가할 수 있는 보편적 관점이란 존재하지 않으며, 단지 개개의 사회가 갖고 있는 정당한 분배의 원칙이라는 특수한 관점에서만 사회비판이 가능하다고 주장한다. 개개의 사회가 갖고 있는 사회적 의미연관망 속에 내재된 분배원칙에 따라서만 무엇이 정의롭고, 무엇이 정의롭지 못한 분배인지를 평가하고 비판할 수 있다는 것이다.[218] 공동체주의자들의 관점에서 '정의'는 초역사적이고 추상적인 규범으로 파악될 수 없다. 이러한 의미에서 공동체주의는 강한 문화적·도덕적 상대주의의 특성을 갖는다.

넷째, 자유주의에 따르면, 개인은 이성을 통해 객관적으로 가치 있는 삶의 방식을 판단할 수 있으며, 자신의 선호에 따라 삶의 방식을 자유롭게 선택하는 것이 중요하다. 그러나 이는 가치판단에 대한 객관성의 문제를 제기한다. 공동체주의자들이 보기에 자신의 삶의 방식에 대한 개인의 선택은 그 자체로 가치 있는 것이고 그것이 단지 개인의 선호에 의해서만 결정되는 것이라면, 이는 도덕적 주관주의나 회의주의로 귀결될 수 있다. 자유주의자들은 자신의 삶을 어떻게 살아야 하는가에 대한 도덕적 판단에서 주관적이라는 것이다. 무엇이 가치 있는 삶을 만드는가에 대한 견해가 모두 다르고 자신의 관점에 대한 객관적 논거를 제시할 수 없다는 사실은 누가 옳은지 판단할 합리적 방법이 없다는 것을 의미하기 때문이다. 매킨타이어는 행위자들이 스스로 선택하게 내버려 둠으로써 삶이 더 좋아진다고 보장할 수 없다고 생각하는 반면, 자유주의자들의 경우에는 이성적으로 어떤 선택이 더 좋은 선택이라고 주장할

---

216) 이양수, 2014, 앞의 글, 『현대철학의 테제들』, 44-46쪽.
217) 이양수, 2014, 앞의 글, 『현대철학의 테제들』, 51-57쪽.
218) 문성훈, 2014, '왈저: 정의란 독점이 아닌 지배극복의 문제' 『현대철학의 테제들』, 222-227쪽.

수 있지만, 그것이 곧 사람들이 스스로 선택하지 않은 삶이 더 나은 삶일 수 있다는 것을 의미하지는 않는다.[219]

다섯째, 자유주의는 국가의 중립성을 강조한다. 중립주의적 국가관은 국가가 어느 하나의 특정한 가치체계나 원리를 우위에 두거나 그것에 근거하여 활동하지 않아야 한다는 것을 의미한다. 국가는 개인들의 다양한 삶의 방식을 동등하게 존중해주어야 한다.[220] 자유주의사회에서 공공선이란 개인들의 선호와 자율적 선택에 의해 조정되는 것이기 때문이다. 그러나 공동체주의자들에게는 '공동선'이야말로 공동체의 삶의 방식을 결정하는 원천이고 사람들의 선호들을 평가할 수 있는 결정적인 기준이다. 개인들은 자신들의 삶에 의미와 가치를 부여하는 신념을 자유롭게 선택할 수 있는 것이 아니기 때문이다. 공동체주의자들에게 공동선의 추구는 좋은 삶에 대한 개인들 각자의 선호보다 우선하며, 국가는 공공선을 장려하고 가치 있는 삶의 방식이 유지될 수 있도록 지원해야 한다.[221]

이를 위해 샌델은 목적론적 도덕관을 복원하고 시민적 덕을 추구하는 공화주의의 복원을 대안으로 제시한다. 샌델에 따르면, 도덕적 문제는 '좋은 삶에 관한 특정한 관점'들에 대한 토론 없이 해결되지 않는다. 어떤 이들에게 종교적 신념은 그 사람의 정체성과 같은 핵심적 부분으로 단지 선택적 가치가 아니기 때문이다. '자기통치'(self-rule)를 해낼 수 있는 시민적 덕을 갖춘 삶이 가장 '좋은 삶'이다. 자유주의가 '개인의 권리'를 중시하는 데 반해, 공화주의는 '자기통치'를 가장 중요한 가치로 본다. 이것은 시민들이 자신들의 공동운명을 스스로 결정할 수 있는 시민적 능력이자 시민적 덕이다.[222]

왈저 역시 국가의 개입을 통해 사회개혁을 추진하려는 개입주의적 국가관, 보편적 분배원칙보다는 다양한 분배영역의 자율성을 보장하려는 다원적 정의관을 주장한다. 다원적 정의란 개입주의적 국가에 의해 실현될 수밖에 없기 때문이다. 왈저에게 평등이란 모든 재화를 모든 사람이 똑같이 가질 때 실현되는 것이 아니라, 사람들이 갖고 있는 사회적 재화 중 어떤 것도 다른 재화에 비해 지배적 가치를 갖지 않는 것이다. 개개의 사회적 재화가 불평등하게 분배되더라도, 개개의 사회적 재화들이 서

219) 뮬홀·애덤 스위프트, 2001, 앞의 책, 53-58쪽.
220) 김은희, 2014, 앞의 글, 167-168쪽.
221) 윌 킴리카, 2005, 앞의 책, 309-310쪽.
222) 김은희, 2014, 앞의 글, 168-175쪽.

로 독립된 가치를 지니는 것이 '평등'이다. 어떤 사람도 하나의 지위를 이용하여 지배적 지위를 차지할 수는 없게 된다. 왈저에게 중요한 것은 어떤 기본적 재화를 정의롭게 분배하는 것이 아니라, 다양한 사회적 재화가 각기 고유한 분배원칙에 따라 분배될 수 있도록 자율성을 보장하는 것이다. '다원적 평등'이란 "삶의 다양성이 보장됨으로써 다양한 삶이 비교 불가능한 자율적 가치를 갖는 상태"를 말한다.223)

2. 다문화주의 이론

오늘날 다문화주의의 대표적인 철학사상으로 찰스 테일러의 공동체주의적 다문화주의와 윌 킴리카의 자유주의적 다문화주의를 들 수 있다. 테일러는 각각의 문화에 대한 보편적인 가치평가, 즉 모든 문화가 동등한 가치를 가지고 있다는 가정에 근거해 생존의 위협을 받는 문화적 생활양식이 자신의 구성원들을 재생산할 수 있도록 소수집단의 문화적 권리와 문화적 정체성에 대한 보호를 강조한다. 반면에, 킴리카는 개인의 자율성을 신장시키기 위한 도구적 가치로서 소수집단 문화의 중요성을 강조하고 있다는 점에서 개인의 자율성을 최우선으로 하는 다문화주의를 주장하고 있다.

1) 공동체주의적 다문화주의: 테일러의 '차이의 인정'

(1) 테일러의 공동체주의

공동체주의자들 가운데 찰스 테일러는 소수자 권리의 보호, 소수집단의 문화적 차이에 대한 인정을 요구하는 다문화주의를 주창했다. 그는 철학적으로 헤겔철학에 기반하고 있지만 자유주의 자체를 거부하지는 않으며, 정치적으로 캐나다 퀘벡 주 분리운동에 대항해 캐나다의 사회정치적 통합을 위한 방안으로 다문화주의를 제시하고 있다. 테일러는 개인들 간의 동등한 존엄성에 기초를 두고 있는 절차적 보편주의에 반대한다. 절차적 보편주의는 사회구성원 모두에게 권리와 자유, 기회를 동등하게 보장하고자 하지만, 개인이나 집단의 특수한 환경을 세심하게 고려하지 않기 때

---

223) 문성훈, 2014, 앞의 글, 195쪽.

문에 기회는 형식적으로만 제공될 뿐 모든 개인에게 동등하게 부여되지 못한다. 테일러는 절차적 과정에서 고려되지 못하는 개인이나 그가 속한 집단의 기본적 권리와 자율성, 특수한 문화적 정체성과 생활양식을 그 자체로 존중하고 인정해줄 것을 요구하는 "차이의 인정"을 요구한다. 차이의 인정을 위해서는 평등한 권리에 대한 보장을 넘어 개인과 집단 각각의 자아정체성이나 문화적 정체성의 "내적 가치"를 그 자체로 존중해주어야 한다.[224]

먼저, 공동체주의자로서 테일러는 근대인의 '자율적 개인'이라는 이상이 자신의 토대를 망각한 이념이라고 비판한다. 어떠한 이해나 관심도 섞이지 않은 중립적인 이성을 통해서만 세계를 정확히 인식할 수 있다는 입장은 인간을 삶의 다양한 문맥으로부터 고립된 존재로 가정한다. 이렇게 고립된 인간이 중립적 이성을 통해 진리를 파악할 수 있다면, 이 중립적 이성은 결국 타인들에 대한 지배를 위한 도구적 이성에 불과하다는 것이다. 테일러에게 중요한 것은 중립적 이성이 아니라 '윤리적 이념'이다. 윤리적 이념은 다양한 삶의 맥락으로부터 이해될 수 있다.[225]

둘째, 그는 도덕적·정치적 원칙들이 어떤 선 개념 없이는 가능하지 않다고 생각한다. 인간의 삶에는 수많은 선들이 있고 이 선들은 서로 상충할 수도 있기 때문에, 개인은 자신이 추구할 만한 가치가 있다고 여기는 수많은 선들 사이에 서열을 매길 필요가 있다. 보다 높은 수준의 고차적 선(hypergoods)은 낮은 서열의 선에 대한 불관용을 내포하기 때문에 갈등의 원천이 된다. 중요한 것은 특정한 도덕적 틀을 전제하지 않고는 특정한 고차적 선이 도덕적으로 우월하다고 결정할 기준이 없다는 것이다. 행위자의 합리성은 옳고 그름의 문제가 아니라, 행위자가 어떻게 생각하는가에 의거해 평가되는 것이다. 고차적 선이 질적으로 보다 우월한 것이라는 의미에서 좋음(고차적 선)은 옳음에 우선하며, 옳음을 정의하는 규칙들에 의미를 부여하는 것이 된다.

셋째, 테일러는 이처럼 선에 대한 신념이나 지향이 자아정체성에 근원적이라고 생각하며, 합리적 기획으로서의 도덕적 틀은 성격상 공동체적이다. 어떠한 정의이론도 인간의 본질과 삶의 가치에 대한 어떤 관점을 필요로 한다. 테일러는 자유주의자들에게 가장 고차적 선은 개인의 '자율성'이고 그들은 시민으로서의 자율성을 발전시

---

224) 선우현, 2012, 앞의 책, 46-47쪽.
225) 남기호, 2014, '테일러: 현대사회 위기와 진정한 자아의 공동체' 『현대철학의 테제들』. 테일러에 따르면, 현대사회의 세 가지 불안요인은 개인주의, 도구적 이성의 지배, 관료제의 지배이다.

키려는 목표를 우선시하고 있다는 것이다. 자유주의는 개인이 자신의 선 관념을 자율적으로 선택하고 수정할 수 있는 사회를 요구하며, 이를 위해서는 개인주의적 가치나 선을 우선시하는 정치공동체에 대한 헌신을 필요로 한다는 것이다. 테일러는 개인적 자율성을 최고선으로 하는 사회 역시 그러한 가치를 최우선으로 하는 공동선의 정치에 의해서만 유지될 수 있다고 주장한다.[226]

넷째, 테일러에 따르면, 개인의 정체성은 그가 속한 언어공동체에서 도출되는 선(좋음) 관념에 대한 지향과 애착에 의존한다. 개인이 추구하는 목적들은 사회적 기원을 가지며, 도덕적 판단과 직관 역시 공동체로부터 도출되는 문화적인 평가기준에 의거한다. 어떠한 도덕적 사고도 옳고 그름을 구분해주는 가치평가의 표준으로부터 벗어날 수 없다.[227] 나의 정체성은 무엇이 가치 있고 좋은 행위인지를 판단할 수 있게 해주는 사회적 지평에 의해 결정된다. 사회가 제공하는 평가기준이나 도덕적 정향이야말로 자아정체성의 핵심이다. 도덕적 정향은 단순히 선택의 문제일 수 없으며, 개인은 사회적 준거 틀을 통해서만 자신의 '의미'를 발견할 수 있다. 자아정체성은 삶에서 직면하는 대상과 상황들에 대해 어떤 의미나 중요성을 부여하는가와 밀접한 관계가 있다. 행위자가 된다는 것은 자신의 상황을 일정한 '의미'에 입각해 경험하는 것이다. 그런데 이 '의미'를 해석할 수 있는 어휘는 언어공동체 속에서만 존재하며, 자아정체성 역시 타인들과의 교류 속에서, 타인과 어떤 관계에 위치하는가에 따라 결정된다는 것이다. 타인과 관계를 맺는 것은 타인과의 대화에 참여하는 것이며, 개인은 이 대화 과정에서 의미를 획득하게 된다. 자아는 대화의 망 속에서만 존재하는 것이다. 이러한 측면에서 테일러는 '연고 없는 자아'의 개인주의에 반대한다.[228]

다섯째, 테일러에 따르면 개인의 자율성이나 자기결정의 능력은 특정한 종류의 사회적 환경에서만 행사될 수 있다. 개인의 판단은 경험의 공유와 집단적 토의의 교환을 필요로 하며, 공동체 내의 공유된 특정 삶의 형식이 최고의 공공선으로 인정될 때 이는 그 자체로 보호되어야 한다. 사회통합은 공유된 소속감과 일체감을 필요로 하며, 이는 단순히 공유된 정의 원칙을 넘어 공동의 생활방식, 공통의 민족성, 정치적 참여와 같은 것을 필요로 한다.[229] 문제는 중립적 국가가 자기결정을 위한 사회

---

226) 뮬홀・애덤 스위프트, 2001, 앞의 책, 159쪽.
227) 뮬홀・애덤 스위프트, 2001, 앞의 책, 147-150쪽.
228) 뮬홀・애덤 스위프트, 2001, 앞의 책, 150-159쪽.

적 환경을 적절히 보호할 수 없다는 것이다. ① 개인들에게 의미 있는 선택지를 제공하는 문화적 구조를 보호하는 것, ② 이러한 선택지를 평가하는 공유된 포럼의 필요성, ③ 연대와 정치적 정당성이라는 자유주의의 전제조건은 모두 자유주의국가의 중립성을 통해서는 달성될 수 없다는 것이다. 국가나 정부는 각자의 잠재적 능력을 발휘할 기회가 평등하게 부여될 수 있도록 제도적·정책적으로 적극 보장해주어야 한다는 것이다.

(2) 동등한 존엄과 차이의 인정

테일러에 따르면, '차이의 인정'에 대한 요구는 인정과 정체성의 연계를 가정하고 있다. 우리의 정체성은 타자의 인정 여부에 의해 형성되기 때문이다. 사실 개인주의적 정체성은 나에게 진실된 것, 나의 특수한 존재방식이라는 진정성(authenticity)의 이상과 함께 부상한 것이다. 헤르더에 따르면, 개인은 각자가 존재의 고유한 방식을 갖고 있으며, 각자는 그 자신의 척도를 가지기 때문에 누군가의 삶을 모방하는 것이 아니라 나의 삶을 살아갈 것을 요구받는다. 나 자신에게 진실된 것은 나 자신만이 발견할 수 있는 나 자신의 본성(originality)에 대해 진실한 것이다. 이것이 진정성에 대한 현대적 이상이다.[230]

그런데 자아의 진정성은 나의 자유로운 선택에 의해 결정되는 것이 아니라, 나의 의지와 독립적으로 존재하는 도덕적 가치에 의해 형성되는 것이다. 인간의 삶이 대화적(dialogical) 성격을 갖는다는 것은 정체성과 인정 사이의 연관을 드러낸다. 보편적 가치는 타인들과 사회와 역사 속에서 형성되는 것이며, 보편적 가치가 없다면 자유로운 선택도 무의미하고 진정한 자아 역시 불가능하다. 진정성은 "의미 지평에 대한 개방"과 "대화를 통한 자기 정의", 타인과의 부단한 대화적 인정관계를 필요로 한다.[231] 개인은 항상 자신의 의미 있는 타자들이 자신 속에서 보고자 하는 것에 맞추거나 그에 저항하는 방식으로 대화하면서 자신의 정체성을 정의한다. 개인은 타자와의 공공연하고 내밀한 대화를 통해서 정체성을 협상한다. 나 자신의 정체성은 나와 타자의 대화적 관계에 의존하기 때문에 타자의 인정은 나의 정체성에 무엇보다

---

229) 윌 킴리카, 2005, 앞의 책, 342-363쪽.
230) 이하 Charles Taylor, 2011, 'The Politics of Recognition' Gutmann ed. *MultiCulturalism*, pp.25-74를 참조.
231) 남기호, 2014, 앞의 글.

중요하다

테일러에 따르면, 근대에는 모든 시민의 '동등한 존엄'(equal dignity)을 강조하는 보편주의 정치(politics of universalism)가 출현해 '권리와 자격의 평등화'를 추구했다. 이는 일등시민과 이등시민의 구분을 없애며 동등한 시민권의 원리를 확장했다. 그러나 근대에 들어 '정체성'의 발전은 차이의 정치(politics of difference)를 낳았고, 이는 모든 사람이 각자의 독특한 정체성에 대해 인정을 받아야 한다는 것을 의미했다. 동등한 존엄의 정치가 보편적으로 동일한 권리와 면제의 목록들을 확립한 반면, 차이의 정치는 각 개인이나 집단의 독특한 정체성을 인정할 것을 요구한다. 왜냐하면 각 개인이나 집단의 독특성(distinctness)을 무시하고 다수자의 정체성에 동화할 것을 요구하는 것은 진정성의 이상에 반하기 때문이다. 차이의 정치에서 강조하는 것은 진정한 존엄을 위해서 보편적 평등은 출발점에 불과하며, 보편적 요구는 특수성에 대한 승인을 필요로 한다는 것이다. 보편적 존엄의 정치가 시민들이 다르게 존재한다는 사실을 무시하는 방식으로 차별을 제거하려고 하는 반면, 차이의 정치는 이러한 특수성에 대해 차별적으로 대우할 것을 요구한다. 차이가 있는 집단들에 차이를 두지 않는 것(difference-blindness)은 불리한 집단들을 차별하는 것이기 때문이다. 역차별은 행위의 장을 평평하게 하고, 무차별적 규칙이 더 이상 소수집단에 불리하지 않도록 하는 일시적 조치이다.

'동등한 존중'의 정치는 모든 인간이 똑같이 존중받을 가치가 있다는 사고에 기초하고 있다. 그러나 '차이의 정치'에서, 인간의 보편적 잠재력은 한 개인이나 하나의 문화로서 자신의 정체성을 형성하고 규정할 잠재력이다. 이러한 잠재성이 동등하게 존중받기 위해서는 먼저 현실의 다양한 모든 문화들이 동등한 존중을 받아야 한다. 동등한 존중의 정치는 무차별한(difference-blind) 방식으로 사람들을 대우할 것을 요구한다. 인간에 대한 존중은 모든 인간에게 동일한 특성에 초점을 맞춘다. 그러나 각각 상이한 문화들이 동등하게 존중받기 위해서는 특수성(particularity)을 인정하고 발전시켜야 한다. 문제는 동등한 존중을 위한 무차별적 원칙이 사실상 특정한 헤게모니 문화를 반영하고 소수자문화에 대한 주변화와 소외를 강요하고 있다는 것이다. 그 결과 공정하고 무차별적인 사회도 소수자의 문화적 정체성을 억압한다는 점에서 무의식적으로 차별적이다.[232] 테일러에 따르면 인간은 문화에 대한 권리를 가지고

---

232) Charles Taylor, 2011, 앞의 글, pp.25-74.

있으며, 언어의 문제가 문화의 생존과 발전을 위한 '정의'에 근본적이다. 문화는 개인들이 자유롭게 선택할 수 있는 것이 아니다. 그는 소수자 문화에 대한 보호를 위해 퀘벡에서 프랑스어를 유일한 공식 언어로 지정하는 데 동의했다.[233]

테일러에 따르면, 자유주의에 대한 칸트의 모델은 시민에 기초한 권리의 동등성에 주목하지만, 독특성에 대한 승인을 포함할 수 없다. 동등한 권리에 대한 이러한 형태의 자유주의는 독특한 문화적 정체성을 제대로 다룰 수 없다. 테일러가 제시하는 대안적 자유주의는 특정한 형태의 획일적 대우를 중시하기보다는 문화적 생존을 중시한다. 이것은 결국 자유주의의 절차적 모델이 아니라 무엇이 좋은 삶을 만드는가에 대한 판단에 근거해 있다. 테일러는 차이에 둔감한 자유주의가 모든 문화의 사람들이 만나고 공존할 수 있는 중립적 지평을 제공할 수 있다는 주장을 반박한다. 자유주의는 모든 문화가 만날 수 있는 가능한 지평이 아니며, 다른 문화와는 양립 불가능한 특정한 문화의 정치적 표현일 뿐이다.

다문화주의의 쟁점은 보통 특정한 문화를 다른 문화에 부과하는 것과 관련되어 있고, 문화적 생존을 정당한 목표로 인정할 것인가이다. 테일러의 주장은 특정한 문화가 합리적 한계 내에서 스스로를 방어할 수 있어야 한다는 것이다. 즉, 우리가 상이한 문화들의 동등한 가치를 인정하고, 그러한 문화들의 생존뿐 아니라 그 문화의 가치도 인정해야 한다는 것이다. 모두가 문화나 인종과 무관하게 동등한 시민적 권리, 동등한 투표권을 가져야 한다면, 마찬가지로 모두가 각각의 전통적 문화가 가치 있는 것이라고 인정해야 한다. 그것은 자유주의의 핵심적 주장인 차별 없음(difference-blind)에 도전하는 것이다.[234]

(3) 테일러에 대한 비판

결국 테일러는 무차별적이고 추상적인 동등한 존엄성 대신에 차이와 다름의 인정과 존중을 근본원칙으로 제시한다. 차이의 인정은 모든 개인과 집단의 차이와 특수성을 존중할 것을 요구하며, 이를 통해 보편적인 것과 특수적인 것 모두에 동등한 지위를 부여하고자 한다. 이 점에서 차이의 존중 철학은 강한 다원주의적 성격의 정치철학이다. 그것은 자유주의의 한계를 넘어선 공동체주의적 입장에서 다문화주의

---

233) 프란세스코 피스테티, 2015, 169-174쪽.
234) Charles Taylor, 2011, 앞의 글, pp.25-74.

의 원리를 명료화한 것이다. 그러나 자유주의의 보편주의를 비판하는 것은 역설적으로 상대주의의 위험을 내포한다. 각각의 문화 그 자체를 보호하고 존중하는 것은 특수한 문화 속의 개인의 자율적 선택에 대한 억압으로 작용할 위험을 내포한다.[235]

이러한 이유로 하버마스는 테일러의 강한 다문화주의, 다른 형태의 자유주의를 강하게 반박한다. 차별받는 소수집단의 문화적 정체성과 생활양식, 전통의 온전함을 적극적으로 보호하는 조치가 일정한 조건에서 소수집단 내 개별 구성원들이 자율성과 기본권을 제한하는 결과를 가져올 수 있다는 것이다. 퀘벡과 같이 자기지역에서 다수집단이 되고자 하는 소수집단의 문화적 자율성 문제는 다시금 지역 내 새로운 소수집단을 만들어내기 때문이다. 하버마스가 보기에 퀘벡의 경우 핵심은 동등한 권리의 원칙이 아니라 연방국가 내에서 퀘벡 주에 이양해야 할 국가권력의 종류와 한도일 뿐이다. 인정의 정치가 단순히 모든 문화의 '동등한 가치'라는 가정에 따라 행정적 보호에 의존할 수는 없으며, 소수집단 정체성을 위한 전통과 문화의 보호는 오직 그 구성원의 인정에 기반을 두어야 한다는 것이다. 소수자 문화의 생존은 생물종의 보존과 다르며, 그 구성원들의 인정과 지지를 유지할 수 있는 자기변형의 힘에 의해서만 유지될 수 있다.

하버마스가 보기에, 내적으로 비관용적인 근본주의 문화는 법치국가와 양립할 수 없으며 허용될 수 없다. 그리하여 독자적인 문화적 정체성을 갖는 하위집단들의 '윤리적 통합'은 모든 국민에게 똑같이 해당하는 '정치적 통합'과 분리되어야 한다. 국민의 정치적 통합은 공동의 정치문화에 대한 충성을 필요로 하며, 이 공동의 정치문화는 윤리적으로 중립적일 수 없는 헌법원칙들에 대한 해석, 공동의 해석지평에 기초한다. 국가의 '정치적 통합'을 위해서는 내부의 윤리적으로 통합된 공동체들에 대해서 법질서가 중립적이어야 한다. 법질서의 정치적 통합은 역사적으로 규정된 정치문화의 맥락에서 헌법적·절차적 합의에 기반을 둔다. 이주민에 대한 '동화'의 문제가 제기될 때, 민주적 법치국가는 시민의 자율성과 이성의 공적 사용이라는 '헌법원칙에 대한 동화'=정치적 통합을 요구할 수 있을 뿐이지, 이주민 공동체의 정체성을 희생하는 '문화적 동화'를 강제할 수 없다.[236]

한편, 제라드 바우만은 개념적인 차원에서 테일러처럼 다문화주의와 '인정의 정

---

235) 선우현, 2012, 앞의 책, 47-48쪽.
236) 위르겐 하버마스, 2000, '민주적 법치국가에서의 인정투쟁' 『이질성의 포용』, 240-267쪽.

치'를 단순히 동일시할 수 있는지에 의문을 제기한다. 그는 테일러가 인정의 문제를 복잡하게 만드는 반면, 문화의 쟁점은 단순화했다고 비판한다.[237] 먼저, 테일러가 '인정'이라는 개념 속에 인식, 칭찬, 존중, 수용, 찬양 등 다양한 의미를 가진 많은 것들을 하나로 묶어버렸고, 인정이 과연 무엇을 의미하는지 애매하게 만들어버렸다고 비판한다. '인정'은 동등한 가치(value)에 대한 도덕적 가정으로만 승인될 수 있으며 동등한 타당성(validity)을 인정하는 것은 아니다. 반대로 동등한 타당성을 가진 경우에도 동등한 가치에 대한 도덕적 추정은 경험적 증거가 없다는 것이다. 둘째, 테일러가 동등한 가치를 가진 것으로 가정한 문화 개념은 너무 협소하다는 것이다. 한 문화가 생존한다거나 사멸한다는 것은 마치 문화를 생명이 있는 유기체적 존재로서 보는 것이다. 이러한 유기체적 문화 개념은 어떤 이들은 그 문화에 소속되고 다른 이들이 소속되지 않은 배타적인 것으로 간주하며, 문화적 경계를 유동적이고 유연한 것으로 보는 대신에 고정된 것으로 보는 것이다. 이때 문화적 민족주의는 항상 배타적이고 제한적인 방식으로 만들어지며, 의사 종교적 요구로 모델화되기 때문에 자유주의적이라고 볼 수 없다는 것이다. 다문화주의에 핵심적인 문제는 문화란 무엇인가이다. 테일러가 특정한 사회의 생존이라고 말할 때, 그것은 한 특정한 문화의 세대를 통한 전이, 특정한 제도, 가치, 관행의 전이로 이루어진 지속성을 의미한다. 문화를 마치 사회와 동일한 것처럼 다루는 것은 자칫하면 다원적 사회질서, 곧 분리주의 (apartheid)를 의미할 수 있다는 것이다.

만약 다문화주의가 인정의 정치라면, 어떤 문화를 인정하는 것은 고정되고 규범화된 정체성을 부과하는 것이 아니라 타자와 함께 타자와의 감각을 공유하는 대화적 과정이라는 것이다. 다문화사회는 몇 가지 고정된 문화적 정체성의 조각들이 아니라, 서로 교차하며 항상 상호적으로 상황적인 동일시의 유연한 망이라는 것이 바우만의 요점이다.

2) 자유주의적 다문화주의: 킴리카의 '다문화주의 시민권'

(1) 킴리카의 자유주의와 개인의 자율성

테일러가 소수민족집단의 문화적 정체성은 그 자체가 지닌 고유한 내재적 가치로

---

237) Gerd Bauman, 2011, 'The Value and The Valid' Gutmann ed. *MultiCulturalism*.

인해 마땅히 존중되고 인정받아야 한다는 입장인 반면, 킴리카의 다문화주의는 '개인'의 권리와 자율성을 보장하기 위해 개인이 속한 소수집단의 문화를 존중해야 한다는 도구적인 입장에 가깝다.[238] 킴리카에게 개인의 자율성은 그것이야말로 좋은 삶의 필수적인 전제라는 점에서 도덕적으로 가장 중요한 것이다. 자율성이란 자기결정에 대한 권리로서 국가나 조직, 타인에 의해 방해받지 않고 자신의 삶을 결정할 수 있는 권리이다. 킴리카에게 차이의 정치는 평등한 개인의 자율성을 강조하는 것에서 시작된다.[239]

킴리카의 자유주의 원칙에 따르면, 개인은 특정한 가치와 신념에 따라 자신의 삶을 영위할 수 있는 자원과 자유를 가져야 한다. 개인들은 그럴 만한 가치가 없다고 생각한다면 자기 삶의 목표를 자유롭게 수정할 수 있어야 한다. 소속된 집단의 문화가 개인의 자율성을 중시하지 않는 경우, 개인은 자신의 자율성을 억압하는 전통적 관습에 의문을 제기할 수 있는 능력을 보호받아야 한다. 킴리카의 자유주의적 원칙은 ① 모든 개인은 각자의 가치관과 믿음에 부합하는 '좋은 삶'의 방식을 자율적으로 선택하여 영위해나갈 수 있다는 것, ② 개인들 각자의 신념이나 선택이 잘못될 수 있기 때문에, 자유롭게 선택을 수정하고 변경할 수 있어야 한다는 것이다. 다른 자유주의자들과 달리, 킴리카에게 자유주의는 좋은 삶의 관점에서 정당화할 수 있고, 좋은 삶을 위한 개인의 자율성은 문화적인 전제조건을 필요로 한다. 개인은 자신에게 의미 있는 선택의 자유를 제공하는 문화 속에서 살지 않으면, 가치에 대한 자신의 믿음을 발전시킬 수 없고 자신의 삶의 방식을 선택할 수도 없다. 이러한 의미에서 진정한 자유를 결정짓는 조건은 문화이다.[240]

킴리카는 좋은 삶을 선택할 수 있는 능력으로서의 개인의 자율성이 자신의 문화에 대한 접근, 그 문화의 번영과 번성, 자신의 문화에 대한 타인들의 존중과 긴밀히 연결되어 있다고 주장한다. 그에 따르면, 사람들이 성장하는 배경인 언어와 문화는 자발적 취향이라기보다 주어진 환경의 일부이기 때문에, 언어와 문화에 대한 접근은 의미 있는 선택을 할 능력의 전제조건이 된다. 다른 가치를 위해 자신의 언어와 문화를 포기하는 것은 힘들고 고통스러운 과정이기 때문에, 소수자들만 그 부담을 지는 것은 부당하다.[241] 소수집단의 문화가 개별구성원들의 좋은 삶을 유지하고 개선

---

238) 선우현, 앞의 책, 48-54쪽.
239) 설한, 2014, '킴리카의 자율성과 문화' 『좋은 삶의 정치사항』, 408-410쪽.
240) 설한, 2014, 앞의 책, 404쪽.

하는 데 기여할 수 있다면, 그 문화는 존중받아야 한다는 것이다. 다양한 문화들의 존재는 개인의 자율성을 신장하고 좋은 삶에 이를 수 있는 가능성을 높여주며, 이는 개인의 자유와 권리를 강화해준다. 이러한 의미에서, 이질적인 다양한 문화들이 공존하는 것은 개인의 자유로운 선택권을 중시하는 자유주의와 조화를 이룰 수 있다는 것이다. 킴리카의 철학에서 문화는 자율성의 보장 및 신장과 관련하여 그 가치를 존중받는다는 점에서 도구적 성격을 띤다. 다양한 문화형태들의 존립은 개인의 자율성과 자유를 확장하고 보장하는 한에서만 존중되고 옹호될 수 있는 것이다.[242]

이러한 측면에서 국가는 개인들이 좋은 삶에 대해 스스로 판단할 수 있는 능력을 보호하고 자신의 선을 추구할 수 있는 권리와 자원을 공평하게 배분해주는 역할을 수행해야 한다.[243] 현대사회에서는 친밀성, 사랑, 여가, 소비와 노동 등 사적인 삶이 풍부해졌기 때문에, 공적인 삶에 대한 의무적 참여나 고대적 의미의 공화주의는 더 이상 불가능하다. 그러나 정의로운 제도를 위한 시민적 덕성은 여전히 중요하다. 민주주의에 무임승차해서는 안 되며, 모든 사람은 정의로운 제도를 유지하는 데 공정하게 부담을 져야 한다는 것이다.[244] 그러나 한 사회에 공동선의 정치를 위한 공통의 관습이 존재한다고 주장하는 공동체주의자들과 달리, 킴리카는 공동선의 정치에서는 여성이나 인종, 언어가 다른 주변집단이 배제될 가능성이 있다고 주장한다. 왜냐하면 공동선의 정치를 위한 문화적 전통이나 관습이 사실상 다수집단의 문화이기 때문이다. 특히 민족주의는 영토 내 모든 계급을 포괄하는 공통의 국민정체성을 만들어냈지만, 그것은 공동체주의자들이 주장하는 것처럼 공동선, 좋은 삶에 대한 개념에 기반을 둔 것이 아니다.[245]

(2) 소수자집단의 권리

킴리카의 철학적 관심은 서구민주주의에서 소수집단의 권리에 대한 자유주의 이론을 정립하는 것이다. 그는 자유민주주의의 틀 내에서 소수집단의 다양한 요구에 정당성을 부여하기 위한 원칙을 설정한다.[246] 즉, 다문화국가에서의 포괄적 '정의'

241) 킴리카, 2005, 앞의 책, 469-476쪽.
242) 선우현, 2012, 앞의 책, 48-54쪽; 설한, 2014, 앞의 글, 406쪽.
243) 킴리카, 2005, 앞의 책, 304-308쪽.
244) 킴리카, 2005, 앞의 책, 400-441쪽.
245) 킴리카, 2005, 앞의 책, 351-372쪽; 시민들이 국민정체성을 공유하는 이유는 오직 공유된 언어와 역사, 공동의 사회 정치적 제도에 참여하며, 자신의 삶이 국민적 제도의 유지에 깊이 영향을 받고 있다고 보기 때문이다.

론은 모든 개인에게 동등하게 부여되는 보편적 권리와 함께, 소수집단 문화의 특별한 지위를 인정하는 집단-차별적 권리를 포함해야 한다는 것이다. 그는 다문화주의의 정책적 입론을 위해 문화적 다원주의의 몇 가지 형태를 구분하고, 소수집단의 권리에 관련된 핵심적 주제를 제시한다.

문화적 다원주의의 형태와 관련하여, 그는 다민족국가(multi-nation states)와 복수종족국가(poly-ethnic states)를 구분한다. '다민족국가'란 이전의 자치적이고 전통적으로 응집된 문화를 보다 광범위한 전체 국가로 흡수하면서 문화적 다양성이 발생한 국가인 반면, '복수종족국가'는 문화적 다양성이 개인과 가족이민을 통해서 발생한 국가이다. 그와 함께 그는 다민족국가의 '소수민족'(national minorities)과 복수종족국가의 '종족집단'(ethnic groups)을 구분한다. '소수민족'은 국가에 통합되기 이전에 역사적인 모국에서 완전한 기능의 사회를 형성했던 집단이다. 여기에는 국가에 종속된 민족과 토착민들의 두 가지 범주가 있다. 이들은 국가의 국민 만들기에 저항했고, 보다 큰 자율성을 추구하고 자신들의 사회적 문화를 보호하려고 노력해왔다. 소수자 민족주의는 다수자들과 동등한 권리를 요구하는 것이다. 이와 달리, 종족집단인 이민자집단은 다수자들의 국민 만들기에 저항하지 않는다. 이들의 주요한 목표는 통합조건을 협상하는 것이고, 인종적 정체성에 대한 허용과 지지 등 공정한 통합의 조건을 요구하는 것이다. 이들은 통합이 장기간 세대에 걸쳐 작동되는 과정이기 때문에 사회통합제도들이 다수자집단과 대등한 수준의 존중과 인정을 이민자들에게 제공할 것을 요구한다.

그가 소수민족과 종족집단을 구분하는 이유는 '소수민족'이 식민화나 침략전쟁과 같은 비자발적인 강제적인 합병으로 발생한 것이라는 점에서, 일방적인 통합이나 동화 요구가 정당화될 수 없기 때문이다. 소수민족은 본인들의 자유의지에 따라 지배문화의 일부가 된 것이 아니므로 차이에 대한 인정을 통해 자치권을 부여해야 한다는 것이다. 그러나 이주민 종족집단은 개인적인 선택을 통해 이주해온 소수자이며, 이민은 그 사회체계로의 통합에 대한 기대를 수반한다. 따라서 이들은 통합의 대상이며, 통합은 이민자들의 문화적 정체성이 공적 영역에서 표현될 수 있도록 허용하는 다종족적(polyethnic) 권리를 수반해야 한다.[247]

---

246) 윌 킴리카, 2009, 『다문화주의 개론: 자기언어의 정치』, 7쪽.
247) 킴리카, 2005, 앞의 책, 477-503쪽.

그 밖의 문화적 다원주의 형태로 고립주의적 인종종교집단이나 메틱(Metics)이라 불리는 비시민 이주자들이 있다. 메틱은 폴리스로부터 배제되었지만, 장기간 거주하고 있는 불법이주자와 임시이주자들을 의미한다. 이들의 요구는 자신들의 지위를 영구거주자로 조정해주고 시민권을 얻을 수 있도록 해달라는 것이다. 킴리카에 따르면, 시민권을 제공하지 않으면서 다문화주의를 주장하는 것은 배제의 수단이거나 배제를 합리화하는 논리에 다름 아니다. 시민권을 갖지 못한 장기 거주자집단의 존재는 정치적 권위에 복종하는 사람은 그 권위를 결정하는 데 참여할 권리를 갖는다는 자유민주주의 기본개념에 위배되는 것이기 때문이다.

이들 소수자집단에 부여되는 집단적 권리의 형태들은 ① 특정형태의 연방주의를 통해 소수민족에게 권력을 위임하는 자치권, ② 특정한 종족집단이나 종교집단들의 특정한 관행에 대한 재정적 지원과 법적 보호를 제공하는 다종족문화적 권리, ③ 국가의 중앙제도 내에 종족적·민족적 집단을 위한 의석을 보장하는 특별 대표권 등으로 구분된다. 그는 소수집단의 자치권이 사회적 통합에 심각한 위협이 될 수 있는 반면, 대표권과 다종족적 권리는 소수자집단의 국민적 통합에 기여한다고 지적한다.

소수자 집단의 권리는 다시 ① 자신의 집단 구성원을 대상으로 작동하는 권리, 즉 내부적 불안정의 효과로부터 집단을 보호하기 위한 '내부적 제재'의 권리와, ② 전체 사회를 대상으로 한 집단의 권리, 즉 외부적 압력의 영향으로부터 집단을 보호하기 위한 '외부로부터의 보호' 권리로 구분된다. '내부적 제재'는 집단 내 관계에 해당하며, '외부로부터의 보호'는 집단 간 관계에 해당한다. 그에게 내부적 제재가 개인적 권리를 제한하는 나쁜 소수자 권리라면, 외부로부터의 보호는 개인의 권리를 보완하는 좋은 소수자 권리다.[248] 왜냐하면 자유주의적인 소수자집단의 권리는 '내부적 제재'를 정당화할 수 없다. 자유주의이론에서는 어떤 집단이 집단의 유대나 종교적 정통성, 문화적 순수성 등의 명목으로 개별 구성원들을 억압하는 것을 도덕적으로 정당화할 수 없기 때문이다.[249]

킴리카에게 소수집단의 권리는 ① 그것이 집단 내 개인의 자유를 보호하며, ② 집단 간 평등관계(비지배)를 증진시키는 경우에만 자유주의적 다문화주의와 양립할 수 있다. 소수민족의 자치권이 내부적 제재를 부과하기 위해 사용될 수 있는지는 자치

---

248) 킴리카, 2005, 앞의 책, 469-476쪽.
249) 윌 킴리카, 2010, 『다문화주의 시민권』, 9-17쪽.

권의 행사가 전체 사회의 입법권과 동일한 종류의 헌법적 제약에 예속되는지에 따라 좌우된다. 킴리카가 보기에, 소수자집단의 자치가 내부적 제재를 부과하지 않으면서 외부로부터 보호를 제공한다면, 소수자집단 권리는 자유주의적 가치를 증진시킬 수 있는 것이다.250)

(3) 소수집단 권리와 관련한 몇 가지 논점들

먼저, 소수집단의 권리와 관련하여 킴리카가 제시하는 첫 번째 주요한 논점은 국민 만들기(민족형성)와 소수집단 권리 사이의 변증법이다. 그에 따르면, 소수집단의 집단적 권리 요구는 국가의 민족형성에 대한 대응으로 보아야 한다. 킴리카는 '공적인 삶과 사적인 삶 모두를 포함하는 사회제도 전반에서 사용되는, 공유된 언어를 중심으로 지역적으로 집중된 문화'로 정의되는 '사회적 문화(societal culture)'를 강조한다. "사회적 문화"는 선택의 맥락으로 간주되며, 공·사 영역을 망라하여 인간 활동의 전 영역에 걸쳐 의미 있는 삶의 방식을 그 구성원에게 제공하는 문화이다. 이 문화는 영토적으로 집중되어 있고 공유된 언어에 기반을 둔다.251) 자유민주주의에서 '사회적 문화'는 불가피하게 다원주의적이다.

그런데 모든 자유민주주의국가들은 공통의 국민언어와 문화를 발전시키고 국가 내 연대와 정치적 정당성을 보장하기 위한 '자유주의적 민족주의' 정책을 추진한다. 대부분의 소수집단은 국가의 '국민 만들기'에서 불이익이나 위협을 느끼기 때문에, 소수집단권리는 민족형성이 초래할 '부정의' 가능성으로부터 소수집단을 보호하는 것으로 이해될 수 있다. 그가 주장하는 바는 국가의 국민 만들기는 한 국가 내에 둘 이상의 '사회적 문화'를 통해서도 이루어질 수 있다는 것이다. 국민 만들기 과정이 소수자문화에 불리하게 작용하기 때문에, 소수자들은 동화되거나 자신의 사회적 문화를 유지하기 위해 자치권을 추구한다.252) 다만, 소수민족과 원주민, 이주자집단들 각각은 국민 만들기 과정에서의 위협이 다르기 때문에 그에 상응하여 주어져야 할 소수집단 권리도 다르다.

킴리카에 따르면, 자유민주주의에서 '국민 만들기'는 다음과 같은 조건에서만 정

---

250) 킴리카, 2005, 앞의 책, 469-476쪽.
251) 설한, 2014, 앞의 책, 411쪽.
252) 킴리카, 2005, 앞의 책, 477-503쪽.

당화될 수 있다. ① 메틱이나 인종적 카스트와 같은 어떠한 장기거주자 집단도 국가의 구성원으로부터 영구적으로 배제되지 않아야 한다, ② 국민의 사회문화적 통합은 제도와 언어의 통합을 의미할 뿐, 어떤 특정한 관습이나 종교적 믿음, 삶의 방식에 대한 동화를 의미하지는 않는다. 국민정체성과 국민통합은 다원주의적이고 관용적이어야 한다. ③ 소수민족들은 자신들의 독특한 '사회적 문화'를 유지할 수 있도록 자신들 고유의 민족을 형성할 수 있어야 한다.[253] 그리하여 국민 만들기 과정에서 소수민족 집단의 고유한 언어와 자치를 허용하는 다문화주의는 이들의 국민적 통합에 기여할 것이다.

둘째로, 서구 민주주의국가에서 민족형성과 소수집단의 권리는 상호보완적이다. 그가 '자유주의적 문화주의'라고 불렸던 것은 서구 국가들에서 소수집단의 권리를 보장하는 다양한 형태들을 가리킨다. 그는 '자유주의적 민족주의'와 '자유주의적 다문화주의'를 합쳐 '자유주의적 문화주의'라 칭한다. ① '자유주의적 민족주의'는 국가가 민족들의 문화와 언어를 자신의 영토 내에서 보호하고 제고시키려 한다는 점에서 민족주의다. 자유주의적 민족주의는 민족 언어로 운용되는 공공기관, 공적 삶에서 민족적 상징의 사용, 언어와 문화재생산과 관련한 민족 집단의 자치를 특징으로 한다. 그러나 이 민족주의는 민족정체성을 공유하지 않는 사람들에게 강압적으로 강제하지 않고, 민족공동체에 대해 개방적이다. 민족 집단의 구성원은 특정인종, 종족성, 종교에 의해 제한되지 않으며, 누구나 원하면 그 민족에 포함될 수 있다. 이러한 포용의 결과 '자유주의적 민족'에서 민족정체성은 훨씬 약한 의미를 가지며, 어떤 민족에 속하기 위해 개인의 성, 종교, 관습, 문화를 포기할 것을 요구하지 않는다. '자유주의적 민족주의'는 국가 내부의 소수민족들을 공적으로 인정하며 그들과 공적 공간을 공유함으로써 다민족 국가의 존재를 인정한다.

또한 '자유주의적 다문화주의'는 전체 사회의 제도 내에서 다양한 문화적 집단들에 대한 차별을 거부하며, 관용과 명시적 수용, 인정, 대표권 요구의 정당성을 받아들인다. 소수자 집단의 역사와 언어의 교육, 관습과 문화적 차이를 공적제도에서 존중하며, 소수집단이 미디어에서 무시당하지 않도록 제도화한다. 그러나 소수집단의 성원의식은 국가가 강제할 수 없는 자아정체성의 문제로서, 개인은 자신에게 주어진 정체성에 의문을 제기할 수 있어야 한다. 자유주의적 민족주의와 자유주의적 다문화

---

253) 킴리카, 2005, 앞의 책, 477-503쪽.

주의는 모두 종족적·민족적 집단 성원들이 자신의 문화와 정체성을 표현하고 보전할 수 있도록 하는 정책을 지지하지만 이를 강제하는 것은 거부한다.[254] 이처럼 이주민 다문화주의와 다민족 연방주의와 같은 소수집단의 권리는 종족적 위계나 지배복종 관계를 완화하면서 다수집단과 소수집단 간의 평등을 증진하는 데 기여한다는 것이다.

셋째로, 국가의 민족형성과 소수집단 권리의 병존이라는 역사적 사실은 자유주의 이론에서 무시되어 왔다. 자유주의이론은 국가가 종족적 문화에 중립적이어야 한다고 생각했기 때문에, 국가가 소수집단의 언어적·제도적 통합을 추구할 때 어떤 방식이 정당한가에 대한 문제에 주목하지 않았다. 그러나 소수집단의 권리 침해는 기본적인 존엄성과 존중에 대한 공격이기 때문에 정의론에서 매우 중요하게 다루어져야 한다. 소수집단 권리는 자유민주주의의 근본적 원칙과 관련된 기본적 권리이기 때문에, 자유민주주의에서 종족 문화적 다양성은 중요하다. 따라서 자유주의국가는 개인의 시민적 권리뿐만 아니라, 종족 문화적 집단의 문화적 정체성을 인정하는 집단-차별적 권리를 보호해야 한다는 것이다. 이를 위해서 이주민이나 종족집단의 사회적 통합을 위한 공정한 조건, 다문화적 이주민 통합 모델이 필요하다.[255]

시민적 권리를 강조하는 자유주의는 시민적 덕성과 정치적 참여를 강조하는 시민적 공화주의의 도전뿐 아니라 문화적 다원주의와 집단 차별적 권리를 주장하는 다문화주의 도전에 직면해 있다. '시민적 권리' 모델의 목표는 국민정체성의 증진이고 국민 만들기다. 다문화주의는 국민문화로의 통합을 거부하며 자신들의 언어와 문화, 공적 제도를 가진 자치를 요구하고, 이를 위해 일정한 범위의 차등적 권리를 요구한다. 다문화주의는 특정형태의 영토적 자치정부, 공용어의 지위, 자신들의 언어로 운용되는 공적인 법적·교육적·정치적 제도의 설립을 요구한다. 쟁점은 자유주의제도 내부에서 언어와 민족적·문화적 정체성에 대한 다문화주의의 수용이 어느 정도여야 하는가이다. 여기서 '자유주의적 문화주의'는 정체성 존중과 소수집단 권리의 인정을 강조하는 입장, 개인의 자유나 자율을 높이는 것을 목표로 문화적 정체성이나 문화적 권리의 도구적 역할을 강조하는 입장, 한 사회 내 다양한 문화의 본래적 가치를 강조하는 입장 등으로 분화된다.[256]

---

254) 윌 킴리카, 2009, 앞의 책, 60-64쪽.
255) 윌 킴리카, 2009, 앞의 책, 7-20쪽.
256) 킴리카, 2005, 앞의 책, 469-476쪽.

(4) 킴리카에 대한 비판

먼저, 킴리카의 '자유주의적 다문화주의'는 개인의 자율성을 우선하고 문화를 개인의 자율성을 증진하기 위한 수단으로 파악한다는 점에서, 공동체주의적 다문화주의와 구분된다. 공동체주의자들이 보기에 킴리카의 입장은 문화를 단순히 개인의 자율성을 보장하기 위한 도구로 파악한다는 점에서, 문화가 지닌 본질적 가치, 문화가 갖는 고유한 의미와 중요성을 고려하지 못한다. 그것은 킴리카가 타자성에 대한 존중을 자율성에 대한 존중으로 환원시키기 때문이다. 문화적 애착이나 사회적 소속을 개인의 자율성을 위한 조건으로만 간주하기 때문에 문화는 도구적 가치로만 인정된다. 그러나 좋은 삶을 위해서는 존중과 소속감, 구성원으로의 포용은 자율성의 조건으로만 환원될 수 없다.[257]

둘째, 킴리카에서는 소수민족과 이주민집단 등 소수집단의 유형, 자발성 여부에 따라 문화적 권리가 차등화된다. 그러나 단순히 자발성 여부에 따라서 다양한 소수집단들 각각에 서로 다른 권리를 부여하는 것은 타당하지 않다는 비판도 제기된다.[258]

셋째, 소수집단의 권리가 자유주의의 틀을 넘지 않는 경우에만 존중받을 수 있다는 주장에 대한 비판이다. 킴리카는 인권규범을 준수하는 문화만이 존중받을 가치가 있다고 주장한다. 이민 수용국이 존중해야 할 이민자 문화와 그렇지 않아도 되는 이민자문화를 선별하고 평가할 수 있어야 한다는 킴리카의 주장은 현실에서 수용국의 문화와 이민자의 문화가 상호 간에 영향을 끼친다는 사실을 외면한다. 단순히 이민자 문화를 외래의 평가대상으로만 이해하는 것은 문화가 서로 연결되고 혼재되어 있다는 사실을 간과한다. 김희강은 불법의 기준과 해석이 수용국 입장에서만 이루어지기 때문에, 킴리카의 다문화주의는 이주 수용국의 정책일 뿐이라고 주장한다. 그가 국민국가를 자연스러운 단위이자 경계로 전제하고 있기 때문에, 그의 다문화주의는 국가 경계의 재구성이라는 거시적 맥락을 외면하고 수용국 중심의 시각을 견지할 뿐 전 지구적 맥락에서 이주를 접근하지 않는다는 것이다.[259]

넷째, 다문화주의 일반의 문제이기도 하지만, 인정과 문화적 정체성에 대한 강조가 불평등한 자원 배분이나 인종적·민족적 격차의 문제를 외면하고 있다는 비판이

---

257) 설한, 앞의 책, 422-426쪽.
258) 선우현, 2012, 앞의 책, 52-54쪽.
259) 김희강, 2016, '다문화주의의 역설' 『한국다문화주의 비판』, 24-57쪽.

제기된다. 이 문제는 다문화주의에 근거한 '인정의 정치'가 근대 이후 서구 자유주의자들의 핵심적 쟁점이었던 '재분배 정치'와 어떻게 관련을 맺는가에 대한 논쟁과 연결된다.

3) 인정의 정치와 재분배정치

근대 자유주의사회에서 '사회정의' 원칙은 자율적 인격체로서 개인의 '보편적 시민권' 원리에 기반을 두고 있다. 이는 각종 시민적 권리와 참정권, 법 앞의 평등이라는 이념으로 구체화되었다. 그러나 자유주의적 자본주의사회에서는 법적인 평등과 사회경제적 불평등이 병존한다. 평등 및 정의의 요구와 사회경제적 불평등의 긴장을 해소하려는 노력은 시민적·정치적 권리를 사회적 영역으로 확장하는 '재분배 정치'를 활성화하는 것이었다. 그러나 다문화주의는 문화적 다양성과 문화적 정체성에 대한 존중과 인정이라는 '차이의 정치', '인정의 정치'를 요구한다.

전통적인 '재분배정치'가 계급적 불평등의 해소와 노동계급의 사회경제적 통합을 목표로 한 투쟁이라면, '인정의 정치'는 성, 인종, 종교, 민족, 문화 등에 따른 차별과 신분위계구조를 철폐하고 다양한 정체성의 존중을 요구하는 투쟁이라고 할 수 있다. '재분배 정치'는 근대 이후 포드주의시대의 정치철학과 사회적 투쟁을 반영하며 차이의 문제보다는 평등과 분배를 '정의'의 핵심으로 간주한다. 그러나 '인정의 정치'는 종교, 민족, 젠더를 둘러싼 투쟁이 격화되면서 탈-포드주의시대, 세계화시대의 다양한 정체성과 차이를 가진 집단에 초점을 맞추고 있다. 분배는 자유주의철학으로부터 유래한 것인 반면, 인정은 헤겔철학에서 유래한 것이다. 인정은 절차적 정의의 올바름과 구별되는 '좋은 삶', 윤리의 영역에 속하는 것으로 간주되어 왔다. 많은 경우 재분배정치는 계급정치와 동일시되는 반면, 인정의 정치는 젠더, 성, 민족, 종족, 인종 등 정체성 정치와 동일시된다.

프레이저에 따르면, 재분배정치와 인정의 정치, 분배패러다임과 인정패러다임은 다음과 같이 대비된다.[260] 첫째, 두 패러다임은 서로 다른 '불의'(不義) 개념을 전제하고 있다. '재분배의 정치'는 '사회경제적 부정의'에 초점을 맞추며, 그 목표는 계급적 차이를 축소시키는 것이다. '경제적 부정의'란 ① 타자에 의한 노동결과물의

---

260) 낸시 프레이저·악셀 호네트, 2014, 『분배냐, 인정이냐: 정치철학적 논쟁』, 32-37쪽.

착취, ② 노동시장에서의 배제나 비자발적 노동에 종사해야 하는 경제적 주변화, ③ 생계유지에 필요한 물질적 여건의 결여와 같은 경제적 박탈을 포함한다. 반면에 '인정의 정치'는 표현과 해석, 의사소통의 사회적 양식에 기반을 둔 '문화적 부정의'에 초점을 맞추며, 그 목표는 집단 간의 차이를 인정하는 것이다. '문화적 부정의'는 ① 자신의 문화에 적대적인 문화적 해석이나 의사소통 유형에 종속된 문화적 지배, ② 자신이 속한 문화에 대한 공적인 관행에서 작동하는 불인정, ③ 고정관념화된 공공문화의 표현이나 일상적 상호작용에서 나타나는 경멸을 포함한다.

둘째, 두 패러다임은 불의를 시정하기 위해 상이한 정책을 제안한다. 분배패러다임에서 불의를 시정하는 방법은 경제적 개혁이다. 그것은 소득재분배나 노동분업의 재편, 토지소유의 재분할, 투자결정 절차의 민주화와 같은 경제적 재구조화이다. 인정패러다임에서 문화적 부정의를 해결하는 방법은 문화적이고 상징적인 변화이다. 그것은 경멸받는 정체성과 비난받는 집단들의 문화적 산물들에 대한 긍정적 재평가, 문화적 다양성에 대한 인정과 긍정적 평가를 포함하며, 모든 사람의 사회적 정체성을 변화시킬 정도로 표현과 해석, 의사소통을 전면적으로 변혁하는 것이다.

셋째, 두 패러다임은 불의로 고통받는 집단들에 관해 상이한 견해를 가진다. 분배패러다임에서 불의를 경험하는 주체는 계급과 계층집단으로 이들은 시장이나 생산수단에 대한 상이한 관계를 통해 경제적으로 정의된다. 이주자나 종족적 소수자 집단도 경제적으로 정의될 수 있고 여성 역시 부불노동을 받는 집단으로 정의될 수 있다. 인정패러다임에서 불의로 인한 희생자는 계급이라기보다는 베버의 신분집단과 유사하다. 이들은 생산관계보다는 인정관계를 통해 정의되며, 사회 내 다른 집단들과 비교해 더 열악한 존중, 존경, 특권을 누리고 있다는 점에서 다른 집단과 구별된다. 낮은 신분을 가진 종족집단이나, 게이와 레즈비언, 인종집단, 여성이 여기에 포함된다.

넷째, 두 패러다임은 집단의 차이에 대한 상이한 이해방식을 전제한다. 분배패러다임은 차이를 부당한 차별로 간주한다. 차이는 집단의 내재적 속성이 아니라 부당한 정치경제에서 기인하는 사회적 구성의 결과물이다. 이런 관점에서 차이는 인정하기보다 철폐해야 하는 대상이다. 인정패러다임에서 차이는 이미 존재하는 문화적 변이로서 부당한 프레임에 의해 가치가 저하되고 존중받지 못하는 것이거나, 아니면 원래 존재하지 않았던 집단의 차이가 위계적인 가치평가 방식에 의해 새롭게 형성된 것이다. 전자의 경우 '정의'는 평가절하된 특성들을 재평가할 것을 요구하며, 후자의 경우에는 현재 차이를 만들어내고 있는 경계를 해체할 것을 요구한다.

분석적으로 구분되는 재분배정치와 인정의 정치는 현실에서 깊이 연관되어 있다. 마르크스주의자들은 재분배정치가 보다 우선적이며, 문화적 존중의 결여는 계급적 취약성의 결과라고 본다. 반면, 다문화주의자들은 문화적 정체성과 사회경제적 지위와는 전혀 다른 것이며, 재분배정치는 문화적 다양성과 정체성 인정을 둘러싼 갈등을 해결할 수 없다고 주장한다. 나아가 경제적 취약성 역시 사회적 인정의 결여로부터 발생한 것이라고 주장한다.

악셀 호네트는 분배라는 이념을 인정투쟁의 하위변종으로 재해석하면서, 인정을 근본적인 도덕적 범주로 간주한다. 사회의 도덕적 진보는 사회적으로 무시당한 사람들의 동등한 권리와 특수성에 대한 존중이 제도적으로 인정되는 것이다. 반면에 낸시 프레이저는 분배가 인정에 포함될 수 없다고 주장한다. 그는 경제적 재분배, 문화적 인정, 정치적 대표가 분석적으로 구분될 수 있는 사회정의의 세 가지 차원으로 다차원적인 투쟁이 필요하다고 주장한다. 낸시 프레이저는 모든 사회구성원의 동등한 사회참여를 위한 조건으로서 경제적 불평등 해소와 문화적 인정의 확대를 똑같이 근원적인 규범적 목표로 상정한다. 프레이저가 인정과 분배의 이원론을 주장하는 반면, 호네트는 분배가 인정의 표현이라는 규범적 일원론을 주장하는 셈이다. 이러한 논쟁은 규범적 일원론과 이원론, 즉 좋음에 대한 옳음의 우선성이라는 도덕철학과 관련되며, 경제와 문화의 관계, 평등과 차이의 관계, 경제적 투쟁과 정체성 정치의 관계, 사회민주주의와 다문화주의의 관계라는 수많은 쟁점과 직접 맞닿아 있다.[261]

(1) 악셀 호네트의 '인정투쟁'

악셀 호네트의 '인정투쟁'은 사회적 투쟁이 '상호인정'이라는 상호주관적 상태를 목표로 한다는 주장이다. '인정'은 인간이 자신의 삶을 성공적으로 실현시킬 수 있는 사회적 조건이자 각 개인이 자신에 대해 긍정적인 자기의식을 갖게 되는 심리적 조건이다.[262] 호네트에게 상호인정 관계는 사랑, 권리, 연대(가치부여)라는 세 가지 인정형태에 의존하고 있으며, 여기에는 세 가지 무시 유형이 대응한다. 무시의 경험은 행동의 동기로 작용하여 사회적 투쟁을 유발하며, 상호인정 관계에 구조화되어

---

261) 낸시 프레이저 · 악셀 호네트, 2014, 앞의 책, 16-19쪽.
262) 문성훈 · 이현재, 2011, '역자서문' 『인정투쟁』, 15-16쪽.

있는 규범적 요구와 관련지어 사회변동이 이루어진다. 제도적·문화적으로 상호인정의 형태들을 확장하려는 노력은 사회집단들의 도덕적 투쟁이며, 이를 통해 규범적 방향의 사회변혁이 진행된다.

그는 사회생활을 세 가지 상호작용 영역으로 구분하는데, 사회통합의 형태는 ① 정서적 유대, ② 권리의 인정, ③ 공동의 가치지향의 과정이라는 세 차원에서 이루어진다. 먼저, 사랑은 '강한 감정적 결속으로 이루어진 모든 원초적 관계를 포함한다. 사랑의 실현 속에서 주체들은 서로에 대해 욕구를 가진 존재로 인정하게 된다. 욕구나 정서에 대한 인정은 정서적 일치와 격려라는 성격을 가진다. 사랑이라는 인정관계는 서로에게 특정한 가치존중의 감정을 보이는 구체적 타인의 신체적 존재와 관련되어 있다. 둘째, 공동체의 다른 성원들을 '권리의 담지자'로 인정하는 '일반화된 타자'의 규범적 관점을 통해 자신 역시 권리인격체로 이해할 수 있게 된다. 권리의 부여는 권리소유자에게 자기존중 의식을 형성할 수 있게 한다. 왜냐하면 권리 주장을 할 수 있는 권능은 자신이 도덕적 판단능력이 있는 인격체로 보편적으로 인정받고 있음을 의미하기 때문이다. 셋째, 인간 주체들은 긍정적인 자기관계에 도달하기 위해 사회적 가치부여를 필요로 한다. 자신이 개성 있는 인격체라는 가치를 부여할 수 있는 것은 '자신만의 개인적 속성이 타인의 삶에 대해 어떤 의미를 갖거나 기여를 하기 때문이다. 개인이 자신을 '가치 있는 존재'로 느낄 수 있는 것은 자신만의 독특한 '능력'을 인정받을 때이다.[263] <표 2>에서 보는 바와 같이, 호네트에게 진정한 자기관계란, ① 사랑과 배려를 통한 자기신뢰, ② 법적 권리에 대한 인지적 존중에 근거한 자기존중, ③ 자신의 노동에 대한 사회적 가치평가에 근거한 자긍심에 의해 가능하다.

<표 2> 호네트의 사회적 인정관계의 구조

인정방식	정서적 배려	인지적 존중	사회적 가치부여
개성의 차원	욕구 및 정서본능	도덕적 판단능력	능력, 속성
인정형태	원초적 관계 (사랑, 우정)	권리관계 (권리)	가치공동체 (연대)
진행방향	-	일반화·실질화	개성화·평등화
실천적 자기관계	자기신뢰	자기존중	자기가치부여(긍지)
무시의 형태	학대 폭행	권리부정, 배제	존엄성부정, 모욕
위협받는 개성 구성요소	신체적 불가침성	사회적 불가침성	명예, 존엄성

---

263) 악셀 호네트, 2011, 앞의 책, 187-249쪽.

세 가지 형태의 인정과 대비되어 세 가지 형태의 '무시'를 구별하는 것이 가능하다. 이 '무시'의 형태들은 개인에게서 특정한 '정체성' 요구에 대한 인정을 박탈한다. 먼저, 학대와 폭행은 개인이 자신의 신체를 자유롭게 사용할 수 있는 가능성을 폭력으로 빼앗는 것으로 가장 기본적인 인간적 굴욕의 형태다. 신체적 학대는 자기 몸을 자주적으로 움직일 수 있는 능력에 대한 믿음을 훼손하는 것이다. 둘째, 개인의 자기 존중을 훼손하는 굴욕의 경험이다. 이는 개인에게 특정한 권리를 박탈하는 무시의 형태이다. '권리'란 '각 개인이 그것의 사회적 충족을 정당하다고 믿고 있는 요구들'이기 때문에, 권리를 박탈한다는 것은 도덕적 판단능력이 있는 주체로 인정받지 못한다는 것을 의미한다. 셋째, 개인이나 집단의 사회적 가치에 대한 부정이다. 사회적 가치체계가 어떤 생활방식과 신념을 열등하고 결함 있는 것으로 평가절하한다면, 이는 자신의 고유한 능력에 대한 사회적 가치를 부여하지 않는 모욕으로 경험된다.[264] 어떤 사회집단이 자신들의 업적과 생활방식을 가치 있는 것으로 해석하는 데 성공하느냐 여부는 문화적인 장기적 투쟁과 다를 바 없다. 사회적 가치부여의 상황은 소득의 분배유형과 간접적으로 연결되어 있기 때문에, 경제적 분쟁 역시 본질적으로 이런 인정투쟁의 형태에 속한다.

(2) 호네트의 프레이저와의 논쟁

호네트와 프레이저의 논쟁은 사회운동의 규범적 목표가 무엇인가와 관련된 문제이다. 분배와 인정이 서로 다른 문제라면 인정-분배의 이원론이 타당하며, 분배가 인정의 표현이라면 인정 일원론이 타당하다. 즉, '재분배'를 '인정'의 표현으로 볼 수 있는가가 문제의 핵심인 것이다. 예컨대 문화적 정체성의 인정에 초점을 맞추는 운동은 자본주의사회의 불평등을 과소평가하고, 경제적 불평등에 의해 공통적으로 고통받고 있는 집단들을 분열시킨다는 비난을 받는다. 마찬가지로 부의 재분배를 목표로 하는 재분배정치는 다양한 종속적 집단들이 지배집단의 보편적 규범에 동화되도록 요구하기 때문에 불의를 공고화하고 문화적 변혁을 무시한다는 비판에 직면한다.[265] 따라서 낸시 프레이저의 입장에서 분배와 인정은 밀접히 연관되어 있지만 서로 환원할 수 없는 독립적 문제이다. 분배 차원에서의 '불평등'은 계급 간 경제적 자원

---

264) 악셀 호네트, 2011, 앞의 책, 250-263쪽.
265) 낸시 프레이저·악셀 호네트, 2014, 앞의 책, 36-37쪽.

과 부의 할당과 관련된 것이라면, 인정 차원에서의 '무시'는 신분집단 간의 상대적 지위를 규정하는 제도화된 의미나 규범들과 관련된 것이기 때문이다. 계급차별은 자본주의사회의 경제구조에서 기인하는 것이고, 계급착취를 극복하기 위해서는 계급 간 재분배가 가능하도록 정치경제를 변화시켜야 한다. 마찬가지로 사회적 무시를 산출하는 신분구조는 문화적 가치질서에서 비롯된 것이고, 부정적 낙인과 무시를 '존중'으로 변화시키기 위해서는 다양한 가치에 대한 인정이 필요하다. 이처럼 분배와 인정은 서로 구별되는 독자적 범주이기 때문에, 자본주의 경제질서와 문화질서가 산출하고 있는 사회적 '불의'들이 복합적이고 다차원적이라는 점을 인식하는 것이 중요하다.[266]

프레이저는 사회정의란 "모든 사회성원의 '동등한 사회참여'를 가능케 하는 물질적·상호주관적 조건 확보"라고 규정하면서, 경제적 불평등 해소와 문화적 인정 확대를 사회변혁의 규범적 목표로 설정한다. 동등한 참여를 위해서는 물질적 자원의 분배와 동등한 존중의 기회를 보장해야 한다는 것이다. 그는 '인정'을 단순히 '자기실현'(좋음)의 문제가 아니라 '정의'(옳음)의 문제로 간주한다. 인정은 사회적 신분과 관련된 문제이며, 무시는 제도화된 종속관계에 기인하는 것으로 정의를 파괴하는 것이기 때문이다. '무시'는 부정적 태도나 담론을 매개로 발생하는 것이 아니라 사회제도나 관습을 통해서 발생한다. 따라서 인정 요구는 '동등한 참여'를 방해하는 제도화된 문화적 가치유형을 해체하고 이를 촉진하는 문화적 가치유형으로 대체하는 것을 목표로 한다.[267]

정당한 인정요구와 부당한 인정요구를 어떻게 구분할 것인가에 대해, 프레이저는 인정을 요구하는 사람들이 자신의 현재 상태가 다른 사람들과 동등하게 사회생활에 참여하는 것을 불가능하게 한다는 사실을 입증한다면 그것은 정당한 인정요구라고 주장한다. 무시나 불의가 존재한다는 주장이 정당한가 여부는 담론을 통해서 입증되어야 하며, 문화적 가치유형이 신분적 종속을 초래한다는 주장은 공적인 논쟁이라는 민주적 대화의 과정을 통해 정당화되어야 한다. 프레이저는 테일러와 킴리카가 소수집단의 문화를 내적으로 동질적인 것으로 간주하여 젠더와 같은 문화적 차이의 다른 형태들을 제대로 평가하지 못한다고 비판한다. 그리하여 인정을 위한 전략과 관

---

266) 낸시 프레이저·악셀 호네트, 2014, 앞의 책, 39-43, 59쪽.
267) 낸시 프레이저·악셀 호네트, 2014, 앞의 책, 56-81쪽.

련하여, 주류 다문화주의가 부정적으로 평가절하된 정체성을 '긍정'하는 전략을 취하고 있는 반면, 그는 오히려 정체성의 기초가 되는 집단들 간의 차이나 상징적 대립 자체를 '해체'함으로써 신분종속을 변혁하는 전략이 중요하다고 주장한다. 왜냐하면 소수자정체성에 대한 단순한 긍정전략은 그들의 이해를 단순화하면서 사람들의 삶의 복잡성이나 복수적 정체성을 부정하기 때문이다. '긍정'전략과 '해체'전략의 적절성은 맥락에 따라 다양하게 평가될 수 있으며, 양자를 결합하는 것은 재분배 차원과 인정 차원을 결합시키면서 어느 한 차원에서의 변화나 수단을 다른 차원에서의 변화를 촉구하기 위해 사용하는 '교차시정' 전략을 의미한다. 이러한 전략은 지구화로 인해 부상하는 인정요구의 중요성을 간과하지 않으면서도 인정투쟁이 분배투쟁을 주변화시키고 대체하지 않도록 하기 위해 필요하다.[268]

호네트는 낸시 프레이저의 주장이 미국의 경험을 과도하게 일반화한 것으로 의심한다. 그는 정체성 정치를 주장하는 이론들이 과거의 재분배투쟁과 오늘날의 인정투쟁을 대비해 역사적으로 전혀 상이한 사회운동이 출현한 것으로 해석하고 있다고 비판한다. 호네트가 보기에, 인정투쟁은 새로운 현상이 아니며 문화적인 것일 뿐만 아니라 동시에 물질적인 것이다. 전통적 사회운동 역시 재분배만을 요구한 것이 아니며 문화적 요소를 내포하고 있다는 것이다. 따라서 호네트는 인정이론이 포스트-사회주의시대를 설명하는 개념에 한정될 수 없으며, 비판적 사회이론의 '인정이론적 전환'을 주장한다.[269]

인정이론적 전환은 사회적 고통과 불만의 규범적 내용에 주목하는 것이다. 사회적 고통과 불만은 구성원들에 의해 정당한 것으로 간주된 규범적 기대의 훼손을 함축하며, 무언가 정당화될 수 없는 잘못된 일이 일어났다는 경험에서 비롯된다. 즉, 사회적 질서에 대한 규범적 기대가 어긋나고 개인의 불가침성이나 명예, 존엄에 대한 사회적 훼손이 '불의'에 대한 경험의 핵심이라는 것이다. 주체들이 사회제도를 불의한 것으로 인식하는 것은 자신들이 인정받을 자격이 있다고 믿는 인격적 측면들이 무시당했다고 보기 때문이다. 모욕과 무시와 같은 사회적 인정의 박탈 경험은 지구화시대의 새로운 현상이 아니라 모든 사회의 사회적 불의 경험을 해석하는 개념이기 때문에 보편적인 것이다. 따라서 불의에 대한 경험을 경제적 재분배와 문화적 인

---

268) 낸시 프레이저·악셀 호네트, 2014, 앞의 책, 82-90, 100-167쪽.
269) 낸시 프레이저·악셀 호네트, 2014, 앞의 책, 182-198쪽.

정으로 구분하는 것은 무의미한 것이며, 그것은 도덕적 동기를 갖는 인정관계라는 갈등의 심층을 표현하는 것이다. 이러한 측면에서 자본주의사회 역시 제도화된 인정 질서로 규정될 수 있으며, 분배갈등 역시 업적에 대한 인정 원칙의 해석과 평가를 둘러싼 갈등이라는 점에서 인정 영역의 일부인 것이다.[270]

그리하여 호네트는 자본주의사회에서의 분배갈등 역시 세 가지 인정영역이 분화된 결과로 파악한다. 앞에서 본 바와 같이 '자본주의사회에서 권리의 평등'이라는 이념과 함께 '개인적 업적'이라는 문화적 이념이 사회적 신분질서 영역에서 발전했다. 사회구성원들은 노동시민으로서 자신의 성과에 따라 업적화됨으로써 상이한 사회적 가치를 부여받게 되었다. 그러나 무엇이 얼마만큼 업적으로 평가되는가 하는 가치평가의 척도는 지배집단의 가치지평만이 표현되는 이데올로기적인 것이다. 자본주의사회에서의 분배투쟁은 사회집단이 자신들의 실제 업적이 무시당했다는 경험의 반작용으로 기존의 평가기준에 의문을 제기하는 데서 비롯된다. 즉, 분배투쟁은 업적 원칙의 실제적 적용의 정당성을 둘러싼 개념 규정적 투쟁이다. 자본주의사회의 재생산은 상호인정 원칙에 대한 도덕적 합의를 토대로 하기 때문에 분배투쟁은 종속적 사회집단이 정당한 것으로 간주하는 인정원칙이 잘못 적용되었다는 도덕적 신념, 무시의 경험에서 비롯된다. 중요한 것은 인정원칙의 적용이 항상 욕구나 권리, 능력에 대한 문화적 해석을 통해 이루어진다는 것이다. 따라서 노동자들이 불평등에 저항할 수 있는 방법은 자신의 업적에 대한 정당한 평가를 요구하는 것이다. 자본주의적 불평등의 근본원인이 노동자를 자유롭고 평등한 존재가 아니라 노동력상품으로 취급하는 왜곡된 인정질서에 있다고 하면, 노동자를 동등한 권리 주체, 동등한 생산주체로 보는 새로운 인정질서를 확립하는 것이야말로 분배구조 개선을 위한 대안이 되는 것이다.[271]

'인정' 개념은 정당한 인정을 받지 못하고 무시당했다는 도덕적 경험과 관련된 것이며 문화적 소수자들에게만 필요한 용어가 아니다. 호네트가 보기에, 대부분의 정체성 정치를 둘러싼 갈등은 '권리 동등성'이라는 인정 원칙을 통해 규정될 수 있다는 점에서, 프레이저가 사용하는 '문화적' 인정 개념은 적절치 못한 것이다. 마찬가지로 분배투쟁은 개인이나 집단의 사회적 기여에 대한 적절한 평가를 둘러싼 인정

---

270) 낸시 프레이저·악셀 호네트, 2014, 앞의 책, 199-212쪽.
271) 낸시 프레이저·악셀 호네트, 2014, 앞의 책, 231-246쪽.

투쟁의 특수한 방식으로 해석될 수 있다. 사회적 통합이란 신뢰할 수 있는 상호인정 관계를 다양한 차원에서 보장할 때 가능하게 되며, 사회의 규범적 통합은 오직 인정 원칙의 제도화를 통해 가능해진다. 그리하여 호네트는 한 사회의 도덕적 진보를 "모든 사회성원의 동등성과 특수성이 제도적으로 인정됨으로써 사회적 포함의 범위가 확대되고 개성의 신장이 이루어지는 것"으로 규정한다. 그에게 올바른 정의의 원칙은 프레이저처럼 개인적 자율성과 사회적으로 동등한 '참여'가 아니라, 훼손 없는 자아형성, 개인적 정체성의 실현이라는 목적을 위한 전제로서 상호인정 관계를 도입하는 것이다. 즉, 개성의 몫을 구체화할 수 있는 기회의 상승(개성화 과정)과 보다 많은 사람들이 사회구성원 범위에 포함되는 사회적 포용 과정을 통해 모든 구성원에게 사회적 인정이 확대되는 것이다.[272]

이처럼 호네트는 분배라는 사회주의적 이념을 인정투쟁의 하위 범주로 재해석하면서, 인정을 모든 것에 우선하는 근본적인 도덕범주로 간주하는 반면, 낸시 프레이저는 분배와 인정이라는 두 범주를 동등하게 근원적인 정의의 차원들로 보는 '관점적 이원론'을 제안한다. 낸시 프레이저의 정의론이 경제적 재분배와 문화적 인정을 통해 동등한 자율성과 참여를 목표로 하는 전통적 자유주의 이상에 보다 근접하며, 문화적 인정은 공적 영역에서의 대화적 토론을 통해 정당화되어야 하는 것으로 간주된다. 반면에 호네트의 정의론은 인정의 세 영역에 걸쳐 사랑과 배려를 통한 자기신뢰, 법적 권리의 보장을 통한 자기존중, 자신의 업적에 대한 사회적 가치평가에 근거한 자긍심이라는 진정한 자기관계, 즉 '좋은 삶'에 대한 도덕적 이상에 보다 충실하다고 할 수 있다. 그럼에도 불구하고 호네트와 프레이저가 공통적으로 강조하고 있는 것은 경제적 분배투쟁을 최우선으로 하고 인정투쟁을 분배투쟁의 하위 범주로 파악하는 전통적 마르크스주의의 주장이 적절하지 않다는 것이다.

---

272) 낸시 프레이저·악셀 호네트, 2014, 앞의 책, 247-284쪽.

제2부

한국 다문화의 역사와 다문화집단

제5장 한국의 다문화 역사

1980년대 이전까지 한국에서 다문화와 이주의 역사는 한반도 주민의 해외이주 역사에 다름 아니며, 이는 식민지화와 식민지정책, 역내의 혁명과 내전, 한국전쟁과 분단으로 이어지는 동아시아지역의 특수한 역사의 산물이었다.

먼저, 근대로의 이행과정에서 식민지화와 이후 변경확장을 위한 일제의 이주정책, 한반도에서의 민족 말살과 내선일체의 동화정책, 식민지 수탈과 농촌 황폐화에 따른 유민이 시작되었다. 이러한 국제이주는 20세기 중후반까지 한국이 역내의 주요한 이민 송출국이라는 특징을 보여주고 있으며, 농민의 경제적 파탄과 일본제국주의에 의한 이주정책의 결과였다. 많은 한반도 주민들이 만주와 연해주, 일본으로 이민을 떠났고, 해외로 이주한 조선인들은 각각 중국, 러시아, 일본에서 소수민족으로서 힘겨운 삶을 영위했다. 한반도에서의 다문화현상은 역사적으로 조선인들의 역내 이주와 함께 시작된 한민족 디아스포라의 형태를 띠었다.

둘째, 산업화 이전 한반도로부터의 국제이주는 경제적 요인과 함께 정치적 요인, 지정학적 요인에 따른 국제정세 변화의 산물이었다. 식민지시대의 항일운동과 중국과 러시아에서의 혁명과 내전, 제2차 세계대전과 한국전쟁에 따른 국경의 재편과 역내 미군의 주둔 역시 국제이주와 다문화현상의 주요한 국제적 요인이었다. 식민통치와 해방을 전후한 한반도의 지정학적 변화는 중국과 일본에서 조선인의 한국귀환과 소수민족으로서의 해외정착, 중국 내 조선족의 위상과 소련 내 한인들의 중앙아시아 이주, 한반도 화교의 영구정착, 한반도를 점령한 일본인과의 사이에서 생겨난 혼혈,

미군 주둔으로 인한 기지촌 형성과 혼혈인의 출현, 미국으로의 한인 이주 등 한반도에서 다문화현상이라 일컬을 수 있는 수 있는 새로운 변화를 만들어냈다.

셋째, 정치적·지정학적 요인에 의한 국제이주와 다문화의 역사는 동아시아 근대화 과정에서 국민국가 형성과 새로운 국민 만들기라는 큰 틀에 의해 규정된 것이다. 근대국민국가의 경계선이 최종적으로 획정되기 이전인 일본제국주의 지배하의 한반도와 만주, 연해주, 일본에서는 한 지역 내에 다양한 종족과 민족 집단이 공존했다. 조선인과 일본인, 만주족과 한족은 서로 다른 민족이라는 인식이 강했지만, 식민지시대의 현실은 영토와 민족이 배타적으로 일치해야 한다는 민족주의 규범과는 거리가 있었다. 제국주의 일본과 식민지 조선의 내선일체 및 조선인에 대한 강제적 동화정책, 일본이 주도한 만주국 내에서 만주족, 조선인, 몽골족, 한족, 일본인의 오족협화(五族協和), 러시아 시베리아지역에서 노동력 수요의 증가와 러·일 간의 군사적 긴장, 만주지역에서 조선인과 한족의 항일투쟁 등으로 식민지시대 조선인의 국제이주와 민족들 간의 접촉·갈등은 일상적인 것이었다. 그러나 중국내전 과정에서 화교의 이동이나 중국정부에 의한 조선인의 자치권 인정, 일본의 패전이후 재일조선인과 사할린동포의 국적과 지위의 변경, 한반도에서의 분단국가 형성과 전쟁을 통한 각각의 국민 만들기 과정 등 역내 국가 형태의 새로운 변화는 국제이주의 흐름을 중단시키면서 각 국민국가의 영토적 경계 내 소수민족 집단을 만들어냈다. 특히 분단체제하에서 민족 내부의 이념적·군사적 대립, 남한의 빨갱이 청산과 반공주의, 냉전체제하의 미군 주둔은 한국사회 내부에서 이념적 잣대에 의한 국민과 비국민의 구분, 혼혈인의 출현 등 '국민'의 경계에 대한 논란을 낳았다.

현재 한국사회에는 다양한 소수집단이 있고, 특히 대한민국국적의 소유 여부와 언어적·종족적·문화적 차이는 이들 소수집단이 한국사회의 국민적 위계 내에서 상이한 지위를 점하는 요인이 되고 있다. 크게 보면 한민족에 속하는 집단과 피부색이나 종족성에서 차이가 나는 집단이 있고, 각 집단 내부에서도 대한민국국적 여부에 따라 신분적 지위에 큰 차이가 있다. 먼저, 대한민국국적이 없고 종족성도 다른 집단으로 간주되는 화교와 이주노동자는 역사적 성격은 매우 다르지만, '우리 속의 타자'라고 할 수 있다. 둘째, 국적상 대한민국 국민이지만 종족성에서 항상 질문을 받아야 하는 혼혈인, 결혼이주자, 귀화자들은 국적과 상관없이 '우리 속의 비국민'이거나 '국민 만들기의 대상'이다. 셋째, 국적 여부와 상관없이 같은 민족으로 우리 속에 함께하는 조선족과 탈북이주민은 사실상 '우리 속의 이등시민'으로 '우리와 그들 사이'에 위치하는 디아스포라적 존재라고 할 수 있다.

<표 3> 한국사회 소수자집단의 유형

종족성 인식		국적	
		국민	외국인
	같음	탈북이주자, 국적취득동포	조선족, 고려인, 재일조선인, 재외동포, 해외입양인
	다름	혼혈인, 귀화자, 결혼이주자	화교, 이주노동자, 유학생

출처: 엄한진, 『다문화사회론』, 133쪽에서 수정 인용.

이러한 측면에서 20세기 중후반까지 한반도로부터의 국제이주와 다문화 양상은 1990년대 이후 현재의 다문화현상과는 구분되는 역사적 특수성을 보여준다. 1990년대 이전의 한반도 근현대사에서 다문화현상은 크게 ① 한반도를 떠나 해외로 이주한 코리안 디아스포라, ② 한반도에 정착해 고립된 한국화교, ③ 주한미군의 주둔과 함께 생겨난 혼혈인이라는 세 가지 양상으로 나타났다.

1. 식민지시대 코리안 디아스포라

1) 디아스포라 개념[1]

원래 '디아스포라'는 그리스의 정원 가꾸기 관습에서 종자를 뿌리거나 분산을 의미하는 표현이었다. 이 용어는 '너머, 위'를 뜻하는 디아(dia)와 '씨를 뿌리다'는 스페로(spero)가 합해진 말로 파종(播種), 이산(離散)을 의미했다. 1990년대 이전까지 디아스포라(diaspora)는 주로 유대인이나 아프리카인들의 역사적 경험을 기술하는 개념으로 사용되었고, 자신의 땅에서 쫓겨나 소외된 이들의 고향과 타향 사이의 경제적·정치적·사회적 유대관계를 설명하는 개념으로 활용되었다. 디아스포라는 말은 유대인의 예루살렘 추방과 바빌론 망명 이후의 역사적 경험에서 출발했고 강제

---

1) 이하 비린더 칼라·라민더 카우르·존 허트닉, 2014, 『디아스포라와 혼종성』, 21-171쪽을 참조.

이동과 국외추방, 불가능한 귀환에서 비롯되는 필연적인 상실감을 표현하는 것이었다. 이처럼 디아스포라 개념에 담긴 주요한 의미들은 이동과 이주, 정신적 외상, 끊임없는 상실감과 고향에 대한 열망 등이다. 즉, 디아스포라의 특징은 이주를 떠났던 장소로 돌아가기 어려운 '귀환'의 봉쇄이다. 강제추방은 고향을 그리워하는 감정에 필수적인 전제이며 디아스포라를 이해하는 핵심이다. 강제로 추방당한 곳에 대한 애착이나 그곳과 연결된 감정은 강력한 상징으로 작용한다.

고향과 타향의 관계에서 타향은 일종의 상실을 의미하며, 디아스포라가 무엇인지를 나타내는 정의이다. 코헨에 따르면 디아스포라에는 ① (모국으로부터) 분산과 흩어짐, ② (모국에 있는 동안) 집단적인 정신적 외상, ③ (타향에 있는 동안) 문화적 개화, ④ (타향에 있는 동안) 주류사회와의 어려운 관계, ⑤ (고향과 타향) 국가의 경계를 넘어선 공동체 의식, ⑥ (타향에서 고향으로) 귀환의 장려와 같은 내용들이 포함된다. 사프란 역시 디아스포라를 국외로 추방된 소수집단 공동체로 간주하며, 디아스포라의 조건으로 특정한 기원지로부터 외국의 주변적인 장소로의 이동, 모국에 대한 집단적 기억, 거주국에서 수용될 수 있다는 희망의 포기와 거주국 사회에서의 소외와 격리, 후손들이 회귀할 이상적인 땅인 조상의 나라, 모국에 대한 정치적·경제적 헌신, 모국과의 지속적 관계를 들고 있다.[2)]

코헨은 디아스포라 사회의 유형을 ① 피해자 디아스포라(아프리카인 노예와 아르메니아인), ② 노동 디아스포라(인도인, 미국의 이탈리아인), ③ 무역 디아스포라(중국인과 레바논인), ④ 제국 디아스포라(영국인), ⑤ 문화적 디아스포라(cultural, 카리브인) 등 다섯 가지로 구분한다. 사회형태로서의 디아스포라에서는 첫째, 공통의 기원 및 이주경로와 관련된 특유한 사회관계를 형성하며, 둘째, 모국에 대한 충성과 현지국가에 대한 충성 사이의 정치적 태도에 긴장이 존재한다. 셋째, 집단적 기동성과 관련한 특별한 경제 전략이 있다는 것이다.

디아스포라는 이주를 일회적이고 일 방향으로의 과정으로 보지 않는다. 디아스포라는 이주를 한 방향의 일회적인 사건이 아니라 연결과 관계를 만들어내는 지속적인 과정으로 본다. 그리하여 디아스포라는 초국가적 유대관계에 초점을 맞추며, 고정 불변하는 정체성에 의문을 제기하면서 소속감과 정체성의 다양성을 강조한다.

---

2) W. Safran, 1991, 'Diasporas in Modern Societies' Diasporas 1(1); 최원오, 2012, '다문화사회와 탈북이주민 디아스포라적 관점의 적용' 『통일인문학논총』 54집, 263-264에서 재인용.

"디아스포라는 본질적으로 자식들이 여기저기 흩어져 있는 아버지라는 부모의 개념을 필요로 하며, 친아버지(의 나라)는 디아스포라 개념에 있어 평가기준이 된다." 디아스포라는 하나 이상의 사회적·문화적·집단적 관계를 암시하며, 여기에는 ① 어떤 집단 정체성이나 동일시 과정을 거친 이산집단, ② 이러한 과정의 배경이 되는 국민국가들, ③ 사회적·경제적·문화적 유대관계를 통한 국민국가에 대한 소속감이라는 세 영역이 포함된다. 고향과 타향에 대한 생각은 고정된 것이 아닌데, 이는 정보통신기술의 활용에 따라 디아스포라적 연결이 확대되고 있기 때문이다.[3]

디아스포라 개념에는 떠나온 고국을 향한 충성과 정체성이 요구된다는 생각이 결부되어 있다. 디아스포라 사회는 고향과 타지로 떠나는 신체와 상상의 여행이나 가상적 여행 없이는 유지될 수 없다. 여기서 이동수단이 중요한데, 현대의 운송과 통신기술의 발달로 디아스포라집단은 자신들이 고국과 이웃해 있음을 실감하게 된다. 텔레비전 이미지를 통한 상상의 여행은 한 집단이 유산을 만들고 정체성을 형성하는 데 특히 중요하다. 예컨대 글로벌한 문화를 통해 아일랜드인의 디아스포라에서 아일랜드다움은 재구성되고 있다. 코헨은 디아스포라 과정과 글로벌 네트워크 및 흐름 사이의 선택적 친화성을 강조한다. 왜냐하면 디아스포라는 영토적 구획이 없고 글로벌화와 로컬화의 경향을 연결하기 때문이다.[4]

그리하여 디아스포라는 소속이나 민족에 대한 일원적 소속감에 의문을 제기한다. 차이를 인식하는 감각은 디아스포라 주체의 자아정체성에 기본요소이다. 많은 디아스포라는 탈영토화된 집단인데, 이는 정체성이 특정한 지역에의 거주보다는 모국에 대한 인식에 의존하기 때문이다. 디아스포라 개념은 종족적·민족적 연결을 약화시키는 잠재력을 갖는다. 왜냐하면 한국계-미국인이나 중국-조선족처럼 하이픈으로 연결된 주체는 양편의 국민국가 모두에 대한 소속감을 갖지만, 동시에 해당 국민국가와는 아무런 관련이 없는 새로운 정체성을 탄생시킬 수 있기 때문이다.

2) 식민지시대 조선인의 디아스포라 경험

한국인의 해외이주는 1860년대 북간도와 연해주 지역으로의 월경과 개척이라는 형태로 시작되었다. 한민족의 해외이주가 대규모로 증가한 것은 일본제국주의의 만

---

3) 비린더 칼라·라민더 카우르·존 허트닉, 2014, 앞의 책, 33-43쪽.
4) 어리, 2012, 앞의 책, 6장 4절.

주 침략과 전시경제하의 노동력 부족에 대응하기 위한 식민정책의 결과였다. 식민지 경제의 황폐화에 따라 농촌에서 유민화된 많은 사람들이 식민지정책에 의해 만주지역으로 대규모 이주했고, 태평양전쟁으로 인한 노동력부족을 메우기 위한 대규모 징용이 일본으로 이주흐름을 만들어냈다. 근대로의 이행기 러시아의 남하와 일본제국주의의 만주 침략, 연해주지역에서 소련과 일본의 정치적 긴장, 일본제국주의에 의한 만주국의 성립, 중국공산당과 만주지역 조선인들의 항일투쟁은 만주의 조선족과 연해주 고려인들의 운명을 결정했다. 또한 한국전쟁 이후 시작된 미국으로의 이민은 보다 나은 삶의 기회를 찾기 위한 개인적 선택으로 가족이민이라는 형태로 장기간 지속되었다.

중국의 조선족이 중국 동북지역을 기반으로 한 소수민족으로 정착한 반면, 러시아의 고려인은 이주와 재이주를 반복하는 전형적인 디아스포라의 형태를 보였다. 집단적으로 강제이주 된 재일조선인이 일본 내 이등시민으로 살아온 디아스포라적 존재였다면, 재미동포는 자발적 이주를 통해 현지사회에 동화된 이주자공동체를 형성했다. 한인 이주자들의 이러한 차이는 무엇보다 이주한 나라의 정치적·경제적 상황과 맞물린 이주정책의 결과이지만, 동시에 그 지역에서 한인이주자들의 이주시기와 이주 후 생존전략의 결과이기도 했다.

대체로 북간도와 연해주로의 이주는 조선 말기 이 지역의 인구가 희박하고 황폐화된 광대한 토지가 존재하는 조건에서 조선의 토지 부족과 빈발하는 자연재해로 인한 것이었다. 만주와 연해주로 이주한 조선인들은 지역을 개간하고 논농사를 보급하는 적극적인 개척활동을 펼치면서, 조선인 정착촌을 형성했다. 역사적으로도 동북지역은 고구려와 발해, 여진족의 금나라와 청나라, 몽골족의 원나라, 한족의 명나라 등 다양한 종족과 민족이 교차하던 다민족·다종족의 공간이었다. 청나라 건국이후 대다수의 만주족이 중국내륙으로 이주한 이후, 이 지역은 주인 없는 빈 땅이 되었다. 조선 말기 토지부족과 자연재해로 생계가 어려워진 함경도와 평안도 지역 주민들이 조선정부의 월경금지 정책에도 불구하고 몰래 강을 넘어 토지경작을 시작함으로써 본격적인 개척이 이루어졌다. 북간도와 연해주로의 조선인 이주는 기존의 토착문화가 지배적인 사회로의 문화적 동화과정이 아니라, 원래부터 다양한 종족들이 공존했지만 지금은 무주공산이 된 공간에 조선인들이 대규모로 이주하면서 지역을 개간하고 개척하는 과정이었다. 그리하여 근대이행기에 북간도와 연해주 지역에는 대규모

조선인 정착촌이 형성되었고, 이들은 버려진 땅을 개간하고 논농사를 도입하는 등 경제적·사회적으로 중요한 역할을 했다. 그 때문에 이 지역들을 정치적으로 지배했던 국가들은 조선인들의 대규모 이주를 지역개발에 활용하고자 했다. 그러나 북간도와 연해주 지역의 정치적 지배권이 청나라와 러시아, 일본제국 사이에서 유동하는 상황에서, 조선인들의 정치적 소속이나 법적 지위, 토지소유권 역시 유동적이었다.

만주지역에서 중국공산당과 조선인이 함께한 항일투쟁, 중국내전 과정에서 조선인들의 지원에 힘입은 중국공산당의 승리는 조선인들의 삶에 큰 변화를 가져왔다. 식민지시대 피폐한 농촌에서 방출되어 대규모로 이주한 조선인들은 대부분 토지에 대한 소유권을 갖고 있지 못했고, 중국 내에서 민족적 차별과 계급적 차별의 이중고를 경험해야 했다. 그러나 일본제국주의가 패망한 이후 국민당 점령지역의 조선인들이 대부분 귀국한 반면, 공산당 점령지역의 조선인들은 토지소유권과 중국의 공민권, 자치권을 획득함으로써 연변조선족 자치주를 중심으로 '조선족'이라는 중국 내 소수민족으로 정착하게 되었다. 조선족은 중국혁명에서의 역할, 높은 교육수준을 기반으로 중국 내 모범적인 소수민족으로 정착했고, 문화혁명시기의 고난을 제외한다면 언어적·민족적·문화적 정체성을 기반으로 1980년대 개혁개방시기까지 자율적인 민족공동체를 유지할 수 있었다.

반면에 연해주지역에서 의병투쟁과 독립운동의 근거지역할을 했던 이 지역 조선인들은 러시아와 일본의 정치적 대립과 군사적 대치상태에서 소련정부의 경계 대상이 되었다. 일본과 대치관계에 있던 소련정부는 외모에서 일본인과 구분되지 않는 조선인들의 집거촌을 정치적으로 위험한 것으로 판단했다. 1937년 스탈린은 일본과의 접경지역인 연해주에 거주하던 조선인 전체를 중앙아시아로 강제 이주시켰다. 연해주의 토지와 가옥을 남겨둔 채 빈손으로 중앙아시아로 이주해야 했던 조선인들은 지금의 카자흐스탄, 우즈베키스탄, 키르기스스탄 지역에 버려졌고, 주로 이 지역에 논농사를 보급하면서 새로운 개척지에 적응해나갔다. 그러나 중앙아시아에서 러시아 주민으로 적응했던 고려인들은 1990년대 소련이 붕괴되면서 각각 독립국가로 분리된 카자흐스탄과 우즈베키스탄에서 해당 민족어를 사용하지 못하는 소수민족으로 다시 어려움에 직면했다. 그 결과 차별받는 소수민족의 삶을 거부한 다수의 고려인들은 중앙아시아에서 러시아지역으로 재이주하였고, 일부는 연해주지역으로 귀환했다.

한편, 일본지역으로 이주했거나 징용된 조선인들은 전혀 다른 상황에 직면했다.

식민지시대에는 한반도와 만주, 일본지역이 모두 일본제국주의의 지배하에 있었기 때문에, 이들 지역으로의 이주는 피폐한 농촌지역으로부터 방출된 사람들에게 생존을 위한 자연스러운 선택이었다. 그러나 태평양전쟁의 결과 해방과 독립, 새로운 국경의 획정으로 재일조선인들의 법적 신분은 크게 바뀌었다. 일본으로 이주한 조선인들은 식민지시대 이등국민으로 '일본인'이었지만, 해방과 함께 '외국인'으로 신분이 바뀌었고 일본정부로부터 어떠한 보호도 받을 수 없게 되었다. 상당수의 사람들이 해방과 함께 한반도로 귀환했지만, 여전히 60만 명의 조선인들이 일본에 남았다. 일본인으로 귀화하지 않은 조선인들은 대부분 이미 존재하지 않는 국가인 '조선적'(朝鮮籍)을 가진 외국인이었다. 이들이 일본으로 이주한 이후에 남한과 북한정부가 수립되어 1965년 국교정상화 이전까지 일본은 남북한 어디와도 국교가 없는 상태였다. 이런 의미에서 '조선적'이란 북한 국적도 아니고 남한 국적도 아닌 재일조선인들의 디아스포라적 신분을 상징하는 것이었다. 이들은 일본에서 경제적으로 하층계급이자 법적으로 외국인으로 민족적·계급적 차별을 감수해야 했다.

더더욱 난감한 상황에 빠진 것은 사할린 지역의 조선인이었다. 일본제국주의하에서 탄광이나 군수공장 등 노동력이 필요한 지역에 상당수 조선인들이 강제 징용되었다. 종전 이전까지 일본영토였던 사할린도 그중 하나였지만, 종전과 함께 사할린은 러시아로 귀속되었다. 그에 따라 종전 이후 일본정부는 사할린의 일본인들을 철수시켰지만 외국인인 6만여 명의 조선인들에게는 아무런 조치를 취하지 않았다. 그 결과 사할린 조선인들은 이제 정치적으로 러시아에 소속되었지만, 냉전시대에 한국과 러시아는 국교가 단절된 상태였다. 그 때문에 러시아로 귀화하거나 북한 국적을 취득하지 않은 채 고국으로 돌아갈 꿈을 버리지 않은 남한 출신자들은 무국적 상태로 살아야 했다. 이들은 3개월마다 신원을 등록해야 했고 자녀들은 고등교육기관에 진학할 수 없었다. 결국 사할린 동포의 문제는 일본의 전후책임과 관련되어 있으면서도 냉전체제하에서 고국으로 귀환하지 못하고 고국을 그리워하는 디아스포라의 전형적인 사례였다. 사할린에는 여전히 전체인구의 6%를 넘는 43,000명의 한인들이 살고 있다.

이처럼 동아시아 근대의 지정학적 산물이었던 한민족 디아스포아에 더해, 대한민국의 산업화와 세계화가 진척됨에 따라 전 세계로 이주한 한인들의 수도 크게 늘어났다. 2015년 현재, 전 세계에 흩어져 있는 한인들의 수는 중국 258만 명, 일본

85만 명, 기타 아시아 51만 명, 미주지역 246만 명, 유럽 63만 명(우즈베키스탄 186,186명, 러시아 166,956명, 카자흐스탄, 107,613명 포함) 등 전 세계에 718만 5,000명에 달한다.[5]

(1) 조선족의 경험

조선족에 대한 연구들은 조선족의 이주시기와 관련하여 몇 가지 주장으로 구분된다. 먼저, 토착민족설, 둘째, 원명(元明)시기설, 셋째, 명말청초(明末淸初)설, 넷째 19세기 중반설이다.[6] 먼저, 토착민족설은 중국조선족이 이주해온 것이 아니라 고조선, 고구려 발해를 거쳐 오랜 시기 중국 동북지방에서 다른 민족들과 함께 생활해왔기 때문에 토착민족으로 보아야 한다는 주장이다. 예컨대 요녕성 일대의 고씨들은 자신들을 장수왕의 후예로 '요동 고씨'라고 부른다. 그러나 이들은 대부분 혈통이나 민족성에서 지금의 조선족과는 직접적인 관계가 없다는 것이 일반적인 평가다. 둘째, 중국조선족의 이주시기를 원명시기로 보아야 한다는 견해는 명대에 이미 국경이 존재했기 때문에 그 이후에 이주한 사람들은 조선족의 범주에 포함시켜야 한다는 것이다. 그러나 이 역시 후손들을 찾을 수 없다는 점에서 현재의 조선족과 직접 연결하기 곤란하다. 셋째, 명말청초인 17세기설은 조선과 청나라 사이에 안정된 국경이 형성된 것이 인조 때이며, 1619년 명나라를 지원했던 강홍립 휘하의 13,000명이 포로로 남았고, 1627년 정묘호란과 1636년 병자호란 때 볼모로 끌려온 수만 명의 조선인들이 청나라 귀족들의 농노로 정착해 후손을 남겼다는 것이다. 요녕성 박가촌 사람들은 한국어를 못하지만 중국에 없는 성씨인 족보와 문화를 근거로 조선족으로 족적을 바꾸기도 했다. 넷째, 19세기 중반설은 그 이전의 역사가 조선인 유·이민사라고 할지라도, 현재의 조선족의 직접적인 조상은 19세기 중·후반에 이주해온 사람들이라는 주장이다.

청나라가 청조의 발상지를 보호하기 위해 1677년부터 백두산 이북 1,000여 리를 봉금지역으로 획정한 후 이를 폐지한 1881년까지 200여 년간 이 지역에는 소수의 만주족을 제외하면 인구가 희박한 지역으로 남게 되었다. 그리하여 1677-1881년까

5) 외교부, 『재외동포 현황』, 2016.
6) 이민호, 2014, '소수자로서 조선족의 이주 역사와 정체성 변동' 『한중일 사회에서의 소수자가족』, 13-25쪽; 강수옥, 2013, '중국 조선족의 역사적 형성과 정체성' 『디아스포라연구』 7(1), 90-92쪽.

지의 조선인 이주는 범월잠입(犯越潛入)의 시기로 불법적으로 월경하여 농사를 지으며 정착하는 양상을 보였다. 1860년대에는 조선 북부지방의 자연재해로 빈곤한 농민들이 불법 월경하여 정착하는 사례가 늘어났다. 청나라 정부는 1875년 서간도지역의 황무지에 불법으로 이주해 토지를 경작하는 것을 묵인하였고, 1881년부터는 연변지역을 개간하고 재정수입을 늘리기 위해 봉금정책을 취소하고 이주민을 수용하기 시작했다. 1882-1910년까지의 이민초간(移民招墾)시기를 지나, 1910년 한일병합 이후 1920년 사이에는 '일본인은 조선으로, 조선인은 중국동북으로' 이주시키는 일제의 환위이민(換位移民)정책으로 파산한 농민들과 정치적 망명자들이 대규모로 북간도지역으로 이주했다. 실제로 간도와 함경도는 사실상 하나의 자연경제권이 형성되어 있었고, 인위적 국경에도 불구하고 간도와 함경도, 평안도는 하나의 과경생활권으로 사회경제적 유대가 단절된 적이 없었다.[7]

1921년부터 1930년 만주사변까지는 조선인을 이용한 일본의 침탈을 막기 위해 중국정부가 이민제한정책을 취하면서 정착한 조선인들을 박해했다. 1934년 만주사변 이후 일본은 대륙침략을 위한 경제적 기반을 조성하기 위해 조선인들을 만주지역으로 대규모로 이주시켰다.[8] 그 결과 중국조선족의 인구는 1910년 22만 명에서 1920년 46만 명, 1930년 60만 명, 1940년 145만 명으로 급격히 증가했고 해방 직전인 1944년에는 165만 명에 달했다. 해방으로 많은 조선인들이 한반도로 귀환하면서 1953년에는 112만 명으로 감소되었다.[9]

역사적으로 만주지역 조선인의 국적문제는 일찍부터 제기되었다. 1920년대 중국정부는 재만 조선인의 귀화를 장려해 귀화한 조선인을 중국공민으로 간주한 반면, 일본정부는 중국 내 조선인을 일본제국의 신민으로 간주하여 국적이탈을 허용하지 않았다. 특히 일본인이 만주지역에서 토지를 소유할 수 있는 토지상조권 문제와 관련하여 조선인의 국적문제는 논란이 되었고, 1909년 간도협약으로 간도지역 조선인의 토지소유권이 인정되자 그 외 지역에서 토지상조권을 둘러싼 갈등이 벌어졌다.[10]

북간도와 서간도지역의 조선인들은 이주 초기부터 청나라의 민족동화와 차별정책, 군벌정부와 일제의 민족말살정책에 항거하여, 자치권을 획득하기 위한 투쟁을

---

7) 권향숙, 2015, 『이동하는 조선족』, 52쪽.
8) 강수옥, 2013, 앞의 글, 92쪽.
9) 권태환 편저, 2005, 『중국조선족 사회의 변화』, 서울대출판부, 17쪽.
10) 권향숙, 2015, 『이동하는 조선족』, 26-27쪽.

전개했다. 간도지역의 조선인들은 1919년 3·1운동 이후 무장투쟁을 전개하였고, 1930년 만주사변 이후 중국공산당과 공동으로 항일투쟁을 전개하였다. 1928년 중국공산당이 민족문제에 관한 결의를 통해 조선족을 중국 내 소수민족으로 인정하고 자치권을 인정한 반면, 국민당 정부와 군벌정권하에서 조선인의 신분은 외국거류민이었다. 코민테른의 일국일당 원칙에 따라 조선인들은 중국공산당에 참여하였고, 조선인들이 중심이 된 중국공산당 동만특위는 반일투쟁을 주도했다. 일제의 패망 이후 중국내전 과정에서 한반도로 귀환하는 사람과 남는 사람이 나뉘었고, 중국공산당의 민족평등정책과 토지개혁으로 토지를 획득한 조선인들의 상당수는 적극적으로 중국공산당을 지지했다. 토지개혁으로 땅을 갖게 된 조선인들은 한반도로 귀환하지 않았고, 그 토지를 지키기 위해 중국공산당이 주도하는 해방전쟁에 적극적으로 참여했다.[11]

　내전에서 승리한 중국공산당은 혁명과정에서 조선인들의 기여를 높이 평가했고, 중국 내 호적과 재산을 가진 자는 중국공민으로서 인정받았고 이후에 새로 이주해오는 자는 조선교민으로 구분되었다. 중국정부는 1951년 조선족을 중국 내 소수민족으로 공식 인정했고, 그에 따라 연변 조선족자치주와 장백 조선족자치현이 설립되었다. 한국전쟁 과정에서 10만여 명에 달하는 조선족이 참전했고, 점차 중국은 조국, 북한은 모국이라는 인식이 자리 잡았다. 중국정부가 민족구역 자치를 인정함에 따라 조선족은 중국공민으로서 언어, 문자, 종교, 풍속 등 문화적 정체성을 유지할 수 있었다.

　그러나 중국 내 정치 경제적 상황의 변화에 따라 조선족의 위상과 정체성은 상당한 변화를 겪었다. 1950년대 후반 대약진운동과 1960년대 말 문화대혁명시기에는 소수민족에 대한 강력한 동화정책이 추진되었고, 조선족의 자치권은 지방민족주의, 계급의 이름으로 탄압을 받았다. 그럼에도 조선족이 소수민족으로서의 문화적 정체성을 유지할 수 있었던 것은 항일투쟁과 중국혁명에서의 기여에 대한 자부심과 민족교육의 성과 때문이었다. 그러나 1978년 개혁개방정책이 실시되면서 많은 조선족 인구들이 농촌지역을 떠나 대도시로 이주하기 시작했고, 1992년 한중수교와 중국 내 한국기업의 진출을 계기로 동북3성 이외의 중국 대도시와 한국으로 이주하는 사람들이 크게 늘어났다. 한반도에서 만주이민으로 시작된 조선족의 이동은 현재 한국으로의 재이주, 일본과 선진국으로의 국제이주로 확대되고 있다.

---

11) 권향숙, 앞의 책, 72-73쪽.

(2) 고려인의 경험[12]

고려인들의 연해주 이주 역시 1863년 함경도 농민 13가구의 이주로 시작되었다. 이미 러시아는 1860년 베이징조약으로 연해주에 진출해 우리나라와 국경을 접한 상태였고, 1864년 공식적으로 조선인들에게 이주를 허가했다. 특히 1869년에는 북한 지역의 대홍수와 흉년으로 조선인 6,500여 명이 러시아 땅으로 이주했다. 조선정부는 불법월경을 엄격히 단속했지만, 러시아정부는 원동지역 개발을 위한 노동력이 부족했기 때문에 이주민들에 대해 비교적 관대한 정책을 펼쳤다. 1892년 러시아정부는 1884년 조선과의 국교수립 이전에 이주한 이들에게는 러시아 국적을 부여했고, 그 이후에 이주한 이들에게는 조선 국적을 유지한 채 비자를 발급받도록 했다. 이후 이들은 러시아 총독의 정책 변화에 따라 러시아 국적을 획득할 수 있었고, 그 결과 고려인 주민 수는 1892년 16,564명에서 1902년 32,410명으로 크게 증가했다. 고려인들은 러시아에 귀화해 토지를 분배받은 원호(原戶)와, 귀화하지 않아 토지소유권이 없는 여호(餘戶), 그리고 떠돌이 품삯노동자로 구분되었다. 이들의 80% 이상은 논농사에 종사했고, 봉건적 착취로부터 자유로운 러시아에서 비교적 안정된 생활을 영위할 수 있었다.[13]

1905년 을사늑약 이후 애국지사들이 대거 망명하면서, 연해주 고려인 수는 1906년 34,399명에서 1912년 59,715명으로 증가했고, 비공식 이주민을 합하면 1910년 무렵 8-10만 명에 달하는 것으로 추정되었다.[14] 연해주는 두만강을 사이에 두고 조선에 인접해 있었을 뿐 아니라, 러시아 영토에 대한 일제의 간섭과 탄압이 적어 독립운동 기지 역할을 수행했다. 한일병합 이후 귀화하지 않은 고려인의 법적 지위는 매우 불안해졌다. 일본은 이들이 일본제국의 신민이 되었다고 주장했으나 러시아는 이를 인정하지 않았다. 결국 3만 명 이상의 고려인이 조선 국적을 포기하고 러시아로 귀화했다. 러시아는 고려인이 일본세력 침투의 통로가 될 수 있으며, 일본이나 중국과 전쟁을 치를 경우 문화적 차이 때문에 고려인의 충성을 기대할 수 없을 것이라고 생각했다.[15]

1917년 러시아혁명이 발발하자, 연해주 고려인들도 볼셰비키를 지지하는 여호(餘

---

12) 이하 김호준, 2013, 『유라시아 고려인: 디아스포라의 아픈 역사 150년』을 참조.
13) 김호준, 앞의 책, 26-42쪽.
14) 김호준, 앞의 책, 56-57쪽.
15) 김호준, 앞의 책, 58-75쪽.

戶)들과 반혁명을 지지하고 일제와 협력하는 원호(原戶)들로 양분되었다. 3・1운동
이후 연해주의 한인사회당은 3만 명의 당원을 포괄하는 큰 세력을 형성했고, 블라디
보스토크의 신한촌은 당시 용정의 명동촌과 함께 대표적인 항일민족운동의 본거지
였다. 내전이 종결된 1923년 연해주의 고려인은 106,817명에 달했는데, 그중 조선
국적이 70%에 달했고 소련 국적은 34,559명에 불과했다. 소비에트정권하에서 고려
인에 대한 러시아인의 배척은 심해졌는데, 러시아인의 시각에서 일본은 적성국이고
조선 국적의 고려인은 적성국의 신민으로 간주되었다. 러시아인들은 일본이 연해주
를 빼앗기 위해 고려인을 앞잡이로 내세웠다고 생각했다. 이 시기 고려인의 86.4%
는 토지가 없는 소작농이었지만, 러시아 당국은 귀화한 고려인들 대신 러시아인 이
주민에게 토지를 분배했다.[16] 1926년에 이르면 원동지방의 고려인 인구는 16만 명
을 넘어섰고, 1932년에는 19만 600명에 달했다. 소련은 국경지역에 고려인이 집거
하는 것을 위험시했고 이들을 내륙으로 이주시키려 했다. 소련은 1929년부터 고려
인 분산이주 5개년 계획을 추진했지만 이주계획은 실패했다. 소련은 조선과의 국경
을 폐쇄해 러시아로의 이주를 막는 동시에 연해주 고려인에 대해서는 귀화정책을
시행했다.[17]

　1930년대 일본제국주의의 위협이 증대하면서, 고려인에 대한 소련 당국의 경계심
도 커졌다. 1937년 봄 스탈린의 숙청작업이 시작됨과 동시에 1937년 7월 중일전쟁
이 터졌다. 소련은 원동지역에 일본첩자의 침투를 막기 위한 목적으로 원동지역 국
경 부근의 고려인 18만 명을 중앙아시아로 이주시키는 결정을 내렸다. 이는 고려인
을 일본스파이로 몰아 소수민족의 재산권과 생존권, 거주권을 박탈한 것이었다. 강
제이주에 앞서 1935-1937년 사이에 2,500명의 고려인이 일본의 간첩혐의로 체포되
어 처형되었다. 1937년 9월부터 시작된 강제이주는 3-4주에 걸친 시베리아 횡단열
차를 통해 이루어졌다. 이주민은 36,442가구 171,781명에 달했고, 이중 95,256명은
카자흐공화국에, 76,525명은 우즈베크공화국에 배치되었다. 이주가 이루어지는 동안
최소 554명에서 최대 25,000명의 고려인들이 사망한 것으로 추정되었다.[18]

　소련정부는 인력이 부족한 중앙아시아의 농업개발에 고려인을 활용하고자 했다.
고려인들은 '행정적 이주민'으로 분류되었지만 위험대상인 '특별이주민'의 규정을

---

16) 김호준, 앞의 책, 142-151쪽.
17) 김호준, 앞의 책, 152-169쪽.
18) 김호준, 앞의 책, 170-206쪽.

적용받아 거주 지역을 이탈하면 처벌받았고, 공민증을 회수당했다. 소련은 고려어를 소수민족 언어에서 제외했고 고려어 교습도 금지되었다. 고려인들은 간첩혐의를 피하기 위해 철저한 러시아화로 적응해야 했다. 교육을 통한 신분상승과 도시화가 진행되면서 고려인의 러시아어 동화도 가속화되었다. 고려인들은 소련의 적대정책이 오해와 실수에서 비롯된 것이라고 생각했기 때문에 체제에 순응함으로써 자신들의 애국심을 증명하고자 했다. 1956년 스탈린 사망 이후 거주제한 조치가 해제되자, 농촌의 집단농장을 떠나 도시로 이주했다. 대부분의 고려인들은 도시에 거주하는 전문직과 노동자로서 러시아어를 사용했다.[19]

1991년 카자흐스탄과 우즈베키스탄이 독립하면서 각각 카자흐어와 우즈베크어가 공식 단일 언어가 되었고, 러시아어를 사용하는 고려인들은 전문직과 관리직 지위를 유지할 수 없었다. 고려인들은 신분하락을 감수하지 않으려면, 러시아어를 사용하는 땅으로 이주해야 했다. 민족주의 물결에 밀려난 약 10만여 명의 고려인이 러시아지역으로 재이주했다. 고려인들은 연해주나 우즈베크에 '고려인 자치주'를 원했지만, 러시아는 개별적인 귀환이주만을 허용했다. 이미 러시아와 중앙아시아 각지에 흩어진 고려인이 다시 연해주로 집단 이주하는 것은 불가능했다. 고려인들은 '정치적 자치' 대신에 '민족문화자치'를 수용했다. 이제 고려인들의 해외이주의 방향은 한편으로 고향인 연해주와 러시아 남부, 모스크바 등 러시아행의 재이주와 다른 한편으로 모국인 한국으로의 노동이주나 귀환이주라는 새로운 양상으로 전개되고 있다.[20]

(3) 재일조선인의 경험

재일조선인은 일제의 식민지배하에서 일본으로 이주한 사람들로, 이는 이주 당시에는 국제이주라기보다 국민국가 내부에서의 인구이동이었다. 하지만 제2차 세계대전 종전 이후 국경선이 새로 획정되면서, 일본 내 조선인들은 일본인에서 하루아침에 외국인으로 신분이 변경되었다. 한일병합 이후 재일조선인의 수가 급격히 증가한 배경은 토지조사사업이었다. 토지조사사업으로 많은 조선인들이 토지경작권을 박탈당하고 소작인으로 전락함에 따라 일자리를 찾아 대도시와 일본으로 이주하였다. 재일조선인 수는 1911년 2,527명에서 토지조사사업이 진행된 1912-1918년 사이에

---

19) 김호준, 앞의 책, 241-321쪽.
20) 김호준, 앞의 책, 358-403쪽.

22,411명으로 증가하였고, 1920년부터 시작된 산미증산계획(1921-1926년의 1차 5개년계획, 1926-1935년 10개년 계획, 1940년 3차 계획)에 따라 쌀을 수탈당한 농민들이 생존을 위해 일본으로 이주하기 시작했다. 그 결과 재일조선인 수는 1922년 59,722명으로 급증하였고, 1924년에는 118,152명으로 10만 명을 넘어섰다.[21] 이 시기 일본이주자들은 일자리를 찾아 단기 체류한 사람들이었지만, 한국 내 일자리가 부족해지면서 1930년대에는 일본체류가 장기화하기 시작했다.[22] 재일조선인 수는 1931년 311,247명에서 1935년 625,678명으로 급속히 늘어났다.[23]

1937년 중일전쟁 이후 군수산업의 노동력이 부족해지자, 일본정부는 1939년 '조선인 노무자 모집요강'을 결정하고 인원공출이라는 방식으로 노동이주를 강제했다. 그 결과 재일조선인 수는 1940년 119만 명으로 100만 명을 넘어섰고, 태평양전쟁이 본격화된 1941년 146만 명, 1944년에는 193만 명까지 증가하였다. 그러나 제2차 세계대전 종전과 함께 재일조선인 수는 111만 명으로 감소했다. 재일조선인의 본국 귀환 정책에도 불구하고, 미군이 한 가족당 1천 엔 이상 지참하지 못하게 함으로써 많은 조선인들이 귀국을 망설였다. 그 결과 귀국사업이 완료된 1946년에도 647,000명이 일본에 남았고, 한일 국교정상화가 이루어진 1965년까지 여전히 583,537명이 일본에 남아 있었다.[24]

재일조선인은 일제강점기에 국적은 일본인이지만 식민지 주민으로 차별을 받으며 일본 내 하층계급으로 편입되었다. 이들은 종전 후에 일본정부에 의해 '외국인', 연합군에 의해서는 '특수한 지위의 국민'으로 간주되었다. 전후 재일조선인은 외국인 등록증을 발급받아야 했고 외국인이기에 언제든지 강제퇴거 대상이 될 수 있는 처지에 몰렸다. 동시에 이들은 외국인으로서 치안유지를 위한 관리대상으로 간주되었다. 재일조선인은 일제에 의한 강제이주 정책의 산물이었고, 1945년까지 일본국적을 가지고 일본에 거주하였으며, 이들의 모든 생활기반이 일본에 있기 때문에 쉽게 귀환하기 어려운 처지에 있는 외국인이라는 특성을 갖고 있다.[25]

이들의 법적 지위는 1947년 일본의 외국인 등록체제에 따라 일률적으로 '조선'으로 표기되었는데, 그것은 실재하는 국가가 아니라 단지 지역적 기호로서의 의미를

---

21) 이진원, 2014, '재일 코리안의 역사적 성격과 아이덴티티'『한중일 사회에서의 소수자가족』, 159-160쪽.
22) 이광규, '세계화와 디아스포라'『다문화사회의 이해: 9가지 접근』, 86-88쪽.
23) 정찬원, 2010, 『재일한국인의 백년을 생각한다』, 39쪽.
24) 이진원, 2014, 앞의 글, 160-163쪽; 정찬원, 2010, 앞의 책, 39쪽.
25) 이진원, 2014, 앞의 글, 166쪽.

갖는 것이었다. 따라서 '조선적' 재일조선인들은 일정한 요건을 갖추어 일본국적을 취득하지 않는 이상 한일국교 정상화 이후 대한민국 국민으로의 편입과정을 거쳐야 만 했다.[26] 1965년 한일 국교정상화 이후 재일조선인은 영주권을 획득하였지만, 취업이나 사회복지에서는 국적조항으로 인한 차별을 받았다. 이 때문에 일본국적을 선택하는 재일조선인이 꾸준히 증가했고, 1990년대 이후에는 매년 1만여 명의 재일조선인이 귀화를 선택했다. 1952년에서 2008년 사이 반세기 동안 약 32만 명이 일본국적을 선택했다. 마찬가지로 동포 간의 혼인비율은 1955년에 66.9%에 달했지만 지속적으로 감소하여 1975년 49.9%, 1985년 28.0%로 하락한 이후 1995년 16.6%, 2005년 9.4%로 하락하고 있다.[27]

이주민으로서 재일조선인의 지위와 상태는 사실 한국 내 화교들의 처지와 유사하다. 재일조선인과 한국화교는 모두 이주자의 완전한 '동화'를 요구하는 국민국가의 요구를 거부하고, 귀화보다 종족적·문화적 정체성을 선택한 사람들이다. 이들은 다수종족으로 구성된 국민국가 내에 영구 정착한 '외국인'으로, '국민'으로부터 배제됨으로써 취업과 교육, 사회복지 등 일상생활에서 상당한 불이익을 감수해야 했다. 이들은 국적조항에 의해 공공기관에 취업할 수 없었고 민간기업 취업에도 차별대우를 받았으며, 상이한 교육과정을 가진 민족공동체 학교의 학력을 인정받기 어려웠다. 세금을 내면서도 연금이나 수당, 은행대출과 같은 일상적인 국민으로서의 권리를 누리지 못했고 문화적으로도 차별과 무시에 시달려야 했다.

이 경우, 귀화가 꼭 일본사회로의 동화를 의미한 것도 아니다. 일본국적을 취득한 이후에 역으로 자신의 삶과 정체성을 '코리안', 또는 '재일'로 새롭게 재구축하는 경우도 상당수 존재한다. 귀화에도 불구하고 일본에 대한 귀속의식이나 일체감을 갖지 못한 채 국적은 현실적인 수단으로 도구화되는 것이다.[28] 재일조선인들에게 거주 국가와 법적 국가, 심리적 귀속 국가가 일치하지 않는 경우가 많으며, 정체성 혼란은 실재하지 않는 '조선'을 모국으로 상상하는 방식으로 해소된다. 일본국적이 현실 생활의 필요 때문에 선택한 생존수단이듯이, 조선이나 한국국적 역시 일본사회에서 '민족적 소수자'로서의 정체성을 확립하는 데 필요한 상징이 되고 있다.[29]

---

26) 조경희, 2011, '탈냉전기 재일조선인의 한국이동과 경계정치' 『사회와 역사』 91집, 한국사회사학회, 68-69쪽.
27) 정찬원, 2010, 앞의 책, 41-42쪽.
28) 김현선, 2011, '재일의 귀화와 아이덴티티' 『사회와 역사』 91집, 한국사회사학회, 318-319쪽.
29) 김현선, 2009, '국적과 재일코리안의 정체성' 『경제와 사회』 83호, 비판사회학회, 338-339쪽.

이상과 같이 중국조선족, 러시아 고려인, 재일조선인은 식민지시대 한민족 디아스포라의 산물이며, 코리언이라는 민족적 정체성을 갖고 있지만 각각 중국인, 러시아인, 일본인이라는 상이한 국가정체성을 갖고 있다. 한민족 디아스포라의 역사적 경험은 한국 땅에서 한국인 부모 밑에서 태어나 한국말을 사용하는 다수 한국인과는 구분되는 정체성 문제를 제기한다. 이들은 이미 현지의 중국인, 러시아인, 일본인의 피가 섞였으며, 고립된 소수민족 공동체에서 한국어를 배울 기회를 갖지 못하거나 현지문화와의 교류를 통해 혼종적 성격을 보여주고 있다. 이들은 사회적으로 성공하거나 경제적으로 필요할 때는 같은 한민족으로 호명되지만, 수십 년간 고국의 무관심 속에 지내왔고, 한국으로 이주 이후에는 동포라기보다 외국인으로서의 차별과 배제를 경험했다.

그럼에도 불구하고 한민족 디아스포라의 산물인 조선족, 고려인 재일조선인은 한반도에 대한 민족적 정체성과 한민족에 대한 정서적 애착, 동일화의 욕망을 가지고 있다. 박영균에 따르면, '한민족'이라는 말로 이들의 디아스포라와 혼종성을 설명할 수 없으며, '다문화'라는 말은 일본제국주의하의 고난의 역사와 코리언이라는 민족적 유대를 설명하지 못한다. 이들은 일본제국주의 지배라는 고난의 역사를 공유하고 있고 같은 민족 같은 동포라는 유대의 끈을 갖고 있다는 점에서 지구화시대의 자발적 이주와는 성격이 다르다는 것이다. 그는 이들이 일제 강점기 제국주의 지배와 폭력이라는 한민족의 역사적 고난을 공유하고 있다는 점에서 '식민 트라우마'라는 관점에서 접근할 것을 제안한다. 이 식민 트라우마는 근대이행기 국민국가 건설의 욕망이 좌절되면서 생긴 트라우마로서, 그 결과 민족과 국가의 어긋남이 시작된 것이다.[30]

결국 코리안 디아스포라를 포용하기 위해서는 국민적 정체성을 넘어 식민지시대 한민족의 역사적 경험을 적절히 고려해야 하며, 단순히 국민국가 내 소수민족 집단의 권리 인정을 요구하는 다문화주의 개념을 넘어 '한국인' 개념에 대한 성찰이 필요하다. 우리의 국가정체성과 민족정체성이 일치하지 않는다는 것, 민족정체성 역시 고정불변의 순혈주의적인 것이라기보다 한반도 주민의 역사적 기억과 귀속감, 동일화에 대한 욕망을 고려해야 한다. 한국인의 정체성은 최근 이주노동자와 결혼이주민의 증가뿐만 아니라 한민족 디아스포라는 오래된 현실 때문에라도 재구성이 불가피

---

30) 박영균, '코리언디아스포라, 이산트라우마, 상상적 동일화 욕망의 박탈」『역사가 우리에게 남긴 9가지 트라우마』, 99-120쪽.

하다. 한국인이라는 국민정체성을 순혈과 언어, 영토에 기반을 두어 획일적으로 정의하기보다는, 한반도에서 살아가는 공동체 주민으로서의 국민정체성과 제국주의 지배의 청산되지 않은 역사를 공유하는 한민족 디아스포라의 민족정체성이라는 두 가지 차원에서 동질성과 차이를 인정하는 태도가 필요하다.

2. '우리 안의 타자'로서 화교

식민지시대 동아시아 역내의 인구이동은 조선족과 고려인, 재일조선인뿐만 아니라, 한반도로 이주한 일본인, 산동반도에서 들어온 중국인 등 다양한 양상을 띠었다. 일본제국주의가 정치적 지배의 확장과 노동력활용을 목적으로 한반도 주민을 만주와 연해주, 일본으로 이주시켰던 것과 마찬가지로, 한반도 지배를 위해 일본인들을 조선으로 대량 이주시켰고, 값싼 노동력을 활용하기 위해 중국인들을 한반도로 들여왔다. 해방과 함께 한반도 내 일본인들은 본토로 철수했지만, 중국의 공산화 이후 중국과 남한의 국교단절은 한국 내 화교들을 귀환할 곳이 없는 고립된 소수민족으로 만들었다. 이들은 대부분 산동성 출신이면서 냉전체제하에서 한국과 같은 진영에 속한 중화민국 국적을 갖고 있다. 재일조선인들이 전후 일본사회의 소수민족으로 차별과 배제의 대상이었던 것과 마찬가지로, 한국화교 역시 한국사회에 영구 정착한 외국인으로서 차별과 배제의 대상이 되었다. 이들은 자신들의 문화적 정체성을 보존하기 위해 한국으로의 귀화를 선택하지 않았고, 경제적 차별과 사회적 배제, 문화적 모멸을 견뎌야 했다. 외견상 한국인과 구별되지 않고 한국에서 태어나 한국인과 결혼하여 가정을 꾸린 이들도 귀화를 선택하지 않았다는 이유로 완전한 시민권을 획득할 수 없었다. 그리하여 많은 화교들이 한국을 떠나 재이민을 가거나 한국 내에서 영원한 이방인이자 '우리 안의 타자'로 살아가야 했다.

1) 한국화교의 역사와 정부의 화교정책

화교는 중국본토가 아닌 해외에 사는 중국계 후손을 의미하며, 동남아시아를 비롯하여 전 세계에서 강력한 화교네트워크를 형성하고 있다. 동남아시아 화교들이 주로 중국 남방지역 출신인 데 비해, 한국의 화교는 대부분 산동성 출신으로 이들의 한국이주는 19세기 후반에 시작되었다. 1882년 임오군란으로 청나라 군대를 따라 들어온 40여 명의 교역 상인이 최초의 화교로 알려져 있다. 파병군대는 1885년 톈진조약으로 철수했지만, 화교들은 청나라와 일본의 세력다툼 속에서 정치적 배경을 업고 상권을 확대해갔다. 이들은 영국제 면제품과 중국산 비단, 농산물, 서구제품을 들여와 금, 은, 인삼과 교환하는 중계무역을 주로 했고, 점차 내륙까지 상권을 장악했다. 또한 산동성의 자연재해와 의화단운동으로부터 피난해온 화교들은 '쿨리'라는 저임금 노동자집단을 형성했으며, 청일전쟁 이후 화교들은 대상인과 쿨리로 계급적 분화를 겪었다. 1920년대 한국인의 대부분이 농민이었던 데 반해, 화교는 절반 이상이 상인이었고, 일본인들은 공무와 상업이 다수를 차지해 민족 간의 직업적 분화가 분명했다.[31]

식민지시대 화교의 수는 <표 4>에서 보듯이, 1910년 11,818명에서 1920년 23,989명, 1930년에 69,101명으로 급격히 증가했다. 만주사변이 일어난 직후인 1933년 37,732명으로 감소했지만, 곧 증가세로 돌아서 1936년까지 63,981명으로 늘어났고 1942년 82,661명으로 정점에 달했다. 화교의 80%는 값싼 노동력이 필요했던 한반

<표 4> 한국화교의 인구변화

	화교(남북한)		화교(남한)
1906	3,661	1945	12,648
1910	11,818	1952	17,687
1920	23,989	1954	22,090
1930	69,109	1961	23,975
1931	56,502	1964	29,462
1932	41,303	1968	30,810
1933	37,732	1971	31,985
1934	49,334	1974	34,913
1935	57,639	1977	31,888
1936	63,981	1980	29,254
1937	43,000	1983	27,321
1938	45,533	1987	24,384
1939	51,014	1990	22,842
1940	63,976	1994	22,453
1941	73,274	1996	23,906
1942	82,661	1999	31,806
1943	75,776	2002	21,782

출처: 박경태(2008: 151); 이윤희(2004: 317).

31) 박은경, 2002, '한국인과 비한국인' 『당대비평』 19호, 275-278쪽.

도 북부지방에 집중되었기 때문에, 해방 직후 남한에는 12,648명의 화교만이 남았다. 식민지시대 화교 수가 일시적으로 감소했던 시기는 1931년 만주사변과 1937년 중일전쟁 때로 동아시아 국제관계가 변화했던 시기였다. 대규모로 유입된 화교노동력은 조선인 노동력의 고용문제, 치안불안 등 사회문제를 야기했고 하층 노동시장에서 민족 간 갈등이 발생하기도 했다. 만주사변을 전후한 시기 만주에서 조선인에 대한 핍박은 다시 한반도에서 반중국인 폭동의 원인이 되었다. 중국으로부터의 견직물과 면직물 수입에 기초한 화교무역은 화교사회의 경제적 번영을 가져왔고, 포목점, 음식점 등 화교들의 경제적 성장은 집중적인 견제의 대상이 되었다.[32]

해방 직후 화교들은 1948년 대한민국정부의 수립과 1949년 중국공산화로 인해, 더 이상 중국과의 교역을 유지할 수 없었고 화교들의 추가이주도 중단되었다. 그 결과 화교들의 경제적 기반은 점차 무역에서 요식업으로 이동했다. 화교들의 경제적 기반이 무역업에서 요식업으로 이동한 것은 중국무역의 중단으로 인한 타격뿐만 아니라 한국정부의 규제정책도 큰 영향을 미쳤다.

화교에 대한 한국정부의 정책적 억압은 1950년 외국인의 부두창고 사용을 금지한 '창고봉쇄령'으로 시작되었다. 이는 당시 물건보유량이 많았던 화교무역상들에게 큰 타격을 입혔다. 또한 한국정부는 한국인 무역상을 보호하기 위해 외국인의 무역에서 외환 사용을 금지했다. 화교들은 외환거래에서 공식 환율을 적용받지 못하고 서너 배 비싼 암시장을 통해서만 외환거래가 가능했다. 또한 외국인의 경제활동에 대해 상공부장관의 허가를 받아야 하는 무역법 조항 때문에 화교 명의의 무역회사를 운영하는 것도 어려워졌다.[33] 이러한 조건에서 중국공산화로 화교들의 입국이 어려워지자 무역업은 더 이상 불가능해졌고, 화교들은 업종을 전환해야 했다.

두 번째 정책적 억압은 1961년 시행된 외국인 토지소유금지법이다. 이에 따라 외국인의 토지 소유가 전면 금지되었고, 화교들은 수십 년간 살아온 집과 토지를 처분해야 했다. 일부 한국인 명의로 소유권을 변경한 경우에는 한국인의 불법매각으로 사기를 당하는 사례도 적지 않았다. 토지소유가 불가능해지자 도시근교에서 농업에 종사하던 화교농민들 역시 새로운 생업을 찾아야 했다. 토지소유금지법은 1968년과 1970년 개정되어 1세대 1주택에 한해 200평 이하의 주택, 50평 이하의 점포 한 채를 소유할 수

---

32) 박경태, 2008, '화교, 우리 안의 감춰진 이웃' 『소수자와 한국사회』, 146-150쪽; 송승석, 2010, 174-175쪽.
33) 박은경, 앞의 글, 278-280쪽.

있게 했지만, 타인에게 임대하는 것은 금지했고, 여전히 논밭과 임야는 소유할 수 없었다. 농업이 불가능한 상태에서 화교들은 50평 이하 점포를 자본으로 소규모 식당업에서 출구를 찾아야 했다. 토지소유 규제는 화교들의 자본축적을 불가능하게 했고, 영구적으로 소규모 자영업에 종사하는 것 이외에 다른 대안을 제공하지 않았다.

화교들이 식당업으로 대거 업종을 전환한 이후에도 가정의례준칙이나 쌀밥 판매금지령, 부가가치세 시행과정에서 세제상의 불이익 등 상당한 어려움이 있었다. 더욱이 1970년대 도심재개발은 화교들의 거주지였던 차이나타운을 해체시켰다.[34] 이와 같은 한국정부의 갖가지 제약과 차별에 견디다 못한 화교들 중 상대적으로 자본이 있는 사람들은 미국과 대만으로 재이주를 선택했다. <표 4>에서 보듯이, 1974년 34,913명에 달했던 화교인구는 이후 급속히 감소하여 1990년대에는 2만 명을 약간 넘는 수준을 유지하고 있다.

<표 5> 화교에 대한 정부의 규제정책

연도	규제정책	내용
1948	외국인에 대한 출입규제와 외환규제	화교의 신규이주 금지와 무역거래 비용 상승
1950	창고 봉쇄령	외국인의 부두창고 사용 금지로 화교무역에 타격
1953	제1차 화폐개혁	대량의 현금 보유 화교에 타격
1961	외국인 토지 소유금지법	토지 헐값 매각/한국인 명의 변경으로 분쟁 야기
1962	제2차 화폐개혁	대량의 현금 보유 화교에 타격
1968	외국인 토지소유금지법 개정	1세대 1주택 200평까지 주택소유 가능
1970	외국인 토지 취득 및 관리에 관한 법	1가구당 1주택(200평 미만), 1점포(50평 미만) 소유를 허용하나, 농지취득 및 임대 불가
1973	가정의례준칙	결혼식 피로연, 회갑연 금지로 중국식당에 불리
1973	자장면 값 동결, 인정과세 실시 쌀밥 판매 금지령	중국음식점의 수익 악화 면 종류만 판매 가능, 3개월 만에 취소
1970's	서울 도심 재개발 사업	차이나타운 완전 해체
1990' 이전	귀화억제정책 화교학교를 외국인단체로 분류	국민으로의 권리 박탈 화교의 취업과 진학에 제약
1977	부가가치세 시행	세금제도에서 화교에게 불리하게 작용
1998	외국인 토지 소유 제한 해제	외환위기 때 외국인 투자유치 목적으로 시행
2002	영주권 제도 도입	화교가 한국에 영주하는 존재로 받아들여짐
2004	주민투표법	합법체류 외국인의 지방자치 참여 허용

출처: 박경태(2008: 158); 김혜련·여병창(2012: 66)에서 재인용.

---

34) 박경태, 앞의 책, 155-162쪽; 박은경, 2002, 앞의 글, 278-280쪽.

1998년 IMF 사태 이후 한국정부는 외환외기를 극복하기 위해 해외자본 유치에 사활을 걸었고 이를 위해 외국인 토지소유 제한조치를 해제했다. 그러나 이미 수십 년간 부동산 가격이 폭등한 상황에서 화교들에게는 뒤늦은 조치였다. 화교들의 처우를 개선한 또 하나의 정책은 2002년 영주권제도의 도입이었다. 영주권제도의 도입으로 비로소 화교들은 정주권을 얻게 되었으며, 2004년에는 주민투표법이 개정되어 지방선거에 한하여 투표권을 얻을 수 있게 되었다. 그러나 전체적으로 한국에서 화교의 이동과 정착의 역사는 화교에 대한 한국정부의 법적·제도적 차별과 주류 한국인들의 문화적 편견을 보여주었다. 화교의 소외와 주변화, 화교공동체의 경제적 몰락은 원래의 고향으로 돌아가는 길이 봉쇄되고 한국정착에도 실패한 채 미국과 대만으로 재이주할 수밖에 없었던 화교 디아스포라의 양상을 보여왔다.

2) 화교들의 법적·사회적 지위와 일상의 차별

화교는 법적으로 '대만과 중국의 국적을 가지고 한국에 정착한 중국인'이다. 화교 1세는 물론이고 그 후손들도 비록 한국 땅에서 태어났더라도 국적상 외국인이기 때문에 출입국관리법의 적용을 받는다. 2002년 영주권제도가 도입되기 전까지 화교들은 다른 외국인들과 달리 장기적인 거주를 보장하는 거주비자(F-2)를 부여받았지만, 여기에는 여러 제약이 따랐다. 거주비자의 체류기간은 5년이고, 특별한 사유가 없는 한 5년(1997년 이전에는 3년)마다 갱신해야 했다. 갱신기간을 넘기면 벌금을 물어야 했고, 유학, 이민 등으로 출국한 뒤 다시 들어오면 방문동거 비자(F-1)를 소지한 채 체류하는 경우가 많았다. 외국에 나갔다 올 때는 1년 이내 재입국해야 하는 단수 재입국허가나 최장 2년까지 여러 번 재입국할 수 있는 복수 재입국허가를 미리 받아야만 했다. 화교들이 귀화를 원할 경우에도 5년 이상 한국에 거주하고, 20세 이상의 성년이며, 품행이 단정하며 생계유지 능력이 있을 것, 국어 및 한국의 풍습에 대한 기본 소양을 갖추고 있어야 한다는 기본요건을 충족해야만 가능했다. 특히 3천만 원 이상의 예금 잔고나 재산 증명이 있어야 하고 사회저명인사 2명의 추천을 받아야 한다는 요건은 화교의 귀화에 큰 장애가 되었다. 2002년 영주권제도 도입으로 거주 비자를 가진 장기체류 외국인들은 5년 이상 한국에 합법적으로 거주한 경우, 신청에 의해 영주권(F-5)을 받을 수 있게 되었다.[35]

<표 6>에서 보듯이, 2013년 현재 등록된 대만 국적 소유자는 장기체류비자(F-2)를 가진 사람이 4,734명이고 영주권(F-5)을 가진 사람이 13,968명, 기타 7,872명이다. 특히 총 체류자 중 장기체류비자(F-1,2,3,4,5,6)를 가진 사람이 71.5%에 달해, 중국국적을 가진 한족이나 조선족에 비해 정주성이 매우 높게 나타난다.

<표 6> 중국과 대만 국적의 외국인 체류자격(2013)

국적	대만			중국			한국계중국인		
	남	여	계	남	여	계	남	여	계
방문동거(F-1)	253	243	496	10,648	14,028	24,676	5,261	6,051	11,312
거주(F-2)	2,615	2,119	4,734	4,558	8,488	13,046	4,702	6,688	11,390
동반(F-3)	33	106	139	360	942	1,302	20	60	80
재외동포(F-4)	14	39	53	0	0	0	81,897	77,427	159,324
영주(F-5)	7,672	6,296	13,968	5,844	10,718	16,562	28,985	27,149	56,134
결혼이민(F-6)	40	396	436	3,715	23,390	27,105	6,692	15,304	21,996
소계(A)	10,627	9,199	19,826	25,125	57,566	82,691	127,557	132,679	260,236
기타	2,305	5,567	7,872	102,880	94,553	197,433	134,796	102,957	237,753
총 체류자(B)	12,932	14,766	27,698	128,005	152,119	280,124	262,353	235,636	497,989
정주성(A/B, %)	82.1	62.2	71.5	19.6	37.8	29.5	48.6	56.3	52.2

출처: 안미정·우양호(2015: 19).

영주권제도의 도입으로 화교들은 정기적인 체류기간 연장이나 재입국 허가의 불편함, 신분상의 불안, 강제퇴거의 우려를 해소할 수 있게 되었고, 상거래나 연금, 취학 등에서 국민과 동등한 권리를 누릴 수 있게 되었다. 그러나 2002년까지 체류자격과 체류기간 문제는 화교들이 한국에서 스스로를 외국인이나 이방인으로 간주할 수밖에 없었던 주요요인이었다. 화교에 대한 정책적 차별은 1998년 이후 점차 개선되고 있지만, 그럼에도 불구하고 한국정부가 화교들을 소수집단으로 배려하기 시작했다고 보기는 어렵다.

곽영초는 한국정부의 화교정책이 1990년대 이전까지 화교들에 대한 경제활동 제약이나 엄격한 귀화요건, 정기적인 체류기간 연장, 화교학교에 대한 방임정책 등 뚜렷하게 '배제'적 성격을 유지해왔고, 1998년 이후에는 귀화절차 간소화, 영주권 부여, 지방선거권 부여 등 '동화'모형으로 이동하고 있다고 평가한다. 화교집단에 대한

---

35) 장수현, 2004, '한국화교의 현실과 도전'『한국의 소수자 실태와 전망』, 263-265쪽; 김혜란·여병창, 2012, '한국화교의 디아스포라적 다중정체성에 대한 고찰'『국제언어문학』 25, 62-65쪽; 이윤희, 2004, '인천거주 화교의 인권실태 및 정체성'『한국의 소수자 실태와 전망』, 298-301쪽.

한국정부의 통합정책은 과거의 배제모형에서 많이 완화되어, 법적 지위와 정치적 영역에서는 '동화' 성향을 보이고 있으나, 경제정책에서는 여전히 차별배제모형에 해당하고, 사회보장에서는 차별적 성향이 강하며, 화교집단의 교육이나 문화적 측면에는 차별적 통합정책을 실시하고 있어 다문화모형과는 거리가 멀다는 것이다.[36]

실제 화교들은 토지소유 제한의 폐지나 영주권 취득과 같은 정책 개선에도 불구하고, 한국사회에서 여전히 외국인으로서 어려움을 겪고 있다. 화교들은 한국에서 태어나 한국에서 교육을 받고 한국에 생활기반을 가진 채 세금을 납부하고 있지만, 외국인등록번호 인증 문제나, 금융거래, 신용카드 발급과 같은 공공 및 민간서비스, 취업과 승진, 세제 혜택이나 사회복지, 화교학교의 학력인정 등에서 차별과 배제를 경험하고 있다. 화교들은 외국인이기 때문에 대한민국의 공무원이나 공공기관에 취업할 수 없고 전문 직종에 취업하기 위한 까다로운 규정을 통과하기가 쉽지 않다. 취업을 해도 주로 통역업무를 담당하거나 승진이나 해고 시에 차별을 경험하기도 한다. 화교들은 외국인 관련 공공서비스의 불편함과 공무원들의 고압적 태도, 은행대출이나 신용카드 발급에서의 까다로운 규정, 주택담보대출의 어려움, 소득공제나 세액공제의 문제점, 주택 임대 규제로 인해 헐값에 집을 처분해야 했던 경험, 외국인 등록번호에 기초한 신원조회와 실명확인의 어려움, 휴대전화나 인터넷 가입의 불편함 등을 호소하고 있다.[37] 기초생활보장제도는 국민에게만 적용되기 때문에, 화교 장애인이나 빈곤가정, 화교 노인들은 영주권을 갖고 있어도 사회복지 혜택을 받을 수 없다.

화교들이 겪는 가장 큰 어려움은 교육문제이다. 이는 자녀들의 미래나 소수집단으로서 화교공동체의 유지와 관련된 문제이다. 전통적으로 화교공동체는 화교학교를 중심으로 자녀교육을 해결해왔고, 화교학교에서의 관계를 중심으로 결혼이나 진학, 사업 등의 문제를 해결할 수 있었다. 문제는 학생 수와 기부금 감소 때문에 화교학교들이 문을 닫는 경우도 많아지고 그에 따라 교육의 질도 하락하고 있다는 것이다. 1970년대 중반 이후 기부금을 낼 만한 여유 있는 화교들은 미국이나 대만으로 이주했고, 한국정부가 한국인 학생의 화교학교 재학을 금지함에 따라, 화교학교들은 학생 수가 줄고 재정적으로 크게 어려워졌다. 화교학교는 출입국관리법에 따라 외국인 단체로 등록되어 있기 때문에 한국학생을 받을 수 없으며, 교원과 건물, 재산, 교과

---

36) 곽영초, 2012, '1990년대 이후 한국의 이주민통합정책 성격분석' 전남대 학술회의자료, 100-102쪽.
37) 왕춘식, 2002, '한국화교 2세의 질곡과 소망' 『당대비평』 19호, 237-238쪽. 박경태, 2008, 앞의 책, 163-170쪽; 장수현, 2004, 앞의 책, 265-267쪽.

목 등 교육법상의 학력인정 기준을 충족하기도 어렵다. 화교 3, 4세대로 내려감에 따라 학생들의 한국어 사용이 일반화되면서 대만식 교육체계를 유지하기도 어려워지고, 적은 학생 수와 교사들의 열악한 처우 때문에 교육의 질도 저하되고 있다. 그러나 화교들은 대만국적의 자녀들이 한국학교에서 놀림감이 될까 봐 일반 학교로의 진학을 망설인다. 1998년 국적법 개정으로 국적이 부모양계 혈통주의로 변화된 이후, 한국인 여성과 결혼한 화교의 자녀는 한국국적을 가지고 한국학교에 진학할 수 있게 되었고, 한중수교 이후 자녀를 중국으로 유학 보내는 경우도 생겨나고 있다. 대학 진학과정에서 외국인 특례입학은 부모 모두가 화교일 경우에만 자격이 주어지게 때문에, 화교의 자녀라도 어머니가 한국국적을 가진 경우에는 외국인 특례입학이 불가능하다. 이 때문에 자녀의 대학입학을 위해 부모가 이혼하는 경우도 발생하며, 귀화한 화교의 자녀들은 화교학교를 나와도 대학입학 특례 자격을 인정받지 못한다. 대학진학에 성공한 경우에도 화교학교의 학습수준 차이 때문에 대학 수업을 따라가지 못하고 포기하는 경우도 많이 발생하고 있다.[38]

3) 화교들의 정체성과 초국적 유대

한국의 화교들은 중국대륙 출신이면서 대만국적을 갖고 있고 한국에서 살고 있다는 점에서, 선조의 고향과 자신의 국적, 거주의 장소가 일치하지 않는다. 많은 화교들은 한국에서는 '국민'으로 인정받지 못하는 외국인이며, 중국은 부모의 고향이지만 자신들과 아무 관계가 없고, 대만국적을 갖고 대만식으로 교육받았지만 대만에서도 외성인 취급을 받는다. 화교들은 중국과 대만이 이념적으로 분단되어 있는 상태에서 어느 쪽을 고국으로 인정할지, 한국에서 생활하면서 한국인과 중국인 중 어떤 정체성을 선택할지 고민하게 된다. 미국으로 재이주한 한국화교들 역시 중국인 정체성보다는 한국출신이라는 정체성을 더 강하게 지니고 있고, 활동무대도 차이나타운이 아니라 코리아타운이라고 할 정도로 한국에 대한 애착이 강한 경우가 많다.[39]

한국화교들은 대부분 대만국적을 갖고 있지만 많은 나라들이 대만을 국가로 인정하지 않는다. 더욱이 이들의 고향이 원래 산동성인 데다가 중국의 정치적·경제적 영향력이 확대됨에 따라, 화교 내부에서도 대만과 중국 사이의 선택을 둘러싸고 정치

---

38) 장수현, 2004, 앞의 글, 272-276쪽; 왕춘식, 2002, 앞의 글, 242-243쪽; 이윤희, 2004, 앞의 글, 303-304쪽.
39) 박경태, 2008, 앞의 책.

적 균열이 발생하고 있다. 반공교육과 대만식 교육을 받은 이들은 중국에 대해 이념적 거부감을 갖고 있지만, 중국의 경제적 잠재력에 대한 기대 역시 적지 않다. 이처럼 화교의 국가정체성은 냉전체제하에서 한국, 대만, 중국의 국가 간 관계라는 맥락에서 접근해야 한다. 왕은미는 한국화교의 대만 귀속은 동아시아 냉전체제 속에서 생존하기 위한 전략적 선택이었으며, 화교 스스로 중화민국국적을 필요로 했다고 주장한다. 냉전 체제하에서 한국과 중국이 이념적으로 적성 국가였기 때문에, 고향인 중국과의 교류가 차단된 대한민국에 거주하는 화교는 이념적으로 오해받지 않고 살 수 있는 보호자로서 중화민국을 필요로 했다는 것이다. 화교들의 국적 선택 자체가 동아시아 냉전체제와 반공이데올로기의 영향을 강하게 받은 것이다. 동남아 화인들이 거주국 국적을 선택한 데 반해, 한국화교들은 여전히 장기 체류하는 외국인으로 남았다.[40]

그러나 화교들의 한국정착이 여러 세대에 걸쳐 지속됨에 따라 자녀들의 한국국적 취득도 많아지고 있다. 과거 1, 2세대들의 경우에는 한국국적을 취득하는 것 자체가 쉽지 않았고 민족적 정체성 역시 강했으나, 한국정부의 화교에 대한 차별정책이 개선되고 한국에서 태어나 한국을 고향으로 생각하는 3,4세대의 경우에는 한국국적을 선택하는 경향이 늘어나고 있다. 1990년대 이전까지 화교에 대한 한국정부의 차별정책이 화교의 사회적 정착과 '동화'를 어렵게 하고 이들을 주변화한 주요인이었다는 점에서, 이들의 정체성 역시 한국정부의 화교정책 변화와 긴밀히 연관되어 있다. 박은경은 고립적인 화교공동체가 유지될 수 있었던 것은 한국정부의 배타적인 화교정책으로 화교들의 한국사회로의 '동화'가 허용되지 않았기 때문이라고 주장한다. 동시에 혈연, 학연, 지연을 중시하는 한국사회에서, 화교들은 혈연뿐만 아니라 외국인이라는 이유로 지연으로부터도 배제되었고, 한국인과 분리된 화교학교에서 교육을 받기 때문에 학연도 형성할 수 없었다. 결국 한국화교들은 정부정책이나 사회관계 어디에서도 '동화'가 허용되지 않았다. 경제적 제약을 가하는 차별정책과 중국인으로 살도록 유도하는 교육정책 때문에, 한국사회에서 주변화를 선택하거나 대만과 미국으로 재이주를 선택할 수밖에 없었다는 것이다.[41] 이런 측면에서 중국조선족이나 러시아 고려인, 재일 조선인들과 한국화교는 동일한 범주로 파악될 수 있다. 화교들은 한국에서는 중국인, 대만에서는 외성인, 중국에서는 대만인으로 간주되어 어

---

40) 안미정·우양호, 2015, '한국화교로 본 한국다문화주의 성찰' 『한국민족문화』 56호, 25-28쪽; 송승석, 2010, 앞의 글, 176-177쪽.
41) 박은경, 2002, 앞의 글, 280쪽; 송승석, 앞의 글, 187쪽.

디에도 귀속되지 못했고, 마치 재일조선인이 분단 이전 '상상의 조선'을 모국으로 여긴 것처럼, 이들의 국가정체성도 '상상의 중국'에 기초한 것이었다.

최근의 연구에 따르면, 경제적 상황에 따라 화교들의 초국가적 이주가 보편화되고 있고, 1970년대 대만과 미국으로의 재이주와 1992년 한중수교 이후 중국으로의 이주로 초국가적 관계가 확산하고 있다. 많은 화교 2, 3세대들은 대만으로 유학해 현지에 자리를 잡거나 미국으로 이주한 후 정주하여 초국가적 관계망과 유대를 유지하고 있다. 대부분의 화교 가족들은 가족 구성원 중 최소 한 명 이상이 해외에 정착하고 있는 것으로 알려져 있다. 해외에 있는 형제들은 부모님을 만나기 위해 명절마다 한국을 방문하기도 하며, 화교학교 동창회를 통해 맺어진 초국가적 네트워크를 유지하고 있다. 한국화교의 초국가적 이동은 주로 보다 높은 교육의 질을 모색하는 전문직 종사자들의 유학을 통해 대만, 미국, 중국, 유럽 등 지리적으로 광범위한 지역에 걸쳐 이루어지고 있다. 1992년 한·중 수교 이후에는 많은 화교들이 고향인 산둥성에 진출해 보따리 무역이나 의류공장, 옷가게 등 새로운 사업에 종사하고 있으며, 1970년대 대만과 미국으로 이주했던 화교들 역시 새로운 기회를 찾아 초국가적 이주에 동참하고 있다.[42]

중국조선족과 러시아 고려인이 식민지 지배체제의 산물인 것과 같이, 한국화교 역시 동아시아에서 전쟁과 냉전체제의 산물이다. 이들은 고향이 중국대륙이지만 중국 내전으로 한반도로 이주할 수밖에 없었고, 한국에서는 국민으로 인정받지 못해 대만 국적을 가질 수밖에 없었으며, 중국, 대만, 한국 어디에도 확실하게 소속되지 못한 경계인의 삶을 살아왔다. 이들은 세대에 걸쳐 한국에 뿌리를 내리면서 한국어를 사용하고 외형상 한국인과 구분되지 않는 삶을 살면서도, 소수민족의 정체성을 가진 채 대만 국적의 외국인으로 간주되어 왔다. 이들은 한국, 대만, 중국, 유럽이나 미국 국가들을 오가면서 국민국가의 국적에 대한 충성을 고집하지 않는다. 이들의 일반적인 바람은 중국과 한국 사이의 양자택일이 아니라 중국인으로서의 민족정체성을 유지하면서 한국사회의 주민으로서 자신의 위치를 찾는 것이다.[43] 박경태는 '한국인 아니면 외국인'이라는 이분법을 버리고, 이들을 화교가 아니라 '중국계 한국인'으로 받아들이자고 제안한다. 화교들은 이제 한국사회의 일부이며, 지금 한국에 남은 화교들은

42) 김경학, 2015, '광주지역 화교의 초국가적 성격과 전망' 『경계를 넘나드는 사람들』, 108-118쪽.
43) 장수현, 앞의 글, 276-278쪽.

대부분 한국에 정착하기로 결심한 사람들로 문화적으로도 한국인과 구별할 수 없는 존재들이다. 이들이 중국계 후손임을 자랑스럽게 여긴다는 점에서 특별한 역사와 특징을 지닌 주민으로 인식해야 하고, 이들이 원하는 방식대로 한국사회에서 살아갈 수 있도록 인정하자는 것이다. 이들에게 '한국인화'라는 동화정책을 강요하기보다 한국사회에 정착한 소수민족 주민으로서의 권리와 의무를 부여하는 것이 필요하며, 화교들의 민족정체성과 국적은 스스로의 선택에 맡기는 것이 바람직하다는 것이다.[44]

한국화교의 사례는 동아시아에서 국민국가 형성과 전쟁, 냉전체제하에서 다른 국가에 정착한 소수민족들이 자신의 정체성을 유지하면서 '국민'으로 받아들여지는 것이 얼마나 어려운가를 보여준다. 한국화교의 경험은 소수민족의 정체성이 그들을 '국민'으로부터 배제하는 근거가 되고, 정부의 배제정책이 오히려 소수민족의 '동화'에 대한 장벽으로 작용하는 역설적인 현실을 보여준다. 그동안 '비국민'으로 간주된 화교집단은 전후 혼혈아정책이 그랬듯이, 한국사회 내부로 포용하거나 동화해야 할 대상이라기보다 국민적 동질성을 유지하기 위해 국민국가 외부로 퇴출되어야 할 대상이었던 것이다. 이러한 측면에서 화교 정책은 한국사회에서 다문화주의가 어떻게 전개될 것인지를 보여주는 역사적 시험지라고 할 수 있다.

3. '우리 안의 비국민'으로서 혼혈인

한국사회의 다문화 역사에서 독특한 존재가 주둔지 '혼혈인'이다. 혼혈인은 인종이나 종족이 다른 혈통이 섞인 사람을 의미한다. 한국전쟁과 냉전체제하에서 미군 주둔이라는 특수한 역사적 상황에서 출현한 혼혈인들은 한국에서 태어나 한국인 어머니 밑에서 한국인으로 자랐고 국적이나 문화적 정체성도 모두 한국인이지만, 사실상의 '비국민'으로 간주되어 국민국가 경계 외부로 퇴출되어야 할 존재로 인식되어 왔다. 혼혈은 뭔가 섞여 있어 순수하지 못한 것, 불순한 것을 연상시킨다. 이들은 피부색과 같은 외모에서 나타나는 차이, 특히 한국에 주둔한 미군의 피를 받았다는 사실 때문에, 아버지의 국적을 따라 당연히 미국으로 가야 될 존재로 여겨졌다. 순혈주의가 지배적인 한국사회에서 이들은 외국인과 같은 외모 때문에 한국사회에 동화될

---

44) 박경태, 2004, 294쪽; 박경태, 2008, 196쪽.

수 없는 존재로 간주되었다. 더욱이 이들은 한국전쟁 이후 한국에 주둔한 미군의 강간이나 기지촌 성매매의 결과물로 간주되어 그들의 존재 자체가 민족적 자존심을 손상시키고 성도덕의 타락을 상징하는 것으로 인식되었다. 해외입양이 이들에 대한 국가의 유일한 정책이었고, 해외로 입양되지 않은 혼혈인들은 끊임없이 놀림과 조롱의 대상이 되었으며 경제적 빈곤에 시달려야 했다. 이들은 대부분 정규 교육과정에 적응하지 못했고, 외모에서의 차이로 인해 학교, 군대, 직장, 결혼 등 모든 생애주기에서 차별과 배제를 경험해야 했다. 이러한 차별과 배제가 변경할 수 없는 신체적 차이에서 비롯된 것이라는 점에서, 혼혈인에 대한 편협한 시선은 '우리 안의 비국민'을 대상으로 한 인종주의에 다름 아니었다.

1) 혼혈인을 보는 시선과 혼혈인 현황

설동훈은 혼혈인이란 사회적으로 구성된 개념이며, 한국사회의 혼혈인 차별은 순혈민족주의가 인종주의와 결합되어 위계적 민족성으로 표출된 것이라고 평가한다. 혼혈은 순혈, 순수혈통을 전제하는 개념이지만, 순수한 인종이나 종족이 존재할 수 없다는 점에서 혼혈은 오직 사회적으로 구성된다는 것이다. 한국의 순혈민족주의는 같은 민족에 속하는 부분집단에서 타자의 요소를 발견하였고, 이들을 처음에는 타자처럼 취급하다가 이제는 같은 민족으로 받아들이되 차별적으로 대우하고 있다는 것이다.[45] 인종의 분류는 사실 매우 모호하다. 한국에는 미국계 혼혈인과 아시아계 혼혈인이 있는데, 일본인, 중국인, 몽골인 부모를 둔 아이는 혼혈에 포함되지 않지만 필리핀인, 인도네시아인 부모를 둔 아이는 혼혈에 포함시키기도 한다. 중요한 것은 이들이 성공하면 한민족으로 받아들여지고 그렇지 못하면 받아들여지지 않는다는 것이다. 국내 혼혈인들은 대한민국 국민이지만 온전한 시민으로 인정받지 못하고 있다. 취업에서의 차별이나 학교에서의 왕따, 주위의 차가운 시선은 혼혈인의 일상적 경험이다.[46]

주둔지 혼혈인들은 해방과 한국전쟁이라는 특수한 상황 속에서 미군을 위한 '기지촌'에서 태어난 사람들로 한국사회에서 '비정상'으로 분리되어 왔다. 외관상 다른 피부색은 그들의 어머니가 미군에게 몸을 판 증거로 간주되었고, 부계혈통에서 벗어나 순혈주의를 더럽히는 존재임을 상징하는 것으로 각인되었다. 그들을 분리시키기

---

45) 설동훈, 2007, '혼혈인의 사회학'『인문연구』 52, 152-153쪽.
46) 설동훈, 2007, 앞의 글, 126-128쪽.

위한 노력으로 한국정부는 혼혈인들을 미국으로 입양 보내는 데 모든 정책적 초점을 맞춰왔다. 김아람은 한국인 다수가 혼혈인들을 보고 느낀 이상함과 낯선 시선은 한반도 분단과 국민국가 형성, 한국전쟁이라는 맥락에서 이해해야 한다고 강조한다. 1950년대는 일제통치를 벗어나 새로운 국민과 국가를 형성해가는 시기였고, 정부수립 이후 '국민 만들기' 작업은 반공주의를 매개로 적을 배제하고 내부의 결속을 강화하려는 노력으로 나타났다. 이런 맥락에서 타인종과의 결합으로 생겨난 혼혈인은 통합의 대상이라기보다 외부로 내보내야 할 대상이었다.[47]

허병식은 혼혈인의 출현이 국민국가 정체성을 강화하려는 사람들에게는 강력한 위협으로 다가왔다고 강조한다. 민족성을 어떤 외압에도 변질되지 않는 고정된 실체로 간주하는 민족주의 담론에서는 식민화 역사에서 유래한 정체성의 분열, 틈새에 대한 두려움이 있었다는 것이다. 해방 후 냉전질서 속에서 한국인들은 국민국가를 공고화하기 위해 단일민족 정서에 기반을 둔 강력한 문화적 정체성을 필요로 했다. 식민지 상황에서 혼혈아는 국민국가의 경계와 차이를 넘어서는 지점에 위치해 있었고, 혼혈성으로 인한 정체성 위기는 근본적인 문제 상황이었기 때문이다. 그리하여 혼혈인은 국민국가의 경계가 어디인가를 끊임없이 떠올리게 하는 존재이며, 국민적 제도와 국가 경계 내에 배제된 타인의 얼굴을 드러낸다.[48]

해방 후 민족적 동질성이 강조되면서, 인종적 차이는 존재하지 않는 것으로 간주되었고 혼혈인의 존재는 지워졌다. 혼혈인은 한국에서 문화적·사회적으로 버림받았고, 외국 사람으로 호명되었으며, 외국인으로 정체성을 형성하도록 강제 받았다. 혼혈인은 한국사회의 공식적인 사회제도 내부로 진입할 수 없었다. 이들은 의무교육 과정에서 사실상 배제되었고, 경제적으로 안정된 사회적 지위를 얻을 수 없었으며, 사회구성원으로 존중받지도 못했다.[49]

혼혈인은 순혈 민족주의의 담론에서 소외되었고, 출생의 배경, 낮은 사회경제적 지위, 민족적 열패감은 혼혈인 차별에 정당성을 부여했다.[50] 해방 이전 일본인과의 혼혈은 눈에 두드러지지 않았던 반면, 미군정기 주둔한 미군과 한국인 여성 사이에 태어난 혼혈아들은 외모에서 그 차이가 극명했을 뿐 아니라 미군의 강간이나 한국

---

47) 김아람, 2014, '1950년대 혼혈인에 대한 인식과 해외 입양' 『고아, 족보 없는 자』, 81-82쪽.
48) 허병식, 2014, '고아와 혼혈, 근대의 잔여들' 『고아, 족보 없는 자』.
49) 국가인권위원회, 2003, 『기지촌 혼혈인 인권실태조사』, 21-23쪽.
50) 국가인권위원회, 2003, 앞의 책, 15쪽.

인 여성의 도덕적 타락으로 간주되어 사회문제화되었다. 무엇보다 혼혈인들은 한국인과 외모가 다른 미국인의 핏줄로 단일민족국가 내의 이질적 존재였다. 이들은 부계혈통의 관습에 따라 미국으로 보내져야 할 대상이자, 외모의 이질성으로 한국사회 구성원으로 살아가는 것이 불가능한 존재로 간주되었다. 이들은 단일민족이라는 한국사회의 특성을 위협하는 이질적 존재였기 때문에 공동체의 구성원으로 인정될 수 없었고 아이들을 위해서도 해외로 보내져야 할 존재였다.

이들은 민족의 순혈을 지키기 못하고 강간이나 성매매로 미군에 의해 오염된 여성의 산물로 간주되어 도덕적 타락을 상징하고 민족적 열패감을 가시적으로 드러내는 존재였다. 여성의 정절을 강조하는 가부장적 사회관행이 지배적이고 동질적인 민족문화를 강조하는 나라에서, 외국인과 관계하는 매춘여성은 사회적 천민으로 폄하되었다. 더욱이 기지촌 여성을 미군에 의한 매춘의 희생자로 파악하는 것은 주권국가 대한민국의 자기모순이었기 때문에 일제하의 위안부와 달리, 기지촌 여성에게는 그 책임이 개인에게 돌려졌다. 외국군대에 성적 서비스를 제공하는 기지촌여성은 주권국가의 수모를 상징하는 것이기 때문에 최대한 이들은 드러나지 않아야 했다. 그래야 미국의 이미지가 오염되지 않으면서 한국의 주권성이 손상 받지 않기 때문이다.[51]

혼혈인은 미군의 부계혈통을 가진 존재로서, 1950년대 혼혈인에 대한 차별과 배제는 부계혈통의 순혈주의에 의해 정당화되었다. 혼혈인이 유기되는 현상은 단순히 생활고만이 아니라 여성의 부도덕 때문인 것으로 간주되었고, 혼혈인의 어머니는 모두 성매매 여성일 것이라는 인식이 전제되었다. 한국전쟁 이전까지 미군의 강간으로 출생한 혼혈인이 대부분이었음에도 그 책임이 모두 여성에게 있다고 여겨졌다. 여성이 혼혈인을 출산하여 '순수한' 부계혈통을 잇지 못했다는 비판과 혼혈인을 낳은 여성은 모두 성매매 여성일 것이라는 편견이 동시에 존재하였다. 현모양처가 이상적 여성의 모델인 사회에서, 혼혈인을 낳은 것은 부계혈통이 다른 존재를 '양산'하여 단일한 혈통의 민족을 훼손하는 것으로 간주되었다. 이처럼 사회가 요구하는 여성상과 현실의 여성 삶에는 큰 괴리가 있었다. 외국인과 관계를 맺는 '양공주'는 가부장적 이념에 근거한다면 전통적 질서의 붕괴였고, 해결해야 할 사회문제였다.[52] '양공주'는 대부분 경제적 빈곤상태에 처해 있던 '요구호대상자'였지만, 타락한 여성으로

---

51) 여지연, 2007, 『기지촌의 그늘을 넘어』, 67-71쪽.
52) 김아람, 2014, 앞의 글, 89-90쪽.

간주되어 사회에서 버림받았다.

역사적으로 한국의 기지촌은 국가의 개입방향, 성매매 산업의 활성화, 기지촌의 규모, 성매매에 대한 인식, 여성의 사회적 지위 변화에 따라 큰 변화를 겪었다. 기지촌의 이러한 변화는 혼혈인들 사이에서도 세대에 따른 차이를 만들어냈다. 인권위원회 조사에 따르면, 혼혈인들은 크게 3세대로 구분된다.[53] 먼저, 1세대는 기지촌이 본격적으로 형성되기 이전인 해방과 한국전쟁 전후에 태어난 이들이다. 이들은 미군과의 교제, 강간, 성매매 등 다양한 과정에 의해 출생했으며, 가난한 어린 시절을 보냈고 전쟁고아로서 해외입양 대상이었다. 이들은 호적에 등록되지 않은 경우가 많아 학교진학이 어려웠고 편견과 차별 때문에 학교생활을 유지할 수도 없었다. 미국이민을 희망했지만, 1982년 미국이민법이 개정되었을 때는 나이가 많거나 아버지를 입증하기 어려워 입양과 이민에 실패한 경우가 많았다. 대부분 일상적 차별과 폭력을 경험했고 낮은 학력 때문에 안정적 직업을 가질 수 없었으며, 경제적 빈곤과 일상적 차별로 정상적인 사회생활이 어려웠다.

둘째, 혼혈인 2세대는 기지촌 성매매가 산업화되고 국가에 의해 체계화된 1960년대 이후에 태어난 이들이다. 1961년 '윤락행위 등 방지법'이 제정되고 1962년 보사부, 법무부, 내무부는 합동으로 전국 104개소의 특정 윤락지역, 관광특구를 설치하였다. 이는 성매매지역을 일반인 거주지역과 분리하고 성매매 여성을 집단화해 조직적으로 관리하기 위한 것이었다. 1세대 혼혈인들이 전쟁 직후 사회문제로 간주되었던 것과 달리, 2세대 기지촌 혼혈인들은 가족관계를 배경으로 태어났고 사회문제로 간주되지도 않았다. 미군의 주둔기간 동안 이루어진 성매매는 계약동거로 이어졌고, 미군과 성매매 여성은 사실상의 가족관계를 형성했다. 당시 기지촌은 일반인 거주지역과 격리된 독자적 생활권을 형성하였기 때문에 거주지 내에서 혼혈인들에 대한 차별은 크게 줄었다. 그러나 이들이 학령기에 접어들면, 1세대와 마찬가지로 차별과 소외를 경험했고, 낮은 학력은 불안정한 직업으로 이어졌다.

셋째, 1980년대 기지촌이 눈에 띄게 쇠퇴할 때 태어난 혼혈인은 3세대로 분류되는데, 이들은 1982년 미국 이민법 개정으로 이전 세대에 비해 미국입양이나 이민이 어려워졌다. 1982년의 미국이민법은 1950년부터 법이 개정된 1982년 출생자까지 아버지가 미국시민이라는 근거가 있고 3년간 미국인의 재정보증만 있으면 미국이민

---

53) 국가인권위원회, 2003, 앞의 책, 7-15쪽.

이 가능하도록 허용했다. 그 결과 1982년 이후 출생자들에게 미국이민은 오히려 더 어려워졌다. 특히 1980년대 이후 점차적인 미군의 감축, 한국인의 기지촌 출입 허용, 여성들의 성의식 변화, 성매매지역의 확산으로 기지촌이 쇠퇴하였다. 또한 미군과의 결혼과 이주 가능성이 낮다는 것이 분명해진 만큼 성매매 여성들도 출산을 회피하는 경향이 생겨났다.

사실 한국사회 혼혈인의 수는 정확한 집계가 불가능하다. <표 7>의 혼혈인 수 추이를 보면, 정부가 집계를 시작한 1955년에 439명으로 파악된 혼혈인 수는 1959년

<표 7> 혼혈인 수와 해외입양자 수 추이

	보건복지 백서	펄벅 재단	주요사건들	해외입양			
					백인계	흑인계	기타
1955	439			59	43	9	7
1956	538			671	467	151	53
1957	365		펄벅 여사 입양탄원	486	283	128	75
1958	701			930	396	227	307
1959	1,023		미국특별이민법 1년 연장	741	289	92	360
1960	1,075			638	184	61	393
1961	1,354						
1962	1,389		영화초등학교 개교				
1963	1,463		미이민법 개정/ 입양무산				
1964	1,512		펄벅 한국지부 설립				
1965	1,378						
1966	1,540		조선일보 혼혈인 4만 추산				
1967	1,564						
1968	1,623						
1969	1,393	2,300					
1970	1,226		한국고아 입양 증가 보도				
1971	1,230		혼혈인협회 설립				
1972			병역면제조치				
1973	1,201	1,601	혼혈인협회 조사 3,300명				
1974	1,134						
1980		1,297					
1981	680						
1984	829						
1987		801					
1991		650					
1994		625					
1999		613					

출처: 국가인권위원회(2003: 41); 김아람(2014: 111)에서 인용.

1,000명을 넘어섰고 1968년에 1,623명으로 정점에 달한 후 감소하기 시작해 1984년에는 829명으로 줄었다, 펄벅재단의 수치는 1969년에 2,300명에서 이후 꾸준히 감소해 1987년에 801명으로 감소했다. 수많은 혼혈인이 태어났지만, 전체 규모가 커지지 않은 것은 해외입양 때문이다. 1959년에 59명이 해외입양된 것을 비롯해 1956년 671명으로 대폭 늘어난 후 1960년까지 매년 수백 명의 혼혈아들이 해외로 입양되었다. 박경태의 조사에 따르면, 1960년대에는 최소 1,159명에서 최대 2,659명, 1971년 이후 2005년까지는 2,070명의 혼혈아동이 입양되었다. 백인계 혼혈아들의 입양이 상대적으로 많았던 반면, 흑인계 혼혈아의 입양은 그 비중이 적어 입양에 어려움을 겪었다. 한편, 1982년 미국이민법 통과 이후 이민 형식으로 한국을 떠난 혼혈인 수는 약 3,000명으로 알려져 있다.[54]

2) 기지촌과 정부의 혼혈인 정책

혼혈인에 대한 차별은 기지촌 여성에 대한 사회적 시선과 연동되어 있었다. 한국전쟁을 거치면서 미군부대 주위에 대규모 기지촌이 형성되었고, 전후의 피폐해진 삶과 맞물려 미군 상대의 성매매도 증가했다. 한국전쟁 당시에는 수많은 여성들이 전쟁터에서 연합군을 상대로 성매매를 했고 연합군의 성폭력 역시 흔한 일이었다. 전쟁 직후인 1955년 스스로 생계를 책임져야 하는 전체 미망인 수는 58만 명이 넘었고, 이들이 부양해야 할 아동 수는 119만 명에 달했다. 미망인의 40%는 문맹이었고 30%는 직업이 없었으며 70% 이상이 두 명 이상의 자녀를 부양해야 했다.[55] 한편 한국전쟁 전후 미군주둔지를 중심으로 부평, 파주, 동두천, 송탄, 의정부, 포천, 부산, 춘천 등에 대규모 기지촌이 들어섰다. 1951년 1월 정부는 UN군 위안소를 설치했고, 미군부대 주변의 댄스홀과 바를 내국인 출입금지 구역으로 지정하고 지역 통제권을 미군 헌병대에 부여하였다. 국가가 위안소를 제도적으로 구축하고, 특정한 지역을 중심으로 성매매 여성들을 집단화하는 과정은 기지촌 형성의 배경이 되었다. 기지촌은 군인을 상대로 한 하역이나 차량정비, 양복점, 가구점, 상업, 세탁·이발 등 각종 서비스업과 암시장이 활성화된 지역이었고, 수많은 사람들이 생계를 위해 몰려들었다.

---

54) 박경태, 2008, '우리 곁을 떠난 혼혈인' 『소수자와 한국사회』, 208-209쪽.
55) 김아람, 2014, 앞의 글, 83쪽.

3만 명 이상의 여성들이 한국에 주둔한 62,000명의 미군병사들에 의존해 생계를 유지했다. 기지촌은 한국정부에게 강간의 위협으로부터 정숙한 여성을 보호하며 외화벌이를 할 수 있는 곳이었고, 미군에게는 여성을 조달하고, 미군과 민간인을 분리함으로써 분쟁을 방지할 수 있는 완충지대였다.[56] 매춘여성들에게 기지촌은 생계를 위한 보루였고, 한국인에게 버림받은 상황에서 미군과의 결혼을 통해 새로운 인생을 살아가는 것이 유일한 희망이 되었다. 기지촌 여성들은 단골고객과는 계약에 따라 동거에 들어갈 수도 있었고 이런 합의는 대체로 결혼을 약속하는 것이므로 아이를 낳는 경우도 많았지만, 미군의 근무기간이 끝나면 관계는 더 이상 유지되지 못했다. 이곳에서 태어난 혼혈인들은 성매매라는 불결한 거래의 산물로 여겨졌고, 출생 자체가 차별의 원인이 되었다. 그 때문에 상당수의 혼혈인은 자신을 '기지촌 출신'으로 보는 것에 거부감을 표시한다.[57]

가부장적 사회에서 기지촌 성매매 여성들은 순결을 상실한 존재일 뿐만 아니라 인종적으로 외국인에 몸을 판 경멸의 대상이었다. 남성화된 국가와 가부장적 문화는 공산주의와 국가안보라는 수사 아래 기지촌 여성들의 성매매를 필요악으로 인식하면서도 성매매의 모든 결과와 도덕적 책임을 기지촌 여성에게 물었다.[58] 혼혈인 출생에 대한 책임을 전적으로 여성에게 지우고, 성매매를 통해 혼혈인이 출생했다고 인식되었기 때문에 혼혈인은 '비정상'의 존재로 여겨졌다.[59] 혼혈인의 몸은 그 아버지와 어머니가 어떤 사람인지를 짐작케 하는 가시적인 지표이다. 어머니는 천한 직업에 종사했고, 아버지는 존재하지 않는다는 증거가 몸에 새겨져 있다. 1950년대 혼혈인은 혼인하지 않은 부모 사이에서 출생한 사생아로 간주되었다. 사회에 만연한 가부장적 사고에 따라 정부 역시 혼혈인을 외국인으로 취급했다.[60] 사회와 정부가 성매매를 방조했다는 사실은 무시되었고, 혼혈인은 '우리'와 관계없는, '양공주'나 기지촌에 한정된 특수한 존재로 간주되었다.

이 시기 신문기사를 분석한 연구에 따르면, 1950-1960년대 언론은 혼혈아를 우리의 핏줄로 생각하기보다는 제3자 입장에서 관망하는 자세를 보였다. 당시의 국민정서에는 피가 섞인 혼혈인은 외국인이므로 우리나라보다 외국에 사는 것이 더 적합

---

56) 여지연, 2007, 앞의 책, 47쪽.
57) 박경태, 2008, 앞의 책; 여지연, 앞의 책, 54-55쪽.
58) 국가인권위원회, 2003, 앞의 책, 21쪽.
59) 김아람, 2014, 앞의 글.
60) 남영호, 2008, '주둔지 혼혈인'과 생물학적 시민권, 『혼혈에서 다문화로』.

하며, 해외입양 아이들이 잘 적응하고 있다는 기사를 통해 혼혈인의 해외입양을 정당화했다. 1970년대 초에는 해외입양에 실패한 혼혈인들이 이민을 갈 수 있도록 병역 면제와 기술교육을 해야 한다는 주장이 제기되었다. 당시 한국에서 병역에 대한 면제는 이들이 국민이 아니라 이방인이라는 사회적 인식을 반영하는 것이다. 특히 1970년대 베트남에 남겨진 라이 따이한에 대해 한국계 2세라는 동정적 시선을 보인 것과 비교하면, 혼혈인의 해외입양 정책은 부계혈통주의의 가부장적 시선을 반영한 것이었다.[61]

아버지가 없는 혼혈인은 국민이 될 수 없는 존재이기 때문에 해외입양이 유일한 정책이었다. 1948년에 제정된 국적법에 따르면, '국민'은 출생 당시의 아버지가 대한민국 국민이거나, 그렇지 않으면 어머니가 대한민국 국민인 자, 부모가 분명치 않으면, 대한민국에서 출생한 자이다. 그런데 1959년 전체 혼혈아동 1,020명 중 국적이 없는 아동이 전체의 68%였다. 국적 취득 여부는 호적에 기입되어야 확인할 수 있는데, 주민등록제도가 없던 당시에 혼혈인 대부분은 호적이 없었던 것이다. 어머니가 혼혈아의 존재를 숨기려 했고, 어머니의 가족들도 혼혈인을 호적에 올리는 것을 불편해했다. 혼혈인은 국적은 있으나 호적이 없는 사생아 신분으로 규정되었던 것이다. 혼혈인은 부계혈통주의의 국적법에 부합되지 않는 존재였다. 학교에 보낼 나이가 되면, 어머니의 성과 본을 따라 외가에 입적하는 경우가 대부분이었다.[62]

이승만 정부는 혼혈인 출현을 사회문제로 인식하고 있었고, 처음에는 이들을 최대한 사회에 노출시키지 않으려고 했다. 왜냐하면, 혼혈인은 전쟁으로 발생한 혼란스러운 상황에 제대로 대응하지 못한 정부를 상징했기 때문이다. 정부가 내놓은 최초의 혼혈인 대책은 혼혈인을 최대한 사회에 노출시키지 않고 은폐하거나 격리수용하는 것이었다. 그러나 이미 5만여 명의 고아 및 부랑자들이 시설에 수용되어 있는 상황에서 또다시 각 지역에 흩어져 있는 400명의 혼혈인을 수용시설에 격리하는 것도 쉽지 않았다. 보다 효과적인 대책은 혼혈인을 해외로 보내는 것이었다. 1954년 혼혈이민 수속을 단시일에 처리할 수 있도록 하라는 대통령의 지시가 내려졌고, 1955년에는 미국 상원의원이 재한혼혈인 원조를 위한 입법을 발의했다.[63]

해외입양은 정부가 최선이라고 생각한 혼혈인 정책이었다. 1954년 한국아동양호

---

61) 조하나·박은혜, 2013, '혼혈에 대한 사회적 의미' 『다문화콘텐츠연구』 14호, 376-393쪽.
62) 김아람, 2014, 앞의 글.
63) 김아람, 2014, 앞의 글, 103-106쪽.

회를 독립기구로 설립하면서 해외입양이 본격화했다. 사회부는 미국입양을 위해 혼혈아동 희망자를 모집하고, 기독교 계통의 주한 미국인단체들이 해외입양을 주선하기 시작했다. 한 명의 혼혈아동을 미국에 입양 보내는 데 8개월에서 짧게는 3개월 정도 걸렸다. 기관에 의한 대리입양을 허용하는 미국의 난민구호법이 만료될 예정이었던 1956년부터 해외입양이 급증했고, 미국에서 14세 이하 아동의 대리입양을 허용한 고아법이 의결된 1958년에 입양아동 수가 최대치를 기록했다. 1960년 9월자 보도에 따르면 당시까지 3,246명의 혼혈아동이 해외로 입양되었다.[64] 혼혈아의 어머니가 모두 입양을 원한 것은 아니었고, 대리입양이라는 입양방식 때문에 입양 이후 파양되는 경우도 적지 않았다. 정부와 입양단체는 대리입양의 문제점에 주목하지 않은 채 입양되지 못한 흑인 혼혈아동이 골칫거리라고 생각했다.[65] 1981년 한국태생의 한 혼혈인이 시민권을 요구하는 탄원서를 의회에 보내면서, 의회는 아시아지역 혼혈아들에게 미국이민의 특혜를 부여하는 '미국이민에 관한 특례법'을 통과시켰다. 당시 국내 혼혈인의 95%가 미국 이민을 원했기 때문에 상당수의 혼혈인이 이민을 떠났고 이후 혼혈인 문제는 국내에서 잊히기 시작했다.[66]

혼혈아들이 성장하면서 1960년대 정부는 해외입양과 함께, 혼혈아에 대한 교육, 취업알선과 직업훈련 정책을 추진하기 시작했다. 1959년 당시 취학한 혼혈아 수는 300여 명으로 추정되었고, 혼혈인 지원 민간단체들은 혼혈인 교육을 위한 별도의 시설을 마련하고자 했으나 문교부는 이를 거부했다. 그 결과는 상당수의 혼혈아동이 취학을 거부하거나 회피했다. 1962년 영화국민학교라는 혼혈아동을 위한 학교가 설립되었으나 혼혈아동 수가 적다는 이유로 곧 일반 학교로 전환되었다.[67] 혼혈인들이 성장하면서 정부는 혼혈인들에게 해외취업을 알선하고자 했다. 혼혈아 해외입양정책은 성인 혼혈인의 이민정책으로 전환되었다. 혼혈인의 해외이주나 해외취업을 위해 1972년부터 혼혈인들의 병역이 면제되었다. 1970년 직업보도원이 설치된 이후 1978년에는 혼혈인 전용 직업훈련소가 설치되었다. 그러나 직업훈련원에서 기술을 익혀도 혼혈인을 고용하겠다는 기업이 없었고 해외에서 기술자격증을 인정하지 않았기 때문에 혼혈인들의 실질적인 취업이 이루어지지 못했다. 결국 혼혈인에 대한

---

64) 국가인권위원회, 2003, 앞의 책, 25-26쪽.
65) 김아람, 2014, 앞의 글.
66) 국가인권위원회, 2003, 앞의 책, 28쪽.
67) 국가인권위원회, 2003, 앞의 책, 29-30쪽.

정부의 정책은 해외입양에만 집중되었고, 교육, 직업훈련, 생계비 지원 등은 일회적인 생색내기 정책에 그쳤다.[68]

3) 혼혈인의 삶[69]

혼혈인들은 출생과 양육, 학교생활, 직업과 노동, 결혼과 가족구성, 자녀 출산 이후의 삶 등 생애 전 과정에서 차별과 폭력, 배제의 경험을 갖고 있다. 혼혈인의 삶은 따돌림, 학업포기, 구직난, 비정규직, 가난이라는 악순환의 고리에서 벗어나지 못하고 있다. 출생부터 혼혈인의 어머니는 양공주라는 비난을 들어야 했고 혼혈인들에게 놀림과 따돌림은 어린 시절의 치명적 경험이었다. 이들은 주로 홀어머니에 의해 양육되거나 외가 친척에 맡겨져 양육되었다. 어머니가 혼혈자녀를 데리고 한국인 남성과 재혼하는 경우 새아버지와의 갈등을 경험한 경우도 있고, 고아로 성장한 경우는 대부분 미국으로 입양을 갔다. 혼혈아동들은 대부분 미국인으로 놀림받고 차별당한 경험이 있기 때문에 차별이 없는 미국을 선망하고 미국으로 입양되기를 원했다.

이들의 학교생활은 놀림과 따돌림, 구타와 폭언의 연속이었고, 이러한 상황에서 학교생활을 지속하기는 어려웠다. 기지촌을 벗어나 처음 대면한 사회는 그들에게 냉혹했고 혼혈아들의 정체성을 위협했다. 여러 가지 이유로 학업을 포기한 이들이 많으며, 일용직 노동시장에 뛰어들거나 생계형 범죄를 저지르기도 했다. 이들은 대부분 학교생활을 불행했던 과거로 기억하고 있으며, 항상적인 성희롱과 성폭력의 위험에 노출되어 있었다. 박경태 등의 조사에 따르면, 혼혈인 응답자의 75%는 친구로부터 놀림을 받은 경험이 있고 55%는 따돌림을 당했으며, 44%는 선생님으로부터 불합리한 대우를 받았다. 36%는 학교생활에서 철저히 고립되었으며, 40%는 학교에서 싸움을 많이 했다고 응답했다. 학창 시절의 이러한 차별은 학업 중단의 원인이 되었고, 실제로 응답자의 47%는 학업을 중단했다. 학업 중단은 대부분 경제적 이유 때문이지만 학교졸업이 자신의 미래에 별 도움이 되지 않을 것이라는 좌절감 역시 크게 작용했다.[70]

성장한 이후 혼혈인이 직면한 가장 큰 문제는 경제적 궁핍이다. 혼혈인들은 대부

---

68) 국가인권위원회, 2003, 앞의 책, 31-37쪽.
69) 이 부분은 박경태(2008)와 국가인권위원회(2003)를 참조.
70) 박경태, 2008, 앞의 글, 224-227쪽.

분 충분한 교육을 받지 못했고, 수많은 차별과 낮은 학력 때문에 제대로 된 취업을 하지 못했다. 혼혈인 가구는 전국 가구 월평균 소득의 절반에도 미치지 못하며, 더 많은 빚을 지고 있다.[71] 노동시장의 진입장벽이 높았기 때문에 스스로 취업을 포기하기도 하고, 직업은 대부분 단순노동이나 유흥업소 관리, 성매매, 유흥업소 서빙이나 청소 등에 한정되어 있었다. 이러한 상황에서 결혼 역시 쉽지 않았다. 출생배경에 대한 차별과 불안정한 직업 때문에 적령기를 넘긴 혼혈인 중 가족을 이루는 경우는 드물고, 가족을 이룬 경우에도 법적으로 동거관계이거나 현재 혼자 지내는 경우가 대부분이다. 차별의 경험은 2세 출산에 대한 두려움으로 작용하며, 경제적 궁핍과 폭력적 성향으로 이혼한 경우도 많다. 이들은 경제적으로 궁핍할 뿐 아니라 자녀의 성장과정에서 자녀들에 대한 차별을 또다시 확인하게 된다. 이런 이유로 삶은 무기력해지고 알코올 중독으로 이어지기도 한다.[72]

그리하여 혼혈인들은 대부분 미국으로 이민을 갔거나, 한국 내에서는 비가시적 존재로 드러나지 않는다. 이들이 미국 이민에 성공했다고 해도 차별과 편견으로부터 벗어난 것은 아니었다. 다른 이주민들과 마찬가지로 이들도 한국적 사고와 생활방식을 버리지 않았고 한국인이자 미국인이라는 복합적 정체성을 갖고 있었다. 박경태의 조사에 따르면, 이민 간 혼혈인들은 미국 주류사회보다 한인사회에서 차별과 멸시를 받았으며, 기지촌 출신이라는 멍에를 벗어날 수 없었다. 미국으로 이민 간 혼혈인 자녀 역시 자신을 미국인과 동일시하기보다 혼혈인 혹은 한국인으로 동일시하는 경우가 많았다.[73] 반면, 국내에 남은 혼혈인들은 눈에 보이지 않는 비가시적 존재로 살아간다. 더 이상 양갈보 자식이라는 놀림과 미국으로 돌아가라는 폭력은 없지만, 과거의 차별과 고통의 기억이 혼혈인들을 심리적으로 파괴하고 무력화한다. 알코올 중독과 범죄, 자살은 혼혈인이 처한 현재상황이다.[74]

남영호는 자신에 대한 차별의 부당성을 지적하기 위해서 어머니의 정당함을 항변해야 하는 종류의 차별이야말로 인간의 생물학적 존재 그 자체에 대한 차별이라고 지적한다. 한국에서 태어나 한국음식을 먹고 한국어를 사용하며 한국의 모든 관습을 공유함에도 불구하고, 피부색과 용모, 신체 그 자체에 대한 차별은 한미관계의 특수성

---

71) 박경태, 2008, 앞의 글, 228-232쪽.
72) 국가인권위원회, 2003, 앞의 책, 50-72쪽.
73) 박경태, 2008, 앞의 글, 236-253쪽.
74) 박경태, 2013, '사라지는 혼혈인' 『우리 모두 조금 낯선 사람들』, 60쪽.

과 가부장제사회의 논리가 성차별적으로 투영된 현장이기도 하다. 그리하여 혼혈인에 대한 차별은 인간의 몸에 가해지는 차별, 몸의 종류에 근거해 삶의 모든 영역에 걸쳐 가해지는 차별이며, '주둔지 혼혈인'이란 단순히 인종적 범주가 아니라, 계급적·인종적·성적인 모순이 중첩된 이들을 사후적으로 지칭하는 단어라는 것이다.[75]

결국 혼혈인은 냉전과 분단, 전쟁과 종속의 산물이었고, 그 자체가 민족주의적 자부심과 가부장적 사회질서, 주권국가의 이미지를 손상시키는 '우리 속의 비국민'이었다. 그들은 IMF 직후 노숙자가 그랬듯이, 한국전쟁 직후 기존 사회질서의 붕괴를 가시적으로 표현하는 존재였다. 이들은 분명한 우리 속의 존재이지만, 우리 경계 내에 존재하는 이물질이었고 해결해야 할 사회문제였다. 해외입양과 이민을 통해 최대한 우리 밖으로 내보내야 할 존재였으며, 여기에는 인종주의와 민족주의, 가부장주의, 냉전적 특수성이 복합적으로 얽혀 있었다. 정부는 혼혈인의 존재를 부정하거나 최대한 외부로 내보냄으로써 이 문제를 의도적으로 외면했고, 그 과정에서 혼혈인들의 삶은 구조적인 차별과 배제의 늪에서 헤어날 수 없었다.

---

75) 남영호, 2008, 앞의 책, 133-138, 168-170쪽.

제6장 1990년대 이후 한국사회의 다문화현상

1990년대 이전까지 한국은 이민 유출국이었던 데 반해, 1990년대 이후에는 새로운 이주자들이 유입되면서 다문화현상이 본격적으로 나타나기 시작했다. 1990년대 이전까지 한국의 종족적·인종적 소수집단 문제가 주로 동아시아 정치변동의 산물인 코리안 디아스포라, 한국화교의 정착, 주둔지 혼혈인의 출현과 해외입양이라는 형태로 나타났다면, 1990년대 이후 한국사회의 다문화현상은 전혀 새로운 양상을 띠었다. 한국의 급속한 경제성장과 세계화, 국제정세 변화에 따라 다양한 목적과 형태를 띤 이주인구가 유입되기 시작했다. 한국인의 해외이주가 북미와 서구 지역으로 이루어졌다면, 외국인의 한국이주는 주로 중국을 비롯한 아시아지역으로부터 온 것이었다.

1987년 민주화와 노동자대투쟁 이후 한국사회는 정치, 경제, 사회적으로 큰 변화를 경험했다. 정치적 민주화의 진전, 노동자대투쟁 이후 임금상승에서 비롯된 산업구조 고도화, 여성의 경제활동참가율 상승과 저출산 현상으로 인구구조의 변화가 동시에 진행되었다. 특히 1988년 서울올림픽을 계기로 한국사회의 발전상이 세계에 알려지게 되면서 한국은 아시아에서 높은 임금을 받을 수 있는 매력적인 이주지로 급부상했다. 1990년대 초에 전 세계적 규모에서 냉전체제가 붕괴되면서, 1990년 한·소 수교와 1992년 한·중 수교가 이루어졌고, 이들 국가의 한민족 동포가 주목받기 시작했다. 특히 1994년에는 김일성 주석이 사망하고 북한체제가 위기국면에 접어들면서, 탈북자가 급증하기 시작했다.

한국사회에서는 축적체계의 변화에 따라 고임금을 견디지 못한 중소기업들이 산업구조 조정과 해외이전을 시도했고, 이전이 불가능한 3D업종에서는 값싼 해외노동력에 대한 수요가 크게 증가했다. 그 결과 많은 중소기업에서 1988년 올림픽 이후 관광비자로 입국한 외국인들을 불법 채용하는 사례가 크게 늘어났다. 마침 한·중 수교로 국내 친척방문을 위해 입국했던 조선족이 한약 장사나 국내취업으로 큰돈을 벌게 되면서, 조선족 동포들의 한국행 열풍이 일어났다. 또한 이 시기 도시와 농촌 간의 격차가 확대되고 저출산으로 남녀 간 성비가 크게 벌어지면서, 농촌지역에서 나이든 농촌총각의 결혼문제가 심각한 사회문제로 대두되었다. 인구 감소로 생존의 위기에 직면한 농촌지역 지방자치단체들은 '농촌총각 장가보내기'를 목적으로 농촌총각과 도시처녀의 짝짓기 사업을 전개했다. 그러나 별다른 성과가 없자 이는 다시 농촌총각과 중국동포 여성의 짝짓기, 농촌총각과 동남아 여성의 짝짓기 프로젝트로 발전했고, 그 결과로 결혼이주여성이 크게 증가했다.

이처럼 1990년대에 동시다발적으로 진행된 국내적·국제적 변화는 한국으로의 이주수요를 팽창시켰고, 외국인노동자, 중국조선족 동포, 결혼이주여성, 탈북자 등 한국사회에 새로운 종족적·문화적 소수자집단을 만들어냈다. 1990년대부터 시작된 이주민의 증가는 2000년대 들어 폭발적으로 늘어나기 시작했고, 2006년 정부는 다민족·다문화사회를 선언하면서 다문화정책을 공식화했다. 그로 인해 '다문화'라는 말은 대중적인 용어가 되었고, 학계와 시민사회에서는 '다문화주의'라는 말이 보편화되었다. 그러나 널리 사용되는 만큼 다문화주의 개념은 사용하는 사람마다 그 의미가 달랐다. 넓은 의미에서 문화적 다양성을 존중하고 소수집단이 차별받지 않아야 한다는 규범적 의미에 대한 합의는 있었지만, 이념적 목표나 정책적 강조점에 대해서는 상당한 이견이 존재했다.

어떤 인종적·민족적·종교적·언어적·문화적 소수집단도 그들이 가진 고유한 가치와 문화적 정체성을 존중받아야 하며, 차별 없이 조화롭게 공생해나가야 한다는 규범적 담론으로서의 다문화주의는 거스를 수 없는 시대적 대세로 확산되었다.[76] 국내 학자들 역시 다문화주의를 단일한 개념이 아니라 여러 차원으로 나누어 파악하는 경향이 보편적이다. 예컨대 김남국은 ① '세계화에 따른 새로운 인종, 종교, 문화

---

76) 다문화주의가 소수집단 통합의 모델로 급부상하면서 인정의 정치를 통한 '차이의 존중' 정체성의 정치를 강조하는 강한 다문화주의 흐름과, 게토화의 위험성을 비판하며 문화의 가변성과 상호침투, 공동체의 사회적 통합을 강조하는 상호문화성 논자들의 논쟁이 전개되었다.

의 유입으로 동질적이었던 국민국가가 다양한 기준에 의해 분화되어 가는 현상'이라는 서술적 의미의 다문화주의와, ② '인종, 문화, 종교를 중심으로 한 균열이 사회구성원의 행복과 자아실현에 큰 영향을 미친다는 점을 인정하고, 소수집단이 요구하는 공적 영역에서의 문화적 인정과 문화적 생존을 지지하기 위해 다양한 역차별 정책을 통해 정체성의 정치를 지지'하는 규범적 의미의 다문화주의로 구분한다.[77] 윤인진 역시 다문화주의를 ① 인종, 민족, 문화적으로 다원화된 인구학적 현상, ② 사회문화적 다양성을 긍정적으로 인식하고 가치 있게 여기고 존중하려는 사회적 이념, ③ 사회문화적 다양성을 보호하고 인종, 민족, 국적에 따른 차별과 배제 없이 모든 개인이 평등한 기회에 접근할 수 있도록 보장하는 정책과 프로그램이라는 세 가지 차원으로 구분한다.[78]

이 장에서는 1990년대 시작된 다문화현상의 역사적 배경을 검토하고, 1990년대 이후 급증한 이주민의 특성과 추이가 어떻게 변화되었는지, 한국정부가 이주자들에 대해 어떤 원칙과 정책으로 접근했는지 살펴본다. 특히 한국정부가 이주정책을 다문화정책으로 공식화했다는 점에서 '한국적 다문화주의'를 둘러싼 논란과 쟁점을 살펴본다.

1. 1990년대 다문화현상의 역사적 배경

1990년대 한국사회의 다문화현상은 ① 1987년 노동자 대투쟁으로부터 비롯된 산업구조조정과 축적체제의 변화, ② 여성의 경제활동참가가 급증함에 따른 저출산 현상과 인구구조의 변화, ③ 탈냉전 이후 한·중 수교와 북한체제의 위기를 포함한 동북아 국제정세의 변화를 배경으로 한 것이었다.

1) 1980년대 이후 축적체제의 변화

보통 1997년 이전까지 한국의 경제모델은 '개발국가 자본주의'라고 불린다. 이는 정부-재벌-금융의 삼각관계에 기초한 노동 배제적·금융 억압적 개발국가 모델이

---

77) 김남국, 2008, '한국에서 다문화주의 논의의 전개와 수용' 『경제와 사회』 겨울(80호), 344쪽.
78) 윤인진, 2007, '국가주도 다문화주의와 시민주도 다문화주의' 『한국적 다문화주의의 이론화』, 252쪽.

다.[79] 개발국가 산업화모델은 해외시장에서의 수출경쟁력에 의해 지탱되었고, 기업의 수출경쟁력은 규모의 경제로서 재벌체제의 효율성, 저임금과 풍부한 노동력에 기초한 조립가공형 제조업의 경쟁력에 의해 뒷받침되었다. 따라서 저임금을 유지하기 위한 노동억압은 매우 중요했고, 저임금과 장시간 노동, 저곡가에 기반을 둔 값싼 재생산비는 필수적 요소였다. 그리하여 1980년대 후반까지 한국경제는 '저곡가와 저임금에 기초한 수출주도경제', '미국시장과 일본산 자본재에 종속된 대외 의존적 경제'로 요약될 수 있었다.

그러나 1986-1988년 동안 한국경제는 '저유가와 저금리, 저달러'의 경제 환경 변화에 힘입어 '3저 호황'이라는 새로운 고성장시대를 맞았다. 저임금·장시간 노동에 기초한 조립 가공형 수출경제는 1980년대 동안 힘겨운 구조조정을 진행해왔지만, 3저 호황 덕택에 값싼 원자재와 낮은 자본조달 비용, 달러와 연동된 원화가치 하락으로 수출경쟁력이 크게 강화되었다. 특히 3저 호황의 효과는 전자 및 자동차산업을 중심으로 한 중화학공업에 집중되어 대기업 수출이 크게 증가했다. 더욱이 1987-1989년 사이 노동자대투쟁으로 많은 대기업에서 노동조합이 결성되었고, 그 결과 3년 사이에 노동자들의 임금은 2배 이상 상승했다. 물론 이는 3저 호황으로 기업의 이윤이 늘어난 결과이기도 했지만, 사회민주화의 흐름과 노동운동의 활성화에 의해 가능해진 것이었다.

노동자들의 임금상승은 예상치 않았던 거시 경제적 결과를 낳았는데, 하나는 노동자들의 급격한 임금상승으로 소비능력이 커져 내수시장이 급격히 팽창한 것이고, 다른 하나는 급격한 임금인상이 중소기업들의 생존에 커다란 부담이 되었다는 것이다. 저임금에 기초한 수출경제에서 노동자대투쟁은 임금상승을 통해 내수시장을 확대시킨 반면, 저임금에 의존하는 중소기업의 경쟁력을 약화시키면서 한국경제에 커다란 지각변동을 일으켰다. 저임금·장시간 노동에 기초한 수출경쟁력은 노동조합의 압력으로 더 이상 불가능해졌고, 대신에 내수시장에 기반을 둔 내포적 성장, 저임금을 대체하는 기술집약적인 산업구조 고도화의 필요성이 제기되었다. 1989년부터 3저 호황이 종결되고 불황이 시작되면서 이러한 필요성은 더욱 절박해졌다. 경제위기론이 반복적으로 제기되었고 새로운 성장 동력을 찾아야 한다는 목소리가 높아졌다. 수입자유화에 대한 미국의 요구가 거세지면서 국내시장 개방이 불가피해졌고, 고임

79) 전창환, 2004, '1980년대 발전국가의 재편, 구조조정, 금융자유화' 『박정희모델과 신자유주의 사이에서』, 87-90쪽.

금을 피하기 위한 중소기업의 해외이전으로 산업공동화 문제가 발생했으며, 저임금을 무기로 한 중국의 도전이 거세졌기 때문이다. 이에 대한 정부의 대책은 적극적인 산업구조조정 정책이었다.

그러나 3저 호황이 마무리되고 1989년 이후 수출증가율이 급속히 하락했음에도 예상과 달리 경제성장률이 급락하지 않았다. 이는 민간의 내구소비재 구입 증가와 주택 200만 호 건설에 따른 건설업 호황에 기인한 것으로, 수출증가율의 정체를 내수시장의 확대로 상쇄한 것이었다. 미국시장에 의존한 축적의 확대가 한계에 직면하자, 내수소비의 증가와 북방 경제협력이 이를 메꾸어나갔다. 1990년대 한국경제는 폭발적인 대량소비를 기반으로 한 내수시장의 팽창으로 특징지어졌다. 아파트와 가전제품, 자동차로 대표되는 서구적 생활양식이 한국중산층의 표준적 소비양식으로 자리 잡았다.[80] 짧은 기간이지만 기존의 수출중심의 대량생산체제는 고임금과 내구성소비재의 대량소비와 결합되어 전형적인 포디즘 축적체제로 변화되었다. 확대된 내수시장은 수출시장의 악화에도 불구하고 경제성장을 지탱했다. 이 시기는 대량생산과 대량소비라는 성장과 분배의 연계를 통해 저임금에 기초한 축적체제의 변화 가능성을 보여주었다. 제조업의 위기에도 불구하고 서비스부문의 취업자가 빠르게 증가했다. 특히 1989년 이후 부동산가격 폭동에 따른 건설경기 호황은 수많은 노동력을 빨아들였다.

수출경쟁력을 강화하기 위한 기업의 선택은 세계화와 산업구조 조정이었다. 기업들은 국제적인 자본조달을 통해 해외 직접투자를 확대했다. 3저 호황을 통해 막대한 외화 유동성이 유입되었고, 대기업들은 이를 토대로 신성장산업과 첨단산업으로의 구조조정을 진행하면서 경제적 지배력을 확장했다.[81] 1980년대 한국의 주력수출품이 섬유의복과 철강금속이었다면, 1990년대에는 반도체, IT기기, 자동차가 주력수출 산업으로 부상했다. 대기업은 기존의 주력산업을 강화하고 첨단산업으로 진출하기 위해 축적영역을 조정하는 생산 재배치 전략을 구사했다. 이는 자체 생산하던 일부 품목을 외주하청으로 전환하면서 중소기업의 하청계열화를 통한 수직적 분업연관을 형성하는 형태로 진행되었다. 대기업은 양적 투자의 확대와 생산성 향상을 모색했고, 중소기업은 값싼 노동력을 찾아 해외로 이전하거나 외국인노동력 수입을 요구했

---

80) 유철규, 2004, '1980년대 후반 경제구조 변화와 외연적 산업화의 종결'『박정희모델과 신자유주의 사이에서』, 69-72쪽.
81) 김정주, 2004, '시장, 국가, 그리고 한국자본주의모델'『박정희모델과 신자유주의 사이에서』, 318-323.

다. 대기업이 하도급거래를 통해 생산비용을 중소기업으로 전가함에 따라, 대기업과 중소기업의 임금격차가 확대되었다. 고임금화가 진행됨에 따라 전통산업인 섬유 의복산업의 경쟁력이 약화되어 이 부문에서 대규모 노동력이 방출되었다. 국내기업의 해외투자는 1990년 10억 달러에서 1996년에 65.9억 달러로 크게 증가했으며, 특히 중국에 대한 직접투자가 급증했다. 중국에 대한 직접투자는 중소기업이 주도했고, 업종별로 전자통신장비와 섬유의복의 비중이 압도적으로 높았다. 이는 제조업의 국내 생산 축소와 산업공동화 우려를 낳았다. 특히 노동집약도가 높은 신발, 가죽, 섬유, 전자통신, 조립금속에서 국내공장을 축소하거나 폐쇄하는 사례가 많았는데, 이는 기업들이 저임금 노동력의 활용을 위해 생산거점을 이전하는 전략을 추구했음을 의미했다.[82]

이러한 와중에서 생산직노동자의 인력난이 심해졌다. 주로 중소기업 부문에서 저숙련 노동자 부족이 심화되었는데, 이는 노동력의 공급구조가 변화했기 때문이었다. 이농현상이 둔화되면서 농촌의 노동력 저수지가 고갈되었고, 청소년인구가 감소한 데다 대학진학률은 대폭 상승하였다. 그뿐만 아니라 기능인력 공급이 정체되고 근로의식이 변화되면서 3D업종에 대한 기피현상이 심화된 데다, 대기업과 중소기업의 노동시장 분절이 이미 1990년대에 상당히 진척된 상태였다. 이러한 상황에서 인력절감을 위한 자동화 투자나 해외이전이 어려운 기업들은 외국인노동력을 고용하기 시작했다.[83]

1986-1989년의 3저 호황을 통해 경상수지 흑자가 누적되고 통상마찰이 가속화되면서 대외개방은 불가피했고, 민주화 이후 '민간주도 경제론'이 강화됨에 따라 대내적 자유화와 대외적 개방이 동시에 추진되었다. 1996년 OECD 가입은 서비스 및 자본거래에서 국가 간 제도적 장벽을 철폐하는 것을 의미했고, 금융부문의 자유화를 수반했다. 이는 김영삼 정부의 세계화정책의 일환이자 그 성과로 간주되었고, 개방화와 자유화는 국가-자본관계의 근본적 변화를 의미했다. 더 이상 자본에 대한 국가규율을 유지하기 어려워졌고, 3저 호황 이후 막대한 외화자금의 유입은 정부에 대한 자본의 의존을 불필요하게 만들었다. 민간주도경제는 투자자금 조달에서 대자본의 자율성 증가와 투자영역의 확대를 의미했고, 해외자본 조달에 기반을 둔 재벌의 규

---

82) 김정주, 2005, '경제위기 이후 산업구조의 변화와 대안적 산업정책 방향의 모색' 『혁신과 통합의 한국경제모델을 찾아서』, 143-148쪽.
83) 설동훈, 1996, '한국사회의 외국인노동자에 대한 사회학적 연구' 서울대학교 박사학위 논문, 83-85쪽.

율되지 않은 중복투자는 결국 외환위기를 불러왔다. 자본시장 개방으로 유입된 대규모 외자는 투자 및 소비확대를 통해 일시적 성장을 가능하게 해주었지만, 환율을 상승시켜 수출경쟁력을 약화시켰고 인플레를 심화시켰으며, 한국경제를 해외자본시장의 불확실성에 종속시켰다.[84] 이제 한국경제는 본격적으로 세계화의 열차에 올라탄 것이다. 정부-재벌-금융의 삼각관계에 기초한 '개발국가 자본주의'는 이제 국제금융자본-재벌-시장국가의 삼각동맹에 기초한 신자유주의체제로 전환되었다.[85] 이러한 전환과정은 1997년 IMF위기를 통해 폭력적이고 강제적으로 진행되었으며, 그 결과 금융시장의 자유화와 개방, 공공부문의 민영화, 노동시장의 유연화가 동시다발적으로 진행되었다. 짧았던 포디즘 축적체제는 단기수익 위주의 '주주자본주의'로 전환되었으며, 고임금체제를 대신해 신용공여에 기반을 둔 부채경제가 보편화되었다.

2) 저출산과 인구구조의 변화

1990년대 다문화현상의 두 번째 사회적 배경은 저출산 현상과 극심한 성비불균형이다. 1990년대 이후 사회적 재생산의 위기는 저출산과 인구 고령화, 결혼시장의 성비 불균형 같은 인구 위기로 나타났다. 합계출산율은 1970년 4.53명에서 급격히 하락하여 1980년 2.82명으로 감소했고 1980년대 초반에 이미 인구 대체수준인 2.1명 이하로 떨어졌다. 1990년에는 1.57명으로 감소했고, 2005년에는 1.08명으로 사상 최악의 수준으로 떨어져, 저출산이 심각한 사회문제로 대두되었다. 그리하여 2005년 '저출산 고령사회 기본법'이 제정되고 대통령 직속의 '저출산·고령사회 위원회'가 설치되었으며, 2006년에는 제1차 '저출산·고령사회 기본계획'(2006-2010)이 수립되었다.

저출산 고령화로 생산인구가 감소하고 노동생산성이 저하되면, 경제성장이 둔화되고 사회보장 지출이 증가하여 국가재정이 어려워지고 젊은 세대의 부양부담이 가중될 것이라는 예상 때문에, 저출산은 시급한 사회문제로 인식되었다. 저출산 문제를 국가정책으로 해결할 수 있을 것이라는 기대는 국가정책으로 출산율을 억제했던

---

84) 김정주, 2004, 앞의 글, 329-338쪽.
85) 이병천은 이러한 경제전환을 양극화와 탈민족화로 요약하며, 그 특징을 ① 투자부진과 자본의 양극화, 단기수익위주 경영, 국적자본의 해외이탈, ② 빈곤과 계급불평등, 고용 없는 성장과 비정규직화, ③ 재벌주도의 수출주도 성장과 국민경제 재생산연관의 분절화, ④ 금융의 탈민족화와 산업금융시스템의 파괴, 제도적 부정합으로 정리하고 있다(이병천, 2007, '양극화의 함정과 민주화의 깨어진 약속' 『세계화시대 한국자본주의』).

<표 8> 합계출산율과 성비의 추이

연도	합계출산율	성비
1970	4.530	109.5
1975	3.770	109.4
1980	2.820	105.3
1985	1.660	109.4
1990	1.570	116.5
1995	1.634	113.2
2000	1.467	110.2
2005	1.076	107.8
2010	1.226	106.9
2015	1.239	105.3

출처: 통계청 인구동향조사 2017.

가족계획사업의 성공 때문에 강화되었다. 이미 도시지역에서는 1970년대 중반부터 합계출산율이 3.0명 이하로 떨어졌고, 1985년 2.0명, 1988년 1.5명으로 급격히 하락하고 있었다. 반면, 농촌지역은 1980년대 초반에 들어서야 합계출산율이 3.0명 이하로 떨어졌다. 1970년대 중반 이후에는 가족계획사업이 불필요했음에도 불구하고, 1970년대 아이 둘 낳기 운동과 1980년대 하나 낳기 운동은 오히려 저출산 현상을 가속화시켰다. 이미 1996년에는 1.6명 이하의 초저출산 상태가 지속되고 있었던 것이다.[86]

　　저출산의 가장 큰 원인은 전반적인 만혼(晩婚) 경향에 있었다. <표 9>에서 보듯이, 1980년대 후반부터 20대 후반 여성의 미혼율이 급격히 증가하기 시작해 1990년 22.1%에 달했고 1995년 30%, 2000년 40%, 2005년 59%로 가파르게 상승했다. 25-34세 남성의 미혼율 역시 1990년대 중반부터 가파르게 상승하기 시작했다. 젊은 여성들이 결혼을 늦추고 있는 것은 여성의 가치관이 변했고, 여성의 상급학교 진학률이 상승했으며, 경제활동 참가율 역시 급격히 상승했기 때문이다. 역시 <표 9>에서 여성의 대학진학률은 1990년 32.4%에서 2000년 65.4%로 10년 사이에 거의 두 배나 증가했고, 2005년에는 80.4%로 남성의 대학진학률과 거의 차이가 없어졌다.

---

86) 배은경, 2012, 『현대한국의 인간재생산: 여성, 모성, 가족계획사업』, 229-235쪽.

<표 9> 연령별 미혼율과 대학진학률

연도	미혼율				대학진학률	
	여자		남자		여자	남자
	25-29	30-34	25-29	30-34		
1975	11.8	2.1	47.0	7.0	-	-
1980	14.1	2.7	45.2	7.3	-	-
1985	18.4	4.2	50.7	9.4	34.1	38.3
1990	22.1	5.3	57.3	13.9	32.4	33.9
1995	29.6	6.7	64.4	19.4	49.8	52.9
2000	40.1	10.7	71.0	28.1	65.4	70.4
2005	59.1	19.0	81.8	41.3	80.4	82.7

출처: 인구주택총조사보고서(배은경, 2012: 242-243에서 재인용).

이제 현모양처의 여성상은 설 자리가 없었으며, 여성의 노동시장 진입은 필수적인 생애과정으로 인식되었다. 결혼 후에도 남성 생계부양과 여성 가사노동이라는 성별 분업은 맞벌이가 지배적인 형태로 변화했다. 여성의 경제활동 참여가 보편화되고 있는 상황에서, 일-가정의 양립을 지원하는 복지정책이 취약하고 가족 내 성평등과 가사분담이 이루어지지 않자, 여성이 할 수 있는 선택은 가능한 한 결혼시기를 늦추고 일과 가족을 양립시키기 위해 출산을 조절하거나, 일을 위해 결혼을 포기하는 것이었다. 출산에 따른 육아 부담과 비용은 더욱 높아졌고, 출산을 위해 노동시장을 이탈하면 경력단절로 노동력가치가 저하되기 때문에, 모성과 유급노동을 조절하는 전략과 협상이 필요했다. 가장 합리적 선택은 결혼과 출산을 연기하며 자녀를 적게 낳는 것이었다.[87] 더욱이 자녀의 의미도 변화되기 시작했다. 자녀를 가계 계승이나 노후보장으로 생각하던 사고는 더 이상 가능하지 않게 되었고, 극단적 경쟁체제가 공고화됨에 따라 자녀 양육을 위한 비용은 크게 상승했다. 자녀는 이제 생산재에서 소비재가 되었다.[88] 이처럼 1990년대 이후 만혼 현상과 낮은 출산율은 '인구 재생산의 위기'로 나타났다.

그러나 저출산이 본격적인 사회문제로 대두되기 전인 1990년에는 남녀 성비문제가 오히려 훨씬 중요한 사회문제로 간주되었다. 성비는 여성 100명당 남성의 숫자로 표시하며, 100 이상은 여성의 부족, 100 이하는 남성의 부족을 의미한다. <표 9>에서 1985년 109.4명이었던 성비는 1990년 116.5명, 1995년 113.2명으로 남초(男超)

---

87) 김현미, 2014, 『우리는 모두 집을 떠난다』, 25-29쪽; 배은경, 2012, 앞의 책, 244-248쪽.
88) 최은영, 2007, '한국사회 저출산 원인' 『민주사회와 정책연구』 통권 11호, 13-14쪽.

현상이 심화되었다. 이는 출산율 저하에도 불구하고 남아선호 현상이 사라지지 않았기 때문이었다. 출산아 수를 조절하면서 가능하면 남아를 선택해 출산하려는 노력은 여아낙태로 이어졌고, 심각한 성비불균형을 초래했다. 출생아 성비뿐 아니라 결혼적령기 인구추계만을 보면, 남성 25-29세, 여성 20-24세의 성비가 1975년 85.8, 1980년 78.6에서 1985년 100.2, 1990년 104.7로 급격히 높아졌다.[89]

결혼시장의 성비불균형이 심화되는 상황에서, 경제적으로 취약한 저소득층 남성이 결혼에 실패하는 사례가 급격히 증가했다. 특히 문화적으로 고립되고 경제적으로 피폐해진 농촌지역에서는 결혼적령기를 넘긴 농촌총각들의 결혼문제가 사회문제로 대두되었다. 농촌지역의 경우 1995년 기준 15세 이상 미혼 남성은 185만 8,300명으로 여성 105만 3,000명에 비해 무려 80만 5,300명이 더 많고, 20세부터 43세까지의 미혼 남성은 73만 9,500명으로 미혼 여성 21만 3,200명의 세 배를 초과했다.[90] 농촌지역의 저출산과 고령화는 도시지역보다 빠르고 심각하게 진행되었으며, 젊은이가 빠져나간 군지역의 인구 감소는 정부 교부세와 국고보조금 감소를 수반했기 때문에 농촌지역 자치단체들은 인구감소에 심각한 위협을 받았다. 그리하여 농촌총각을 장가보내서 농촌지역의 출산율을 높이고 인구를 늘리는 것은 당면한 과제가 되었고, 자치단체별로 '농촌총각 장가보내기' 프로젝트가 진행되었다. 결국 현실적인 해결책으로 등장한 것이 국제결혼 사업이었다. 지방자치단체들이 적극적으로 나서서 농촌총각들의 국제결혼을 추진했으며, 여기에 국제결혼 중개업체가 결합하면서 농촌과 도시 저소득층 남성의 국제결혼 건수는 빠르게 증가했다.

3) 탈냉전과 동북아 국제정세의 변화

1985년 소련공산당의 페레스트로이카와 글라스노스트 선언으로 시작된 사회주의 체제의 변화는 1989년 독일통일과 1991년 소비에트연방의 해체와 함께 탈냉전시대로 귀결되었다. 이미 중국이 1978년 개혁·개방정책을 시작한 상황에서 사회주의체제 내부의 변화는 급속히 진행되었다. 1989년 독일통일 이후 빠르게 진행된 탈냉전의 흐름은 자본주의체제와 사회주의체제의 진영대립을 완화시키면서 한국정부로 하여금 북방정책을 통한 새로운 국제관계의 가능성을 모색하도록 했다.

---

89) 조정문·장상희, 2001, 『가족사회학』, 170쪽.
90) 김현미, 앞의 책.

1988년 서울 올림픽은 탈냉전의 흐름과 전 세계적인 화해 분위기 속에서 치러졌다. 이러한 조건에서 노태우 정권은 집권 초기부터 북방외교를 강화하고 공산권 국가들과의 수교를 추진했다. 1988년 7월 7일 노태우 대통령은 북한과의 관계를 동반자 관계로 발전시키며, 남북한이 상호교류를 통해 공동체로 통합해나가고, 이를 바탕으로 통일을 실현시켜 나간다는 내용의 '민족자존과 통일번영을 위한 특별선언'을 발표했다. 그 주요 골자는 ① 남북한 동포 간의 상호교류 및 해외동포의 자유로운 남북 왕래, ② 이산가족 교신·상호방문 주선, ③ 남북한 간 물자거래와 문호개방, ④ 비군사 물자에 대한 우방국과 북한의 교역 동의, ⑤ 남북 간 대결외교 지양 및 국제무대에서의 협력, ⑥ 북한은 미국·일본, 한국은 중국·소련과의 관계 개선 등을 포함했다. 이 7·7선언은 이후 남북대화와 사회주의국가와의 경제교류 및 수교의 시발점이 되었다.

7·7선언 이후 한국은 1988년 헝가리와의 수교를 시작으로 폴란드, 유고슬라비아와 수교했고, 1990년 체코슬로바키아와 불가리아, 루마니아, 1991년 알바니아와 국교를 수립했다. 1990년에는 소련과의 역사적인 수교가 이루어졌고 1991년에는 남북한이 동시에 유엔에 가입했으며, 남북 고위급 회담도 열렸다. 남북관계도 화해분위기를 띠면서, 1991년에는 남북한 공동으로 '한반도 비핵화 선언'을 채택했고, 민간 차원에서도 평화 통일을 위한 논의가 활성화되었다. 1992년에는 중국과 몽골, 베트남과 외교관계를 맺었다.

서울올림픽을 통해 한국에 대한 국제적 관심과 한국의 경제적 지위가 높아진 상황에서, 탈냉전의 흐름과 공산권 국가들과의 수교는 이들 국가와의 인적·물적 교류가 합법적으로 이루어질 수 있는 계기가 되었다. 특히 한·소 수교와 한·중 수교는 분단과 한국전쟁 이후 처음으로 중국과 러시아의 해외동포와 중국인들의 한국방문을 가능하게 했다.

한편, 사회주의체제의 붕괴와 탈냉전의 국제정세는 사회주의국가 내부의 급속한 변화를 가져왔다. 사회주의체제하의 계획경제가 붕괴되면서 사회주의국가들 내부의 지역공동체는 큰 위기를 맞게 되었다. 국가가 관리하고 조정하던 경제시스템은 물자 부족으로 동맥경화에 빠졌고, 계획경제로부터 시장경제로의 급격한 이행은 심각한 부작용을 가져왔다. 특히 소련의 붕괴와 그에 따른 사회주의국가들 간의 경제협력 시스템의 붕괴는 각 나라들에게 심각한 경제위기를 초래했다.

무엇보다 소련의 에너지공급에 의존했던 북한경제는 심각한 에너지 위기에 직면했고, 원자재 부족은 비효율적인 계획경제에 치명적인 타격을 가했다. 경제위기는 1994년 김일성 주석의 사망과 함께 찾아온 영변 핵 위기, 잇따른 수해와 식량부족 사태를 계기로 체제동요 양상으로 전개되었다. 주체농법 자체의 문제점으로 인한 토지이용의 비효율은 북한의 수해 피해를 심화시켰으며, 식량배급 체계가 붕괴되자 수많은 기아와 아사자가 발생했다. 그 결과 1990년대 중반 이후 '고난의 행군'이 이어지면서, 생존을 위한 대규모 탈북사태가 발생했다.

중국을 포함한 사회주의국가들에서는 시장경제가 확산되면서 지역 주민들의 현금수요가 크게 늘어났다. 당과 국가가 관장하던 집단농장체제가 해체되고 시장경제가 확대됨에 따라, 개별 가구들은 스스로 일자리를 찾아야 했고, 이는 농촌지역에서 도시를 향한 이주의 흐름을 만들어냈다. 이는 동북지방의 조선족 공동체에도 큰 영향을 미쳤고, 대규모 인구가 농촌지역을 벗어나 대도시와 공업지역으로 이동하는 흐름을 만들어냈다. 마침 이 시기에 이루어진 한·중 수교 덕택에 친척방문 형태로 조선족의 한국방문이 시작되었다. 한국을 방문한 조선족들이 한국에서 한약장사로 큰 성공을 거두고 한국의 발전상이 알려지면서, 조선족 사회에서 한국행 러시가 시작되었다.

이러한 노동이주는 중국조선족에만 한정된 것이 아니며, 중국한족과 베트남, 캄보디아, 라오스 등 동남아시아 국가와 네팔, 부탄, 몽골, 우즈베크 등 중앙아시아 국가에 이르기까지, 시장경제에 편입된 모든 사회주의국가에서 발생했다. 새롭게 시장경제로 편입된 나라들에서는 일자리를 찾아 대도시와 해외로 이주하는 흐름이 확대되었고, 서울올림픽을 통해 알려지기 시작한 대한민국은 일본에 이어 높은 임금을 받을 수 있는 또 다른 아시아 국가로서 국제적 노동이주의 주요한 목적지로 부상했다.

또한 소련의 해체는 소련에 속했던 중앙아시아 각 나라들의 분리 독립을 초래했고, 러시아와 민족적으로 구분되는 이들 나라에서 민족주의 열풍을 불러일으켰다. 러시아연방 내 소수국가였던 카자흐스탄과 우즈베키스탄, 키르기스스탄 등 중앙아시아 국가들이 독립 국가를 형성하면서 정치적으로 큰 변화가 발생했다. 과거 이 국가들의 공용어였던 러시아어를 대신해 해당 국가 다수민족의 언어가 공용어로 채택되자, 러시아를 공용어로 사용하고 있던 고려인들의 사회적·경제적 지위는 타격을 받았다. 그 결과 중앙아시아 고려인들은 중앙아시아를 떠나 재이주의 길에 나서야 했다.

2. 한국정부의 이민정책과 한국적 다문화주의

1) 한국정부의 이민정책

이민정책은 '국가가 시장과 사회의 요구를 취합해 국경을 넘는 사람들의 이동을 통제하는 행위'이다. 이민정책은 자국인구의 이출과 외국인구의 이입을 통제함으로써 국제적인 인구이동의 양과 질을 관리하는 것이다. 한국정부는 한국인의 '이출'에 대해서는 개인의 선택에 맡기면서도 국제입양, 국외유학, 해외취업에 대해서는 각각 억제, 방임, 장려정책을 추진해왔다.[91] 정부의 '이입'정책은 다시 ① 출입국 관리정책, ② 외국인력 활용 정책, ③ 체류 외국인에 대한 사회통합 정책으로 나눌 수 있다.[92]

1990년대 이전까지 한국인의 해외이주로는 농업이민, 광부와 간호사의 서독 파견, 원양어선 선원, 중동지역 해외취업 등이 있었고 대부분은 이민 간 친척의 초청을 통한 연고이주, 입양이주, 국제결혼, 취업이주였다. 1989년 국민의 해외여행이 전면 자유화되었고, 1991년 해외이주 허가제를 신고제로 전환했으며, 1999년에는 해외이주 알선업체 설립을 허가제에서 등록제로 전환하면서 변화가 시작되었다. 1987년 이후 주요한 변화는 해외로 이주하는 한국인의 수가 급격히 줄어든 대신에, 국내로 들어오는 외국인 수가 급증했다는 것이다.[93]

1990년대에 들어 외국인 이입정책이 본격화된 것은 외국인력 활용의 필요성 때문이었다. 그 첫 번째 정책이 산업연수생제도와 고용허가제였다. 1990년대 초반 이주정책이 채 확립되기도 전에 외국인 이주노동자의 수가 급격히 증가하기 시작했다. 이주노동자는 1989년부터 대량 유입되기 시작했고, 1990년 인천-웨이하이 간 정기 여객 항로가 개통되면서 중국동포들이 대규모로 유입되었다. 1989년부터 일본이 외국인노동자 입국규제를 강화하고 1990년 걸프전이 발발하면서 이주노동자의 취업 대상지가 축소되었을 때, 외국인들에게 한국은 상대적으로 입국이 용이하고 취업기회가 많은 곳이었다. 더욱이 1988년 올림픽을 전후하여 한국정부는 입국문호를 대폭 개방하였다.[94]

---

91) 설동훈, 2015, '한국의 인구고령화와 이민정책' 『경제와 사회』 100호, 74-75쪽.
92) 이혜경, 2007, '이민 정책과 다문화주의' 『한국적 다문화주의의 이론화』, 220쪽.
93) 설동훈, 2015, 앞의 글, 80쪽.
94) 설동훈, 1996, '한국사회의 외국인노동자에 대한 사회학적 연구' 서울대학교 박사학위 논문, 206-207쪽.

한국사회가 외국 인력의 수입과 다문화사회로의 변화에 대한 준비가 전혀 되어 있지 않은 상태에서, 인력난에 시달리던 중소기업들이 외국인노동력 수입의 필요성을 주장하기 시작했다. 관련법과 정책이 확정되기도 전에 단기 관광비자로 입국한 외국인들이 체류기간을 넘겨 취업하는 사례가 빈발했다. 외국인 노동력 수입에 대한 정부 부처들의 의견도 엇갈려 노동부, 건설부, 상공부는 긍정적인 입장을 보인 반면, 법무부와 경제기획원은 부정적인 입장을 보였다. 1991년부터 산업기술연수제도를 3D업종까지 확대하는 방향으로 정리된 상태에서, 불법체류 외국인에 대한 단속 강화와 해외인력 수입 필요성 논의가 동시에 진행되었다. 자진신고를 통해 불법체류 외국인의 체류기간을 연장해주는 임시방편의 대책이 수차례 반복되었다. 상당한 논란을 거친 후, 정부는 1993년 11월 '외국인 연수생 수입' 방침을 발표하였고, 1994년부터 중소기업협동조합중앙회 산하 산업기술연수협력단과 각각의 인력송출업체의 계약에 의하여 연수생을 도입하였다. 이후 산업연수생제도는 2004년까지 핵심적인 외국인 노동력 활용정책으로 자리 잡았다.[95]

그러나 산업연수생제도는 외국인노동력을 고용하여 일을 시키면서도, 노동자 신분이 아니라 연수생 신분을 부여함으로써 심각한 인권문제를 초래했다. 이주노동자들은 노동자가 아니기 때문에 노동법의 보호를 받지 못했고, 사용자의 부당한 대우와 짧은 체류기간 동안 한국에 오기 위해 투자한 비용을 회수하기 어려웠기 때문에 대부분 사업장을 이탈하여 불법체류자가 되었다. 산업연수생에 대한 심각한 송출비리와 인권 침해, 불법체류자 양산은 심각한 사회문제로 대두되었고, 한국정부는 국내외에서 격한 비난을 받았다. 2003년 '외국인근로자 고용 등에 관한 법률'이 제정되어 2004년부터 고용허가제가 시행되었다. 한동안 고용허가제와 산업연수생제도가 병행 실시된 후, 2007년에 산업연수생제도가 폐지되고 고용허가제로 통합되었다. 고용허가제는 이주노동자에게 근로자 신분을 부여하여 근로기준법의 적용을 받게 했고 체류기간도 점차적으로 연장되었다. 고용허가제는 이주노동자에게 노동권을 부여한 것이 아니라 그들을 고용한 사용자에게 고용을 허가한 것이기 때문에, 이주노동자의 국내체류 자격은 사용자와의 고용관계 유지에 달려 있었다. 이주노동자의 고용업종은 제한되었으며, 합법적인 사업장 변경이 쉽지 않았고, 정주권 역시 주어지지 않았다.

95) 이혜경, 2007, 앞의 글, 226-229쪽.

정부의 두 번째 이민정책은 국제결혼 이민자에 대한 '다문화'정책이었다. 1990년 대 국제결혼이 크게 증가한 가운데, 정부는 결혼이주여성의 인권과 취약한 복지를 지원하기 위한 방안들을 모색하기 시작했다. 이주노동자 정책이 경제적 필요에서 시작된 일시적 노동력활용 정책이었던 반면, 결혼이주여성에 대한 다문화정책은 이들이 한국에 시집와 한국인의 자손을 생산한다는 점에서 동화를 위한 적극적 사회통합 정책이었다. 지방자치단체와 중앙정부의 다문화정책은 대부분 한국어와 한국문화에 대한 학습 지원, 지역사회 적응지원 등 결혼이주여성의 신속한 한국사회 '동화'에 초점을 맞추었다.

법적인 측면에서 보면, 1997년 국적법 개정으로 부계혈통주의가 부모양계주의로 변경되었고 동시에 국적 취득절차가 보다 엄격하게 강화되었다. 국제결혼 자녀들이 아버지의 국적을 따르도록 하던 것에서 어머니의 국적도 취득할 수 있게 함으로써, 외국남성과 한국인 어머니 사이의 자녀들이 불이익을 받지 않도록 한 것이다. 동시에 결혼이주여성의 국적 취득요건을 강화해, 과거 한국인 남성과 결혼하는 즉시 한국국적을 취득할 수 있었지만, 이제 한국여성과 결혼한 외국남성과 마찬가지로, 국내 체류기간이 2년을 경과해야 귀화가 가능토록 변경했다. 이는 외국인여성들의 위장결혼을 막기 위한 것으로, 결혼 2년 이내에 이혼하는 경우 결혼이주여성의 체류자격은 상실되었다. 이에 대한 반발이 심화되자, 이혼 사유가 남편의 귀책사유에 의한 것이거나 미성년 자녀를 돌봐야 하는 경우에는 2년이 되기 전에도 귀화가 가능하도록 했다.[96]

결혼이주여성에 대한 지원정책은 2006년 다인종·다문화사회 선언 이후 보다 적극적인 통합정책으로 구체화되었다. 2006년 4월 중앙정부 차원의 '여성결혼이민자 가족의 사회통합지원 대책'이 발표되었다. 지원 대책은 여성결혼이민자에 대한 차별과 복지 사각지대를 해소해 사회통합과 열린 다문화사회를 실현하겠다는 목적을 제시했다. 그 주요 내용은 ① 국제결혼중개업을 관리하는 법률의 제정, ② 가정폭력 피해자의 혼인파탄 입증 책임 완화와 안정적인 체류지원 강화, ③ 언어문화 교육프로그램 운영, ④ 다문화 교육기반 구축과 여성결혼이민자 교육지원 시스템 구축, ⑤ 여성결혼이민자에 대한 기초생활 보장 및 보건서비스 지원, ⑥ 다문화 관점의 확산과 다양한 문화·가치관의 공존 지원, ⑦ 여성결혼이민자 가족에 대한 포괄적 지원체계

---

96) 이혜경, 2007, 앞의 글, 230-231쪽.

구축을 포함하고 있다.

2006년 5월 정부는 국무총리실 직속으로 '외국인정책위원회'를 구성하고 '외국인 정책 기본방향 및 추진체계'를 발표했다. 이는 '외국인과 더불어 사는 열린사회 구현'을 기본방향으로 외국인 정책의 기본원칙을 명료화한 것이었다. 이에 따르면, 외국인정책의 목표는 ① 개방적 이민 허용을 통한 국가경쟁력 강화, ② 질 높은 사회통합, ③ 질서 있는 국경관리, ④ 외국인 인권옹호를 포함했다. 이러한 정책방향을 구체화하기 위해 2007년 시행된 '재한외국인 처우 기본법'은 5년마다 외국인정책에 관한 기본계획을 수립하여, 외국인정책의 기본목표와 추진방향, 재원규모와 조달방안을 정하도록 하였다. 이에 따라 국무총리 소속의 '외국인정책위원회'는 주요사항을 심의 확정하는 역할을 맡게 되었다. 외국인정책위원회는 재한외국인의 인권옹호, 사회적응 지원, 결혼이민자에 대한 국어교육, 제도·문화에 대한 교육, 보육 및 교육지원, 의료 지원을 맡게 되었다.

2008년 제정된 '다문화가족지원법'은 다문화가족 구성원의 삶의 질 향상과 사회통합을 위한 체계적 지원을 규정하고 있다. 이에 따르면, 국가와 지방자치단체는 다문화가족 구성원이 안정적인 가족생활을 영위할 수 있도록 필요한 제도와 여건을 조성하고 이를 위한 시책을 수립해야 하며, 여성가족부장관은 5년마다 다문화가족 정책에 관한 기본계획을 수립해야 한다. 다문화가족의 삶의 질 향상과 사회통합에 관한 중요 사항을 심의·조정하기 위하여, 국무총리 소속으로 '다문화가족정책위원회'를 두고 다문화가족정책에 관한 기본계획을 수립 및 추진하도록 했다. 이후 여성가족부가 중심이 되어 결혼이주여성 문제를 총괄하게 되었고, 다문화가족지원센터를 중심으로 결혼이주여성의 적응을 위한 사업이 전개되었다. 이 법에 따라 다문화가족 지원센터는 다문화가족을 위한 교육·상담, 결혼이민자 등에 대한 한국어교육, 다문화가족 지원서비스 정보제공 및 홍보, 다문화가족 지원 관련 기관·단체와의 서비스 연계, 일자리에 관한 정보제공 및 일자리의 알선, 다문화가족을 위한 통역·번역 지원사업, 그 밖에 다문화가족 지원을 위하여 필요한 사업을 수행하도록 했다.

<표 10> 국내거주 외국인 대상 주요정책

1992	- 해외 투자기업연수생제도 시행
1994	- 산업연수생제도 시행
1998	- 취업연수제도 시행 - 국적법 개정(부모양계주의, 결혼이주여성 국적 취득 체류기간 2년 적용)
2000	- 연수취업제도(연수2년+취업1년) 시행
2002	- 불법체류방지 종합대책 발표 - 연수취업제도 개정(연수1년+취업2년) 시행 - 취업관리제 도입(국내 호적, 친척 있는 외국동포 서비스업 3년 취업 허용)
2004	- 고용허가제 시행 - 취업관리제에 건설업 분야 추가허용
2006	- 취업관리제 허용업종 확대(제조업, 농축산업, 연근해어업분야) - 여성결혼이민자가족의 사회통합 지원 대책 발표 - 외국인정책 기본방향 및 추진체계 발표
2007	- 산업연수제도의 고용허가제로의 통합, 해외투자연수생제도 유지 - 특례고용허가제의 방문취업제로 전환(국내 연고 없는 외국동포에게 적용) - 국적취득 신청 동포에 취업을 허용하는 방문취업제 - 재한외국인 처우 기본법 시행
2008	- 다문화가족지원법 제정 - 기초자체단체 결혼이민자가족지원센터를 다문화가족지원센터로의 변경 - 다문화가족 생애주기별 맞춤형 지원강화대책 - 제1차 외국인 정책 기본계획(208-2012) 공포
2009	- 이민자 사회통합교육 실시 - 우수 외국인재에 이중국적 허용 - 투자외국인 및 글로벌 인재 맞춤형 서비스제공 - 난민인정제도 개선(난민신청자 취업활동 허용)
2010	- 복수국적 허용범위 확대(국적법 개정안 공포)

출처: 엄한진(2011: 163-164).

2006년 이후 본격화된 다문화정책은 합법체류 외국인과 결혼이민여성 및 다문화가족 구성원을 주요 정책대상으로 하고 있고, 재외동포 및 우수인재 유치와 난민문제에 대한 관심을 표현하고 있었다. 2006년 이후의 다문화정책은 출입국 관리와 외국인력 활용 정책을 넘어서 체류 외국인에 대한 '사회통합'정책의 성격을 보여주고 있다. 이는 경제적 필요에 따라 외국인 노동력을 활용하면서도 이들의 정주를 막기 위해 출입국관리를 엄격히 하고, 다만 인권침해에 대한 관리감독을 보완하는 것을 넘어서고 있다. 중앙정부가 '다문화주의'라는 정책기조를 내걸고 '외국인과 함께 살아가는 다문화사회'를 표방했다는 것은 한국정부의 이민정책에 큰 전환을 의미했다. 이혜경은 2006년 이후의 다문화정책은 정부의 이민정책이 1단계 외국인 인력을 활용하기 위한 노동시장정책으로부터 2단계 사회통합정책으로 변모한 것이며, 여기에는 국제결혼의 증가가 큰 역할을 했다고 평가하고 있다. 1단계에서 산업연수제와 고용허가제로 대표되는 법무부와 노동부의 대립이 있었고, 2단계에서는 가족정책과 이민정책으로 대표되는 여성가족부와 법무부의 대립이 있었다는 것이다. 국경관리를 강조하는 법무부의 논리에 대해 점차 보편적 인권과 사회통합을 강조하는 노동부와 여성가족부의 논리가 강화되었다는 것이다.[97]

그렇다면, 이민정책에서 왜 이러한 변화가 이루어졌는가? 먼저, 그것은 국내체류 외국인이 급격히 증가하고 있었기 때문이다. 국경을 넘는 인구이동이 확대되고 있고 앞으로도 지속적으로 늘어날 것으로 예상되는 상황에서, 폐쇄적인 이민통제가 더 이상 현실적이지 않다는 인식이 강화되었다. 국내경제의 상당부분이 외국인 노동력에 의존하고 있는 상황에서 이들의 정주를 막는 것이 장기적으로 불가능할 뿐 아니라, 국제결혼이 가파르게 증가하고 다문화가족 2세들이 성장하면서 이들의 사회통합 문제가 대두될 것이 분명해졌다. 더욱이 세계시장에서의 기업경쟁력을 강화하기 위해 해외 우수인재 유치가 불가피한 상황에서 다문화사회로의 이행은 피할 수 없는 시대적 추세였다.

둘째, 저출산·고령화로 인구 감소에 대한 위기의식이 커졌다. 저출산·고령화가 가속화되고 있는 데다가 당분간 출산률 반등을 기대할 수 없다는 점이 분명해지면서, 경제활동인구 감소에 대한 위기감이 심화되었다. 온갖 출산장려정책에도 불구하고 합계출산율은 2000년 1.48명에서 2005년 1.08명까지 떨어져 OECD국가 최하수준을 기록했고, 인구감소에 대한 공포가 극대화되었다. 이미 3D업종과 중소 영세사업장에서의 인력부족은 구조화된 상태이며, 해외이민의 수용을 통해 인구균형을 유지해야 한다는 인식이 강화되었다. 점차 이민정책이 저출산·고령화에 대한 유일한 해법으로 간주되기 시작했다.

셋째, 노무현 정부의 국정운영기조도 큰 영향을 미쳤다. 노무현 정권은 상대적으로 진보적인 국정운영기조를 표방했고, 자신을 지지했던 시민사회단체 활동에 우호적이었다. 당시 이주노동자에 대한 심각한 인권침해, 결혼이주여성에 대한 가정폭력과 인권침해가 사회적 문제로 제기되고 있었다. 노무현 정부의 주요 정책기조의 하나가 차별 철폐였고, 이주민의 인권 보장과 사회적 포용은 차별철폐에 대한 정부의 의지와 진정성을 보여주는 사례의 하나였다.

---

97) 이혜경, 앞의 글, 235-237쪽.

2) '한국적 다문화주의'에 대한 논란

새로운 이민정책은 2006년부터 '다문화정책'이라는 이름으로 체계화되기 시작했다. 주로 결혼이민여성과 다문화가족이 주된 지원 대상이었고, 이들에 대한 적응지원 사업은 과잉중복 논란이 일어날 정도로 온정적이고 포괄적이었다. 정부 스스로 이러한 지원정책을 '다문화사회로의 이행'이라는 명목으로 뒷받침했고 그에 따라 다문화담론, 다문화주의를 둘러싼 논란이 크게 증폭되었다. 1970년대 캐나다가 공식적으로 다문화주의 통합정책을 실시한 이후 '다문화주의'란 용어는 전 세계로 퍼져나갔고, 한국정부는 2006년 공식적으로 '다문화'사회를 지향한다는 점을 분명히 했다.

과연 한국사회가 다문화사회이고 다문화주의가 정부의 정책기조인가? 이와 관련하여, 박명규는 다원사회와 다문화사회, 다문화주의를 구분한다. 그에 따르면, '다원적 사회'에서는 생활양식과 문화적 요소가 다양하지만 공동체 차원의 신념과 가치체계는 공유되기 때문에 공동체 내부의 집단 간 갈등으로 이어지지는 않는다. 그러나 상이한 문화요소들이 하위집단들의 정체성과 연결되고, 정체성의 선택이 개인 차원이 아니라 구조적 차원에서 이루어진다면 다문화적 상황이 출현한다는 것이다. '다문화사회'란 서로 다른 문화요소를 자기집단의 핵심적 정체성으로 간주하는 복수의 문화공동체가 공존하며, 서로 다른 문화집단을 어디까지 승인할 것인지, 그들의 적절한 공존관계를 어떻게 제도화할 것인가를 둘러싸고 긴장과 갈등이 구조적으로 잠재되어 있는 사회를 의미한다. '다문화주의'는 다문화상황에 대한 특정한 견해와 가치관, 태도로서, 문화공동체의 독자성을 공적으로 승인하고 다른 공동체와의 평등한 대우를 보장하는 것을 사회정의로 간주하는 가치체계이다.[98]

이러한 측면에서 한국정부의 다문화정책에 대한 근본적인 비판은 정부가 '다문화'를 표방하면서도 사실상의 '차별·배제'와 '동화'정책을 유지하고 있다는 점에서, 한국의 다문화정책이 다문화주의와 무관할 뿐 아니라 오히려 배치된다는 것이다. 그리하여 다문화정책의 방향을 둘러싸고 '한국적 다문화주의'에 대한 논란이 벌어졌다.

오경석은 넓은 의미에서, 다문화주의란 '다양한 차이에도 불구하고 모든 인간이 인간으로서의 보편적 권리를 향유하고 각각의 특수한 삶의 방식을 존중하며 공존할 수 있는 다원주의적인 사회, 문화, 제도, 정서적 인프라를 만들어내기 위한 집합적

---

98) 박명규, 2012, 『남북경계선의 사회학』, 307-309쪽.

노력'이라고 정의한다. 좁은 의미의 다문화주의는 "자유민주주의에 대한 광범위한 합의와 지지가 선결된 조건에서, 다양한 문화적 주체들의 특수한 삶의 권리에 대한 제도적 보장"을 의미한다. 다문화주의는 명료하게 합의할 수 있는 개념이 아니기 때문에 그 지향성에서 다양한 정치적 스펙트럼을 보이며, ① 다문화사회의 핵심적인 주체를 어떻게 설정하느냐, ② 문화에 대한 정의, ③ 다문화주의의 적용범위와 적용 방식에 대한 태도에 따라 다양한 갈래로 구분될 수 있다는 것이다.[99]

그의 핵심주장은 첫째, 정부의 다문화정책이 정책대상을 결혼이민자 가정으로 한정해 미등록 이주노동자들을 아예 배제하고 있다는 것이다, 둘째, 결혼 이민자 가정을 대상으로 하는 다문화 정책 역시 가부장적 순혈주의에 근거한 '동화주의' 원칙을 고수한다는 점에서 한계가 있다는 것이다. 결혼이주여성은 일방적인 적응과 통합의 대상이지 다문화사회의 주체로 평가되지 않는다. 그뿐만 아니라 한국인 여성과 외국인남성의 가정은 주변화되고 있다. 셋째, 다문화 담론들이 이주민들의 문화적 주체성을 인정하지 않고 있으며, 정작 이주민 자신들의 목소리는 배제된 채 다문화정책이 정부에 의해 주도되고 있다는 것이다.[100] 그리하여, 그는 이주민 스스로에 의한 다문화담론이 필요하다고 주장한다. 이를 위해서는 한국적 상황에서 다문화주의의 초점이 '문화'보다는 '생존'에 맞춰져야 하며, 이주민의 '체류 자격'과 '노동의 권리'를 중심으로 다문화 담론이 재구성되어야 한다는 것이다.[101]

김희정 역시, 한국의 다문화주의를 '관주도형 다문화주의'라고 규정하며, 특히 외국인노동자 정책에는 단일민족주의를 유지하려는 의도가 반영되어 있다고 비판한다. 결혼이민자만을 대상으로 한 지원정책은 저출산·고령화를 해결하기 위한 것으로, 이주민의 문화적 권리를 보장하는 것이라기보다 한국인으로의 동화 정책이라는 것이다.[102] 한국의 다문화주의는 다문화사회 통합이라기보다 인구 대책의 성격이 강하며, 사실상 동화와 차별·배제 정책을 다문화정책으로 포장한 것에 불과하다는 것이다.

나아가 김정선은 '한국식 다문화주의'를 '시민권 없는 복지정책'으로 규정한다. '위로부터의' 다문화 정책이 이주자의 시민권 확대보다는 결혼이민자 대상의 복지정

---

99) 오경석, 2007, '어떤 다문화주의인가?' 『한국에서의 다문화주의』, 25-29쪽.
100) 오경석, 2007, 앞의 글, 32-38쪽.
101) 오경석, 2007, 앞의 글, 52-54쪽.
102) 김희정, 2007, '한국의 관주도형 다문화주의' 『한국에서의 다문화주의』, 70-77쪽.

책으로 변질됨으로써, '다문화가족'을 분리된 범주로 구성해 사회적 낙인을 찍고 있다는 것이다. 그에 따르면, '한국식 다문화주의'는 이주자들의 문화적 차이를 승인하고 이들에게 집단-차별화된 권리를 부여하는 원래의 다문화주의와는 성격이 다르다. 한국의 다문화정책은 이주자들의 문화적 정체성을 보호하고 보편적 시민권을 확장하기 위한 것이 아니라, 여성결혼이민자의 출산과 양육을 지원하는 사회복지 서비스 정책이라는 것이다. 결혼이민자들은 자신의 권리와 의무를 협상하는 독립적 시민으로 간주되지 않으며, 그들의 시민권은 한국인 배우자에 '부착'되어 있거나 임신, 출산, 양육이라는 재생산 논리에 갇혀 있다는 것이다. 더욱이 이러한 복지서비스조차 법적 권리라기보다 행정적 프로그램의 성격을 띤다는 것이다. 시민권을 부여하지 않은 채 예산을 지원하는 '한국식' 다문화주의는 이주자의 시민권 문제를 은폐하고 이주노동자들의 인정투쟁을 탈정치화한다는 것이다.[103]

이러한 논의들이 '관주도형 다문화주의'를 국가의 통치전략으로 보고 규범적인 측면에서 비판하는 경향을 보이는 데 반해, 사회학자들은 단일민족주의나 혈통주의, 지역과 위계에 의한 차별, 부계중심의 가족주의, 저출산·고령화로 인한 노동력수급 등 한국사회의 특수성이라는 맥락에서 다문화문제에 접근할 것을 주장한다.[104] 김혜순은 '다민족·다인종화에 따른 사회통합의 도전'이라는 측면에서 '다문화'에 접근하며, '다문화주의'가 진정 바람직한 대안인가라는 질문을 제기한다. 그의 관점에서 다문화사회란 "시민/국민으로서 누릴 수 있는 사회적, 경제적, 정치적, 문화적 권리를 취득하고 향유하는 데 개인의 인종과 민족이 차별의 근거가 되지 않는 사회"이다. 이를 위한 이념으로서 다문화주의의 정책적 초점은 다문화적 감수성과 문화적 다양성을 이끌어내는 것이다. 다문화정책에 대한 포괄적이고 체계적인 전망이 필요하며, 사회 다수의 요구를 고려한 정책적 판단과 장기적 계획 속에서 논의가 진행되기 위해서는 다문화주의 실천의 주체로서 국가의 정책능력이 중요하다는 것이다.

이혜경은 정부의 다문화정책이 '열린 다문화사회'를 만들기 위한 '다문화 지향' 정책이지 '다문화주의' 정책은 아니라고 주장한다. 정부의 '다문화 지향' 정책은 일본식 '다문화 공생'을 한국적인 '다문화사회 지향'이라고 표현한 것이지, 캐나다식의 다문화주의 이민정책을 지향하지는 않는다는 것이다. 한국정부의 정책은 '다문화'라는

---

103) 김정선, 2011, '시민권 없는 복지정책으로서 한국식 다문화주의에 대한 비판적 고찰' 『경제와 사회』 92호, 225-238쪽.
104) 김혜순, 2007, '서론. 한국적 다문화주의의 모색' 『한국적 다문화주의의 이론화』, 18-24쪽.

용어만 선호할 뿐 그 내용은 '동화주의' 정책이라는 것이다. 그에 따르면, 다문화정책을 '관주도' 다문화주의라고 평가하는 것은 외부자의 시각에 불과하며, 정부와 NGO의 합작품이라는 것이 정확한 현실이다. 그는 '다문화'와 '통합'의 중요성에 대해서는 논란의 여지가 없지만, 어느 정도의 다양성을 인정할지, 이를 법과 제도에 의해 어떻게 뒷받침할 것인지에 대한 고민은 필요하다고 주장한다. 이를 위해서 '다문화주의'와 '동화주의'라는 이분법에서 벗어나 한국적인 사회통합 모델을 개발해야 한다는 것이다. 그는 이주민 수용의 1단계에서 '국익'을 우선한 선별적 원칙을 기조로 하고, 2단계에서 품위 있는 삶을 누릴 권리를 보장하기 위해 다양성 존중 원칙을 준수하는 점진적 접근을 강조한다. 즉, 1단계 규제정책에서는 국익을 우선한 선별원칙을 준수하고, 제2단계 사회통합 정책에서는 다양성 존중원칙을 준수해야 한다는 것이다.[105]

윤인진 역시 단계적 다문화주의를 주장하면서, '국가주도 다문화주의'와 '시민주도 다문화주의'를 구분한다. '국가주도 다문화주의'는 다인종·다민족사회에서 다양한 문화집단들의 공존을 통해 국가통합을 이루고자 하는 이념 및 정책이다. 이때 다문화주의의 주체는 국가통합을 책임지는 국가다. 한국의 '국가주도 다문화주의'는 외국인에 대한 관리 기제로서, 이주자 개인의 인권보다 사회통합과 국익 증진을 우선하는 경향이 있다는 것이다. 그러나 '시민주도 다문화주의'는 주변화된 소수집단의 문화와 정체성을 보호하고 기회구조에 평등하게 참여할 수 있도록 노력하는 아래로부터의 다문화주의다. 그의 논지는 한국의 인종적·문화적 동질성이 크고 혈통적 민족주의가 강하다는 점을 인정한다면, 외국인의 인권보장과 국익증진을 위해 '단계적 다문화주의'를 실천해야 한다는 것이다. 즉, 1단계에서 외국인의 인권보장을 원칙으로 단속과 송환을 통해 불법체류자를 감축하는 것, 2단계에서 숙련인력의 정주를 허용하고 일정 요건의 불법체류자를 합법화하여 주민권을 부여하는 것, 3단계에서 이민과 귀화를 쉽게 하고 사회통합을 지원하는 법·제도를 마련하여 주류사회로의 참여기회를 제공한다는 것이다.[106]

앞으로 '한국적 다문화주의'가 해결해야 할 과제와 관련하여, 기존의 다문화주의 논의들은 ① 다문화주의를 지금 우리 사회의 이념으로 채택해야 하는지, ② 다문화

---

105) 이혜경, 2007, 앞의 글, 239-244쪽.
106) 윤인진, 2007, 앞의 글, 262-288쪽.

사회에서 국가의 역할이 무엇인지에 대해 의견이 엇갈리고 있다.[107] 김남국은 우리 사회 소수자들이 아직은 다문화의 권리보다 사회경제적 평등과 보편적 인권을 요구하고 있으며, 정부의 정책 역시 보편적 인권보장에 호의적이기 때문에, 다문화주의에서 국가 역할을 둘러싼 갈등이 아직 전면화되지 않고 있다고 진단한다. 그는 소수자의 문화적 권리가 무엇을 의미하는지 명료해져야 하며, 소수자들이 참여할 수 있는 민주적 공론장이 형성되어야 하고, 무엇보다도 보편적 인권의 확보가 선행되어야 한다고 주장한다.

엄한진 역시 한국의 이민논의는 다문화가족에 대한 관심과 불법체류 노동자에 대한 미온적 태도라는 양면적 성격을 가지고 있으며, 그 배경에는 '분리를 통한 지배' 전략이 내재해 있다고 지적한다. 그는 한국의 다문화 논의에는 민족적·문화적 특수성을 강조하는 특수주의 경향이 우세한데, 오히려 '세계화시대의 이민'이라는 보편주의적인 시각이 필요하며, 특히 이민자집단 간의 형평성을 강화하는 것이 중요하다고 주장한다.[108]

이병렬·김희자는 캐슬과 밀러의 이주정책 유형론에 근거하여 정부의 이주정책을 분석했다. 그들은 ① 안정적인 정주의 권리, ② 노동시장에 대한 접근권, ③ 복지권, ④ 정치적 참여의 권리, ⑤ 이주민을 위한 적극적 정책 등 5가지 기준에 따라 탈북자, 결혼이민자, 동포 이주노동자, 비동포 이주노동자, 화교, 난민에 대한 정책을 분석했다. 먼저, 정주권과 관련하여 정부의 이주정책은 비동포 이주노동자, 외국국적 동포노동자, 난민의 정주를 부인하거나 최소화하고 있다. 특히 영주권이 있어도 체류의 안정성 외에는 노동권, 복지권, 사회정책에서 별다른 혜택을 받지 못한다. 둘째, 정주권은 노동시장에서의 지위와 연계되어 있어서 정주권이 부인된 이주노동자들은 노동시장에서의 직업선택이나 사업장 이동의 자유와 같은 노동권의 상당부분을 제약당하고 있다. 셋째, 복지권은 탈북자와 한국국적 자녀를 양육하는 결혼이주여성을 제외하고는 한국국적이 없는 모든 이주민들에게 부여되어 있지 않다. 넷째 정치권 역시 정주권이 인정된 집단에 한해서만 지방선거 참여의 형태로 제한적으로만 허용되어 있다. 마지막으로, 특별지원정책은 탈북이주민에게만 제공되고 있어 이주민들의 불리한 지위를 개선하기 위한 '적극적 조치'는 이루어지지 않고 있다. 이

---

107) 김남국, 2008, 앞의 글, 356쪽.
108) 엄한진, 2007, '세계화시대 이민과 한국적 다문화사회의 과제' 『한국적 다문화주의의 이론화』, 50-62쪽.

들의 결론은 한국의 이주정책이 전형적인 '차별배제 모형'에 해당하며, 노동시장 논리가 민족주의 논리에 우선하고 있다는 것이다. 그 결과 한국의 이주정책에서 나타나는 차별배제의 논리는 내국인노동자-외국국적 동포-외국인 노동자-불법체류자로 이어지는 민족 내부, 민족과 비민족 사이의 차별과 분리라는 계층적이고 배제적인 특징을 지닌다는 것이다.[109]

한국의 이주제도가 이주민을 분류하고 위계적으로 재계층화는 방식은 사증의 구분을 통해서 이루어진다. 재외동포(F-4), 방문취업(H-2), 결혼이민(F-6), 비전문취업(E-9) 각각의 사증에 주어지는 이동권과 거주권의 수준은 국적, 민족, 성별, 계층의 기준선에 따라 다르다. 재외동포(F-4) 자격은 내국인에 비견되는 지위를 갖는 '시민적 포섭'의 대상으로, 이 자격을 위해서는 부모의 국적과 함께 계층의 기준을 충족시켜야 한다. 방문취업(H-2) 자격에는 재외동포보다는 낮고 비민족 이주노동자보다는 높은 권리가 주어진다. 이들은 이동권의 제한과 계층적 이동을 제약받는 '시민적 축소'에 해당하며, 여기에는 유독 여성의 비율이 높다. 결혼이민(F-6) 자격은 가장 높은 수준의 권리가 보장되지만, 이는 비민족 여성에게 이주기회 자체가 제한적이라는 맥락을 고려해야 한다는 것이다. 비전문취업(E-9) 자격은 국적, 민족, 성, 계층의 기준에서 '시민적 배제'에 해당하는 것으로 이동권과 정주권이 주어지지 않는다.[110]

이처럼 한국적 다문화주의를 둘러싼 논의들은 한국의 다문화정책이 캐나다식의 다문화주의 모형과는 상당히 다르며, 이주민집단에 따라 차별배제 모형과 동화모형이 결합된 형태로 이루어지고 있다는 점에 일치하고 있다. 다문화정책의 방향과 과제에 대해서는, 다문화주의를 규범적인 의미로 이해하고 이주민 중심의 시각에서 접근하는가, 아니면 다문화주의를 현실문제 해결과 사회통합을 추구하는 국가의 시각에서 접근하는가에 따라, 그 방향은 상당한 차이를 보여주고 있다. 시간이 흐름에 따라 이주민 2세들이 성장하고 소수민족집단의 규모가 문화적 공동체를 형성할 정도로 커진다면, 다문화주의의 목표와 내용을 둘러싼 논란은 불가피할 것으로 보인다. 이러한 측면에서 한국사회 이주민들의 역사가 20년을 넘어서는 현재의 시점은 이주민들이 배제되고 차별받는 불만에 찬 소수집단으로 남을지, 자신의 문화적 정체성을 유지하면서 한국사회에 통합될지 그 갈림길에 서 있는 것으로 보인다.

---

109) 이병렬·김희자, 2011, '한국이주정책의 성격과 전망' 『경제와 사회』 90호, 348-357쪽.
110) 안창혜, 2016, '이주민의 시민적 계층화: 체류자격 구분을 중심으로' 『페미니즘연구』 16(2), 105-123쪽.

3) 한국사회 이주민의 현황과 추이

현재 한국사회의 이주민 수는 빠르게 증가하고 있다. 체류외국인 통계현황을 보면, 국내 체류외국인은 2000년 50만 명에서 2007년 100만 명을 넘어선 이후, 2013년 150만 명을 넘어섰고, 2016년에는 200만 명을 돌파해 빠르게 증가하고 있다. 전체인구 대비 체류외국인의 비중 역시 2000년 1.0%에서 2005년 1.5%, 2010년 2.5%, 2015년 3.7%, 2016년 3.9%로 빠르게 증가하고 있다.[111]

<표 11>에서 90일 이상 체류하는 등록외국인 수는 1992년 65,673명에서 1997년 20만 1천 명으로 증가했고, 2003년 43만 7천 명, 2006년 63만 2천 명, 2010년에 91만 8천 명으로 증가한 후, 2014년 109만 명, 2016년에 116만 명까지 늘어났다. 이처럼 장기체류 외국인 수는 매우 빠른 속도로 증가하고 있고, 1992년과 1997년 5년 사이에 3배 이상 증가한 이후, IMF사태로 실업이 급증했던 1998년에만 일시적으로

<표 11> 연도별 외국인 등록현황(2016.12.)

	남성	여성	총계
1992	36,175	29,498	65,673
1993	42,332	34,042	76,374
1994	54,917	40,861	95,778
1995	70,755	53,126	123,881
1996	99,813	67,851	167,664
1997	122,798	78,388	201,186
1998	107,980	74,808	182,788
1999	121,135	85,760	206,895
2000	143,177	100,995	244,172
2001	153,449	114,181	267,630
2002	159,356	128,567	287,923
2003	257,628	179,386	437,014
2004	278,377	190,806	469,183
2005	283,998	201,479	485,477
2006	370,728	261,762	632,490
2007	438,660	326,769	765,429
2008	480,136	373,871	854,007
2009	485,806	384,830	870,636
2010	514,956	403,961	918,917
2011	554,482	427,979	982,461
2012	524,420	408,563	932,983
2013	562,695	423,228	985,923
2014	628,279	463,252	1,091,531
2015	656,265	486,822	1,143,087
2016	-	-	1,161,677

출처: 법무부 체류외국인 통계(각 연도).

111) 법무부 출입국·외국인정책본부, 출입국·외국인정책 통계월보, 2016년 6월호.

감소했을 뿐, 2000년대 들어 증가 속도는 더욱 가빠르다. 특히 참여정부가 들어선 2003-2004년 사이에 등록외국인 수는 거의 두 배 이상 급증하였고, 2006-2008년 사이에도 매년 10만 명 수준으로 폭증하는 양상을 보였다. 미국발 금융위기의 충격이 본격화된 2009년 이후에는 증가속도가 완만해지고 2012년에는 약간 감소하기까지 하였으나, 2013년 이후 현재까지 매년 꾸준한 증가추세를 보이고 있다.

<표 12>에서 장기체류 외국인의 국적별 비중을 보면, 2016년 현재, 중국이 54만 9천 명으로 47.3%를 차지하고 있고, 이어 베트남이 13만 8천 명 11.9%, 필리핀 4만 6천 명 4.0%, 캄보디아 4만 5천 명 3.8%, 우즈베키스탄 4만 2천 명 3.6%, 인도네시아 3만 9천 명 3.4%로 나타났다. 2000년과 비교해보면, 중국과 베트남의 비중이 높아진 반면, 인도네시아와 필리핀의 비중이 낮아졌다. 특히 중국인 장기체류자는 2000년 58,984명에서 2016년 807,076명으로 약 14배 증가했는데, 이는 2007년 3월 방문취업제가 시행되면서 중국동포의 국내체류가 급속히 증가했기 때문이다.

<표 12> 등록외국인 국적별 현황(2016.12.31. 현재, 단위: 명)

국적별	계	중 국	베트남	필리핀	캄보디아	우즈베키스탄	인도네시아	기 타
인 원	1,161,677	549,122	137,769	46,069	44,538	42,106	39,130	302,943
비 율	100%	47.3%	11.9%	4.0%	3.8%	3.6%	3.4%	26.1%

출처: 법무부 출입국·외국인정책본부, 출입국·외국인정책 통계월보 2016년 12월호.

<표 13>에서 체류외국인의 체류자격별 현황을 보면, 2016년 12월 현재, 재외동포(F-4)가 372,533명 18.2%를 차지하며, 비전문취업자(E-9)가 279,187명 13.6%, 방문취업자(H-2)가 254,950명 12.4%를 차지하고 있다. 영주권자(F-5)는 130,237명으로 6.4%를 차지하고 있으며, 결혼이민자(F-6)는 121,332명으로 5.9%를 차지했다. 그 외에 방문동거자(F-1) 101,961명(5.0%), 유학생(D-2) 75,675명(3.7%), 거주비자(F-2) 39,485명(1.9%)의 순으로 나타나고 있다.

<표 13> 체류외국인 자격별 현황(2016.12.31. 현재, 단위: 명)

체류 자격	계	재외동포 (F-4)	비전문취업 (E-9)	방문취업 (H-2)	영 주 (F-5)	결혼이주 (F-6)	방문동거 (F-1)	유 학 (D-2)	거 주 (F-2)
인원	2,049,441	372,533	279,187	254,950	130,237	121,332	101,961	76,040	39,681
비율	100%	18.2%	13.6%	12.4%	6.4%	6.4%	5.9%	5.0%	3.7%

출처: 법무부 출입국·외국인정책본부, 출입국·외국인정책 통계월보 2016년 12월호.

<표 14>에서 1999년부터 현재까지 등록외국인의 체류자격 추이를 보면, 비전문취업자(E-9), 방문취업자(H-2), 선원취업(E-10), 기술연수자(D-3) 등 합법적으로 취업한 저숙련 이주노동자의 규모는 1999년 78,945명에서 2003년 284,192명, 2007년 420,147명, 2011년 543,447명으로 늘었다. 이후 2013년에 49만 명 수준으로 감소되었으나, 2016년에는 552,399명으로 증가했다. 1999년과 2016년을 비교하면, 동포와 비동포를 합한 저숙련 이주노동자는 7배가량 증가한 것으로 나타났다.[112]

또한 외국국적을 가진 결혼이주자(F-6)는 2003년 4만 명 수준에서 2011년을 제외하면 2007년 이후 11만 명 내외를 유지하고 있는 것으로 나타났다. 영주권자의 수는 2011년부터 빠르게 증가하여 2016년 13만 명으로 2003년과 비교하면 거의 13배 증가했다. 유학생 수는 2003-2009년 사이에 7배 이상 증가한 이후 현재까지 7만 명 내외를 유지하고 있다. 한편 재외동포(F-4)비자를 소지한 사람은 2016년 12월 현재 372,533명으로 이중 중국조선족이 275,342명, 미국과 캐나다가 61,630명, 러시아 고려인이 14,932명이다. 한편 외국인 유학생은 2000년 4,015명에서 2016년 101,601명으로 약 25배 늘어났다. 이들은 절반 이상이 중국(59.5%)에서 왔으며, 베트남(10.3%), 몽골(5.4%), 일본(2.5%) 순으로 172개국에서 유학을 온 이들이다.[113]

<표 14> 시계열 체류자격별 등록외국인 인원 수(1999-2016)

연도	전체	결혼이민(F-6, F-2-1)	영주 (F-5)	전문기술 E1,2,3,4,5,6,7	저숙련직 E9,H2, E10,D3	유학 (D-2)	일반 연수 (D-4)	기타
1999	168,950		-	12,592	78,945	3,029	1,436	72,948
2001	229,648		-	18,511	110,028	5,066	2,331	93,712
2003	437,954	41,428	10,062	21,095	284,192	9,456	3,944	67,777
2005	485,144	74,176	11,239	23,500	224,732	20,347	6,330	124,820
2007	765,746	109,861	16,460	32,054	420,147	41,348	18,650	127,226
2009	870,636	124,794	22,446	39,528	506,578	62,112	19,529	95,649
2011	982,461	**142,701**	64,979	45,497	543,447	67,839	35,751	82,247
2013	985,923	115,906	100,169	48,504	490,083	60,270	21,866	149,125
2015	1,143,087	118,879	123,033	46,726	571,131	66,155	29,977	187,186
2016	1,161,677	121,332	130,237	47,740	552,399	76,040	41,592	-

※ 2001년은 결혼이민(F-6)과 국민의 배우자(F-2-1) 비자가 발행되기 이전
출처: 법무부, 체류외국인통계. 각 연도(2011년 결혼이민자는 F2+F6로 계산).

112) 취업자격을 가진 체류외국인 597,783명 중 단순기능인력이 549,449명을 차지하며, 이들은 다시 비전문취업(E-9) 279,187명, 선원취업(E-10) 15,312명, 방문취업(H-2) 254,950명으로 구분할 수 있다. 체류자격은 A에서 H계열로 구분할 수 있다.
113) 국민의 배우자는 2009년 이전(F-1-3, F-2-1), 2010년 이후(F-2-1, F-5-2), 2011년 12월 이후(F-2-1, F-5-2, F-6)로 구분된다.

<표 15>에서 체류외국인을 국적별·체류자격별로 보면, 2016년 12월 현재 가장 많은 비중을 차지하는 것은 조선족을 포함한 중국국적자로 총 체류외국인의 절반을 넘고 있다. 중국조선족들의 경우에는 방문취업자(H-2)가 233,590명, 영주권자(F-5)가 72,307명으로 가장 많은 비중을 차지하며, 결혼이민자(F-6)가 17,407명이다. 반면, 중국한족들은 단기방문자(160,615명), 유학생(46,536명)이 압도적으로 많은 비중을 차지하며, 영주권자 25,735명, 결혼이민자 24,596명, 일반 연수자 20,247명 순이다. 베트남국적자는 결혼이민자가 38,866명으로 결혼이민집단 중에서 가장 많은 비중을 차지하며, 저숙련 이주노동자(E-9, E-10, D-3)도 46,900명으로 조선족 동포(H-2)를 제외하면 가장 높은 비중을 차지한다. 그 외에 일반 연수가 10,579명, 유학생이 4,692명이다. 그 밖에 결혼이민자에서는 필리핀, 캄보디아, 태국, 우즈베키스탄, 네팔이 각각 10,789명, 4,182명, 2,544명, 1,566명, 878명 순으로 많은 비중을 차지하고 있다. 저숙련 이주노동자에서는 캄보디아, 인도네시아, 우즈베키스탄, 네팔, 필리핀, 스리랑카, 태국, 중국국적자의 순으로 각 나라별 25,000명에서 37,000명 수준을 나타내고 있다. 외국인등록자 통계에는 미등록 이주자와 귀화자들이 제외되어 있다.

<표 15> 등록외국인 국적 및 체류자격별 인원수(2016년 12월 말)

국적		총 체류자	결혼이민(F-6)	거주(F-2)	영주(F-5)	전문기술직	저숙련직	유학(D-2)	일반연수(D-4)	단기방문
전체	총계	2,049,441	121,332	39,681	130,237	47,740	552,399	76,040	41,592	309,630
	남	1,117,206	19,939	16,719	58,450	29,004	418,898	31,731	18,985	157,487
	여	932,235	101,393	22,962	71,787	18,736	133,501	44,309	22,607	152,143
중국조선족		627,004	17,407	10,845	75,307	45	233,590	168	56	4,799
중국		389,603	24,596	17,799	25,735	13,702	8,331	46,536	20,247	160,615
베트남		149,384	38,866	2,376	1,497	1,535	46,900	4,692	10,579	8,282
타이		100,860	2,544	99	608	658	24,713	451	156	125
필리핀		56,980	10,789	490	607	3,269	26,652	548	171	8,596
우즈베크		54,490	1,566	279	875	158	32,899	1,407	1,025	4,023
인도네시아		47,606	545	46	151	567	36,591	1,170	294	6,958
캄보디아		45,832	4,182	238	86	40	37,750	337	108	525
네팔		34,108	878	174	86	501	29,530	627	112	653
스리랑카		27,650	274	13	19	44	25,161	216	383	841
러시아		15,459	100	22	264	4	41	3	0	29

※ 전문기술직은 교수(E-1), 회화지도(E-2), 연구(E-3), 기술지도(E-4), 전문직업(E-5), 예술흥행(E-6), 특정직업(E-7)을 합산/ 저숙련직은 기술연수(D-3), 비전문취업(E-9), 선원취업(E-10), 방문취업(H-2)을 합산/ 단기방문은 관광·통과(B-2), 일시취재(C-1), 단기방문(C-3), 단기취업(C-4)을 합산함.

출처: 출입국·외국인정책본부, 2016년 12월호 출입국외국인정책 통계월보

<표 16>에서 미등록 이주자 수는 2016년 12월 현재 208,971명으로 총 체류외국인의 10.9%를 차지하고 있다. 연도별 추이를 보면, 2007년까지 223,464명으로 늘었다가, 이후 감소세로 돌아서 2011년 167,780명까지 감소했다. 이후 2012년부터 다시 증가세로 돌아서, 2015년 214,168명까지 늘었다가 올해 2.4% 감소했다. 그러나 불법체류율(불법체류자/총 체류자)은 2000년 전체 체류자의 41.8%에 달할 정도로 높았다가, 2005년 27.3%로 감소한 이후 꾸준히 감소하고 있다. 2013년 이후에는 11% 수준을 유지하다가 2016년에 '자진출국자 한시적 입국금지 면제제도'의 영향으로 10.2%까지 감소했다. 미등록체류자의 체류자격을 보면, 단기비자로 입국한 이들이 전체의 59.4%를 차지하고, 비전문취업자(E-9)의 미등록 체류가 전체의 22.9%를 차지하고 있다.

<표 16> 불법체류자 추이(단위: 명)

연 도	총 체류자	불법체류자	불법체류율
2005	747,467	204,254	27.3%
2006	910,149	211,988	23.3%
2007	1,066,273	223,464	21.0%
2008	1,158,866	200,489	17.3%
2009	1,168,477	177,955	15.2%
2010	1,261,415	168,515	13.4%
2011	1,395,077	167,780	12.0%
2012	1,445,103	177,854	12.3%
2013	1,576,034	183,106	11.6%
2014	1,797,618	208,778	11.6%
2015	1,899,519	214,168	11.3%
2016	**2,049,441**	**208,971**	**10.2%**
전년대비	7.9%	-2.4%	-

※ 불법체류율(%)=불법체류자(합계)÷총 체류자×100.
출처: 법무부 출입국·외국인정책본부, 출입국·외국인정책 통계월보 2016년 12월호.

혼인귀화자는 2016년 12월 현재 114,901명으로, 2010년 66,474명에서 매년 1만 명가량씩 증가하고 있다.[114] 결혼이민자(F-6)는 집계가 시작된 2001년 25,182명에서 2016년 151,820명으로 약 6배 증가했는데, 혼인귀화자 114,901명에 결혼이민자 151,820명을 합하면, 2016년 현재, 전체 결혼이민자는 266,721명에 달한다. 연도별 귀화자의 50-60%는 조선족을 포함한 중국국적이고, 베트남국적자가 30%가량, 필

---

114) 귀화자는 해방 이후 2016년까지 전체 귀화자가 169,656명인 데 비해, 1991년부터 2016년 말까지 귀화자 수가 그 대부분인 168,001명을 차지한다.

리펀국적자가 3-4%를 차지한다.

최근 들어 체류외국인 중 난민의 규모도 늘어나고 있다. <표 17>에서 보듯이, 1994년 이후 2016년까지 전체 난민 신청자는 22,792명인데, 2015-2016년에 전체 난민신청 건수의 절반에 해당하는 13,253건의 신청이 이루어져, 최근 몇 년 사이에 폭발적으로 증가하고 있다. 그러나 1994년 이후 전체 난민 신청자 22,792명 중 13,393명의 심사가 종료되었는데, 난민으로 인정된 경우는 672건, 인도적 체류가 1,156건에 불과하고, 나머지 11,565건은 난민자격이 인정되지 않았다.

<표 17> 연도별 난민 및 심사결정 종료자 현황(1994-2016, 단위: 건)

구분\연도	신청	철회	심사결정종료	난민인정(보호) 소계	난민인정(보호) 인정	난민인정(보호) 인도적 체류	불인정
총계	22,792	2,538	13,393	1828	672	1,156	11,565
'94-'09	2,492	494	1,665	256	171	85	1,409
2010	423	62	248	80	45	35	168
2011	1,011	90	339	62	42	20	277
2012	1,143	187	649	91	60	31	558
2013	1,574	331	586	63	57	6	523
2014	2,896	363	2,378	633	94	539	1,745
2015	5,711	280	2,134	299	105	194	1,835
2016	7,542	731	5,394	344	98	246	5,050

출처: 법무부 출입국·외국인정책본부, 출입국·외국인정책 통계월보 2016년 12월호.

<표 18>에서 외국인들이 앞으로도 계속 한국에 체류하기를 희망하는지 여부와 관련하여, 비자의 체류기간 만료 후에도 한국에 계속 체류하기를 원하는 경우는 86.1%, 원하지 않는 경우는 13.9%로, 압도적 다수가 계속 체류하기를 원하고 있다. 집단별로 계속 체류를 희망하는 비율을 보면, 결혼이민(97.9%), 방문취업(93.4%), 재외동포(90.4%)에서 상대적으로 높고, 비전문인력(81.7%), 전문인력(72.7%), 유학생(66.3%)에서는 계속 체류하기를 원하는 비율이 상대적으로 낮다.

계속 체류방법에 대해서는 체류기간 연장 65.0%, 영주자격 취득 15.9%, 한국국적취득 9.4%, 체류자격 변경 9.2%의 순으로 나타났다. 결혼이민자는 한국국적 취득을 원하는 비중이 가장 높아 46.8%였고, 재외동포와 방문취업자는 영주권 취득을 원하는 비중이 상대적으로 높아 각각 20.6%, 17.9%를 차지했다. 비전문취업자는 체류기

간 연장을 선호하는 비중이 75.2%로 매우 높게 나타났다. 한국에서의 정주권이 봉쇄되어 있는 비동포 이주노동자들은 체류기간 연장을 주로 원한 반면, 정주권 획득 기회가 높은 재외동포들은 체류기간 연장 외에도 영주권 취득, 체류자격 변경, 한국 국적 취득을 선호했다.

한국에서의 총 체류기간은 1-3년 미만이 29.3%로 가장 많고, 5-10년 미만 25.7%, 3-5년 미만 21.5%, 10년 이상 13.4%, 1년 미만 10.2%였다. 상대적으로 유학생 (69.0%)과 전문인력(57.4%), 비전문인력(55.2%), 방문취업(43.7%)의 순으로 3년 미만 체류가 많았으며, 결혼이민자(59.6%)와 재외동포(54.1%)에서 5년 이상 체류자가 많았다.

<표 18> 체류기간 만료 후 한국 내 계속 체류 희망 및 방법(단위: %)

구분	구성비 합계	계속 체류 원치 않음	계속 체류 원함					한국에서의 총 체류 기간				
			계속 체류 희망 합계	체류 기간 연장	체류 자격 변경[1]	영주 자격 취득	한국 국적 취득	1년 미만	1-3년 미만	3-5년 미만	5-10년 미만	10년 이상
외국인 합계 (체류 원함 구성비)	100.0 -	13.9 -	86.1 (100.0)	56.0 (65.0)	7.9 (9.2)	13.7 (15.9)	8.1 (9.4)	10.2	29.3	21.5	25.7	13.4
비전문취업(E-9)	100.0	18.3	81.7	75.2	3.8	1.4	1.0	12.8	42.4	34.4	10.2	0.1
방문취업(H-2)	100.0	6.6	93.4	55.9	16.6	17.9	2.8	8.2	35.5	16.8	25.7	13.8
전문인력 (E-1~E-7)	100.0	27.3	72.7	59.3	4.3	7.7	1.4	20.1	37.3	19.2	17.6	5.7
유학생	100.0	33.7	66.3	43.3	16.4	4.8	0.7	22.2	46.8	21.2	9.5	0.3
재외동포(F-4)	100.0	9.6	90.4	58.7	3.2	20.6	7.4	7.1	20.5	18.3	35.9	18.2
결혼이민 (F-2-1, F-6)	100.0	2.1	97.9	23.4	3.0	24.2	46.8	5.8	14.8	19.8	40.3	19.3

※ 1) 영주(F-5) 자격으로의 변경은 제외, 2) 재입국, 미정 등.
출처: 법무부 출입국·외국인정책본부, 출입국·외국인정책 통계월보 2016년 12월호.

제7장 이주노동자의 역사와 노동실태

한국의 이주자 중에서 가장 많은 비중을 차지하는 집단이 이주노동자이다. 이주노동자란 '대한민국국적을 갖지 않은 사람으로서 국내에 소재하고 있는 사업 또는 사업장에서 임금을 목적으로 근로를 제공하고 있거나 제공하려는 사람'을 말한다. 한편 미등록이주노동자는 흔히 '불법체류자'라고 불리는 사람들로, 국내에 체류하는 외국인 중에서 체류기간과 체류 목적 등을 위반하여 체류하고 있는 자를 말한다.

1990년대 이후 이주노동의 짧은 역사에도 불구하고 이주노동자는 양적으로 빠르게 늘어 2016년 현재는 전체 체류외국인 200만 명의 절반 이상을 차지하고 있다. 고용허가제와 방문취업제 형태의 저숙련 노동이주자뿐만 아니라 재외동포, 결혼이주자, 영주권자나 전문 인력, 유학생의 상당수 역시 사실상 취업활동을 하고 있다는 점에서 넓은 의미의 이주노동자라고 볼 수 있다. 정부의 다문화정책이 결혼이민자와 다문화가정에 집중되어 있는 반면, 이주노동자들은 대부분 일시적으로 체류하는 노동력으로 간주되어 사회통합정책의 대상이라기보다는 출입국 통제와 체류 관리의 대상으로 간주되고 있다. 특히 저숙련 이주노동자들은 한국사회에서 차별과 배제의 대상으로 한국이주정책의 모순과 문제점을 드러내는 존재들이다. 이들에 대한 한국사회의 포용 여부는 다문화정책의 방향과 '외국인과 함께 살아가는 열린 다문화사회'의 미래를 가늠해볼 수 있는 시험지이다.

이 장에서는 먼저, 이주노동자정책의 변화를 통해 이주노동의 역사를 개괄한다. 다음으로 현재 이주노동자들의 현황과 노동실태를 검토하고, 이주노동자들이 한국사회의 차별과 배제에 대해 어떻게 적응하고 저항했는가를 정리한다.

1. 이주노동의 역사와 정책·제도상의 변화

한국이주노동자정책의 가장 큰 특징은 그것이 노동시장의 현실과 사회적 영향을 충분히 검토한 후에 결정되었다기보다, 중소기업의 인력난을 해소하기 위한 저임금 노동력의 공급이라는 비용-편익 관점에서 결정되었다는 점이다. 한국의 이주노동자 정책은 외국인력정책과 재외동포정책 두 가지로 이루어져 있다. 이주노동자정책은 주로 단기순환 위주의 단순노무인력을 대상으로 한 노동력 수급관리정책으로 재외 동포를 제외한 외국인력정책으로 운영되고 있다. 사회통합위원회의 평가에 따르면, 현재의 이주노동자정책은 출입국 '통제'와 체류 '관리'를 목적으로 하는 체제로, 외국인근로자를 체계적으로 도입 관리함으로써 이주노동자의 정주나 불법체류를 억제하는 것을 목적으로 하는 이민관리정책이다.[115]

한국의 이주노동자정책은 그 역사가 20여 년에 불과한데다가 제도화의 지연으로 그 법적 제도화는 2004년 고용허가제 시행에 와서야 이루어졌다. 한국의 이주노동 관련제도는 1990년대 산업기술연수생제도와 2004년 이후의 고용허가제로 구분할 수 있다. 구체적으로 ① 1991년 외국인력정책이 도입되고 2004년 고용허가제가 도입될 때까지 산업연수생제도를 중심으로 이주노동을 관리하던 정책형성기, ② 2004년부터 2007년까지 고용허가제와 산업연수생제도가 병행 시행되었던 과도기, ③ 방문취업제와 함께 고용허가제로 단일화된 2007년 이후로 구분할 수 있다.[116]

1) 산업연수생제도의 시행과 이를 둘러싼 갈등

1991년 외국 인력을 도입하기 시작한 이후 2004년 고용허가제 실시 이전까지 정부의 이주노동자정책은 3D업종의 인력부족 문제를 해결하기 위한 산업기술연수생 제도의 도입과 이 제도의 문제점을 둘러싼 갈등으로 요약될 수 있다. 이 시기에는 산업연수생제도의 부작용으로 대규모 불법체류, 송출 비리, 작업장 내 인권침해 등

---

115) 사회통합위원회, 2012, 『한국의 다문화 사회통합정책: 종합평가와 대안』, 83-89쪽.
116) 이규용은 다시 외국인력 정책의 도입기(1993-2000.4.)와 외국인력 활용을 둘러싼 갈등기(2000.4.-2004.8.)를 세분해 모두 4단계로 구분하고 있다. 이규용, '2014, 고용허가제 10주년 성과 및 향후 정책과제' "고용허가제 10주년 세미나."

다양한 문제점이 노출되었다. 산업기술연수생은 산업연수(D-3) 비자를 받고 '기업체에서 산업상의 기술·기능을 연수받는 자'로서, 사실상 단순노동자로 일하는 경우가 대부분이었다. 1993년 제도화된 산업연수생제도는 중소기업협동조합이 외국의 인력 송출기관을 통해 확보한 산업연수생을 5인 이상 300인 이하 규모의 섬유, 신발, 조립금속 등 22개 중소제조업체에 배정하는 방식으로 운용되었다. 산업기술연수생은 법적으로 '연수'였지만, 대부분 실제 교육은 1주일에 불과했고 값싼 외국인노동자를 고용하는 편법으로 활용되었다.

당시 정부는 외국인의 단순기능직 취업을 막으면서 산업공동화를 방지하고 중소기업의 인력난을 해소할 수 있도록 연수생 도입을 허용했다. 1991년부터 해외현지법인을 둔 국내기업은 최대 50명 이내에서 산업연수생을 자유롭게 도입할 수 있었다. 1992-1993년 사이에는 인력난이 심한 3D업종의 중소기업도 상공부장관의 추천을 받아 1만 명 이내의 연수생을 채용할 수 있게 되었다. 정부는 1994년 이후 1-5차에 걸쳐 매번 1-2만 명의 산업연수생을 추가 도입하였다. 초기에 이들 산업연수생은 처음 연수 1년에 추가 1년을 연장해 체류할 수 있었다. 1994년부터 상공부와 중소기업협동조합중앙회가 외국인 산업기술연수 대상 업체를 선정하고, 중소기업협동중앙회는 산업기술연수생의 모집, 알선, 연수, 사후관리를 담당했다. 문제는 사용자단체가 산업기술연수생을 도입할 때 현저하게 낮은 임금을 책정했다는 점이다. 이는 내국인과의 극심한 임금격차를 발생시킴으로써 한계산업의 구조조정을 지연시키고 연수생의 사업체 이탈을 부추겼다. 산업기술연수생 수는 1994년 24,050명, 1995년 38,812명으로 증가했고, 정부는 작업장 이탈 비율에 따라 국가별 쿼터 인원을 재조정하는 방식으로 인력을 조절하였다.[117]

미등록노동자들은 보통 ① 관광, 방문 등 단기비자를 갖고 입국해 취업한 외국인, ② 산업연수생으로 입국하여 지정된 사업체를 이탈한 외국인, ③ 아무런 비자 없이 밀입국한 외국인들을 포함했다. 이들은 대부분 방문, 관광 등의 명목으로 입국하여 장기체류하는 경우였는데, 1989년부터 급증하기 시작했다. 정부는 이들에 대해 단속과 경고를 계속하면서도 국내의 인력난을 감안해 사실상 취업을 묵인해왔다. 1992년 불법체류자 자진신고 때 확인된 수치로는, 사용자 10,796명에 미등록노동자 61,126명이 고용되어 있었다. 정부는 1992년부터 미등록노동자를 줄이기 위한 대책

---

117) 설동훈, 1996, '한국사회의 외국인노동자에 대한 사회학적 연구' 서울대학교 박사학위 논문, 29-34쪽.

으로 몇 차례의 강제출국 연기를 통해 불법체류 자진신고자 일부를 산업기술연수생으로 전환하는 정책을 추진했다.[118] 그러나 산업연수생들은 노동자 신분이 아니어서 미등록노동자들보다 임금이 낮았기 때문에, 이러한 정책은 성과를 거두기 어려웠다. 산업연수생들 역시 노동법의 보호를 받지 못했고 짧은 체류기간으로 한국입국 비용을 회수하기 어려웠기 때문에 대부분 사업장을 이탈해 미등록노동자가 되었다.

한편 1994년에 산업기술연수생의 18%, 미등록노동자의 35.5%는 외국국적 동포들이었다. 친척방문을 위해 입국한 해외동포 대부분이 미등록노동자로 잔류하는 경향을 보이자, 정부는 입국규제를 강화하기 시작했다. 정부는 방문사증 발급대상을 만 60세 이상으로 조정하였고, 한국친척의 초청장이 있어야 30-90일 체류가 가능한 사증을 발급했다. 해외동포에 대한 입국규제 강화는 한국입국을 위한 브로커 비용을 증대시켰고, 큰 비용을 투자해 한국에 온 중국동포들의 미등록 장기체류는 더 확산되었다.

1990년대 초반 이주노동자들의 취업현황을 보면, 산업연수생들은 주로 상용근로자 10인 이상 업체에 취업한 반면, 미등록노동자는 10인 미만 사업체에 취업하는 경우가 많았다. 산업연수생은 주로 섬유, 가죽, 가방, 신발, 고무 플라스틱, 조립금속, 자동차 트레일러 등의 업종에 취업했고, 미등록노동자들은 이외에도 건설, 도소매 음식숙박, 개인가사 사회서비스업 등 인력이 부족한 모든 업종에 취업했다. 산업연수생의 임금수준이 300인 이하 중소제조업 평균 통상임금의 34.8%에 불과했던 반면, 미등록노동자의 임금은 한국인 미숙련노동자와 거의 차이가 없었다. 설동훈의 조사에 의하면, 1995년 당시 한국계 미등록노동자의 임금이 82.9만 원, 비동포 미등록노동자 57만 원, 한국계 산업연수생 54.9만 원, 비동포 산업연수생 33만 원으로, 이주노동자의 임금수준은 한국계 여부와 체류자격에 따라서 위계적 차이를 보이고 있었다.[119]

산업연수생의 사업체 이탈이 심해지자, 정부는 연수업체들의 연수생관리 책임을 강화했고, 회사의 감시와 통제가 심화되면서 산업연수생들에 대한 인권침해도 심각해졌다. 1995년 1월 네팔인 산업연수생 13명이 명동성당에서 "때리지 마세요. 우리도 사람입니다. 우리는 노예가 아닙니다. 월급 주세요." 등의 구호를 내걸고 농성 투

---

118) 설동훈, 1996, 앞의 논문, 34-40쪽.
119) 설동훈, 1996, 앞의 논문, 55-63, 116-118, 149-153쪽.

쟁을 시작했다. 이 사건으로 산업연수생들에 대한 인력송출업체의 중간착취, 연수업체에 의한 감시, 감금, 폭행 등 인권침해, 산업기술연수제도의 허구성이 여실히 드러났다. 그 결과 1995년부터 산업기술연수제도에 대한 사회적 비난이 확산되었고, 정부 차원의 개선책이 논의되었다. 정부는 연수생의 산재·의료보험 적용, 건강진단, 본인의 직접 임금수령, 최저임금법 적용 등의 제도개선방안을 발표했다.[120]

불법체류자가 1998년 10만여 명에서 2001년 25만 명으로 3년 새 2.5배나 늘어나 전체 외국인근로자의 80%에 육박했고, 이주노동자의 인권 침해에 대한 사회적 비난과 저항이 격화되는 등 산업연수생제도의 실패가 분명해졌다. 더욱이 단순노무 이주노동자에 대한 정책이 비동포 외국인과 외국국적 동포로 구분되어 이루어지면서, 노동시장에 대한 정책효과도 떨어졌고 정치적으로 동포차별에 대한 반발도 심해졌다. 사실 이 시기 외국인력 도입은 노동시장의 요구에 대한 행정적 대응이었을 뿐, 충분한 공론화와 사회적 합의를 거친 것이 아니었다. 2003년 8월 '외국인근로자의 고용 등에 관한 법률'에 따라 고용허가제가 도입되기까지 이주노동자정책은 행정부의 행정지침에 근거해 시행되었고, 일관된 원칙보다는 중소기업의 경제적 요구, 시민사회의 정치적 압력, 정부 내 부처 간 갈등과 조정에 의해 임기응변적으로 이루어졌다.

정부는 1998년 출입국관리법 시행령을 개정해 연수취업제도를 도입했다. 연수취업제도는 산업연수생으로 2년을 근무한 후 연수업체의 추천을 받아 일정한 기술·기능 자격시험을 통과하면 1년간 근로자 신분으로 취업할 수 있게 하는 제도였다. 이는 산업연수생들의 합법적 취업기회를 보장함으로써 사업장 이탈을 방지하기 위한 것으로 2000년 4월부터 시행되었다. 2002년 11월에는 '2년 연수+1년 취업' 방식을 다시 '1년 연수+2년 취업' 방식으로 변경했다. 동시에 연수생·연수취업자·연수이탈자를 산업연수생 개념으로 묶어 산업연수생의 총 정원을 중소제조업 13만 명, 연근해 어업 3,000명, 농·축산업 5,000명, 건설연수생 7,500명 등 14만 5,500명으로 늘렸다. 그뿐만 아니라 2002년 3월 정부는 '불법체류자 종합방지대책'을 발표해 자진신고를 하면 1년간의 합법체류기간(귀국 준비기간)을 제공하기로 했다. 이 기간 동안 336,800명의 이주노동자가 자진 신고했는데, 이중 78%가 불법체류자였다.

같은 저숙련 노동자이지만 외국국적 동포와 외국인노동자의 처우는 사회적 파급효과에서 아주 달랐다. 조선족 동포들을 재외동포법 적용대상에서 제외한 것은 동포

---

120) 설동훈, 1996, 앞의 논문, 206-223쪽.

차별 논란을 불러일으켰다. 2001년 헌법재판소는 재외동포의 범위를 '1948년 대한민국 정부수립 이후 해외로 이주한 사람'으로 한정한 '재외동포법' 조항에 대해 헌법불합치 결정을 내렸다. 그리하여 2002년 12월 재외동포법에서 배제된 중국 및 구소련지역 동포들에 대해서 취업관리제가 도입되었다. 취업관리제는 국내 호적이 있거나 친척의 초청을 받은 30세 이상의 외국국적 동포가 방문동거 사증(F-1-4)을 발급받아 입국한 후 고용안정센터의 취업알선을 통해 서비스업종에서 최장 2년간 취업활동을 할 수 있도록 허용하는 제도이다. 2004년 정부는 "방문동거자의 고용관리

<표 19> 이주노동자정책의 개요

	제도	내용과 영향
1991	- 10월 "외국인 산업기술연수 사증 발급에 관한 업무처리지침"	- 해외투자기업연수생제도 시행(외국인력 정책의 시작)
1992	- 9월 10개 3D업종 외국인 산업연수생 도입	- 산업연수생제 도입 - 최장 1년 체류기간으로 1만 명 도입
1993	- 11월 산업연수생제도 전면시행 (최초의 제도화)	- 15개국과 양해각서 - 1차 2만 명, 2차 1만 명
1994	- 5월 산업연수생 입국 시작	- 연수기간 1년+최장 1년 연장가능
1995	- 노동부의 고용허가제 무산 - 2월 외국인산업기술연수생의 보호 및 관리에 관한 지침	- 3-5차 3만 9천 명 입국 - 산재보상, 의료보험, 건강진단 혜택
1997	- 연수취업제도 도입 - 불법체류자 출국조치	- **2년 연수 후 1년 취업** - 불법체류 단속 강화/불법체류자 양산
1999	- 재외동포법 제정 시행	- 동포차별에 대한 2001년 11월 헌법불합치 판결
2000	- 4월 연수취업제도 재시행	- 외환위기 후 재시행
2002	- 연수취업제도 개정 - 취업관리제(F-1-4) 도입 - 불법체류방지 종합대책 발표	- **1년 연수 후 2년 취업** 쿼터조정 - 국내 호적, 친척 있는 외국동포의 서비스업 3년 취업 허용 - 불법체류 자진신고 시 출국유예조치
2004	- 고용허가제 시행(2003년 8월 외국인근로자의 고용 등에 관한 법률) - 취업관리제 개정 - 재외동포법 개정	- 산업연수생제도와의 병행 - 취업관리제에서 건설업 추가허용 - 2005-2006 동포 자진귀국프로그램 - 2005년 고용허가제 **3+3년** 변경
2006	- 취업관리제 허용업종 확대 - 외국인정책 기본방향·추진체계 발표	- 제조업, 농축산업, 연근해어업분야
2007	- 고용허가제로 단일화 - 특례고용허가제의 방문취업제로 전환	- 산업연수생제도 폐지 - 무연고동포 13만 명 신규입국
2009	- '외국인근로자 고용 등에 관한 법률' 개정 - 우수 외국인재에 이중국적 허용	- ① 재고용제도, ② 사업장 변경제도, ③ 불법고용에 대한 제재강화, ④ 근로계약 기간 조정 **(3+1년 10개월)**
2012	- 7월 성실근로자 재입국제도	- **4년 10개월+4년 10개월** (사업장변경 없이 농축산, 어업, 50인 이하 제조업 요건충족 시)

출처: 사회통합위원회, 2012: 103-105에서 재구성.

에 관한 규정"을 개정해 취업관리제의 적용을 받는 외국국적 동포의 취업 허용연령을 25세로 낮추고, 취업업종을 건설업까지 확대했다. 취업관리제는 고용허가제 시행 이후 특례고용허가제라는 형식으로 이에 통합되었고, 2007년부터 방문취업제로 변경되었다. 2006년에는 재외동포의 취업 허용업종이 제조업, 농축산업, 연근해 어업 분야로까지 확대되었다.

노동시장에서 이주노동자정책은 중소기업의 필요라는 경제적 효율성에 초점을 맞춘 외국인력정책과 민족적 통합과 정치적 측면을 고려해야 하는 재외동포정책이라는 두 차원을 포함하고 있었고,[121] 이는 2007년 이후 고용허가제와 방문취업제 형태로 제도화되었다.

2) 고용허가제와 이주노동자정책의 제도화

2007년 3월 산업연수생제도가 폐지된 이후 고용허가제는 이주노동을 관리하는 가장 핵심적인 제도로 정착했다. 또한 외국동포에 대한 취업관리제는 국내에 호적이나 친척이 없는 무연고 외국국적 동포에 대해서도 취업을 허용하는 '방문취업제'로 변경되었다. 산업연수생제도와 비교할 때 고용허가제의 가장 중요한 특징은 외국인에게 연수생 신분이 아니라 근로자 신분을 부여한 것이고, 그에 따라 근로기준법상의 보호와 최저임금, 산재보험, 노동3권의 권리를 부여했다는 것이다.[122] 이는 이주노동자에게 노동법상의 보호를 제공하고 시장임금의 적용을 통해 인권침해를 방지하여 불법체류의 유인을 감소시키기 위한 것이었다.

고용허가제의 또 하나의 특징은 고용허가를 받는 주체가 이주노동자가 아니라 외국인을 고용하려는 사용자라는 것이다. 보통 노동허가제가 일정한 자격요건을 갖춘 노동자를 대상으로 점수제를 통해 일정 점수 이상의 외국인에 한해 영주와 취업자격을 부여하는 데 반해, 고용허가제는 고용주가 외국인 고용을 요청한 후 정부로부터 허가받은 분야의 허가받은 인원의 범위 내에서 외국인을 선별하여 고용하는 것이다. 방문취업 동포의 경우에는 총량 쿼터를 정하고 일정 요건을 갖춘 인력에 한해 입국을 허용한다는 점에서 고용허가제와 동일하지만, 허용된 업종 내에서 이주노동자의 자유로운 직업선택이 가능하다.

---

121) 사회통합위원회, 앞의 글, 90-92쪽.
122) 이규용 외, 2011, 『외국인력 노동시장 분석』, 한국노동연구원.

외국인력의 도입절차를 보면, 먼저, 외국인정책위원회에서 외국인력 도입업종과 규모, 송출국가를 결정하고 해당 국가와 인력송출 양해각서를 체결하면, 송출국 정부는 외국인 구직자 명부를 작성하여 한국정부에 송부한다.[123] 동시에 고용지원센터는 내국인 구인노력 의무를 이행한 사업주에게 고용허가서를 발급하며, 사업주가 근로계약을 체결하면 외국인 근로자에게 비전문취업(E-9) 사증을 발급해 입국을 허용한다. 외국인 근로자는 한국어시험 및 건강검진, 근로계약 체결의 절차를 거쳐 입국한 이후 구직등록과 취업교육을 거쳐 사업장에 배치된다. 이들은 매년 근로계약을 갱신하며 입국일로부터 3년간 체류할 수 있는데, 사용자의 요청이 있을 때 1년 10개월까지 연장이 가능하다. 그러나 이들의 사업장 변경은 체류기간 동안 3회 이내로 제한된다.

한편 방문취업제를 통한 외국국적 동포의 입국절차를 보면, 외국인정책위원회에서 도입업종과 규모, 송출국가를 결정하면, 25세 이상의 해당 지역 동포는 5년간 유효하며 1회 입국 시 3년간 체류할 수 있는 방문취업(H-2) 사증을 발급받아, 사용자의 요청에 따라 최장 4년 10개월까지 취업이 가능하다. 5년 사증의 유효기간이 만료된 이들은 귀국하여 1년이 지난 후 다시 재입국을 신청할 수 있다. 이들은 취업교육

<표 20> 고용허가제(E-9)와 방문취업제(H-2) 비교

	일반 고용허가제	특례 고용허가제
체류 (취업기간)	· 3년 ※ 비전문취업비자(E-9)로 입국 후 입국일로부터 3년간 취업 ※ 1회 1년 10개월 범위 내 연장가능<사업주 요청 시 재고용 가능>	· 3년 ※ 방문취업비자(H-2)로 입국 후 입국일로부터 3년간 취업 · 1년 10개월 범위 내 연장가능 <사업주 요청 시 재고용 가능>
대상 요건	한국어시험 및 건강검진 등 절차를 걸쳐 구직등록한 자	국내 친족, 호족이 있는 동포(쿼터 무제한) 국내 연고 없는 동포(쿼터 제한)
취업허용 업종	제조업, 건설업, 서비스업, 농축산업, 어업으로서 외국인력정책위원회에서 정하는 업종	일반 고용허가제 허용업종에 일부 서비스업종 추가해 38개 단순노무분야 업종
취업 절차	한국어시험→근로계약→비전문취업비자(E-9)로 입국→취업 교육→사업장 배치 ※ 사업장변경 제한	방문취업비자로 입국→취업교육→고용센터의 알선 또는 자유 구직 선택→근로계약 후 취업 ※ 사업장변경 무제한
사용자의 고용절차	내국인구인노력→고용센터에 고용허가 신청→고용허가서 발급→근로계약 후 고용 ※ 근로개시 신고의무 미부과	내국인구인노력→고용센터에 특례고용허가 가능 확인서 발급→ 근로계약 후 고용 ※ 근로개시 신고의무 부과
고용허용 인원	사업장 규모별로 이주노동자 고용허용 상한 설정	일반 이주노동자 고용허용인원만큼 외국국적동포 추가 고용가능(건설업, 서비스업 제외)

출처: 대한민국이민정책프로파일(IOM이민정책연구원: 2011), 19쪽.

---

123) 보통 외국 인력에 대한 수요는 ① 노동시장 내 부족인력 중 외국인력 규모와, ② 출국에 따른 대체 수요 등으로 산출하고, 여기에 ③ 경기에 따른 외국인력 수요변화, ④ 내국인 취업가능 규모를 감안하여 결정한다.

을 거쳐 고용지원센터의 알선이나 구직활동을 통해 제조업과 서비스업 38개 분야의 단순노무 직장에 취업할 수 있고 사업장 변경도 자유롭다. 취업을 위해서는 특례고용허가를 받은 사용자와 근로계약을 맺어야 하며 사용자에게는 근로개시 신고의무가 부과된다. 사용자는 배정받은 일반 이주노동자의 고용허용 인원 규모 안에서 외국국적 동포를 고용할 수 있다.

고용허가제는 중소기업의 인력 부족을 해결하는 제도로 도입된 것이기 때문에, 외국인 고용이 국내 노동시장에 미치는 효과를 최소화하기 위해 몇 가지 원칙을 제시하고 있다. 첫째, 가장 중요한 것으로 외국인이 내국인의 일자리를 잠식하지 않도록 내국인을 고용하지 못한 사업장에만 외국인 고용을 허용한다는 '보완성' 원칙이다. 외국인 고용이 내국인 노동시장을 대체하지 않도록 보완하는 수준에서 외국인 인력을 들여오는 것이다. 이를 위해서 정부는 외국 인력의 도입규모와 업종, 사업장별 외국인 고용한도 및 신규도입 외국 인력의 고용한도를 제한하며, 사용자는 7-14일 기간 동안 한국인 구인노력을 증명해야 고용허가를 받을 수 있고, 이주노동자의 사업장 변경은 엄격히 규제된다. 2012년 이후에는 정당한 이유 없이 2회 이상 내국인 채용을 거부한 사업주는 외국인 고용을 불허하는 규정을 강화했다. 외국인은 한국인의 '대체 인력'으로 한국에서 인력이 부족하거나 한국인이 기피하는 3D업종에만 취업할 수 있는 것이다.[124]

둘째, 외국 인력의 송출비리, 브로커의 중간착취를 막기 위해 공공기관이 도입과정을 직접 관리하는 '투명성'의 원칙이다. 민간부문이 인력송출과 도입을 담당했던 산업연수생제도에서 송출비리가 심각했기 때문에, 고용허가제에서는 정부가 인력송출국가의 정부와 양해각서를 체결하고 공공기관이 근로자의 선정, 도입, 알선을 담당하도록 한 것이다.[125] 셋째, '국적에 따른 차별 금지'의 원칙이다. 고용허가제를 통해 고용된 외국인근로자에 대해서는 합리적 이유가 없는 부당한 차별을 금지하고 근로기준법이나 최저임금법, 산업안전보건법 등 노동관계법을 내국인과 동등하게 적용한다. 이는 동일노동 동일임금을 비롯해, 성별, 국적, 신앙, 사회적 지위 등에 따

---

124) 중소업체 고용주들이 이주노동자를 채용하는 이유는 제조업의 경우 한국인 근로자를 구할 수 없어서 49.5%, 한국인 근로자의 잦은 이직 20.0%, 외국인의 저임금 16.2%, 외국인이 장시간노동을 선호해서 7.6%, 일을 더 잘함 2.9% 등이다. 제조업에서 장시간 노동에 대한 선호도가 상대적으로 높은 반면, 음식업에서는 한국인 근로자를 구할 수 없다는 비율이 82.2%를 차지하며, 건설업은 이주노동자의 임금이 저렴하다는 이유가 40.8%를 차지하고 있다(이규용, 2011: 44).

125) 실제 고용허가제하에서 송출비용이 추세적으로 감소하고 있으며, 조선족의 경우에도 방문취업제 실시 이후 입국비용이 대폭 감소했다는 것이다(이규용 외, 2011, 앞의 글, 21-31쪽).

른 차별을 받지 않아야 한다는 것을 의미한다. 넷째, '시장수요에 부응'하는 외국 인력의 선발과 도입 원칙이다. 외국 인력을 선발하고 도입할 때, 한국의 시장수요에 맞게 매년 도입인원을 공시하며, 질적인 측면에서 기능수준과 한국어능력 시험, 외국인 알선 시 3배수 추천제 등 시장수요를 존중하고, 외국인력 도입이 국내 산업구조 조정을 지연시키지 않도록 고려한다는 것이다.

마지막으로 외국 인력의 '국내정주를 방지'한다는 원칙이다. 국내정주를 방지하기 위한 방법으로 이주노동자의 취업가능 기간을 3년에서 최대 4년 10개월을 넘지 않도록 하며 기간이 만료되면 본국으로 귀국하도록 하는 '단기순환' 원칙을 적용하고, 국내 입국 시 '가족동반을 금지'한다. 4년 10개월로 취업기간을 제한하는 것은 한국에서 합법적으로 5년 이상 지속적으로 체류한 외국인에게는 영주권 신청자격이 부여되기 때문이다. 이 때문에 사업장 변경 금지와 달리, 단기순환 원칙은 외국국적 동포들에게도 적용되었다.

이상의 5가지가 고용허가제의 공식적인 원칙이지만, 이주노동자의 입장에서 고용허가제의 의미는 국내 노동력 보완 원칙과 정주화 방지 원칙을 위해 시행되고 있는 ① 단기 교체 순환, ② 사업장 이동의 제한, ③ 가족 동반 금지에서 찾아볼 수 있다.

먼저, 단기 교체순환의 원칙은 정주방지를 위해 체류기간을 제한한 것이지만, 실제 체류기간은 고용주의 경제적 필요에 따라 계속 늘어났다. 2004년 고용허가제 초기에는 체류기간을 3년으로 한정했으나, 숙련노동자의 활용을 위해 2005년에는 3년 취업 후 1개월 출국했다가 다시 3년을 취업할 수 있도록 변경되었다. 2009년에는 3년의 취업기간에 사용자의 신청에 의해 1년 10개월을 더 근무할 수 있는 현재의 제도가 확정되었다. 그러나 2012년 7월 '성실근로자 재입국제도'가 도입되어 추가적으로 1회에 한해 4년 10개월을 더 체류할 수 있도록 하였다. 성실근로자 재입국제도는 사업장을 변경하지 않고 계속 근무한 외국인근로자에 대하여, 사업주의 요청에 의해 3개월 출국 후 재입국하여 종전 사업장에서 4년 10개월간 더 일할 수 있게 한 것이다. 성실근로자에 해당하기 위해서는 농·축산업이나 어업 또는 30인 이하 제조업체(뿌리산업은 50인 이하)에서 사업장 변경 없이 4년 10개월간 계속 근무해야 한다. 이는 숙련인력을 활용하고 불법체류를 방지하기 위한 것이지만, 사실상 10년간의 체류기간을 인정함으로써 단기 교체순환 원칙을 포기한 것이다.

체류기간과 관련한 제도변경은 사실상 고용허가제 노동자들의 체류기간이 만료될 때마다 이루어졌다. 2007년은 2004년 도입된 고용허가제 노동자들의 3년 체류기간이 만료되는 시점이었고, 당시 재고용 계약을 체결한 노동자들은 1개월 출국 후 재입국하여 3년 체류기간을 다시 보장받았다. 2009년에는 재고용 계약을 체결한 이주노동자들이 출국 없이 계속 4년 10개월 일하는 제도로 바뀌었다. 2007년 이후 체류기간을 연장 받은 노동자들의 체류 기간 만료가 다시 다가왔기 때문에, 이를 해결하기 위해 '성실근로자 재입국제도'를 도입했던 것이다. 이미 단기 교체순환이 불가능한 것으로 판명되는 상황에서 계속 계약기간이 만료된 이주노동자가 늘어날 때마다 임기응변식으로 체류기간을 연장시켰던 것이다.126) 실제로 9년 8개월 동안 한국에 체류한 이주노동자가 본국으로 돌아갈 것인지 장담할 수 없는 상황에서, 이주노동자 스스로 정주와 귀국을 선택할 수 있는 노동허가제를 도입해야 한다는 시민사회의 요구가 계속되고 있다.

둘째, 사업장 이동 제한은 큰 논란을 불러일으켰다. '외국인근로자의 고용 등에 관한 법률'에 따르면, 외국인근로자는 사용자가 근로계약을 해지하거나 근로계약 갱신을 거절하는 경우와 휴업, 폐업, 고용허가의 취소, 사용자의 근로조건 위반이나 부당한 처우 등 외국인근로자의 책임이 아닌 사유로 인하여 사회통념상 그 사업 또는 사업장에서 근로를 계속할 수 없게 되었다고 인정하여 고용노동부장관이 고시한 경우를 제외하면, 사업장 변경을 신청할 수 없게 되어 있다. 사업장 변경을 신청한 날부터 3개월 이내에 근무처 변경 허가를 받지 못하거나, 사용자와 근로계약이 종료된 날부터 1개월 이내에 다른 사업장으로의 변경을 신청하지 않은 외국인근로자는 출국해야 한다. 외국인근로자의 사업장 변경은 원칙적으로 3회를 초과할 수 없다. 그러나 한국어가 익숙하지 않고 사용자와의 관계에서 약자인 이주노동자가 변경사유를 증명하기란 쉽지 않다.

이러한 제한조치 때문에 이주노동자들은 제조업·농축산업·어업·건설업 등 산업 간 이동이 불가능하며, 사업장 이동도 제한되어 있다. 이주노동자들은 계약 기간 도중엔 사업주의 허가 없이 사업장을 변경할 수 없고 이를 따르지 않을 경우 체류자격을 상실하게 된다. 입국 이전에 이미 사업장과 근로조건이 결정되기 때문에, 입국 후 실제 근로조건이 달라도 근로자는 근로계약을 변경할 수 없다. 이주노동자들이

---

126) 김기돈, 2014, '내국인 일자리 침해 방지라는 기만' "이주노동자 고용허가제 10년, 왜 만신창이가 됐나", 프레시안, 2014.8.17.

이직하거나 퇴직을 하려고 해도 모두 사업주의 동의가 필요해 인권 침해와 부당한 처우를 당해도 사업장을 옮기지 못한 채 어쩔 수 없이 다녀야 하는 문제가 발생한다. 1년 단위 근로계약이 만료된 후 갱신을 거절할 수 있는 권리를 사용자에게만 부여함으로써 노사관계는 갑을관계가 된다. 사업장 이동의 주요 사유인 휴·폐업, 임금 체불, 열악한 작업 환경, 상해, 언어폭력이나 성폭력 등의 문제가 일어나면, 이주 노동자는 스스로 이를 입증해야 한다.[127] 또한 어렵게 사업장 변경 승인을 받더라도 현행법상 3개월 내에 새 일자리를 구하지 못하면, 출국해야 한다. 한국말이 취약한 이주 노동자들은 3개월 안에 사업장을 찾기 쉽지 않기 때문에 쉽사리 사업장 변경을 신청하기 어렵다.

이처럼 고용허가제는 1년 단위의 계약 갱신 규정으로 인한 강제근로의 위험과 노동3권의 무력화라는 결과를 낳고 있고, 사업장 변경 사유와 횟수, 기간을 과도하게 제한함으로써, 노동자의 직업선택의 자유를 심각하게 훼손하고 있다. 더욱이 국가 간 협약으로 최소 3년의 근로계약 기간이 보장되었음에도 불구하고 사실상 이주노동자의 체류자격을 고용주의 결정에 위임하는 사적 통치를 허용하고 있다.[128] 이 때문에 고용허가제는 정보의 불균형을 극대화하여 현대판 노예노동이라는 비판을 받고 있다. 실제 이주노동자들은 고용허가제의 문제점으로 사업장 변경의 자유가 없으며(12.1%), 원하는 사업장을 선택할 수가 없고(11.4%), 가족과 함께 살 수 없으며(10.0%), 체류 기간이 짧고(9.7%), 노동조건을 사장 마음대로 정하는 것(9.7%)을 꼽고 있다.[129]

그러나 이규용 등(2011)은 외국 인력의 유입이 내국인 근로자의 임금과 실업 확률에 부정적 영향을 미치고 있기 때문에 사업장 이동제한이 필요하다는 주장을 하고 있다. 한국인 취약계층의 고용문제가 심화되고 있기 때문에 내국인의 고용을 보호하기 위한 방안이 필요하다는 것이다. 특히 외국국적 동포의 급격한 유입과 체류가 노동시장 내 조절 가능한 범위를 넘어서고 있기 때문에, 노동시장 순환원칙에 입

---

127) 고용허가제 이주노동자들은 2011년 현재, 평균 입국 후 2.25번째 직장에 근무하고 있었으며, 방문취업제 동포들은 보다 빈번해서 3.27회로 나타났다. 2014년 조사에서도 사업장 변경을 경험한 사례는 51.2%에 달한다. 응답자들이 사업장을 변경하는 이유는 보다 높은 임금을 위해서(39.9%), 기숙사 등 주거환경(22.8%), 회사가 부도나서(17.7%), 회사 동료나 상사와의 갈등(7.9%), 친한 동료와 같이 일하고 싶어서(7.5%) 등의 순으로 나타나고 있다(이규용 외, 2011, 앞의 글, 70-72쪽; 이규용, 2014, 앞의 글, 18-19쪽).

128) 김현미, 2014, '한국적인, 너무나 한국적인' 『우리는 모두 집을 떠난다』.

129) '이주노동자 인권·노동권 실현을 위한 대구·경북지역 연대회의', 2015, 대구경북지역 제조업 이주노동자 노동조건과 고용허가제 실태 관련 설문조사(210명 대상) 결과.

각해 유입과 유출이 일정하게 유지되도록 해야 한다는 것이다.[130]

셋째, 가족동반 금지 역시 정주화 방지를 목적으로 한 것이지만, 이미 2005년 3+3 제도, 2009년 3+1년 10개월, 2012년 성실근로자 재입국제도의 도입으로 최장 9년 8개월간 장기체류가 가능하고 더 이상 단기순환이 불가능하다는 것이 분명해진 상황에서, 이주노동자들이 가족과 함께 생활할 수 없도록 하는 것은 인간다운 삶의 권리를 부정하는 인권침해 요소가 다분하다. 이주노동자의 평균연령이 20대 후반에서 30대 초반으로 가정을 꾸려야 할 결혼적령기이고 이들이 본국에 가족을 두고 있는 경우가 많다는 점에서, 가족동반 금지는 이주노동자들의 가족해체를 촉진하거나 인간다운 삶을 영위할 권리를 부정하는 것이라고 할 수 있다.

<표 21>에서 법무부가 2010년 한국 내 이주노동자 1,000명을 대상으로 조사한 자료에 따르면, 이주노동자의 49.7%가 기혼자인데, 배우자를 포함하여 가족이 같이 거주하는 경우는 14.2%에 불과해 전체의 85.5%가 한국에서 혼자 지내고 있다. 기혼자의 절반에 가까운 48%가 자녀가 있지만 자녀가 한국에 거주하는 경우는 3.2%에 불과하다. 거주기간이 5년을 넘는 경우도 22%를 차지해 체류기간이 장기화되고 있다는 것을 보여주고 있다. 반면, 중국국적 동포들의 경우는 배우자가 한국에 거주하는 경우가 58.5%를 차지하며, 한국에 가족이 없는 경우는 26.5%에 불과하다.

<표 21> 이주노동자의 가족동반과 거주기간(단위: %, 명)

		빈도	%			빈도	%
혼인상태	기혼(동거)	473	49.7	자녀유무	있다	406	48.0
	미혼	445	46.8		없다	440	52.0
	이혼	28	2.9		합계	846	100.0
	사별	5	0.5	자녀 한국거주	예	13	3.2
	합계	951	100.0		아니요	211	52.0
부모, 형제자매, 형제자매의 배우자 한국거주	없다	376	38.9		무응답	182	44.8
	1명	99	10.2		합계	406	100.0
	2명	28	2.9	거주기간	1년 미만	88	10.5
	3-4명	21	2.2		1년	90	10.7
	5명 이상	15	1.6		2년	170	20.2
	무응답	428	44.3		3년	127	15.1
	합계	967	100.0		4년	180	21.4
배우자 한국거주	예	65	14.2		5년 이상	185	22.0
	아니요	394	85.8		합계	840	100.0
	합계	459	100.0				

출처: 법무부 이민정책연구원, 2010, 체류외국인실태조사. 김석호 외, 2011: 50에서 재인용.

---

130) 이규용 외, 2011, 앞의 글, 178-184쪽.

전문기술직 이주노동자의 가족동반은 인정하면서도, 고용허가제와 방문취업제 노동자들의 가족동반을 금지하는 것은 외국인을 출신국가와 계급지위에 따라 구분하고 단순노무직 근로자에게는 가족과 함께 생활할 권리를 박탈하는 비인간적인 규정이다. 한국은 외국인 이주자의 권리 보호를 위한 국제협약인 '모든 이주노동자와 그 가족의 권리 보호에 관한 협약'에 가입하지 않았다.[131]

시민사회에서는 정주화 방지 원칙이 이주노동자의 직업선택의 자유와 사업장 이동, 가족생활의 기본권을 제약할 뿐 아니라 노동자를 사실상 사용자의 사적 통치에 저항할 수 없도록 방치한다는 점을 비판하고 있는 반면, 정부는 이러한 제약이 국내 노동시장의 보완성을 유지하기 위한 불가피한 조치라고 강변하고 있다. 한편 정책 효율성의 측면에서 고용허가제의 대상이 단순기능 인력에 한정되어 숙련 형성에 제약을 가하고 있다는 점, 외국인력 고용업체들이 외국 인력에 지나치게 의존하고 있다는 점, 국내의 광범위한 유휴인력 활용이 방기되고 있다는 점에 대한 정책적 비판도 제기되고 있다.[132]

2. 이주노동자의 현황과 노동실태

1) 이주노동자 현황

<표 22>에서 2016년 5월 현재 15세 이상 국내 상주 외국인(등록외국인+국내 거소신고 외국국적 동포)은 142.5만 명으로 전년 대비 3.7% 증가했고, 국내 외국인 취업자는 모두 96.2만 명이다. 취업자 96.2만 명 중 남자가 63.8만 명으로 66.3%를 차지하며, 여자가 32.4만 명으로 33.7%를 차지하고 있다. 실업자는 43,000명으로 남녀가 각각 절반가량을 차지하고 있다. 외국인근로자의 경제활동참가율은 남자가 83.7%, 여자가 54.3%에 달한다. 최근 들어 비경제활동인구가 증가하는 추세를 보이며 경제활동참가율은 약간 떨어지고 있다.

---

131) 김현미, 2014, '한국적인, 너무나 한국적인' 『우리는 모두 집을 떠난다』.
132) 이규용, 2014, 앞의 글, 27-42쪽.

<표 22> 국내 상주 15세 이상 외국인의 추이(단위: 명, %)

		2012	2013	2014	2015	2016
15세 이상 외국인	총계	1,114	1,126	1,256	1,373	1,425
	남성	623	624	701	767	788
	여성	491	502	554	606	637
취업자	총계	791	760	852	938	962
	남성	518	505	568	626	638
	여성	274	255	284	312	324
실업자	총계	33	33	44	48	43
	남성	17	17	24	26	21
	여성	16	16	20	22	22
비경제활동인구	총계	290	333	360	387	420
	남성	89	102	109	114	128
	여성	201	231	250	273	291
경제활동참가율 (%)	총계	74.0	70.4	71.4	71.8	70.5
	남성	85.8	83.7	84.4	85.1	83.7
	여성	59.1	54.0	54.8	55.0	54.3

출처: 통계청, 2012-2016년 외국인고용조사결과 2016.10.

<그림 1>에서 15세 이상 외국인 취업자의 체류자격을 보면, 2016년 현재 비전문 취업이 26만 1천 명으로 27.1%, 방문취업이 22만 1천 명으로 23.0%, 재외동포가 19만 9천 명으로 20.7%, 영주권자가 8만 8천 명으로 9.2%를 차지하고 있다. 남자는 비전문취업이 23만 8천 명 37.4%, 방문취업이 13만 4천 명 21.0%, 재외동포가 11만 6천 명 18.2% 등이며, 여자는 방문취업이 8만 7천 명 26.9%, 재외동포가 8만 3

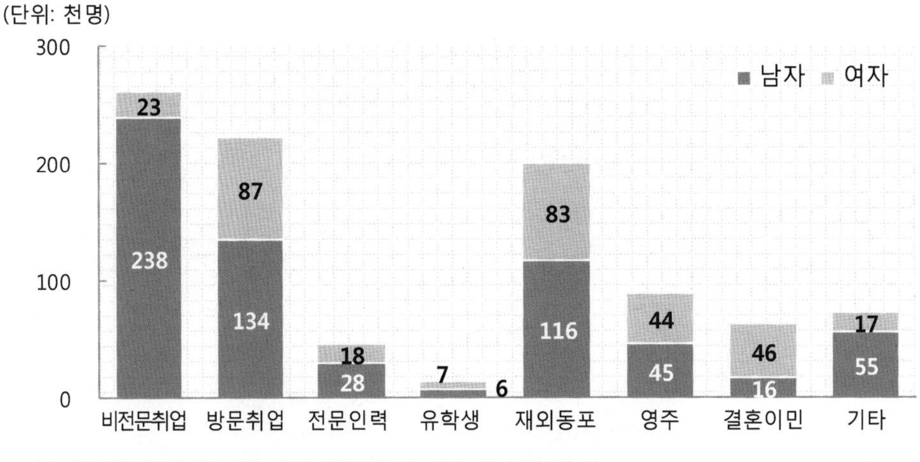

(단위: 천명)

※ 기타 체류자격은 왼쪽의 체류자격을 제외한 방문동거(F-1), 거주(F-2), 동반(F-3) 등.
출처: 통계청, 2016년 외국인고용조사결과 2016.10.

<그림 1> 체류자격별 남녀 취업자

천 명 25.6%, 결혼이민이 4만 6천 명 14.1%를 차지하고 있다.[133]

<표 23>에서 체류자격의 연도별 추이를 보면, 15세 이상 취업자 수에서 비전문취업이 2012년 23.8만 명에서 2016년 26.2만 명으로 증가한 반면, 같은 기간 방문취업자는 28.7만 명에서 26.9만 명으로 감소했다. 같은 기간 재외동포가 16만 명에서 33.7만 명으로 급격히 증가하고 있다. 특히 취업자만을 놓고 보면 방문 취업자 수는 20만 명 내외로 일정한 양상을 보이는 반면, 재외동포 취업자 수가 2012년 9.9만 명에서 2016년 19.9만 명으로 급격히 늘어난 것을 확인할 수 있다.

<표 23> 체류자격별 15세 이상 외국인 및 취업자 수 추이(단위: 천 명)

구분	15세 이상 외국인					취업자				
연도	2012	2013	2014	2015	2016	2012	2013	2014	2015	2016
합계	1,114	1,126	1,256	1,373	1,425	791	760	852	938	962
비전문취업(E-9)	239	226	247	265	262	238	226	247	264	261
방문취업(H-2)	287	234	261	288	269	241	186	212	234	221
전문인력(E-1~E-7)	48	48	48	47	46	47	48	47	47	46
유학생(D-2, D-4-1)	83	82	81	88	101	13	11	8	10	13
재외동포(F-4)	160	204	259	301	337	99	124	148	180	199
영주(F-5)	73	88	102	112	120	47	58	72	83	88
결혼이민(F-2-1, F-6)	129	129	130	124	124	60	58	61	61	62
기타	96	114	128	148	166	45	50	58	60	72

출처: 통계청, 외국인 고용조사, 각 연도.

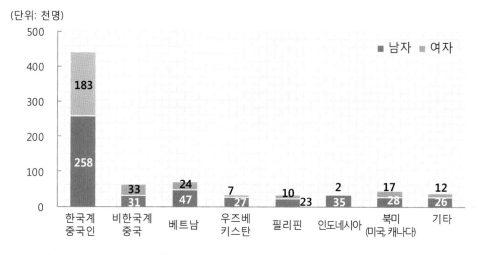

출처: 통계청, 2016년 외국인고용조사결과 2016.10.

<그림 2> 국적별 남녀 취업자

---

133) 통계청, 2012-2016년 외국인고용조사결과 2016.10.

<그림 2>에서 국적별 취업자 수는 한국계 중국인(44만 1천 명, 45.9%)의 비중이 가장 높고, 베트남(7만 2천 명, 7.4%), 비한국계 중국인(6만 4천 명, 6.6%), 북미(4만 5천 명, 4.7%) 등의 순이다. 남자는 한국계 중국인(25만 8천 명, 40.4%), 베트남(4만 7천 명, 7.4%), 인도네시아(3만 5천 명, 5.5%) 등의 비중이 높고, 여자는 한국계 중국인(18만 3천 명, 56.6%), 비한국계 중국(3만 3천 명, 10.1%), 베트남(2만 4천 명, 7.4%) 등의 비중이 높다.

연령별로 보면, 30-39세가 28만 1천 명으로 29.2%, 15-29세가 25만 6천 명으로 26.6%, 40-49세가 18만 8천 명으로 19.5%, 50-59세가 17만 3천 명으로 18.0%, 60세 이상이 6만 4천 명으로 6.7% 순으로 나타났다. 산업별로는 광업과 제조업의 비중이 43만 7천 명 45.4%로 가장 높고, 도소매·음식·숙박업이 19만 명 19.7%, 사업·개인·공공 서비스업이 18만 7천 명 19.4%의 순으로 나타났다. 남자는 광·제조업(35만 1천 명, 55.0%), 사업·개인·공공 서비스업(9만 8천 명, 15.3%), 건설업(8만 1천 명, 12.7%)의 비중이 높고, 여자는 도소매·음식·숙박업(12만 8천 명, 39.5%), 사업·개인·공공서비스업(8만 9천 명, 27.4%), 광·제조업(8만 6천 명, 26.5%)의 순으로 나타났다.[134]

<그림 3>에서 사업체 규모별로 보면, 10-29인 규모의 비중이 25만 7천 명, 26.8%

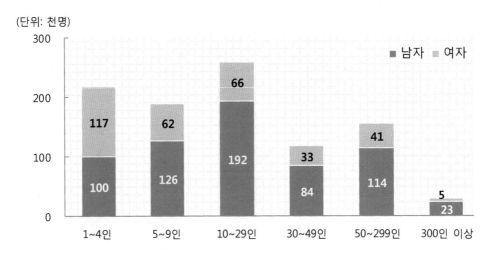

출처: 통계청, 2016년 외국인고용조사결과 2016.10.

<그림 3> 사업체 종사자 규모별 남녀 취업자

134) 통계청, 2016년 외국인고용조사결과 2016.10.

로 가장 높고, 1-4인 규모가 21만 6천 명으로 22.5%, 5-9인 규모가 18만 9천 명으로 19.6%를 차지한다. 상대적으로 남자는 10-29인(19만 2천 명, 30.0%), 5-9인(12만 6천 명, 19.8%)의 비중이 높은데 반해, 여자는 1-4인(11만 7천 명, 36.0%), 10-29인(6만 6천 명, 20.3%) 등의 비중이 더 높았다.

미숙련 이주노동자의 연도별 추이를 보면, 2005년 308,602명에서 2016년 739,971명으로 2배 이상 꾸준히 증가한 것으로 나타난다. 2016년 현재 고용허가제로 입국한 비동포 이주노동자가 26.2만 명, 방문취업제로 입국한 동포 이주노동자가 26.9만 명, 불법체류자가 20.8만 명이다. 여기에 외국인 결혼이민자 14만 3천 명 중 취업자 7.5만 명과 실업자 5천 명을 포함하면 그 수는 더욱 늘어난다. 전체 미숙련 노동자 중에는 비동포 이주노동자가 35.4%, 동포 이주노동자가 36.3%, 불법체류자가 28.2%이다.

이주노동자의 체류자격 측면에서 상당한 변화가 발견되는데, 가장 눈에 띄는 것은 2007년 방문취업제 도입 이후 재외동포의 입국 규모가 급격히 늘어났다는 점이다. <표 24>에서 방문취업제(H-2) 입국자 수는 2006년 84,498명에서 2007년 228,448명, 2009년 303,005명까지 늘었다가, 2016년 현재 269,000명에 이르고 있다. 일반 고용허가제로 입국한 비동포 이주노동자 역시 2005년 52,305명에서 2006년 두 배로 늘었다가 2010년 207,786명, 2016년 262,000명까지 급증하고 있다. 상대적으로 외국국적 동포노동자의 비중이 2007년 이후 65.7% 수준까지 늘었다가 현재는 고용

<표 24> 미숙련 이주노동자 추이(단위: 명)

연 도	총계	일반(E-9)	동포(H-2)	불법체류자	불법체류율
2005	308,602	52,305	52,043	204,254	27.3%
2006	411,608	115,122	84,498	211,988	23.3%
2007	585,924	134,015	228,448	223,464	21.0%
2008	654,920	156,429	298,002	200,489	17.3%
2009	639,158	158,198	303,005	177,955	15.2%
2010	658,470	207,786	282,169	168,515	13.4%
2011	699,582	231,248	300,554	167,780	12.0%
2012	703,854	239,000	287,000	177,854	12.3%
2013	643,106	226,000	234,000	183,106	11.6%
2014	716,778	247,000	261,000	208,778	11.6%
2015	758,168	265,000	288,000	214,168	11.3%
2016	739,971	262,000	269,000	208,971	10.2%
비중	(100.0)	(35.4)	(36.3)	(28.2)	

※ 불법체류율(%)=불법체류자(합계)÷총 체류자×100.

출처: 2005-2010은 법무부 이민정책연구원, 2010, 체류외국인실태조사(김석호 외, 2011: 45에서 재인용): 법무부 출입국·외국인 정책본부, 출입국·외국인정책 통계연보 2011년; 2012년 이후는 통계청 외국인고용조사결과, 15세 이상 외국인 각 연도.

허가제와 방문취업제의 비중이 거의 비슷한 수준으로 나타났다. 불법체류자 역시 2011년까지 감소하다가 다시 완만한 증가추세로 전환되어 2016년 208,971명으로 전체 미숙련 이주노동자의 28.2%를 차지하고 있다. 여기에 2016년 현재 외국인 결혼이민자 14만 3천 명 중 취업자 7만 5천 명과 실업자 5천 명을 포함하면 이주노동자의 수는 더욱 늘어난다.

2) 이주노동자의 노동실태

<표 25>에서 2016년 현재 외국인근로자의 월평균 임금수준을 보면, 100-200만 원 미만이 44만 7천 명으로 48.7%를 차지하고 있으며, 200-300만 원 미만이 34만 9천 명으로 37.9%, 300만 원 이상이 8만 2천 명으로 8.9%를 차지하고 있다. 남자는 200-300만 원 미만이 28만 명으로 45.5%, 100-200만 원 미만이 25만 4천 명으로 41.2%를 차지한다. 여자는 100-200만 원 미만이 19만 4천 명으로 63.7%를 차지하며, 다음으로 200-300만 원 미만이 6만 9천 명으로 22.6%를 차지하고 있다.

<표 25> 월평균 임금수준별 외국인 취업자(2016. 단위: 천 명, %)

구분	외국인 임금근로자	100만 원 미만	100-200만 원 미만	200-300만 원 미만	300만 원 이상
합계 (구성비)	919 (100.0)	41 (4.5)	447 (48.7)	349 (37.9)	82 (8.9)
남자 (구성비)	615 (100.0)	9 (1.4)	254 (41.2)	280 (45.5)	73 (11.9)
여자 (구성비)	304 (100.0)	32 (10.7)	194 (63.7)	69 (22.6)	9 (3.0)

출처: 통계청, 2016년 외국인고용조사결과 2016.10.

이러한 임금수준은 내국인과 비교하면 크게 낮은 수준이다. 이규용 등의 조사에 따르면, 2009년 제조업의 외국인남성의 경우 월평균임금은 내국인의 74.4%에 불과하며, 건설업에서는 내국인의 75%, 농·축산업에서는 67.3%에 불과하다. 음식점에 취업한 여성의 임금은 내국인 여성 임금의 119.5%로 오히려 높게 나타났지만, 농축산업 여성의 경우에는 내국인 임금의 58.1%로 임금격차가 가장 크게 나타나고 있다.[135] OECD조사에 따르면, 한국의 내국인노동자 임금은 외국인 노동자의 1.55배로 조사대상 22개국 중 가장 높았다. OECD국가 평균으로 보면 내국인 노동자가 외국인보다 평균 15.1% 많은 임금을 받는 데 비해 한국에서는 내국인 노동자가 55%나 많이 받는 것이다.[136]

이주노동자들은 낮은 임금뿐 아니라 잦은 임금체불에 시달리고 있다. 이주노동자들이 취업한 영세사업장들은 경기변동에 민감하며, 일부 사용자들은 이주노동자들의 노동법상의 권리에 대한 무지, 언어나 신분상의 취약성을 이용해 의도적으로 임금을 체불하는 경우도 적지 않다. 특히 미등록노동자들은 임금체불에 대해 적극적으로 대응하거나 신고하는 것이 어렵기 때문에 체불임금을 포기하고 사업장을 옮기는 경우가 대부분이다. 한건수·설동훈의 조사에 따르면, 이주노동자들은 한국에서 겪은 고통스러운 경험으로, 직장에서의 차별대우(35.2%), 욕설이나 모욕(33.6%)과 함께 임금체불(32.0%)을 들고 있으며, 미등록노동자의 52.2%는 임금체불을 경험했다.[137]

이주노동자들은 중소영세업체에서 장시간 노동이나 야간작업에 종사하는 경우가 많다. <표 26>에서 근로시간을 보면, 외국인 취업자는 40-50시간 근로하는 경우가 40.8%로 가장 많으며, 60시간 이상 일하는 경우도 23만 9천 명, 24.9%에 이르고, 50-60시간 일하는 경우도 21만 7천 명, 22.6%에 이르고 있다. 법정근로시간이 주 40시간임을 감안하면, 47.3%가 50시간 이상을 근무하고 있으며, 특히 여성의 경우 60시간 이상 근로하는 사람이 29.1%에 이르고 있어 장시간 노동이 일반화되어 있음을 알 수 있다.

<표 26> 취업시간대별 외국인 취업자(단위: 천 명, %)

	외국인 취업자	일시 휴직	20시간 미만	20-30시간 미만	30-40시간 미만	40-50시간 미만	50-60시간 미만	60시간 이상
합계 (구성비)	962 (100.0)	10 (1.0)	25 (2.6)	37 (3.8)	42 (4.3)	393 (40.8)	217 (22.6)	239 (24.9)
남자 (구성비)	638 (100.0)	6 (0.9)	8 (1.3)	15 (2.3)	19 (3.0)	275 (43.0)	171 (26.7)	145 (22.7)
여자 (구성비)	324 (100.0)	4 (1.3)	17 (5.2)	22 (6.7)	22 (6.9)	118 (36.4)	47 (14.5)	94 (29.1)

출처: 통계청, 2016년 외국인고용조사결과 2016.10.

---

135) 이규용 외, 2011,. 앞의 책.
136) 한겨레신문, 2015.9.10. 기사.
137) 설동훈, 2009, '빈곤의 길목에 선 이주노동자' 『황해문화』 가을호, 152쪽.

근속기간별 외국인 취업자는 1-2년 미만이 25만 1천 명, 26.1%로 가장 많고 3년 이상 20만 명, 20.8%, 6개월 미만 19만 3천 명, 20.0%의 순이다. 동일직업 근무기간별 외국인 취업자는 3년 이상인 경우가 41만 5천 명, 43.2%로 가장 많으며, 1-2년 미만 18만 4천 명, 19.1%, 2-3년 미만 14만 9천 명, 15.5%의 순이었다.[138]

<표 27>에서 지난 1년간 직장을 변경하지 않은 취업자는 81만 명으로 84.1%였고, 직장을 변경한 경우가 15만 3천 명으로 15.9%였다. 직장을 변경한 경우 직장 변경 횟수가 1회인 취업자가 12만 8천 명으로 83.6%를 차지했고, 3회 이상은 1만 3천 명, 8.8%, 2회는 1만 2천 명, 7.6% 순이었다. 직장을 변경한 사유는 이전 직장의 근로조건 불만족이 43.7%로 가장 높고, 이전 직장의 휴폐업 26.0%, 개인사유 22.3%의 순이었다. 남녀 모두 이전 직장의 근로조건 불만족 비중이 가장 높았으며, 여자는 개인사유 비중이 30.3%로 상대적으로 높았다.

<표 27> 직장변경 및 변경사유별 취업자(단위: 천 명, %)

구분	외국인 취업자	변경 없음	변경 있음	산업변경		직장변경횟수			직장변경사유			
				동일 업종	다른 업종	1회	2회	3회 이상	근로조건 불만	개인 사유	직장 휴·폐업	기타
합계 (구성비)	962 (100.0)	810 (84.1)	153 (15.9)	70 (45.7)	83 (54.3)	128 (83.6)	12 (7.6)	13 (8.8)	67 (43.7)	34 (22.3)	40 (26.0)	12 (8.0)
남자 (구성비)	638 (100.0)	544 (85.2)	95 (14.8)	39 (41.4)	55 (58.6)	76 (80.6)	9 (9.7)	9 (9.7)	42 (44.5)	16 (17.3)	28 (29.4)	8 (8.7)
여자 (구성비)	324 (100.0)	266 (82.1)	58 (17.9)	31 (52.7)	27 (47.3)	51 (88.4)	2 (4.3)	4 (7.3)	25 (42.4)	18 (30.3)	12 (20.5)	4 (6.7)

출처: 통계청, 2016년 외국인고용조사결과 2016.10.

이주노동자들의 근무지역은 경기·인천(40만 3천 명, 41.8%), 서울(20만 7천 명, 21.5%) 등 수도권이 63.4%이고, 부산·울산·경남이 12만 2천 명, 12.7%로 그 뒤를 잇고 있다. 여자는 상대적으로 수도권 근무자가 22만 9천 명, 70.5%로 남자 59.7%보다 높게 나타난다.[139]

3) 이주노동자가 경험하는 곤란과 차별

---

138) 통계청, 2016년 외국인고용조사결과 2016.10.
139) 통계청, 2016년 외국인고용조사결과 2016.10.

이주노동자들이 경험하는 여러 가지 어려움과 차별은 구조적인 특징에 기인한다. 첫째, 이들은 대부분 노동환경이 열악한 업종의 영세사업체에서 단순기능 직무에 종사하고 있기 때문에 노동법의 사각지대에 놓이는 경우가 많다. 둘째, 이들은 체류기간이 3-4년 정도로 짧기 때문에 언어소통이 원활하지 못하고 한국의 노동법에 대한 지식과 정보가 부족해, 불만이 있더라도 적극적으로 표출하기가 힘들다. 셋째, 이들은 근로조건에 불만을 가지고 있더라도 집단행동에 익숙하지 않으며, 불만을 표시할 경우 사용자들로부터 불이익을 당할 것이라는 불안감을 갖고 있다. 더욱이 노동조합이 이주노동자에 대해 관심을 갖는 경우가 많지 않고, 미등록노동자인 경우에는 강제추방의 두려움 때문에 불만을 표출하기가 힘들다.[140] 언어소통이 취약하고 아직 업무에 익숙하지 않은 이주노동자들은 가난한 나라에서 온 이방인으로 취급되어 권위주의적인 작업장 문화에서 인격적 존중을 받지 못하는 경우가 많다.

이주노동자들이 공통적으로 겪는 어려움 중 무엇보다 중요한 것이 작업장 내에서의 차별과 폭력이다. 체류자격이 고용관계에 종속되어 있고 사업장 변경이 제한되어 있는 상태에서, 이주노동자들은 부당한 대우를 받아도 자신의 권리를 주장하기가 쉽지 않다. 이주노동자들은 근로계약을 위반한 저임금이나 강제잔업, 장시간 노동, 위험작업에 아무런 보호 없이 노출되어 있거나, 작업장 내에서 부당한 대우와 차별을 홀로 견뎌야 하는 경우가 많다. 고용주나 내국인 동료 노동자들은 가난한 나라에서 온 이주자들이 현지에서보다 몇 배나 많은 월급을 받고 있으니 감사해야 한다는 사고를 갖고 있거나 한국인을 대할 때와는 달리 이주노동자들에게 잦은 욕설과 모욕, 폭력 등 고압적인 태도를 취하는 경우가 적지 않다. 김석호 등의 조사에 따르면, 이주노동자들은 체류자격과 체류기간에 상관없이 외국인으로서 차별을 당한 경험이 있는 경우가 46%에 달했다. 이주노동자들은 거리나 동네, 상점과 음식점, 공공기관, 직장과 일터 등 다양한 장소에서 차별을 경험하며, 차별의 정도는 장소에 따라 차이가 있다. 특히 이주노동자가 심각한 차별을 경험한 장소는 직장/일터가 가장 많아 44.9%에 달했다.[141]

둘째, 이주노동자들이 겪는 또 다른 어려움의 하나는 작업장 내 안전과 건강문제이다. 이주노동자들은 작업장 내에서 힘들고 위험한 작업을 도맡아 하는 경우가 많

---

140) 김순양, 2013, '외국인근로자의 사회적 배제' 『한국다문화사회의 이방인』, 188-216쪽.
141) 김석호 외, 2011, 앞의 책, 73-74쪽.

은 데 반해, 언어소통의 어려움으로 위험작업에 대한 안전교육을 받지 못한 경우가 대부분이다. 이들은 한국인이 꺼리는 3D업종의 영세사업체에 취업하기 때문에, 작업은 어렵고 위험한 경우가 대부분이다. 특히 이들은 장시간 노동으로 인한 육체적 피로, 의사소통상의 장애로 인한 안전교육 부족, 미숙한 작업경험으로 인하여, 내국인근로자에 비해서 산업재해에 훨씬 취약하다. 이주노동자들은 대부분 한국어에 익숙하지 않아 작업 중 의사소통이 어렵고 의사소통 곤란으로 체계적이고 주기적인 안전교육을 받지 못한 경우가 대부분이다. 교육을 받아도 산업안전 관련 교육의 내용을 충분히 이해하지 못해 재해위험에 쉽게 노출된다.

2013년 외국인 재해 건수는 5,586건, 사망 88명으로 전체 산업재해의 6%를 차지했다. 산업재해에서 외국인이 차지하는 비중은 2009년 5.4%에서 2010년 5.7%, 2011년 7.0%, 2012년 6.9%, 2013년 6.1%로 꾸준히 증가하고 있다. <그림 4>와 <그림 5>를 보면, 재해자 및 사망자 모두 전체 평균보다 훨씬 높아, 2013년 전체 근로자의 재해율이 0.59%인 데 반해, 외국인 재해율은 0.84%로 훨씬 높다. 사망만인율 역시 2013년 1.32‰로, 2012년 1.63‰보다는 낮아졌지만 전체 평균과 비교하면 여전히 높은 수준이다.

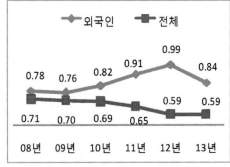

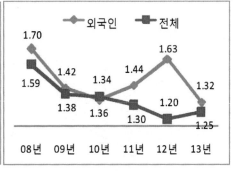

자료: 고용노동부, "외국인근로자 산업재해 예방대책" 2014.5.

<그림 4> 재해율(단위: %)   <그림 5> 사망만인율(‰)

이주노동자의 산업재해를 업종별로 보면, 제조업이 3,541명으로 63.4%를 차지하며, 건설업이 1,134명으로 20.3%를 차지하고 있다. 규모별로 보면, 30인 미만 소규모 사업장에서 발생한 산재가 78.7%를 차지하고 있다. 산업재해를 당한 이주노동자는 조선족이 50.3%로 절반을 차지하며, 중국인 14.3%, 베트남 6.6% 순으로 나타났

다.[142] 이는 조선족 동포들이 산재가 빈발하는 건설업에 많이 취업하며 연령상으로도 중년층이 많기 때문이다.

또한 사고를 당한 이주노동자들은 언어소통의 어려움과 산재보험에 대한 이해 부족으로 적기에 치료를 받지 못하는 경우가 많으며, 일부 사용자는 근로손실을 우려하여 산재사고를 신고하지 않는 경우도 빈번하다. 특히 미등록 이주노동자들은 병원치료 시의 과다한 의료비용과 신분노출에 대한 두려움으로 인하여 산재를 당해도 적절한 조치를 취하지 못하는 경우가 많다.

산재사고가 아니라고 해도 이주노동자들의 건강이 위협받는 경우가 많다. 의료기관을 이용할 때 의료비 부담이 이주노동자들이 감당하기엔 과도하기 때문이다. 또한 이들은 장시간 노동으로 몸이 아파도 의료기관을 이용할 시간을 내기가 어렵다. 의사소통의 어려움 역시 이주노동자들이 병원을 이용하는 데 높은 문턱으로 작용한다. 더구나 이주노동자들이 주로 취업하는 영세업체들은 도시 외곽지역에 위치한 경우가 많아 의료기관에 대한 지리적 접근성이 떨어지고, 건강 및 보건 의료체계에 대한 정보나 지식 역시 부족하다. 의료기관을 이용할 때에도 간병서비스를 받기가 어렵고, 입원기간 동안 생계유지 역시 쉽지 않다. 사업주들은 이주노동자의 건강에 무관심한 경우가 많고, 의료체계나 보건의료제도 자체의 문제점으로 정기적인 건강검진을 제대로 받지 못하는 경우가 많다.[143] 이처럼 건강관리가 제대로 이루어지지 못한 상태에서 장시간 노동에 시달리기 때문에 과로사가 빈번히 발생한다. 2005년에서 2007년까지 3년 동안 사망한 이주노동자 217명 중 104명은 수면 중 돌연사, 심근경색, 뇌출혈로 사망했고, 이러한 돌연사는 대부분 장시간 노동으로 인한 과로사로 추정된다.[144]

셋째, 작업장에서 경험하는 문화적 배제 역시 이들이 겪는 어려움의 하나이다. 아시아 15개국에서 온 이주노동자들은 종교적·문화적 차이로 인해 여러 가지 어려움을 겪는데, 파키스탄이나 방글라데시, 인도네시아 등 이슬람 국가에서 온 노동자들은 회사의 회식에서 종교적·문화적 어려움을 겪는 경우가 적지 않다. 돼지고기를 금기시하는 문화를 가진 이주노동자들에게 삼겹살 회식을 강요하거나 고용주의 종교에 따라 교회 참석을 강요하는 경우도 확인된다.[145] 이는 문화적 차이에 대해 당

---

142) 고용노동부, "외국인근로자 산업재해 예방대책" 2014.5.
143) 김순양, 2013, '외국인근로자의 사회적 배제'『한국다문화사회의 이방인』, 244-257쪽.
144) 설동훈, 2009, 앞의 글, 151쪽.

연히 이주노동자가 한국의 관습에 적응해야 할 문제로 간주할 뿐, 이들의 문화를 존중하고 배려해야 한다고 생각하지 않기 때문이다. 이러한 문화적 차이와 배제는 이주노동자들로 하여금 한국인 동료와 교류하기보다 같은 국가 출신들과 어울리게 하며, 이들의 사회문화적 적응을 방해한다.

넷째, 미등록 이주노동자은 또 다른 어려움을 겪고 있다. 이들은 다양한 이유로 불법체류자가 된다. 이들이 미등록노동자가 되는 것은 처음부터 관광 단기비자로 입국하여 취업하는 경우도 있지만, 본인의 의지와 상관없이, 사업주의 무책임이나 제도에 대한 무지, 제도 자체의 문제점 때문에 미등록자가 되기도 한다.[146] 김석호 외의 조사에 따르면, 고용허가제 이주노동자들 중에는 체류기간이 끝나도 귀국할 의사가 없는 경우가 전체의 14.6%를 차지했는데, 이들이 귀국하지 않으려는 이유는 '충분한 돈을 못 벌어서' 31.7%, '한국에서 더 많은 돈을 벌 수 있을 것 같아서' 20.7%, '모국에서 마땅한 일자리를 구할 수 없어서' 22.0%, '한국의 생활여건이 모국보다 좋기 때문에'가 23.2%를 차지했다.[147]

일단 미등록 체류자로 신분이 바뀌면, 이들은 단속과 추방에 대한 공포로부터 벗어날 수 없으며, 불법체류자 단속에 걸려 외국인 보호소에 들어가면 3일에서 일주일 사이에 본국으로 추방된다.[148] 원칙적으로 출국 당하기 전에 임금이나 주택보증금 등의 문제를 해결하기 위해 일시적으로 내보내주는 보호일시해제제도가 있지만 2,000만 원 이하의 보증금을 내야 하는 등 절차가 까다롭고 출입국관리소가 거부할 수도 있다. 불법체류자의 강제퇴거 건수는 2008년 30,576건, 2009년 29,043건, 2010년 13,474건, 2011년 18,043건, 2012년 18,248건에 달해 매년 2만 명 내외의 미등록노동자가 강제퇴거 되고 있다. 반면, 보호 일시해제 건수는 같은 시기 매년 116건에서 144건에 불과하다.[149] 이들은 항상적인 단속과 추방의 위협을 받고 있기 때문에, 사용자들이 이들의 처지를 악용하는 경우도 많이 발생한다. 실제 외국인 임

---

145) 김현미, 2014, '한국적인, 너무나 한국적인' 『우리는 모두 집을 떠난다』, 131-132쪽.
146) 먼저, 고용주에 의한 강제노동이나 임금체불, 근로조건 저하, 차별 대우의 문제가 발생할 때 이주노동자들이 사업장을 이탈하는 경우가 있다. 또한 재고용 신청 절차나 기간을 놓쳐 버린 경우가 있는데, 사업주가 이주노동자의 체류기간 3년 만료 1개월 전에 재고용 신청절차나 기간을 놓친 경우 이주노동자는 자동적으로 미등록체류자로 전환된다. 또한 이주노동자가 사업장 변경을 한 경우 구인구직 기간 3개월 내에 새로운 사업장에 입사하지 못하면 미등록자가 된다. 또한 사업주가 고용신고를 안 하거나, 고의로 사업장 이탈신고를 한 경우 이주노동자는 미등록 체류자가 될 수 있다.
147) 김석호 외, 2011, 앞의 책, 79쪽.
148) 김현미, 2014, '불법 사람의 성실 인생' 『우리는 모두 집을 떠난다』.
149) 한겨레신문, 2013.7.1. 기사.

금체불 건수는 2008년 6,849건, 2009년 9,452건, 2010년 9,145건, 2011년 8,759건, 2012년 9,378건에 달하며, 일인당 체불임금 액수는 2008년 248만 원, 2009년 250만 원, 2010년 237만 원, 2011년 241만 원, 2012년 255만 원에 이르고 있다.[150] 이들은 사업주의 부당한 대우나 임금체불에 대해 자신의 권리를 주장하기 어렵고, 사용자들은 이러한 신분적 약점을 이용하여 고의로 임금을 체불하기도 한다. 실제 2014년 12월 체불임금 380만 원을 달라고 진정한 베트남 노동자가 평택 고용노동지청 조사과정에서 근로감독관이 보는 앞에서 사업주에 의해 불법체류자로 경찰에 신고되어 외국인보호소로 송치되기도 했다.[151]

다섯째, 여성 이주노동자는 더욱 열악한 근로조건과 인권침해에 시달리는 경우가 많다. <표 22>에서 보듯이, 2016년 현재 전체 외국인 취업자 96.2만 명 중에서 여성 취업자는 32.4만 명으로 외국인취업자의 33.7%를 차지하고 있다. <그림 1>에서 여성이주노동자는 비전문취업의 8.8%에 불과한 반면, 방문취업의 36.4%, 결혼이민의 74.2%를 차지하고 있다. 남성 이주노동자의 67.2%가 상용근로자인 데 비해 여성이주노동자들은 임시·일용근로자가 48.2%를 차지하고 있다. <그림 3> 사업체 규모별 취업자에서도 여성이주자들은 5인 미만이 36.0%, 5-9인 규모가 19.3%이며, 전체의 75.6%가 30인 이하의 영세업체에 근무하고 있다. 이는 근로기준법의 적용을 받지 않는 여성노동자의 규모가 36%에 달하며, 고용이 불안하고 임금이 낮은 여성이주노동자의 비중이 높다는 것을 의미한다. <표 25>을 보면 여성이주노동자의 10.7%는 임금이 100만 원 미만이며, 63.7%는 100-200만 원 미만의 임금을 받고 있다.

특히 고용허가제로 들어온 이주여성은 남성과 달리 농·축산업에 배치되는 경우도 많은데, 대부분 일터와 주거지가 분리되지 않아 고용주에 인격적으로 종속되는 경우가 많다.[152] 농축산업 분야는 2003년부터 이주노동자를 도입하기 시작했고, 2013년 현재, 농·축산업에는 캄보디아인이 8,241명으로 42.7%, 베트남인이 5,869명으로 29.8%, 네팔인이 2,149명으로 10.9% 태국인이 1,638명으로 8.3%를 차지하는 등 총 19,726명의 동남아 노동자들이 고용되어 있다. 주로 캄보디아, 베트남, 타이 출신의 여성이주노동자는 5,998명으로 농·축산업 이주노동자의 30.4%를 차지하고 있다.

---

150) 한겨레신문, 2013.7.1. 기사에서 계산.
151) 한겨레신문, 2014.12.5. 기사.
152) 김현미, 2014, '한국적인, 너무나 한국적인' 『우리는 모두 집을 떠난다』.

문제는 농·축산업이 계절과 날씨 등 자연조건에 영향을 받으므로 근로시간에 대한 엄격한 규제가 힘들다는 이유에서, 근로기준법상의 노동시간과 휴게휴일 규정에서 농·축산업을 제외하고 있다는 점이다. 이 때문에 사용자가 근로계약서에 명시한 노동시간과 휴일을 무시하고 마구잡이로 일을 시키면서도 초과근로수당이나 휴일수당을 지급하지 않아도 제재할 수가 없다. 공식 근로계약서에는 근로자 한 달 평균노동시간인 226시간(주당 56.5시간)을 기준으로 임금을 지급하고, 실제는 이보다 훨씬 긴 장시간노동(월평균 283.7시간, 주당 65.3시간)을 강제하고 있는 것이다. 사용자들은 이주노동자들에게 다른 농장으로의 불법파견을 강요하기도 하고, 근로기준법을 위반하는 이면계약서나 허위계약서를 작성하기도 한다. 이주노동자가 임금체불이나 계약불이행으로 사업장 변경을 요구하면 노동자에게 배상금을 요구하고, 불성실근무로 몰아 임금을 지급하지 않거나, 하루 결근 시 3일치 임금을 공제하는 사례가 적지 않았다. 나아가 지리적으로 고립된 농촌지역에서 난방이 안 되거나 화장실이 없는 컨테이너 등의 숙박시설을 제공하고 숙박비를 갈취하는 경우도 있고, 여성 이주노동자들을 희롱하거나 폭행하는 사례도 발생하고 있다. 2013년 10월 국제앰네스티는 한국농축산 이주노동현장의 모습을 인신매매-강제노동-노동착취로 요약했다.[153]

3. 이주노동자운동의 전개

이주노동자운동은 이주노동자 지원단체의 사회운동과 이주노동자 스스로의 저항행동을 포괄하는 개념이지만, 대부분의 이주노동자들은 불법체류라는 신분상의 제약, 짧은 체류기간과 언어소통의 어려움, 집단적 네트워크의 부족 때문에 단체행동에 나서기는 쉽지 않다. 또한 이주노동의 역사는 이주노동자가 유입되기 시작한 1990년대부터 길어야 25년 정도에 불과하다. 그동안 한국사회에서 이주노동자운동은 작업장에서의 부당한 대우와 임금체불, 산재보상에 항의하는 이주노동자들의 일회적인 저항행동과 이주노동자 지원 단체들의 이주자 지원활동 및 제도개선을 위한 사회운동으로 이원화된 모습을 보여왔다. 이주노동자 대부분이 단기체류자이거나 불법체류자인 현실에서 이주노동자운동은 한국사회에서 낯설고 조직하기도 쉽지 않

---

153) 한겨레21, 2014.8.25. 기사.

을 뿐 아니라, 운동의 주체나 목표도 내국인의 노동조합운동과 상당히 다르기 때문에 여러 시행착오를 거쳐 왔다.

1990년대 들어 외국인들의 국내취업이 늘어나고 산업연수생제도가 도입되면서, 이주노동자들에 대한 작업장 내 인권침해와 임금체불, 산재사고 등의 사례가 빈발하기 시작했다. 그러나 1988년부터 1991년까지는 이주노동자에 대한 정부정책도 없었고 이주노동운동 역시 존재하지 않았다. 이 시기 이주노동자들은 열악한 노동조건과 인격적 무시, 임금체불 등 인권침해에 대해서 그냥 참거나 일자리를 옮기는 등의 방법으로 대응할 수밖에 없었다. 1992년부터 외국인노동자 인권에 대해 사회적 관심이 고조되기 시작하면서, 종교계를 중심으로 외국인노동자상담소와 같은 지원 단체들이 서울과 수도권에서 설립되기 시작했다. 특히 산업연수생의 수가 급증했던 1994-1997년 사이에 외국인노동자 지원단체가 많이 설립되었는데, 1996-1997년에는 부산, 대구, 광주, 창원 등 지방 주요도시에 외국인노동자 지원 단체들이 설립되었다. 이주민지원 단체들은 대부분 천주교, 기독교, 불교, 이슬람교 등 종교계와 연관된 경우가 많았다.[154)]

이렇게 늘어난 외국인노동자 지원 단체들이 네트워크를 형성하고 몇 차례의 공동투쟁을 전개하면서 이주노동자운동이 본격화하기 시작했다. 1993년 11월 외국인 불법체류에 대한 단속과 범칙금이 강화된 이후, '불법체류 범칙금'으로 무일푼이 된 한 중국동포가 자살한 사건에 대해, 외국인노동자 지원 단체들이 연대하여 최초로 정부정책에 항의하는 시위가 벌어졌다. 1994년 1월에는 산재를 당하고도 치료와 피해보상을 제대로 받지 못한 방글라데시와 네팔 출신 미등록노동자 11명이 '경제정의실천시민연합' 강당에서 한 달 가까이 농성을 벌였다. 이는 사회적으로 큰 파장을 일으켰다. 이 사건에 대해 국내 시민사회·노동단체들은 '외국인노동자를 위한 공동대책위원회'를 결성하여 체불임금과 산재치료와 보상을 위한 최소한의 법적 보호 장치를 마련할 것을 요구하였다. 농성 한 달 만에 정부가 미등록노동자들에 대한 산재보험 전면 적용과 체불임금에 대한 권리구제를 발표함으로써 사태는 일단락되었다.[155)]

한편 산업연수생제도 도입 후 7개월이 경과된 1995년 1월, 13명의 네팔인 산업연수생들이 명동성당에서 천막농성을 하는 사건이 일어났다. 이는 산업연수생제도의

154) 설동훈, 2003, '한국의 외국인노동자운동, 1992-2002' 『저항, 연대, 기억의 정치2』, 81-88쪽.
155) 설동훈, 2004, '한국의 외국인노동운동, 1993-2004' 『한국의 소수자 실태와 전망』, 471-475쪽.

문제점이 폭발한 것이었고, 이를 계기로 이주노동자문제에 대한 시민사회의 공동대응이 본격화되었다. 농성 중인 산업연수생들은 입국 후 7개월이 되도록 연수수당을 받지 못했고 송출업체를 통해 본국으로 송금해야 할 돈이 송금되지 않았으며, 관리자의 폭행, 폭언을 견딜 수 없다고 항의했다. 이들은 "때리지 마세요", "우리도 사람입니다", "우리는 노예가 아닙니다", "월급을 우리 손에 직접 주세요", "압수한 여권을 돌려주세요" 등의 요구를 내걸었다. 농성의 파장은 컸고, 38개 시민사회단체들은 '외국인 산업기술연수생 인권보장을 위한 공동대책위원회'를 결성해 '현대판 노예제'인 산업연수생제도에 대한 개선책을 요구했다. 그 결과 정부는 외국인 산업연수생을 사실상의 '근로자'로 인정하는 제도개선방안을 발표했다. 1995년 7월 이들 38개 단체 중 외국인노동자에 대한 일상적 지원활동을 하는 10여 개 단체가 외국인노동자 공동체들(네팔, 방글라데시, 중국, 스리랑카)과 함께 '외국인노동자대책협의회'(외노협)를 결성하였다. 외노협은 국내 노동조합과 외국인 노동자 공동체와의 연대를 모색하면서 산업연수생제도 철폐와 노동허가제 실시를 요구했다.[156] 외노협은 이주노동자 지원 단체들이 결집해 이주노동자공동체와 연대하고 이주노동자정책에 대한 근본적 전환을 위해 투쟁한 최초의 전국적 연대 기구였다.

1996년 외노협은 '노동허가제' 도입을 골자로 하는 '외국인노동자보호법'을 입법 청원 하였고 이를 법제화하기 위해 노력했다. 그러나 이 법률 제정은 중소기업협동조합중앙회의 반대로 실패하였고, 그 대신에 1998년부터 2년 연수 후 1년 취업이라는 연수취업제가 도입되었다. IMF 위기가 일단락된 2000년 들어 외노협은 다시 '노동허가제'를 골자로 하는 '외국인노동자 고용 및 인권보장에 관한 법률'의 제정을 요구하였다. 이 시기 노동부는 '고용허가제' 도입을 핵심으로 하는 '외국인근로자 고용 및 관리에 관한 법률'을 발의하였다. 이 역시 중소기업협동조합중앙회의 반대로 논란을 거듭한 이후, 2003년 노무현 정부는 고용허가제의 도입을 결정했다.[157]

그러나 이주노동자 문제는 성격이 복합적이고 운동의 주체와 목표에 대해서도 다양한 관점이 존재하는 영역이기 때문에, 운동의 방향을 둘러싼 내적 분화가 불가피했다. 이주노동자운동의 주체는 당연히 이주노동자이지만, 이주노동자의 대부분은 단기체류 후 귀국을 예정하고 있는 초청노동자거나 불법상태의 미등록 노동자이기

---

156) 설동훈, 2004, 앞의 글, 476-479쪽.
157) 설동훈, 2004, 앞의 글, 482-484쪽; 설동훈, 2003, 앞의 글, 94-95쪽.

때문에, 현실적으로 이들의 요구는 한국인 활동가들로 구성된 이주민지원 단체들이 대신할 수밖에 없었다. 더구나 이주노동자들은 언어적 소통의 어려움이 있었고, 투쟁에 참여하기 위한 비용도 매우 컸다. 이주노동자의 해고와 사업장 변경은 합법적 체류자격의 상실과 연결되고, 미등록노동자들은 항상적인 단속과 추방의 위험에 노출되어 있었다.

그 결과 이주노동자 지원 단체들 내부에서는 이주노동자운동의 방향과 목표, 주체의 역할에 대한 상이한 관점과 입장이 분화하기 시작했다. 이주노동자운동이 사회적 약자인 이주노동자에 대한 상담, 복지, 교육이나 이주노동자 공동체에 대한 지원을 넘어서 관련 법·제도개선투쟁에 나서면서 내부의 갈등이 증폭되기 시작했다. 이러한 갈등의 이면에는 이주노동자운동을 바라보는 관점과 운동의 방향에 대한 견해 차이가 존재했다. 한국의 현실적 조건에서 불만족스럽지만 산업연수생제도보다는 진일보한 고용허가제를 수용하고 이주노동자들의 인권과 복지를 시민사회 차원에 해결해야 한다고 생각하는 진영과, 노동자계급의 권리쟁취투쟁으로 전면적인 노동허가제를 쟁취해야 한다고 생각하는 진영이 분리되기 시작한 것이다.[158] '누가 운동의 주체인가'의 문제와 관련하여 이주노동운동의 성격에 대한 논란이 불가피했고, 노무현 정부의 다문화정책이 시행된 이후 그동안 이주노동자운동의 주축이었던 지원단체와 정부 사이의 협력이 확대되면서 이주노동자지원 단체의 사회운동적 정체성 문제도 제기되기 시작했다.[159] 2000년 10월 노동허가제 투쟁과정에서 민주노조운동의 틀 내에서 이주노동자운동을 전개해야 한다고 생각하는 단체들이 외노협에서 분리해 독자적인 조직들을 결성하기 시작했다.

먼저, 2000년 10월 노동조합 결성을 목표로 한 활동가들이 외노협에서 분리해 '이주노동자 노동권 완전 쟁취와 이주·취업의 자유 실현을 위한 투쟁본부'(이노투본)를 결성했다. 이들은 외노협을 비롯한 이주노동자 지원단체가 이주노동자를 주체로 세우지 않고 한국인 활동가 중심의 사업을 벌이고 있다는 점을 비판했다. 이들은 2001년 경인지역 '평등노조 이주노동자지부'를 결성했고, 2003년 11월부터 380일간 명동성당에서 강제추방 저지와 미등록노동자 전면합법화를 요구하며 농성을 진행했다. 그 후, 2005년 독자적인 '서울경기인천 이주노동자노동조합'(이주노조)으로 전환

---

158) 정정훈, 2011, '이주노동자운동 혹은 국가를 가로지르는 정치적 권리투쟁' 『진보평론』 49호, 45쪽.

159) 이선옥, 2007, '한국에서의 이주노동운동과 다문화주의' 『한국에서의 다문화주의』, 82-83쪽.

했다. 이주노조는 이주노동자만으로 구성되어 있고 독자 노조로 민주노총 서울본부에 가입했다. 이주노조는 미등록이주노동자가 중심이었기 때문에 설립신고를 거부당하기도 했다. 이후 이주노조의 초대위원장부터 3, 4대, 5, 6대 위원장에 이르기까지 지도부는 계속 표적단속에 의해 연행되어 강제 추방당했다. 이주노조는 그 때마다 표적단속 규탄 및 석방투쟁, 다양한 농성투쟁을 전개했다.

이주노조는 이주노동자의 노동권 확보와 미등록 이주노동자의 합법화를 목표로 설정하고, 노동조합으로서의 역량을 강화하고 조직을 확대하는 데 활동의 초점을 두었다. 이들의 농성투쟁은 민주노총이 직접 이주노동자 운동에 결합하는 계기가 되었다.[160) 노조가 제기한 소송에 대하여, 2007년 서울고법은 불법체류 외국인이라도 현실적으로 근로를 제공하면서 임금에 의해 생활하는 이상 노조를 설립할 수 있는 근로자에 해당한다고 판결했다. 노동부가 이를 인정하지 않은 채 2015년에야 대법원은 노동조합법상의 근로자성이 인정되는 한, 근로자가 외국인 여부나 취업자격 유무에 따라 노동조합법상 근로자의 범위에 포함되지 않는다고 볼 수 없으며, 출입국관리법상 취업자격이 없는 외국인도 노동조합 결성 및 가입이 허용된다고 최종 판결했다.

둘째로, 2000년 외노협 소속단체 일부가 분리해 나와 이주여성 문제를 특화해 다루는 '이주여성 인권연대'를 결성했다. 이주여성 인권연대는 2004년 안산이주민센터, 부산 외국인노동자 인권을 위한 모임, 대전포럼 등과 함께 '이주노동자 인권연대'로 확대되었다. '이주노동자 인권연대'는 외노협 참여단체들의 노선 차이와 주도권 문제, 서울 중심의 활동에 반발했고, 서울 중심의 활동에서 벗어나 대구, 부산 등 지방 단체와의 협력을 강화하고자 했다. 이들은 이주노동자 문제를 '이주'현상에 기인한 것으로 보고, 이주자들에 적합한 권리를 개발하고 보장하는 것을 목표로 이주노동자의 시민권 보장에 초점을 맞추고 있다. 특히 이주노동자 중에서도 소수자인 이주여성의 문제를 특화시켜 다루는 이주여성 상담소들이 2001년 이후 급격히 성장했다. 이들은 독자적인 활동 영역을 구축하면서, 정부의 지원정책에 힘입어 활동 영역을 특화했다. 이들 이주노동자 지원운동 단체들은 각기 핵심 사업에 있어서 약간 차이가 있지만, 인권개선과 다문화를 지향한다는 점과 정부정책에 대해 '비판적 조력자'의 입장을 취하는 경향이 있었다.[161)

---

160) 정영섭, 2012, '한국의 노동운동과 이주노동자의 아름다운 연대는 가능한가?' e-Journal *Homo Migrans* vol. 5,6, 74-75쪽.

셋째, 일반 노동조합이 이주노동자를 조합원으로 가입시켜 함께 노조를 구성한 경우이다. 2002년 대구지역의 성서공단노조는 지역일반노조로서 공단 비정규노동자를 조직하면서 이주노동자를 적극적으로 가입시켰다. 금속노조는 2007년 산별노조로 전환하면서 금속산업의 이주노동자를 조합원으로 조직하기 시작했다. 금속노조는 이미 2004년부터 산별 최저임금 적용대상에 이주노동자를 포함하였고, 2005년 중앙위원회에서 비정규직과 함께 이주노동자를 금속노조의 조직범위에 포함하고 지회규칙에 이주노동자에 대한 소수할당제를 규정하였다. 금속노조는 2008-2009년에 걸쳐 산하사업장의 산업연수생과 이주노동자에 대한 실태조사를 실시하는 등 조직화에 관심을 기울이기 시작했다.[162] 2007년 8월 금속노조 대구지부 삼우정밀 지회는 이주노동자들과 함께 노조를 결성했고, 단체협약에서 이주노동자 재계약 보장을 요구했다. 2009년 경남지부 마창지역금속지회 한국보그워너씨에스 분회는 이주노동자를 조합원으로 받아들였고, 필리핀노동자의 계약해지에 대항해 고용보장을 쟁취했다. 민주노총은 2010년 네팔노총과 양해각서를 맺고 이주노동자 활동가를 이주사업 담당자로 직접 채용하기도 했다.[163] 2016년 현재, 금속노조 조합원으로 조직된 이주노동자 수는 경남지부 피엔에스 알미늄지회에 23명, 경주지부 3개 지회에 54명, 대구지부 삼우정밀지회 2명, 전북지부 군산지역 지회 3명으로, 총 4개 지부 6개 지회에 8국 89명의 이주노동자가 조합원으로 가입되어 있다. 금속노조는 최근 1년간 12개 국어로 타블로이드 12면의 선전지 5,000부를 2회 제작해 배포했고, 세계이주민의 날에는 이주조합원을 대상으로 한 현장순회사업을 실시하거나 조선업 이주노동자에 대한 실태조사를 진행하기도 했다.[164] 그러나 이주노동자들이 언어적 소통이나 노동운동의 경험, 사회적 위계에서 불리하기 때문에, 이주노동조합운동은 이들이 한국인 활동가로부터 소외되는 문제, 짧은 체류기간으로 인한 리더십 형성의 어려움, 이주노동자들의 주체적 참여를 중시하지 않고 시혜적이거나 온정적 태도를 극복하는 문제 등 쉽지 않은 과제를 안고 있다.[165]

넷째, 자생조직인 이주노동자의 나라별 공동체들이 있다. 교민회로 기능하는 이주노동자 출신국 공동체는 상호부조와 문예활동에 치중하면서 한국사회에서의 안착을

161) 이선옥, 2007, 앞의 글, 87-88쪽; 정정훈, 앞의 글, 45-46쪽.
162) 정영섭, 2012, 앞의 글, 75쪽.
163) 정정훈, 2011, 앞의 글, 48-49쪽.
164) 금속노조 2016 제42차 대의원대회 사업보고, 734-736쪽.
165) 정영섭, 2012, 앞의 글, 81-83쪽.

목표로 하고 있다. 이들 출신국별 이주민공동체는 사회적 발언을 최대한 삼가고 있으며 때때로 정치적으로 보수적인 성향을 보이기도 한다. 이러한 출신국 공동체들은 이주노조보다는 이주노동자 지원 단체와 더 긴밀한 연관을 맺고 있다.[166] 실제로 김석호 외(2011)의 조사에 따르면, 이주노동자의 사회관계와 연결망은 자국인 중심의 폐쇄적 성격을 띠고 있으며, 가까운 한국인 친구 수는 평균 2.2명에 불과하다. 이주노동자들의 내국인과의 관계는 매우 제한적이고, 다른 민족 출신의 이주노동자와의 관계도 거의 없는 것으로 나타났다.[167] 이주노동자의 사회 연결망은 한국체류기간이 길어질수록 모국인 친구 중심의 폐쇄성이 오히려 강화되고 있어, 시간이 지날수록 이주노동자들의 출신국 공동체들이 어떤 방식으로 조직되어 어떤 방향으로 활동을 해나갈 것인가가 중요한 변수가 될 전망이다.

이처럼 이주노동자운동은 2000년대 들어 꾸준한 성장과 내적인 분화를 거듭해왔다. 그것은 한편으로 이주노동자의 수가 급증하고 있는 가운데 이들이 당하는 차별과 무시가 자발적인 저항을 만들어내기 때문이고, 동시에 이주노동문제의 성격이 대단히 복잡하기 때문이다. 이주노동자운동은 하나의 범주로 귀속할 수 없는 내적인 복잡성을 갖고 있다. 그것은 노동자계급운동이며 소수자운동이기도 하고, 자유주의적 시민권 확보운동이면서 상이한 문화정체성에 대한 인정을 요구하는 문화적 운동이기도 하다. 이선옥의 평가에 따르면, 그동안 한국의 이주노동운동은 시기와 단체에 따라 ① 인권운동, ② 노동권쟁취운동, ③ 시민권운동이라는 세 가지 성향을 보여왔다. 이주노동자운동의 초기부터 외노협을 중심으로 한 지원 단체운동은 법제도 개선을 통한 인권보장을 중요한 목표로 했다. 반면, 2000년 이후 이주노조나 금속노조가 추구한 것은 이주노동자의 노동3권을 강조하는 노동권 운동이며 노동계급의 연대를 강조하는 계급운동이다. 또한 2003년경 이후 이주인권연대를 중심으로 한 시민권운동은 일시체류자가 아닌 사회구성원인 주민으로서 이주노동자의 시민권을 확장하기 위한 운동이었다. 동시에 이주노동자운동은 주류사회에서 배제된 인종적·경제적·문화적 소수자운동이자, 수십여 개 이주노동자 출신국공동체의 상호부조와 문화적 정체성을 요구하는 공동체운동이다.[168]

현재 한국의 이주노동자운동은 이주노동자운동의 주체와 관련된 문제와 이주노동

---

166) 이선옥, 2007, 앞의 글, 89쪽.
167) 김석호 외, 2011, 앞의 책.
168) 이선옥, 2007, 앞의 글, 90-96쪽.

자 지원 단체의 제도화 및 운동적 정체성 문제를 안고 있다. 그동안 이주노동자운동은 한국인 중심의 지원 단체들이 주도해왔고, 이런 점에서 이주노동자운동에서 지원 단체의 대표성과 이주노동자 당사자의 주체성 문제가 제기되어 왔다. 또한 많은 이주노동자 지원 단체들이 제도화되고 정부 및 자치단체와 협력하는 NGO활동에 주력하면서, 운동적 정체성이 약화되고 탈정치화되는 양상을 보이고 있다.169) 이 문제들은 장기적으로 한국의 이주노동자운동의 방향을 둘러싼 내적 분화의 요인이 되고 있으며, 궁극적으로 이주노동자문제의 성격 자체가 가진 복잡성에서 비롯되는 것이다. 결국 이주노동자운동의 방향과 전망은 이주노동자들 스스로가 얼마나 자신들의 조직적 역량을 축적하고 어떤 방향에서 어떻게 스스로의 목소리를 낼 것인가에 달려 있다.

---

169) 이선옥, 2007, 앞의 글, 97-100쪽.

제8장 결혼이주자와 다문화가족

한국사회로 이주하는 외국인들 중에는 노동이주뿐 아니라 국민의 배우자, 결혼이주의 형태로 입국하는 이들도 적지 않다. 이주노동자에서 여성이 차지하는 비중은 적은 반면, 결혼이주자의 대다수는 여성이다. 남성들이 주로 이주 '노동자'로 들어오는 반면, 여성들은 주로 '결혼'이주자로 들어오는 것이다. 이는 이주기회가 성별로 분리되어 있기 때문이다. 국가정책과 기업수요에 따라 엄격히 통제되는 고용허가제 하에서 여성들은 안정적이고 제도화된 이주경로로 들어가기 어렵기 때문에 상대적으로 거래비용이 적게 드는 국제결혼을 통한 이주를 선택한다.[170] 이들은 한국인 남편과 결혼하여 한국으로 이주하여 '다문화가족'을 만들어간다. 결혼이주는 국제결혼과 이주라는 두 가지 현상이 결합되어 있는 것이고, 결혼이주의 형태와 양상은 가족 내 성역할의 변화와 가부장제의 특성에 상당한 영향을 받는다.

결혼이주여성은 국민의 배우자로서 한국인 자녀를 출산함으로써 인구재생산에 기여할 것으로 기대되며, 한국사회에 통합되어야 할 다문화정책의 주요대상으로 간주된다. 사실 결혼이주는 개발도상국 여성들이 적은 비용으로 선진국으로의 국제이주를 감행할 수 있는 이주형태로 인식되어 왔고, '이주의 여성화' 현상의 일부이기도 하다. 한국사회에서 결혼이주여성에 대한 시선 역시 가난한 나라에서 이주해온 '무력한 희생자'라는 온정주의적 시각이 다수를 점해왔다. 결혼이주자들에 대한 정부의 관리 역시 결혼이주여성이 자녀를 출산해 비로소 한국국적 자녀의 어머니가 되었을

---

170) 황정미, 2014, '지구화시대의 이주와 젠더' 『젠더와 사회』, 동녘, 한국여성연구소 엮음, 223쪽.

때 완전한 시민권을 부여하는 방식으로 이루어지고 있다. 그리하여 한국에 이주해온 다양한 비전문인력 중에서 결혼이주자들은 재외동포에 비해서도 보다 높은 수준의 시민권을 부여받고 있으며, 다문화정책을 통해 정부의 집중적인 지원과 혜택을 받고 있다. 이들은 한국인의 아내이자 한국인의 어머니로서 한국사회에 신속하게 통합되어야 할 존재로 간주되기 때문이다. 그리하여 한국에 시집온 결혼이주여성들이 한국의 언어와 문화에 빠르게 적응하고 한국인으로 거듭날 수 있도록 지원해야 한다는 '동화주의' 원칙이 결혼이주여성에 대한 정책기조였다.

그러나 가난한 나라에서 이주해온 결혼이주여성은 언어소통의 어려움, 짧은 교제기간으로 인한 친밀성의 결여, 문화적인 차이와 주위의 차별적 시선, 경제적 어려움, 자녀교육 문제 등 한국사회 적응과정에서 상당한 어려움에 직면한다. 그뿐만 아니라 다문화가족의 부부 사이에는 연령과 언어, 문화 측면에서 커다란 격차가 있고 경제적 지위가 낮은 저소득층 남편의 가부장적 태도와 일방적 동화요구로 인해 가족해체의 가능성도 높다. 또한 결혼이주는 결혼과 이주가 동시에 이루어지는 것이기 때문에 결혼이주여성을 매개로 해서 한국의 가족과 본국의 원래 가족 사이에 새로운 관계가 형성된다. 이들 가족 사이에는 상호 간의 지원과 지지, 유대의 형성을 통해 초국적 가족이 형성되고 가족관계의 망이 국제적으로 확장된다. 출신국 가족과 한국의 가족 사이에는 상호방문과 초청, 송금 등을 통해 초국적인 경제적 지원과 감정적 유대가 형성되며, 다문화가족은 그들과 자녀의 미래를 위해 한국과 출신국 사이에서 자신들의 미래를 기획하고 투사한다. 많은 경우 결혼이주여성은 한국과 출신국 모두에 대한 이중적 정체성을 갖게 된다.

이 장에서는 먼저, 1990년대 들어 급격히 늘어난 결혼이주의 특징과 현황, 결혼이주자의 국제결혼 과정을 검토한다. 다음으로 결혼이주자들이 한국에 시집와서 어떤 어려움을 겪고 있는지 한국사회 적응 과정과 이와 관련한 법제도의 문제점을 검토한다. 마지막으로 결혼이주여성의 출신국가에 따라 초국적 가족관계가 어떻게 작동하는지, 이혼으로 가족해체가 발생했을 때 이주여성의 삶과 관계에 어떤 변화가 발생하는지 검토한다.

1. 결혼이주자 현황과 이주과정

1) 결혼이주자 현황과 추이

<표 28>에서 '국민의 배우자'(F-2-1, F-5-2, F-6)는 2016년 현재 152,374명으로 매년 15만 명 선을 유지하고 있다. 조선족 21,328명을 포함하여 중국국적자가 56,930명으로 37.4%를 차지하며, 베트남국적자가 41,803명으로 27.4%, 일본국적자 13,110명, 8.6%, 필리핀국적자 11,606명, 7.6%의 순이다. 성별로는 여성이 128,518명으로 84.3%를 차지하며, 남성이 23,856명으로 15.7%를 차지하고 있다. 외국인남성 중에는 조선족이 6,889명으로 상당수를 차지하고 있다. 결혼이주여성만을 놓고 보면 베트남 여성이 41,803명으로 가장 많고 이어 중국한족이 약 3만 명, 조선족 여성 14,439명이며, 일본, 필리핀, 캄보디아, 타이 등이 높은 비중을 차지하고 있다.

<표 28> 국민의 배우자 국적별·성별 현황(2016.12.31. 단위: 명)

국적 구분	계	중국 (한국계 포함)	*한국계*	베트남	일본	필리핀	캄보 디아	타이	몽골	기타
전체	152,374	56,930	(21,328)	41,803	13,110	11,606	4,473	3,182	2,381	18,889
	(100%)	(37.4%)		(27.4%)	(8.6%)	(7.6%)	(2.9%)	(2.1%)	(1.6%)	(12.4%)
남자	23,856 (15.7%)	11,629	6,889	1,324	1,218	334	61	77	117	9,096
여자	128,518 (84.3%)	45,301	14,439	40,479	11,892	11,272	4,412	3,105	2,264	9,793

출처: 법무부 출입국·외국인정책본부, 출입국·외국인정책 통계월보 2016년 12월.

여기에 누적된 혼인귀화자 수를 합하면 2016년 말 현재 약 26만 7천 명의 결혼이주자가 존재한다고 볼 수 있다. <표 29>에서 혼인귀화자 수는 2011년 77,203명에서 2016년 114,901명으로 매년 7천여 명씩 규모로 꾸준히 증가하고 있다.

<표 29> 국민의 배우자 수 연도별 추이

연 도	2011년	2012년	2013년	2014년	2015년	'16년 12월
국민의 배우자	144,681	148,498	150,865	150,994	151,608	152,374
혼인귀화자(누계)	77,203	84,933	93,953	101,560	108,526	114,901

출처: 법무부 출입국·외국인정책본부, 출입국·외국인정책 통계월보 2016년 12월.

<표 30>에서 국제결혼의 전체 건수를 보면, 2015년 현재 21,274건으로 우리나라 전체 혼인 건수의 7.03%를 차지하고 있다. 그러나 연도별 변화의 폭이 커서 전체 혼인에서 국제결혼이 차지하는 비중은 2000년 3.49%에서 2003년 8.19%, 2005년 13.8%로 증가했다. 이후 감소세로 돌아서 2006-2010년 사이에 10-11%대를 유지하다가 2011년 9.16%, 2015년 7.03%까지 감소했다. 이러한 변화 추세는 한국남성과 외국인여성 결혼 건수의 변화에 큰 영향을 받고 있는데, 한국남성과 외국인여성의 결혼은 2000년 6,945건에서 2005년 30,719건으로 거의 4배 이상 폭증했다가, 2015년에는 14,677건으로 절반수준으로 감소했다. 이러한 추세를 보면 당분간 2000년대 중반과 같은 폭발적 증가는 아니지만 상당기간 국제결혼의 비중은 높은 수준에서 유지될 것으로 보인다.

<표 30> 국제결혼 건수의 연도별 추이

	한국남 +외국녀	한국녀 +외국남	국제결혼 합계	국제결혼비중(%)
2000	6,945	4,660	11,605	3.49
2001	9,684	4,839	14,523	4.56
2002	10,698	4,504	15,202	4.99
2003	18,750	6,025	24,775	8.19
2004	25,105	9,535	34,640	11.22
2005	30,719	11,637	42,356	13.48
2006	29,665	9,094	38,759	11.72
2007	28,580	8,980	37,560	10.93
2008	28,163	8,041	36,204	11.07
2009	25,142	8,158	33,300	10.75
2010	26,274	7,961	34,235	10.50
2011	22,265	7,497	30,154	9.16
2012	20,637	7,688	28,325	8.66
2013	18,307	7,656	25,963	8.04
2014	16,152	7,164	23,316	7.63
2015	14,677	6,597	21,274	7.03

출처: 통계청, 국제결혼실태조사 2016.

<표 31>에서 국제결혼자의 국적을 보면, 2015년 현재, 한국남성과 혼인한 외국여성의 국적은 베트남이 4,651명으로 31.7%를 차지하며, 중국이 4,545명으로 31.0%이며, 그 외에 일본 7.0%, 필리핀 6.9%의 순이다. 중국국적 여성의 비중이 2005년을 정점으로 2010년에는 절반 수준, 2015년에는 최대치의 1/4수준으로 급격히 감소하고 있는데, 이는 중국국적 여성의 다수를 차지했던 조선족 여성들이 방문취업제

도입으로 굳이 결혼이주를 선택할 필요가 없게 되었기 때문으로 보인다. 반면, 한국여성과 혼인한 외국 남성의 국적은 미국이 24.4%로 가장 많고 이어 중국 21.7%, 일본 12.2% 순이며, 중국국적 남성의 다수는 조선족이다. 결혼이주여성의 국적별 변화추이를 보면, 미국, 일본과 같은 선진국 출신 여성과의 결혼 건수는 대체로 안정적이거나 완만한 증가세인 반면, 아시아국가 출신 여성의 결혼 건수는 변화가 크게 나타난다. 2005년까지 중국국적 결혼이주여성의 비중이 압도적으로 많았고, 이어 베트남과 필리핀여성의 비중이 높은 편이었다. 특히 베트남여성은 2003년경부터 급격히 증가하여 2010년 이후에는 중국과 유사한 수준을 유지해오다가 2015년에는 가장 높은 비중을 차지했다. 초기에 높은 비중을 차지했던 필리핀여성과 몽골여성의 비중은 큰 변화 없이 일정한 추이를 보이는 반면, 2007년경부터 캄보디아 결혼이주여성이 많이 늘어났다.

<표 31> 국적별 외국인과의 혼인, 2005-2015(단위: 건, %)

	한국男+ 외국女	베트남	중국	일본	필리핀	미국	태국	캄보디아	몽골	기타
2000	7,304	95	3,586	1,131	1,358	235	270	-	77	509
2001	10,006	134	7,001	976	510	265	185	-	118	751
2002	11,017	476	7,041	959	850	267	330	-	195	716
2003	19,214	1,403	13,373	1,242	944	323	346	-	318	936
2004	25,594	2,462	18,527	1,224	964	344	326	-	504	996
2005	31,180	5,822	20,582	1,255	997	285	266	-	561	1,355
2006	29,665	10,128	14,566	1,045	1,117	331	271	394	-	1,813
2007	28,580	6,610	14,484	1,206	1,497	376	524	1,804	-	2,079
2008	28,163	8,282	13,203	1,162	1,857	344	633	659	-	2,023
2009	25,142	7,249	11,364	1,140	1,643	416	496	851	-	1,983
2010	26,274	9,623	9,623	1,193	1,906	428	438	1,205	-	1,858
2011	22,265	7,636	7,549	1,124	2,072	507	354	961	-	2,062
2012	20,637	6,586	7,036	1,309	2,216	526	323	525	-	2,116
2013	18,307	5,770	6,058	1,218	1,692	637	291	735	-	1,906
2014	16,152	4,743	5,485	1,345	1,130	636	439	564	-	1,810
2015	14,677	4,651	4,545	1,030	1,006	577	543	524	-	1,801
구성비	(100.0)	(31.7)	(31.0)	(7.0)	(6.9)	(3.9)	(3.7)	(3.6)	-	(12.3)

출처: 통계청, 2015년, 2005년 혼인·이혼통계(2005년은 김혜순, 2007: 16에서 재인용).

2) 결혼이주여성의 이주과정

결혼이주에 대한 연구들은 결혼이주가 세계적 차원의 신자유주의 확산에 따른 '이주의 여성화'와 관련되어 있으며, 결혼이주에는 송출국과 정착국의 이주제도와 초국적이고 관계적 공간의 형성이 중요한 역할을 한다는 점을 강조하고 있다.171) 김현미에 따르면, 결혼이주는 이주체제와 이주제도, 개별이주자라는 세 가지 차원을 포괄한다. 이주체제는 이주에 관여하는 각국의 법이나 제도, 송출국과 수용국의 관계, 이주의 조건과 거주 및 고용에 관한 권리를 규정하는 통치체제이며, 이주제도는 이주를 가능하게 하는 공식적 국가기구와 중개업체, 비공식적 네트워크를 포함하는 일련의 제도들을 의미한다. 결혼이주는 송출국과 수용국 두 나라의 이주체제와 제도에 의해 영향을 받으며, 이주 중개업체는 각국의 이주정책과 제도의 특징을 파악하여 국제결혼의 전 과정에 개입하면서 상업적 이윤을 창출한다.172) 이희영 역시 결혼이주에는 결혼이주여성을 둘러싼 다양한 행위자네트워크가 매우 중요하다는 점을 강조한다. 이 행위자 네트워크는 인간행위자들뿐 아니라, 국가 간 관계를 통해 확장된 기회와 개인들의 좋은 삶에 대한 열망, 역사적·가족사적 기대, 지역사회의 젠더 구조, 정부의 경제 및 문화정책, 관광정책 및 기업의 진출, 학력인정제도 및 유학시장의 형성, 미디어와 한류 등과 같은 비인간 행위자들을 포함한다.173)

이주제도나 행위자네트워크와 같은 개념들은 모두 국제결혼을 원하는 한국남성과 개발도상국 여성들 사이의 관계를 매개하는 제도와 조직, 네트워크의 역할을 강조하는 것이다. 국경을 넘는 결혼이주의 맥락은 한국과 송출국 간의 교류가 확장되는 가운데, 관광, 사업, 유학, 결혼중개업체 등 다양한 계기를 통해 이루어지는 만남과 알선의 과정이다. 이러한 제도와 네트워크가 작동하는 가운데, 결혼이주여성들은 '낭만적 사랑'과 경제적 이주 사이에서 다양한 스펙트럼을 가진 채 한국으로의 결혼이주를 결행한다.

한국에서 혼인취약계층 남성이 빈곤한 국가의 여성들과 국제결혼을 성사시키는 데는 다국적 연결망 형태로 활동하는 결혼중개업체가 중요한 역할을 수행해왔다. 국제결혼 중개업체들은 두 관련국가의 결혼당사자들을 연결시키고 결혼 성사를 통해 이윤을 창출한다. 한국에서 결혼이주는 1990년대부터 '농촌총각 장가보내기' 사업이라는 '행정주도형 국제결혼'을 통해 확산되었다. 이 행정주도형 국제결혼의 주체는 주로 농촌지역의 지방자치단체였지만 이 과정에는 상업적인 중개업자들이 깊이 관여했다.174) 결혼중개업은 1998년부터 사업자 신고만 하면 되는 자유업으로 전환

---

171) 이희영, 2014, '결혼-관광-유학의 동맹과 신체-공간의 재구성' 『경제와 사회』 102호, 115-118쪽.
172) 김현미, 2006, '국제결혼의 전 지구적 젠더정치학' 『경제와 사회』 70호, 13-16쪽.
173) 이희영, 2014, 앞의 글, 140-142쪽.

되었고, 2005년에는 2,000개 이상으로 급증하였다. 상업화된 결혼중개시장의 팽창은 국제결혼의 급격한 증가를 낳았다. 국제결혼 중개업은 초국적 이주산업으로 팽창하였고, 중국, 필리핀, 베트남, 캄보디아 등으로 초국적 결혼시장을 확장해나갔다. <표 35>에서 보듯이, 2000년 초반까지 중국과 필리핀여성의 국제결혼이 증가한 것이나, 베트남여성의 국제결혼이 2005-2006년간 급증했다가 2007년에 급격히 감소한 것, 캄보디아 여성의 국제결혼이 2007년 급증했다가 2008-2009년 사이 급격히 감소한 것 등은 모두 국제결혼 중개업체의 활동에 대한 해당 정부의 단속과 관련되어 있다.

중개업자들이 진행하는 국제결혼의 과정은 한국에서 남성 회원의 모집→현지에서의 관광형 맞선→성혼 및 결혼식→한국에서의 혼인신고→결혼이주여성의 결혼비자 신청→한국으로의 이주→가족구성이라는 형태로 이루어지며, 현지에서의 과정은 맞선→결혼식→합방→신혼여행으로 구성된다.[175] 문제는 관광형 맞선이 인신매매의 형태를 띤다는 점이다. 중개업체들은 두 나라에서 각각 남성과 여성을 모집하며, 여성들은 숙소에 머물면서 맞선을 준비하는데 이 기간 동안의 생활비는 빚으로 계산되어 결혼할 때 남성이 지불하는 비용에서 결제된다. 따라서 맞선을 거부하거나 중간에서 결혼을 포기하기가 매우 어렵고 중개업자들은 빚을 통해 여성들의 이동과 자유로운 의사결정을 통제한다.[176] 결혼중개의 과정은 비용 전액을 지불하는 남성의 이해와 욕구에 초점이 맞추어져 있고 이윤추구 논리에 의해 진행되기 때문에, 여성들은 중개과정에서 철저히 소외되고, 불충분한 정보와 이동의 제한, 강제적 선택과 같은 인권유린이 발생하게 된다.[177] 중개업체들은 고객인 한국남성의 약점에 대한 정보를 제대로 제공하지 않은 채 여성의 선택권을 제한하고, 남성들의 신속한 결혼 결정을 강제함으로써 짧은 시간에 이윤을 창출한다. 결혼이주여성들은 한국남성의 학력이나 재혼 여부, 전처 자식과의 관계, 남편의 신체적 결함이나 직업 등에 대해 정확한 사실을 전달받지 못한 채 결혼을 결정하는 경우가 적지 않다. 이처럼 당사자들 사이에 충분한 친밀감이 형성되지 못한 채 결혼중개업체의 이윤논리에 의해 무차별적으로 이루어진 국제결혼은 필연적으로 결혼이주여성들의 인권유린을 낳게 된

174) 김현미, 2006, 앞의 글, 17-18쪽.
175) 김현미, 2006, 앞의 글, 24-29쪽.
176) 김현미, 2006, 앞의 글, 24-29쪽.
177) 김정선·김재원, 2010, '결혼중개업의 관리에 관한 법률, 의미 없지만 유효한 법' 『경제와 사회』 86호, 306쪽.

다. 이 때문에 송출국 정부는 결혼중개업체를 통한 국제결혼을 불법화하거나 결혼절차를 강화하게 되고, 그로 인해 다시 결혼중개업체의 거짓 과장광고로 인한 한국남성들의 피해가 발생하는 결과가 초래되었다.

법적 제재가 미약한 조건에서 국제결혼 중개업체들은 가능한 많은 수의 결혼을 가능한 한 빨리 성사시키는 것을 목표로 하며, 이를 위해서 현지의 법 규정을 위반하는 서류조작이나 불법적인 모집 및 집단 맞선, 부채예속 등의 인권유린 행위를 계속했다. 그 결과 2006년 베트남정부가 국제결혼 관련규정을 강화하자, 중개업자들은 대거 캄보디아로 이동했고, 2008년 캄보디아 정부가 중개업체를 통한 국제결혼을 금지하자, 불법적인 국제결혼을 성사시킨 후 다양한 편법으로 결혼허가를 받기 시작했다. 상업화된 중개시스템은 비공식 서류 비용을 상승시킴으로써 현지 중개업자와 관료들 사이의 유착관계를 만들어내면서 거대한 이권사업으로 성장했다.[178]

그리하여 2005년 '결혼중개업의 관리에 관한 법률'이 발의되어 2008년부터 시행되었다. 이 법안은 중개업체의 난립과 탈법적인 중개행위를 규제하기 위해, 중개업을 자유업에서 등록제로 전환하고, 외국 현지 법령의 준수, 표준계약서 작성, 거짓·과장된 표시·광고의 금지, 중개업체의 피해보상 책임 등을 부과했다. 이 법률은 상업화된 중개업체의 피해를 최소화하는 것을 목표로 했지만, 중개업체의 고객인 한국남성을 보호하는 것에 초점을 맞추고 있고 외국인여성의 인격과 권리를 보장하거나 피해를 구제할 수 있는 장치를 포함하지 않았다. 특히 이 법은 결혼중개업체에 대한 제제 범위를 현지에서 형이 확정된 경우로 한정함으로써, 불법적인 중개행위에 대한 형사 처벌조항을 도입하지 않았다.[179]

이처럼 상업화된 국제결혼이 갖는 인신매매적 특성은 결혼 이후의 부부관계에도 지속적인 영향을 미친다. 상업화된 국제결혼은 한국남성으로 하여금 신부를 돈 주고 사왔다는 생각을 갖게 하고 외국인 아내를 삶의 동반자라기보다 구매 가능한 상품, 자신의 소유물인 관리와 통제의 대상으로 보는 경향을 만들어낸다.[180] 상업화된 중개업체를 통해 일주일 내외의 짧은 맞선으로 성사된 결혼은 부부간의 친밀감을 형성할 시간조차 없는 상태에서 이루어진다. 서로의 애정이 없는데다가 언어적 소통이 어렵고 문화적 차이가 큰 상황에서, 한국남편은 외국인 아내를 이해하고 배려하기보

---

178) 김정선·김재원, 2010, 앞의 글, 319-341쪽.
179) 김정선·김재원, 2010, 앞의 글, 316-318쪽.
180) 김현미, 2006, 앞의 글, 29-33쪽.

다 일방적인 복종과 적응을 요구하는 경향을 보이게 된다. 특히 외국인여성과 결혼한 한국남성들의 학력이나 경제력, 외모가 낮고 연령이 높은 경우, 그로 인한 열등감은 돈 주고 사온 외국인 아내를 통제할 수 없을지 모른다는 불안감을 낳고, 이는 다시 아내에 대한 의도적 무시와 폭력, 학대 등 사적인 통치로 이어지기도 한다.

　결혼이주여성의 이주과정과 관련하여, 또 하나 중요한 질문은 이들이 왜 한국남성과의 국제결혼을 선택하는지 이주동기에 관한 것이다. 결혼중개업체를 통한 이주과정이 주로 결혼이주여성을 가난한 나라에서 태어나 결함이 있는 한국남성과의 국제결혼을 통해 이주해온 수동적 존재로 표상하는 반면, 결혼이주자의 결혼동기에 대한 질문은 과감하게 국제결혼을 선택한 결혼이주여성의 결단과 자신의 삶을 스스로 기획하려는 능동적 행위에 초점을 맞추는 경향이 있다. 결혼이주여성의 국제결혼 동기에 대한 연구들은 구조적인 측면에서 개발도상국에서 개방과 시장경제 확산의 효과, 가족 내 여성의 역할과 함께, 새로운 삶의 기회를 개척하려는 결혼이주여성의 능동적인 전략과 실천을 강조한다.

　먼저, 구조적인 측면에서 결혼이주는 지구화와 신자유주의 시장경제의 확산, 국가 간 교류의 확대라는 새로운 변화에 대한 적응전략의 성격을 갖는다. 대부분의 개발도상국들은 높은 실업과 외화 부족과 같은 국내의 경제적 어려움을 해외노동력 수출을 통해 해결해왔다. 특히 이들 나라에서는 가족 부양의 책임이나 가족의 경제적 지위 향상에 대한 여성의 도덕적 의무가 강조되는 경우가 적지 않다. 그 결과 가난한 농촌지역의 여성들이 적은 비용으로 더 나은 삶의 기회를 얻기 위한 방법으로 결혼이주를 선택하는 것이다. 그리하여 전통적인 노동력 수출국인 필리핀과 태국뿐 아니라 1990년대 이후 시장경제의 확산을 경험한 중국, 베트남, 캄보디아, 몽골, 네팔 등에서 여성의 경제적 이주전략으로 결혼이주가 부상하기 시작했다.

　예컨대, 베트남에서는 1986년 도이모이정책 이후 개혁개방이 이루어지면서 농촌지역의 집단경제가 해체되고 시장화가 진행되었다. 농촌의 고된 노동과 가난은 젊은 여성들에게 외국인과의 결혼을 새로운 대안으로 고려하게 만들었고, 전쟁으로 인한 성비 불균형이나 농촌지역 적령기 남성의 부족, 딸의 조기결혼에 대한 부모의 압력은 외국인과의 국제결혼이 확산되는 요인이 되었다. 더욱이 베트남의 가족문화에서 가정경제에 대한 딸의 기여 의무를 실현하고 가족의 사회경제적 위상을 높이는 전략의 일환으로 국제결혼이 확산되었다.[181] 캄보디아 역시 오랜 내전과 정치적·경제적 혼란이 종결된 1990년대 이후 앙코르와트 유적을 중심으로 관광산업이 활성화되면서, 관광분야 종사자들이 늘고 한국인과 접촉도 증가했다. 이런 상황에서 베트남정부의 국제결혼 규제가 강화되자 캄보디아 여성과의 국제결혼 중개가 급속히 늘어났다.[182] 네팔의 경우도 1990년대 중반부터 여성들이 서아시아국가로의 가사노동 이주를 통해 외화벌이를 해왔다. 인권유린이나 노동착취 문제가 발생할 때마다 정부가 가사노동 이주에 대한 통제를 강화했기 때문에, 결혼이주가 비공식적인 여성이주의 대안으로 부상했다. 동시에 가부장제 사회구조에서 네팔여성들은 아들 선호사상과 억압적인 가족문화로부터 탈출하기 위한 방법으로 결혼이주를 선택하기도 한다.[183]

반면에, 결혼이주여성의 능동적이고 문화적인 행위전략에 초점을 맞추는 경우, 이주여성은 가용한 문화자원을 통해 상황을 정의하고 그 문제적 상황을 해소하기 위해 노력하는 실용적 행위자, 탈영토화된 실천을 감행하는 적극적 행위자로 간주된다.[184] 최종렬에 따르면, 베트남 이주여성들은 국제결혼이라는 행위전략을 구성하기 위해 '낭만적 사랑'과 '가족주의 사랑'의 문화를 문화자원으로 활용한다. '낭만적 사랑'이 사랑하는 사람을 만나 '전부 아니면 전무'라는 결정적 선택을 하는 것으로 표상된다면, '가족주의 사랑'은 결혼을 '효'의 실천으로 보는 것이다. 이 양자는 서로 결합하여 집을 떠나 자신의 삶을 개척한다는 '로망스 서사'가 된다. 특히 한국대중문화의 인기로 대부분의 결혼이주여성은 한국드라마를 보면서 드라마에서 표상된 남녀의 사랑, 한국남성의 이상화된 이미지에 매료되었고, 국제결혼은 한국남성과의 '낭만적 사랑'이라는 기획을 의미했다. 이들에게 국제결혼은 가난을 떨쳐버리는 도구적 목적을 가진 것이 아니라, 도시적 삶의 낭만적 사랑과 전통적인 가족적 효의 실천이라는 목적을 위한 방법으로 선택된 것이다.[185] 이희영이 연구한 캄보디아 이주여성의 경우에도 '자유롭고 살기 좋은 곳으로 탈출하고 싶은 욕구'가 한국으로의 중개결혼을 수용하게 된 계기였지만, 결혼식 직후 신혼여행에서 함께 보냈던 비오는 밤을 낭만적 사랑의 기억으로 호출한다. 결혼 직후 신혼여행에서 남편과의 대화와 감정의 경험을 낭만적 사랑으로 기억하고 이를 반복적으로 확인한다는 것이다.[186]

---

181) 김현미, 2006, 앞의 글, 19-23쪽.
182) 이희영, 2014, 앞의 글, 125-127쪽.
183) 이기연, 2015, '네팔 결혼이주여성의 한국이주와 임금노동' 『경계를 넘나드는 사람들』, 60-64쪽.
184) 최종렬, 2009, '탈영토화된 공간에서의 베트남 이주여성의 행위전략' 『한국사회학』 43(4), 108-112쪽.
185) 최종렬, 2009, 앞의 글, 117-124쪽.
186) 이희영, 2014, 앞의 글, 127-129쪽.

2. 결혼이주여성의 한국사회 적응과 관련 법제도·정책

1) 결혼이주여성의 한국사회 적응과정

일단 결혼이 이루어지고 결혼이주여성이 한국에 입국하여 새로운 가족을 구성하게 되면, 어렵고 지난한 가족 만들기 과정이 시작된다. 이 새로운 가족 만들기 과정은 결혼 이전에 있었어야 할 친밀감을 형성하는 과정이면서, 언어적 소통이 어려운 가운데 서로의 문화적 차이를 극복하는 과정이다. 그러나 대부분 결혼이주여성의 가족 만들기는 일방적인 문화적 적응과 동화의 압력에 직면한다. 이들은 기대와 다른 낯선 한국생활에 적응해야 한다. 의사소통이 어려운 가운데 문화적 차이를 용인하지 않는 가족생활에 적응해야 하고, 권위주의적이고 때때로 폭력적인 남편과의 관계에 적응해야 한다.

많은 결혼이주여성들은 한국생활에 적응하는 데 어려움을 겪는다. 결혼이주여성이 겪는 한국생활의 어려움은 언어문제 36.7%, 외로움 36.5%, 경제적 곤란 31.9%, 자녀양육과 교육문제 25.2%, 생활방식에서의 문화 차이 23.7%, 편견과 차별 14.8%, 가족 간 갈등 12.7%, 공공기관 이용 8.6% 등으로 나타나고 있다.[187]

무엇보다 이러한 어려움의 근본적 원인은 결혼이주여성과 한국남편의 서로에 대한 기대가 너무 다르기 때문이다. 대부분의 결혼이주여성들은 남편과 새로운 가족에 대한 충분한 정보가 없는 상태에서 막연히 잘사는 나라인 한국남성과의 낭만적 사랑을 기대하지만, 곧바로 냉혹한 현실에 직면하게 된다. 결혼중개업체의 정보와 달리 남편의 경제적 능력이 매우 취약하다는 것을 알게 되고, 대도시에서의 낭만적 사랑과 달리 고립된 농촌지역의 가난한 삶이나 도시 저소득층의 팍팍한 삶에 직면하게 된다. 결혼이주여성들은 빈곤에서의 탈피와 풍족한 생활, 취업과 본국 가족에 대한 경제적 지원을 목적으로 국제결혼을 선택했는데, 한국남편은 아내가 성적 파트너로서 아이를 낳아주고 가사노동자로서 집안 살림을 잘하며 시부모를 잘 모셔주기를 기대한다.

둘째로, 이렇게 애정이 취약하고 서로에 대한 기대가 다르면 소통을 통해 친밀감을 형성하고 기대를 조정하는 과정이 필요한데, 결혼이주여성들은 대부분 언어적 소통에 어려움을 겪는다. 대부분의 한국남편들은 아내 나라의 언어를 배우려는 의지를

---

187) 정해숙 외, 2016, 『2015년 전국 다문화가족 실태조사 분석』, 131-132쪽.

보이지 않으며, 아내가 한국말을 빨리 배울 것을 요구하지만 아내가 가정 밖으로 사회관계를 확장하는 것에 대해서는 불편해한다. 일부 남편들은 아내가 사회관계를 통해 자신의 통제를 벗어나게 되지 않을까 염려한다. 지방자치단체에서 한국어나 사회문화 적응 프로그램을 지원하고 있지만, 많은 결혼이주여성들이 정보부족, 가사노동, 자녀양육 등의 이유로 이를 이용하지 못하며, 농어촌지역의 경우는 지리적 접근성도 좋지 않다. 언어적 소통이 어려우면 사회문화적 적응 역시 그만큼 지체된다. 언어적 소통의 어려움은 지역사회에서 고립되고 배제되는 경험으로 체험된다. 지나가는 사람들의 구경거리가 되는 경험은 일상생활의 공간을 가정 내로 제한하는 결과를 가져오기도 하고, 힘들고 어렵게 살고 있을 것이라는 동정적 시선과 '돈 때문에 결혼한 사람'으로 간주하는 차가운 시선에 힘들어하기도 한다. 외국인을 피부색과 출신국가에 따라 계층적 관점으로 보는 시선은 빈곤한 나라에서 온 결혼이주여성들에 대한 편견과 차별로 나타난다.[188]

셋째, 가정생활에서의 문화적 차이이다. 문화적 차이는 음식문화의 차이, 부부간의 나이 차이와 관련된 갈등, 부부간의 권위관계에 대한 인식, 자녀의 양육방식, 친족과의 관계, 시어머니의 개입과 간섭 등 다양한 차원에서 나타난다. 결혼이민자들이 부부간 문화적 차이를 경험한 비율은 59.2%에 달하며, 특히 농촌지역 거주자는 69.3%가 문화적 차이를 경험하고 있다. 결혼이주여성의 경우 식습관과 관련해 문화적 차이를 경험한 비율이 41.2%로 가장 높고, 그 외에 문화적 차이를 느낀 경우는 가족행사 25.6%, 자녀 양육방식 21.1%, 저축 소비 등 경제생활 16.8%, 가사분담 12.7%, 부모부양 10% 등이다.[189] 예컨대 동남아시아 여성들은 한국의 매운 음식에 쉽게 적응하지 못하는데, 남편들은 오히려 아내가 빨리 한국음식 만드는 법을 배우기를 기대한다.[190]

가부장적인 가족관계에서 남편의 권위주의적 태도는 아내에 대한 무시, 폭언, 폭력으로 나타나는 경우가 많다. 특히 국제결혼 부부의 연령 차이는 매우 커서 남편은 애정표현이나 대화에 익숙하지 않고 나이 어린 아내에 대해 권위주의적 태도를 취하는 경우가 많다. 2015년 현재, 다문화 혼인의 경우 한국인 남성의 결혼연령은 40세 이상의 고연령층이 전체의 40.7%를 차지하는 반면, 외국인여성은 30세 미만이

188) 이희영, 2014, 앞의 글, 134-136쪽.
189) 정해숙 외, 2016, 앞의 책, 80-82쪽.
190) 윤형숙, 2004, '국제결혼 배우자의 갈등과 적응' 『한국의 소수자 실태와 전망』, 334-335쪽.

전체의 54.5%를 차지하고 있다. 10세 이상 차이가 나는 경우가 37.7%, 6-9세 차이가 13.6%로 나이차가 크게 나타나고 있다.[191]

　문화적 차이는 쉽게 갈등으로 발전된다. 언어적 소통이 어렵고 문화적 차이가 클수록 상대와의 대화와 이해를 위한 노력이 절실하지만, 한국남성은 외국 아내를 이해하기보다 외국인 아내가 단기간에 한국문화에 적응해 현모양처가 되어주길 기대한다. 그뿐만 아니라 농촌이나 도시 저소득층의 한국남편은 상당부분 경제적으로 취약한 경우가 많고 술을 먹으면 폭력을 행사하는 경우도 적지 않다. 결혼이주여성의 경우 부부간 다툰 경험이 있는 경우가 66.6%이며 거주기간이 2년이 넘어서면 오히려 부부갈등이 늘어나고 있다. 부부갈등이 생기면 54.7%가 대화로 해결하지만, 그냥 참는 경우도 44.6%나 되고, 특히 동남아 여성들은 '그냥 참는다'가 절반 이상을 차지하고 있어 갈등을 일방적으로 감내하고 있는 것으로 나타났다.[192]

　넷째, 경제적 곤란과 압박이다. 대부분의 결혼이주여성들은 가난한 나라 출신이며, 가족을 경제적으로 지원하기 위해 국제결혼을 선택하는 경우가 많기 때문에 경제적 보상이나 경제활동에 대한 욕구가 강하다. 그러나 대부분 다문화가족의 사회경제적 지위는 높지 않다. 월평균 가구소득은 200-300만 원 미만이 30.4%로 가장 많고 100-200만 원 미만 23.8%, 300-400만 원 미만 20.5%, 400만 원 이상 16.5%로, 전체의 54.2%가 월평균 가구소득 300만 원 미만에 불과하며, 국민기초생활보장 수급가구가 5.1%에 달한다.[193] 남편의 낮은 소득에도 불구하고, 결혼이주여성은 언어적 소통의 어려움이나 가정생활에 충실할 것을 요구하는 남편의 기대 때문에, 취업을 선택하기도 어렵다. 가정에서 살림과 육아에 전념한다고 해도 국내 거주기간이 짧은 경우 남편이 아내에게 살림을 맡기는 경우가 많지 않다. 한국사회에 대한 전반전인 이해 부족과 언어상의 제약으로 적절한 경제적 권한 행사가 쉽지 않고 남편이 아내의 경제적 자율성을 허용하지 않는 경우도 적지 않다. 생활비지출에 대한 의사결정을 보면, 베트남이나 동남아시아 이주여성의 경우, 남편이 전적으로 결정하거나 주로 결정하는 경우가 52.3%, 48.2%에 달하는 것으로 나타났다.[194]

　특히 문제가 되는 것이 송금이다. 결혼이주여성은 한국으로의 결혼이주 이후에도

---

191) 통계청, 2015년 다문화 인구동태 통계자료. 한국인 남성의 결혼연령은 35-49세 19.1%, 40-44세 18.0%, 45세 이상 22.7%인 반면, 외국인여성은 25-29세 29.8%, 20-24세 18.7%, 19세 이하 6.0%로 분포되어 있다.
192) 정해숙 외, 2016, 앞의 책, 87-88쪽.
193) 정해숙 외, 2016, 앞의 책, 42쪽.
194) 정해숙 외, 2016, 앞의 책, 98-99쪽.

본국의 가난한 가족에 대한 책임과 부양의무를 다하기 위해 노력한다. 남편이 여유가 있으면 남편이 송금해주길 기대하지만 그렇지 못하다면 자신이 취업을 해서라도 송금을 하고 싶어 한다. 그러나 대부분의 한국남편은 '송금'에 대해 결혼의 진정성을 의심하거나 자신의 돈을 외국으로 빼돌리는 아내의 배반행위로 생각하는 경향이 있다.195) 따라서 결혼이주여성에게는 본국 가족에의 송금과 낭만적 사랑이라는 결혼생활 사이에 딜레마에 직면하기도 한다. 그러한 의미에서 송금에 대한 욕구는 결혼이주여성의 경제적 자립, 강한 취업의지를 만들어낸다.196)

이처럼 결혼이주여성들은 새로운 가족 만들기 과정에서 남편과의 기대 격차, 소통의 어려움, 문화적 차이, 경제적 곤란과 송금을 둘러싼 갈등을 경험한다. 문제는 이러한 갈등이 부부간의 대화와 존중, 배려를 통해 해소되기보다 아내의 일방적인 순종을 요구하는 한국인 남편의 폭력으로 귀결되는 경우가 적지 않다는 것이다.

필리핀 결혼이주여성을 대상으로 한 윤형숙의 연구에 따르면, 사회경제적으로 취약하고 상대적 열등감이 강한 경우, 남편은 손상된 남성성을 회복하기 위해 외국인 아내에 대한 사적인 폭력과 여러 가지 압박 기제를 활용한다. 아내에 대한 사적 통치를 위해 한국남편이 활용하는 대표적인 방법은 자신이 결혼비용을 전부 부담하였다는 사실을 강조하는 것이다. 이 경우 이주여성이 결혼 파기를 요구하면 결혼비용을 갚을 것을 요구하며 압박한다. 둘째, 여성을 외부와 고립시켜 가부장적 질서 안에 가두어 두는 것이다. 임신과 출산은 사회생활 욕구를 좌절시키고 결혼이주여성을 가부장적 가족질서에 통합시키고 외부와 단절시키는 방법 중의 하나이다. 셋째, 경제적 통제로 외국인 아내에게 경제권을 주지 않는 것이다. 물론 아내가 필요할 때 필요한 만큼 돈을 주지만 얼마나 필요한가는 남편이 결정한다. 넷째, 폭력과 폭언도 아내를 통제하는 하나의 수단이다, 남편의 폭력은 술을 먹은 경우 정도가 심해진다. 외국인 아내가 가족이나 친척의 도움을 받을 수 없는 상태에서 폭력이 행사되기 때문에 상황은 더욱 심각하다. 마지막으로 아내에 대한 가장 강력한 협박은 이혼해서 본국으로 보내버리겠다는 위협이다. 국적을 취득하지 못한 상태에서 이혼은 불법체류자로의 신분변동을 의미한다는 점에서, 이혼 협박은 결혼이주여성에 대한 가장 강력한 사적 통제수단이다.197)

195) 김현미, 2014, '송금과 사랑' 『우리는 모두 집을 떠난다』, 56-59쪽.
196) 김현미, 2014, 앞의 글, 58쪽.
197) 윤형숙, 2004, '국제결혼 배우자의 갈등과 적응' 『한국의 소수자 실태와 전망』, 331-341쪽.

베트남 결혼이주여성에 대한 김현미의 연구 역시 비슷한 상황을 보고하고 있다. 베트남여성은 순종적이고 가정 지향적인 역할에 부합하는 여성성을 공연하고 새로운 정체성을 구성해야 한다는 것이다. 많은 베트남 결혼이주여성은 남편이 쓸 돈을 제대로 주지 않거나 '아이' 취급을 당하기도 하고, 위장결혼이나 가출에 대한 각종 소문을 접한 남편이 자신을 의심하는 경험을 했다는 것이다. 결혼이주 여성은 출산을 통해서만 안정적으로 정착했음을 증명할 수 있으며, 한국말 배우기, 시부모 모시기, 집안일, 출산과 육아, 수입을 보충하기 위한 경제활동을 동시에 수행해야 한다. 한국남편은 폭력과 윽박지름, 무시를 통해 아내를 순응시키려고 하며, 소통의 부재와 권력의 차이, 경제적 빈곤은 이들 사이의 중요한 갈등요인으로 작용한다.[198]

2) 결혼이주자 관련 법제도와 정책

결혼이주여성의 한국사회 적응, 평등한 가족 만들기 과정의 어려움은 법제도가 결혼이주여성을 통제와 관리의 대상으로 취급하고 있다는 사실에 의해 더욱 강화된다. 입국을 위한 비자 발급, 한국에서 계속 살기 위한 체류 연장, 한국국적 취득까지 모든 절차가 한국인 배우자의 도움을 필요로 하는 등 결혼이주여성의 법적 지위가 취약하다.[199] 결혼이주여성은 혼인과 동시에 즉시 한국국적이 주어지는 것이 아니기 때문에 한국에 합법적으로 거주하기 위해서는 최초 1년의 체류 기간이 끝나기 전에 체류 연장 신청을 해야 하며, 배우자가 신원을 보증해주어야 한다. 만약 결혼 2년 이내에 이혼하는 경우, 결혼이주여성의 체류자격은 상실된다. 한국국적을 취득하기 위해서는 혼인을 유지한 상태로 한국에 2년 이상 주소를 두어야 하는 조건을 충족해야 하며, 가족관계 등록부나 재직증명서, 재산관계 서류 등을 구비해 신청하는 데는 한국인 배우자의 도움이 필요하다. 귀화를 신청한 이후에도 허가를 받기까지 최장 2년까지 상당한 시간이 걸린다.[200]

---

198) 김현미, 2014, 앞의 글, 52-55쪽.
199) 한편 외국인남성과 결혼한 한국여성들은 혼인신고와 함께 한 가계의 호주가 된다. 그렇지 않고는 외국인남성 배우자를 인정할 법적 근거가 없기 때문이다. 과거 이주노동자 남편은 합법적 체류를 위해서 3개월에 한 번씩 출국했다가 재입국을 해야 했다. 그러나 재입국 시 입국이 불허될 수도 있고, 노동권이 보장되지 않았다. 그래서 많은 결혼이주남성들이 혼인신고를 미룬 채 불법체류자로 남기도 했는데, 2000년 출입국관리법 시행령 개정으로 결혼이주남성들도 F-2비자를 받을 수 있게 되었다. 그러나 F-2비자 역시 체류기간 연장을 위한 행정적 절차가 번거로워 최종적으로 귀화를 선택하는 경우가 많다. 정혜실, 2007, '파키스탄 이주노동자와 결혼한 여성들의 이야기' 『한국에서의 다문화주의』.
200) 소라미, 2013, '합법과 불법의 경계에 선 이주여성' 『우리 모두 조금 낯선 사람들』, 239-249쪽.

2004년 국적법 개정과 출입국관리 지침의 변경으로 결혼이주민이 한국인 배우자의 동의 없이 단독으로 한국에서 체류 연장과 귀화 신청을 할 수 있는 길이 열렸지만, 그 요건은 ① 한국인 배우자가 사망하거나 실종된 경우, ② 한국인과 혼인하여 그 사이에서 출생한 미성년 자녀를 양육하고 있는 경우, ③ 혼인 파탄의 잘못이 외국인 배우자에게 없는 경우로 한정되었다. 특히 혼인파탄 책임의 대표적인 사례인 가정폭력에 대해서는 결혼이주여성이 이를 입증해야 한다. 국적법에는 결혼이주여성에게 혼인파탄 책임을 입증할 것을 요구하지 않지만, 출입국관리 행정은 위장결혼에 대한 의심 때문에 엄격한 입증책임을 부과하고 있다. 그러나 한국어도 익숙하지 않고 이혼관련 정보를 알기도 어려운 상태에서 결혼이주여성이 복잡한 행정절차를 해결하는 것은 거의 불가능하다.[201]

결혼이주여성의 국적 취득까지 합법적 체류자격이 전적으로 한국인 남편에 의존해야 한다는 사실은 결혼이주여성을 한국인 남편의 사적 통치에 방치함으로써 다문화가족의 평등한 부부관계를 불가능하게 한다. 특히 가정폭력이 발생하는 경우 결혼이주여성은 이에 대항하거나 이혼을 선택하기도 어렵다. 한국의 다문화정책은 다른 이주민집단에 비해 결혼이주민에게 폭넓은 시민권을 부여하고 있지만, 그것은 결혼이주여성이 한국인의 '아내'이거나 '어머니'라는 것을 전제로 한다. 만약 이러한 요건에 못 미친다면, 언제라도 결혼이주여성의 체류자격은 박탈당할 수 있는 것이다.

이러한 비판은 결혼이주여성의 체류자격에 대한 법제도가 이들의 인권을 무시하고 있다는 점을 강조하는 것이라면, 정반대로 결혼이주여성을 대상으로 한 다문화가족 지원정책이 지나치게 관대하고 중복 시혜적으로 이루어져 부작용을 낳고 있다는 비판도 제기된다.

현재 결혼이민자는 「재한외국인처우기본법」, 다문화가족은 「다문화가족 지원법」에 의해 법적인 지원을 받는다. 2006년 4월 중앙정부 차원의 '여성결혼이민자가족의 사회통합지원 대책'이 발표되면서 체계적인 지원정책이 시작되었다. 2007년부터 시행된 「재한외국인처우기본법」은 법무부가 주관이 되어 결혼이민자를 포함한 외국인정책을 포괄하는 반면, 2008년부터 시행된 「다문화가족 지원법」은 여성가족부가 주관이 되어 결혼이민자를 포함한 다문화가족 구성원 전체를 대상으로 한다. 실제 결혼이민자 및 다문화가족 대상의 사업 중 가장 비중이 높은 것은 여성가족부가 주

---

201) 소라미, 2013, 앞의 글, 242-246쪽.

관하는 '다문화가족 지원의 생애주기별 맞춤형 서비스사업'이다. 이는 입국 전 결혼 준비기부터 가족형성, 위기 개입, 자녀양육, 경제적 자립 등의 각 단계에 걸쳐 맞춤형 지원을 포괄하고 있다.

결혼이민자에 대한 정부의 관심과 사회통합을 위한 포괄적인 정책은 여러 가지 논란을 일으켰다. 비판의 논점은 이러한 정책들이 정부부처들 사이에 관료적 확장을 위한 경쟁을 초래했고 기존 복지정책의 지원대상과 지원기간을 결혼이주여성에게까지 확장하는 방식으로 이루어졌다는 것이다.[202]

먼저, 결혼이주여성의 생애 전 단계에 걸친 촘촘한 보장은 다른 집단들과의 형평성 문제를 제기했고, 각 부처 사업들의 관료적 확장에 따라 중복 시혜적 지원이 이루어졌다. 다문화가족지원정책이 거시적인 이주정책으로 파악되지 못하고 시혜적인 퍼주기식 정책으로 변질되었다는 것이다. 전체 이민정책 예산의 75% 이상이 결혼이민자와 그 자녀의 지원에 집중되었고 이로 인해 정부지원으로부터 소외된 집단과 계층들의 반다문화 정서가 표출되고 있다는 것이다.[203] 김혜순은 결혼이주여성의 적응과 통합을 정책목표로 내세우는 것은 부계혈통중심의 가족주의와 남성 중심의 가부장주의라는 이념적 특성 때문에 가능했지만, 결혼이주여성이 당면하는 현실과 이들의 다양성을 고려하지 못하고 있다는 점을 지적한다.[204] 결혼이주여성에 대한 시혜적이고 포괄적인 지원은 거시적인 이민정책과 관련 없이 기존의 여성·가족·복지정책을 확장하는 형태로 이루어지고 있다.[205] 이 때문에 다문화업무가 무엇인가에 대한 정의가 문제시되며, 정부부처들의 유사 중복업무와 비효율성이 문제로 된다.[206]

둘째, 다문화가족의 안정성과 양성평등의 가족관계라는 정책목표 사이에 딜레마가 존재한다는 것이다. 결혼이주가 여성에게는 경제적 이해관계 실현을 위한 이민전략의 일환이고 남성에게는 가부장적 가족을 유지하려는 노력의 일환이라는 점에서 한국남성과 외국인여성의 이해가 일치하지 않는다. 이러한 맥락에서 양성 평등적 가족관계 형성 및 결혼이주자들의 사회경제적 자립을 목표로 하는 정책은 가부장적 가족의 재생산을 목표로 하는 다문화가족의 안정성과 갈등한다는 것이다. 이는 결혼이주정책의 목표로 '결혼'과 '이주' 어디에 초점을 맞출 것인가의 문제이기도 하다.

---

202) 사회통합위원회, 2012, 앞의 책, 129-136쪽.
203) 설동훈·이혜경, 2013, '다문화가족의 복지와 한국의 미래' 『화합사회를 위한 복지』, 260쪽.
204) 김혜순, 2007, '한국의 다문화사회 담론과 결혼이주여성' 『한국적 다문화주의의 이론화』, 28-33쪽.
205) 사회통합위원회, 2012, 앞의 책, 117쪽.
206) 설동훈·이혜경, 2013, 앞의 글, 266쪽.

결혼이주를 경제적 이해관계 실현을 위한 이민의 일환으로 본다면, 결혼이주자의 양성 평등적 가족관계 및 사회경제적 자립을 지원하는 정책이 다문화가족의 안정성을 위협할 수 있다는 것이다. 이러한 시각에서는 결혼이주정책은 이민관리 정책과의 연관 속에서 접근해야 하고, 초점도 정착에 장애가 되는 이민배경의 취약점을 제거하는 것에 한정되어야 한다.[207]

3. 초국적 가족의 형성과 다문화가족의 해체

결혼이주를 통해 다문화가족이 형성된 이후, 다문화가족은 두 가지 방향으로 귀결된다. 하나는 결혼이주여성을 매개로 송출국 가족과 한국가족이 국경을 넘어 연결되고 가족의 귀속단위나 미래에 대한 기획도 초국적으로 확장되는 경우이고, 다른 하나는 다문화가족의 내적 취약성으로 인해 이혼과 가족해체로 귀결되는 경우이다. 이 두 가지 현상은 모두 결혼이주여성이 한국인과 결혼해 한국인의 어머니로서 가부장적 가족구조에 통합될 것이라는 기대와는 사뭇 다른 것이다.

1) 초국적 가족의 형성

이주의 확대, 국제결혼을 통한 이주는 가족관계와 친밀성에 변화를 가져와 가족들이 외국에 떨어져 사는 '초국적 가족'을 형성한다. '초국적 가족'은 핵심구성원이 둘 이상의 나라에 분산되어 거주하면서도 가족 전체의 복지와 화합을 통해 견고하게 연결되어 있는 가족이다. 이들은 잦은 접촉을 통해 귀속감과 서사를 지속적으로 공유하며, 접속과 연결을 통해 가상의 친밀성을 낳는다. 글로벌 가구에서는 출산과 양육, 투자, 돌봄, 노후와 같은 가족 단위의 기능이 두 개 이상의 국가에 상존하는 가구구성원들에 의해 유지되고 재생산된다.[208] 다문화가족이 한국인을 포함한 국제결혼 가족이라는 한국중심의 시각, 국민국가의 입장을 반영한 개념이라면, 지구화의 관점에서 본 국제결혼은 부계 중심의 가족과는 다른 새로운 형태의 초국적 가족관계를 만들어낸다. 지구화와 결혼이주의 확산은 부계혈통의 국민재생산이라는 전제

207) 사회통합위원회, 2012, 앞의 책, 141-142쪽.
208) 김영옥·김현미, 2013, '글로벌 가구 구성의 관점으로 본 한국-베트남 국제결혼 가족' 『젠더와 문화』 6(2), 180쪽.

에 의문을 제기하고 있다.[209)

결혼이주여성은 한국으로의 결혼이주와 함께 한국가족과 모국가족 사이에 이중적 위치를 점하게 된다. 이들은 결혼과 함께 모국 가족과의 관계를 단절하는 것이 아니라, 전화 통화나 송금, 가족초청 및 방문 등의 형태로 모국 가족과의 지속적인 유대와 네트워크를 유지한다. 국경을 넘나드는 네트워크는 크게 ① 정보통신기기를 통한 일상적 교류와 정서적 지지, ② 송금과 가족초청을 통한 경제적 지원이나 투자, ③ 정례적인 상호방문과 교류라는 형태로 이루어진다.

먼저, 결혼이주여성은 결혼 후에도 모국의 가족을 부양하고 지원해야 한다는 도덕적 의무감을 가지며, 정보통신기술을 통해 모국 가족들과 일상적인 교류와 정서적 유대, 지지를 공유한다. 인터넷과 화상전화 같이 시공간을 압축하는 정보통신기술의 발달은 결혼이주여성과 모국 가족의 일상적인 커뮤니케이션을 가능하게 함으로써 감정적 유대를 유지하고 재생산하는 물적 기반이 된다.

중국(조선족 제외), 베트남, 필리핀 결혼이주여성을 대상으로 한 조사에 따르면, 지난 1년간 고향가족과 전화나 문자 모바일 앱 등을 통해 연락한 경험을 보면, 거의 매일 연락을 하는 경우가 응답자의 23.8%였고, 주 1회 이상 연락하는 경우도 43.2%에 달했다. 특히 국내거주기간이 3년 미만인 경우에는 거의 매일 연락하는 경우가 32.9%로 가장 높으며, 이주 초기단계에 75.3%가 주 1회 이상 빈번하게 고향가족과 연락을 취하고 있었다. 고향가족과 연락을 하는 이유는 일상적 안부가 64.8%, 고향이 그리울 때 16.3%, 힘들거나 외로울 때 8.4%, 고향가족에게 도움이 필요할 때 4.4%, 고향가족의 도움이 필요할 때 3.4%였다.[210)

둘째, 결혼이주여성과 한국인 남편은 모국 가족에 송금을 함으로써 본국 가족의 생계를 지원하고 교육비나 주택 구입 및 증축 등 투자자금을 지원한다. 정기적인 송금을 통해 모국 가족을 돌보는 것은 결혼이주여성에게는 도덕적 의무로 간주된다. 송금은 경제적 부담이고 짐이지만 가족에 대한 경제적 기여는 가족으로부터의 신뢰, 가족 내 의사결정자로서의 역할을 유지하는 수단이 된다. 송금은 모국 가족에게 결혼이주여성의 가족 내 지위를 확인하고 한국인 남편의 가족구성원 지위를 인정받는 행위이며, 두 나라 가족 사이의 지속적인 유대와 상호작용을 실천하는 행위이다.[211)

209) 황정미, 2014, '지구화시대의 이주와 젠더' 『젠더와 사회』, 동녘, 224-225쪽.
210) 김이선·이아름·황정미, 2014, 『다문화가족의 초국가적 가족연계망과 정책적 시사점』, 72-74쪽.
211) 김정선, 2010, '아래로부터의 초국적 귀속의 정치학' 『한국여성학』 26(2), 10-13쪽.

송금이나 투자와 같은 경제적 상호작용은 모국 가족과의 경제적 유대를 유지하는 연결고리가 되며, 사회관계에 대한 장기적 투자로서 미래에 모국으로 귀환할 계획이 있는 여성에게는 매우 중요하다. 베트남 결혼이주여성에 대한 연구에서도 송금은 모국과 한국의 두 가족을 하나의 가족으로 연결하는 매개체이며, 본국 가족들의 경제적 지위 향상을 지원함으로써 결혼이주여성과 남편이 본국 가족에게 인정받는 행위이기도 하다. 특히 송금에 대한 계획을 합의하고 실천하는 것은 부부간의 신뢰와 동반자관계를 획득해가는 데 매우 중요한 일이다.[212] 실제 결혼이주여성의 63.6%가 고향의 가족에게 송금을 한 경험이 있으며, 지난 1년간 3회 이상 송금한 경우는 필리핀여성이 48.3%로 가장 높으며, 중국, 베트남, 필리핀여성의 절반 이상이 지난 1년간 1-2회 이상의 송금을 한 것으로 나타났다. 주로 국내생활 기간이 짧을수록 송금경험이 많으며, 주요 용도는 가족선물이 47.6%, 생활비 지원 41.9%, 부동산 구입 및 투자 9.1%로 나타났고, 상대적으로 필리핀여성들에서 투자목적의 송금 비중이 25.8%로 높게 나타났다.[213]

경제적으로 여유가 없거나 송금을 할 돈이 없으면, 남편의 명의로 본국 가족을 초청해 간접적으로 모국가족에게 경제적 기회를 제공한다. 가족초청은 결혼이주여성의 출산 때 산후조리를 명분으로 한 경우가 많지만, 이를 통해 가족구성원이 한국의 노동시장에서 스스로 돈을 벌 수 있도록 배려하는 것이다. 실제 이주 이후 고향가족이 국내를 방문한 경험이 있는 경우가 71.2%. 가족증명 등을 거쳐 직접 고향가족을 초청한 경험이 있는 경우가 63.7%에 달한다. 집에 머문 고향가족은 어머니가 78.6%, 아버지 44.5%이며, 전체의 43.3%가 3개월 이상 집에 머무른 것으로 나타났다.[214] 모국의 가족과 친지를 초청해 일할 수 있는 기회를 제공하는 것은 모국과 한국을 연결하는 데 중요한 역할을 한다. 이주여성의 초청은 모국의 가족들이 한국으로 이주할 수 있는 징검다리 역할을 하며, 연쇄이주를 만들어낸다. 실제 고향가족을 국내에 초청하겠다는 응답은 전체의 91.2%에 달하며, 초청하고 싶은 이유는 자녀 돌봄 등 가사 일에의 도움 36.7%, 국내관광 13.6%, 국내의 교육, 의료, 취업여건 27.8%, 부양 10.6% 등이다.[215]

---

212) 김현미, 2014, 앞의 글, 60-65쪽.
213) 김이선·이아름·황정미, 2014, 앞의 책, 69-72쪽.
214) 김이선·이아름·황정미, 2014, 앞의 책, 56-60쪽.
215) 김이선·이아름·황정미, 2014, 앞의 책, 60-61쪽.

셋째, 정례적인 상호방문과 교류는 부부의 친정방문이나 자녀의 위탁양육 혹은 교육유학의 형태로 이루어진다. 결혼이주여성의 친정방문은 두 나라에 걸친 결혼을 공식화하는 과정이자 사회적 승인과정이다. 첫 방문을 통해 선물의 형식으로 실천되는 예의와 의례들을 수행하면서 가족구성을 공식화한다. 남편에게 처가방문은 미완의 사위 되기 과정을 수행하는 것을 의미한다. 남편들의 처가방문은 그들에게 본국 가족과의 관계에서 새로운 친족역할을 인지하고 수행하는 기회가 된다. 이 과정을 통해 남편들은 비로소 처가식구들을 가족의 감정으로 만나고 사위로서 새로운 정체성을 갖게 된다. 이주 후 고향을 방문한 경험이 있는 이주여성이 전체의 85.2%를 차지하며, 3회 이상 방문도 36.1%에 달한다. 전체응답자의 77.7%는 고향방문 시 자녀나 남편과 함께 간 경험이 있으며, 동행한 가족원은 자녀가 83.4%, 남편이 76.9%이며 고향방문을 계기로 고향가족에 대한 가족원들의 태도가 긍정적으로 변화했다(평균 3.71점).[216] 아내는 친정방문과 의례, 선물을 통해 가족 친지로부터 결혼을 공식적으로 인정받고, 남편은 비로소 사위로서 정체성을 확인한다. 동시에 자녀들은 방문과 초청을 통해 만난 외가식구들을 통해 초국적·다문화적 감수성을 체화하게 된다. 이 과정에서 초국적 양육의 효과를 실감하게 되고 외가가족들의 공동체와 다양한 자원을 인지하게 된다. 이러한 방식으로 다문화가족 구성원들의 친정/외가/처가의 방문은 다문화가족 구성원들의 상상력을 확장시키면서 글로벌 가구의 관점을 갖도록 만든다.[217]

또한 양육과 돌봄의 교환 역시 원거리를 통해 이루어진다. 자녀를 본국에 보내 친정에서 양육하거나 어머니나 형제 등 본국의 가족을 한국으로 초청해 육아와 가사를 부탁하기도 한다. 본국의 가족은 육아를 비롯해 여러 가지 도움을 받을 수 있는 안전망으로 기능한다. 김이선 등의 조사에 따르면, 국내 출산경험이 있는 이주여성 475명 중에 고향 가족이 와서 산후조리를 해준 경험이 있는 경우는 47.4%이며 베트남여성은 56.2%로 특히 높고 필리핀여성은 32.1%로 상대적으로 낮았다. 가구소득이 높을수록 출산 시 친정가족이 방문하는 경우가 더 많았다. 고향가족이 한국에 와서 자녀양육을 도와준 적이 있는 경우가 50.7%에 달하고, 출산 시 산후조리 도움을 받은 여성의 88.0%가 자녀 양육에도 지속적으로 도움을 받는 것으로 나타났다. 또한 자녀가 있는 여성 475명중 자녀를 고향에 보내 일정기간 머무른 경험이 있다는

216) 김이선 외, 2014, 앞의 책, 66-69쪽.
217) 김영옥·김현미, 2013, 앞의 글, 188-199쪽.

응답은 10.3%였고, 상대적으로 베트남은 2.6%로 매우 낮은 반면, 중국 17.2%와 필리핀 12.5%로 그 비중이 높았다. 고향에 머문 기간은 1개월 미만이 30.6%, 1년 이상 22.4%로 나타났다. 주로 베트남여성은 고향의 가족과 문화를 알기 위해서라는 응답이 많은 반면, 중국과 필리핀은 자녀교육의 기회를 넓히기 위해서라는 의견이 다수였다. 앞으로 자녀를 고향에 보낼 계획이 있는 경우가 38.9%로 높게 나타나는데, 역시 필리핀(47.3%)과 중국(55.6%)은 절반 이상으로 높은 반면, 베트남은 19.6%로 상대적으로 낮았다.[218] 이처럼 중국과 필리핀 결혼이주여성의 경우에는 중국어나 영어 교육을 위해 자녀를 모국에서 공부시키는 경우도 많이 발생한다. 이러한 초국적 관계 속에서 이주여성들은 두 국가 모두를 삶의 준거로 국가의 경계를 넘는 실천을 유지한다.

'초국적 가족'의 개념이 강조하는 것은 결혼이주자들이 새로운 사회에 성공적으로 정착하면서도 본국 가족과의 연결이나 유대를 유지하고 있다는 점이다. 결혼이주자들은 현재의 가족뿐 아니라 떠나온 모국과도 긴밀한 연관을 유지하고, 양자의 친밀하고 긴밀한 관계를 확장하는 방식으로 두 나라에서 가용한 자원을 활용한다. 이들은 이주 이후에도 모국에 대한 감정적 애착을 유지할 뿐 아니라 경제적·사회적 유대를 발전시킨다. 김정선에 따르면, 결혼이주여성들은 '아래로부터의 초국적 귀속의 정치'을 실천하는데, 이는 자신의 장기적인 삶의 전략 안에서 거주국과 모국 두 사회와 귀속을 협상하며, 두 국가 모두에 사회적 역할과 의무, 감정적 애착을 유지하는 것이다. 결혼이주자들은 국경을 넘어 둘 이상의 사회를 동시에 연결하는 사회관계를 맺고 행동하고 정체성을 발전시킨다. 그리하여 이들은 변화하는 유동적 귀속감과 탈영토화된 정체성을 소유하게 된다.[219] 모국의 고향집을 휴가 때 가족들이 놀러 갈 수 있는 장소로 상상하거나 자신들의 미래를 기획하는 데 있어 두 나라의 공간을 연결해서 사고하는 것은 '여기'에서 삶의 공간을 중심으로 모국인 '거기'와의 활발한 인적·물적 교류를 통해 초국적 네트워크를 형성하고 두 공간 사이에서 새로운 가능성을 모색하는 것이다.[220]

김정선은 이를 정주전략의 다양화와 장기적인 생애전략이라는 측면에서 접근한다. 초국적인 연결의 범위나 강도는 결혼이주여성이 가진 자원과 정주전략에 따라

---

218) 김이선 외, 2014, 앞의 책, 83-91쪽.
219) 김정선, 2010, 앞의 글, 3쪽.
220) 이희영, 2014, 앞의 글, 138-140쪽.

다양하다. 결혼이주여성들은 한국과 모국 두 나라의 사회적 연결망을 자신들의 미래를 위한 선택지들로 생각한다. 모국과의 관계의 끈을 놓지 않기 위해 부부가 각자의 국적을 유지하기도 하고, 모국에 부동산을 구입하려는 장기적 계획을 세우기도 한다. 장기적으로 한국에서 노후와 미래에 대한 불안을 해결할 수 없기 때문에 모국에서 노후의 안전을 보장받고 싶어 하고, 한국에서 계층상승의 가능성이 적다고 판단하면 더 나은 삶을 위한 대안적 장소로 모국으로의 이주를 기획한다.[221] 베트남 결혼이주여성 역시 초국적 연결은 한국인 남편들의 정체성을 초국적 차원으로 변화시키면서 두 나라 각자의 친족을 가족공동체에 포함시키는 것으로 발전한다. 초국적 수준에서 남편과 아내의 미래에 대한 기획에는 베트남의 가족들도 관심을 가지고 참여함으로써 이들의 베트남 역이주나 정착을 위한 자원으로 기능한다. 특히 이들은 남편의 고령화로 경제력이 약화되고 자녀의 미래에 대한 걱정이 생기면, 베트남으로의 역이주를 고려한다. 한국과 달리 베트남에서는 계층상승이나 유지가 가능하다고 판단하기 때문이다.[222]

실제 김이선 외(2014)의 조사에 따르면, 앞으로 모국으로 돌아가서 생활할 계획이 있는 경우는 34.5%로 결혼이주여성 3명 중 1명이 역이민을 고려하고 있는 것이다. 필리핀이 45%로 가장 높고, 중국 39.4%, 베트남 23.7%로 나타났다. 모국으로 돌아가는 시기에 대해서는 1-2년 이내는 8.2%에 불과하며, '10년 이후' 22.3%, '언제 돌아갈지 잘 모르겠다'가 56.0%로 고향으로의 귀환을 장기적이고 막연한 계획으로 생각하는 경우가 대부분이다. 거주기간이 길어져도 귀환계획자의 비중은 줄어들지 않고 있으며, 여성의 직업이 다문화 관련 강사 사무직이나 자영업 등 안정적인 경우 더 적극적으로 귀환을 계획하는 것으로 나타났다. 귀환을 계획하는 이유는 '은퇴 후 노후생활을 위해' 33.2%, '자녀교육을 위해' 31.0%, '친정부모를 부양하기 위해' 19.0%, '취업이나 사업 등 경제적 이유'가 14.1%를 차지했다. 특히 베트남여성의 경우 '은퇴 후 노후생활을 위해'가 58.0%로 높게 나타났으며, 필리핀은 '자녀교육을 위해'가 46.3%로 높게 나타났다.[223]

이처럼 한국과 모국은 단순히 떠나온 곳과 정착해야 할 곳으로 구분되는 것이 아니다. 결혼이주여성들은 두 개의 공간이 제공하는 자원들을 선택적으로 활용하면서

---

221) 김정선, 2010, 앞의 글, 23-29쪽.
222) 김영옥·김현미, 2013, 앞의 글, 203-205쪽; 김현미, 2014, 앞의 글, 60-65쪽.
223) 김이선 외, 앞의 책, 96-100쪽.

경제적 생존과 삶의 기회를 극대화하려고 노력하며, 국경을 넘어 확장된 친족망을 연결하는 '아래로부터의 초국적 가족'을 실천한다. 이러한 실천은 두 나라 가족 사이의 초국적 호혜관계의 한 행태를 구성하며, 탈영토화된 정체성을 만들어낸다.[224]

2) 이혼과 가족해체, 귀환

다문화가족은 이혼의 위험성이 상대적으로 높고 가족해체로 인한 부작용도 크다. 국제결혼이 증가하는 만큼 다문화가족의 이혼 건수도 크게 증가하고 있고 전체 이혼 건수에서 차지하는 비중도 커지고 있다. <표 32>에서 다문화가족의 이혼 건수는 2000년 1,498건으로 전체 이혼 건수의 1.27%에 불과했으나 2005년에는 4,171건으로 전체 이혼 건수의 3.37%, 2008년에는 10,980건으로 전체 이혼의 10.4%까지 상승했다. 2011년 이혼 건수는 11,495건으로 전체 이혼의 11.18%로 최고치를 기록한 후, 하락세로 돌아서 2015년 현재 8,200건으로 전체 이혼 건수의 7.51%를 차지하고 있다. 한국인 남편과 외국인 아내의 이혼 건수 변동이 커서 2000년 247건에서 2009년 8,246건으로 33배 급증했다가, 2015년 2,500건으로 3배 이상 감소하고 있다. 특히 외국인남성과 한국여성가족의 이혼비율이 매우 높아서 가족안정성이 더욱 취약한 것으로 나타나고 있다.

<표 32> 다문화가족 이혼 건수의 연도별 추이

	한국남성 +외국여성	한국여성+ 외국남성	국제 이혼합계	이혼비중(%)
2000	247	1,251	1,498	1.27
2001	387	1,307	1,694	1.27
2002	380	1,364	1,744	1.21
2003	547	1,465	2,012	1.22
2004	1,567	1,733	3,300	2.43
2005	2,382	1,789	4,171	3.37
2006	3,933	2,203	6,136	5.18
2007	5,609	2,685	8,294	7.16
2008	7,901	3,079	10,980	10.40
2009	8,246	3,227	11,473	10.20
2010	7,852	3,236	11,088	10.48
2011	8,349	3,146	11,495	11.18
2012	7,878	3,009	10,887	10.53
2013	7,588	2,892	10,480	9.99
2014	6,998	2,756	9,754	8.48
2015	5,743	2,494	8,237	7.51

출처: 통계청. 국제결혼실태조사 2016.

---

224) 김정선, 2010, 앞의 글, 16-31쪽; 김현미, 2014, 앞의 글, 60-65쪽.

2015년 한국남성과 이혼한 결혼이주여성의 국적은 중국 49.3%, 베트남 25.8%, 필리핀 6.4%, 일본 4.1%, 캄보디아 2.4%, 미국 1.9%, 우즈베키스탄 1.8% 순으로 나타나 중국과 베트남여성의 비중이 높다. 반면, 한국여성과 이혼한 외국 남성의 국적은 중국 39.8%, 일본 35.8%, 미국 9.2%, 파키스탄 2.2%의 순으로 나타난다.[225]

다문화가족의 이혼까지 평균 결혼 생활기간은 6.9년으로, <그림 6>에서 전체 다문화가족 이혼 건수의 40%가 5년 이내에 이루어지며, 전체 이혼자의 79.2%가 10년 이내에 이혼했다. 이는 한국인 간의 이혼에 비해 이혼시기가 대단히 빠른 것으로 다문화가족의 가족해체 가능성이 훨씬 높음을 보여준다. 하지만, 다문화가정의 전체 이혼 건수 중 결혼생활 기간 5년 미만의 이혼 비중은 2008년 78.2%에서 2010년 57.8%, 2013년 50.1%, 2015년 40.0%로 꾸준히 감소하고 있다.

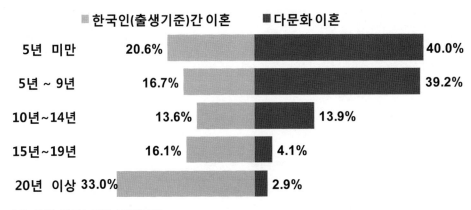

출처: 통계청, 2015년 다문화 인구동태 통계

<그림 6> 이혼까지 결혼 생활 기간별 비중, 2015

2000-2011년간의 이혼율을 분석한 김혜순의 연구결과에 따르면, 첫째, 2000-2011년 사이 12년간 결혼이민여성의 혼인은 18.3%가 이혼으로 끝났다. 둘째, 결혼이민여성의 유배우 이혼은 2011년에 100쌍당 3.2쌍으로 0.94쌍인 한국인 이혼의 3.5배지만, 2008년 4.3쌍으로 정점을 찍은 후 계속 감소해왔다. 셋째, 출신국별 유배우 이혼율은 국가별로 다르나 점차 수렴 중이어서 결혼이민의 숙성기간이 길어짐에 따라 조정과 변화가 나타나고 있다. 넷째, 국가별·연도별 이혼율의 등락과 그 폭이 매우

225) 통계청, 2015년 혼인·이혼 통계.

크다. 이 역시 국제결혼 초기의 시행착오가 정상화되는 과정으로 볼 수 있다. 다섯째, 한국여성의 국제이혼도 상당히 높지만, 한국과 배우자 출신국의 이민관계에 따라 이혼율 크기와 연도별 등락 여부가 크게 다르다.[226]

이처럼 결혼이주여성의 이혼율이 높고 다문화가족의 안정성이 취약하다는 사실은 여러 가지 요인에 의해 발생한다. 기존의 연구들은 주로 연령, 혼인형태, 가족수입, 직업 등과 같은 사회 인구학적 변수와 가족 간 상호작용이나 문화적응 스트레스, 부부간의 권력관계 요인들이 결혼이주여성의 결혼행복감에 영향을 미치는 것으로 파악해왔다.[227] 2015년 다문화가족 실태조사에 나타난 결혼이민자, 귀화자의 이혼·별거 사유를 보면, 성격차이가 45.3%, 경제적 무능력 17.7%, 외도 등 애정문제 10.0%, 배우자 가족과의 갈등이 8.7%, 음주 및 도박 7.5%, 학대와 폭력 5.6%, 배우자 가출 1.4%, 정신장애 0.9%, 자녀문제 0.7% 등으로 나타나고 있다.[228]

유성용의 사례연구에 따르면, 국제결혼 부부의 결혼안정성에 영향을 미치는 요인들은 다음과 같다. 첫째, 잘못된 정보로부터 유래하는 한국인 남편에 대한 기대와 실망이다. 꼭 결혼중개업체를 통한 경우가 아니라도 결혼 전 교제기간이 짧기 때문에 부정확한 정보로 결혼을 결정하는 경우가 많고 이는 초기적응과정이나 이후 결혼생활에서 갈등요인으로 작용한다. 둘째, 남편의 낮은 사회적 지위와 경제적 자원의 부족으로, 남편이 가족의 생계를 책임지지 못하거나 사회적 역할을 제대로 수행하지 못하는 데 대한 불만이다. 국제결혼을 선택하는 한국인 남성의 소득이나 사회적 지위가 낮은 경우가 많기 때문에, 결혼초기부터 결혼이주여성은 심각한 경제적 어려움을 겪는 경우가 많다. 셋째, 시댁과의 갈등에서 발생하는 사회적 지지의 부재와 자아존중감의 상실이다. 이는 식생활 습관과 같은 문화적 차이에 대한 가족구성원들의 무지와 가난한 모국에 대한 무시, 과도한 가사노동에서 비롯되는 경우가 많다. 넷째, 의사소통과 부부 간 공유시간의 부족이다. 문화적 차이를 극복하기 위한 노력이 일방적으로 강요되고, 한국인 남편이 문화적 차이를 이해하고 존중하며 소통하려는 노력을 보이지 않는다는 점이다. 남편은 결혼이주여성에게 언어적·문화적 차이를 극복하고 한국의 사회제도와 문화를 학습하는 우선적인 통로이기 때문에 남편의 관심과 지지 여부는 결혼안정성에 큰 영향을 미친다. 사고방식의 차이나 권력관계의 불

226) 김혜순, 2014, '결혼이민여성의 이혼과 다문화정책' 『한국사회학』 48(1), 316-317쪽.
227) 유성용, 2011, '도시 국제결혼부부의 결혼안정성과 다문화정책' 『한국의 다문화주의』, 115-116쪽.
228) 정해숙 외, 2016, 앞의 책, 68-69쪽.

균형, 시대과의 불화, 사회적 지지의 부재, 기대와 실망을 조정하기 위해서는 부부가 공유하는 시간을 충분히 가져야 하지만, 남편의 장시간 노동과 낮은 소득은 이를 어렵게 한다.[229]

이와 달리 다문화정책의 문제점에서 높은 이혼율의 원인을 찾는 시각이 있다. 김혜순은 유배우 이혼율 분석을 통해 국제결혼에서 출신국별·연도별 이혼율 등락양상이 특정 시기 특정 국가와 관련한 이민관리정책의 발효와 일치한다는 점에서, 혼인이혼의 전략적 선택과 다문화정책의 관련 가능성을 지적한다. 그는 결혼이주여성의 사회경제적 역량 강화(사회적응과 노동권 확보)와 권익 보호(이혼 후 안정적인 체류자격 부여)를 강조하는 다문화정책이 이혼을 쉽게 하고 결혼안정성을 약화시킨다고 주장한다. 현재의 다문화정책이 초청자-이민자라는 이민관계의 성별화를 감안하지 않은 채 여성중심적인 여성-가족-결혼에 국한되어 있어 이혼-친화적이라는 것이다. 즉, 결혼이민여성의 사회경제적 역량을 강화하기 위한 집중적 재정투자가 안정적 가족생활뿐 아니라 가족해체에 기여할 수 있다는 것이다.[230]

사실 결혼이주여성에게 이혼은 체류자격 변화와 관련된 문제이기 때문에 매우 중요한 의미를 갖는다. 결혼이주여성은 혼인한 지 2년 이내에 이혼하고자 할 때 체류자격을 유지하기 위해서는 자신에게 귀책사유가 없음을 입증해야 하기 때문이다. 국제결혼자의 이혼에서는 재판이혼의 비중이 상대적으로 높게 나타난다. 재판이혼 비율이 높은 것은 외국인 배우자에게 갈등을 완화할 만한 지원망이 부족하고, 갈등이 심할 때 외국인 배우자가 가출한 후 한국남편이 재판이혼을 택하거나, 이혼 후 국내 체류를 위해 배우자의 귀책사유가 명시된 판결문이 필요하기 때문이다. 이혼소송기간 동안 결혼이주여성의 국내 거주지가 일정하지 못해 이혼관련 공문서들이 제대로 전달되지 않거나 재판에 참석하지 않는 경우, 결혼이주여성에게 불리한 판결이 내려지기도 한다. 더구나 이혼판결이 내려져도 '자녀의 최대복리'를 이유로 생모에게 양육권을 부여하지 않는 경우도 발생한다. 결혼이주여성이 가출한 경우, 남편이 신원보증을 철회하면, 불법체류자 신분이 되어 본인도 모르게 이혼판결을 받는 경우도 있다.[231]

---

229) 유성용, 앞의 글, 125-147쪽.
230) 누적 유배우 이혼율은 해당 기간 발생한 혼인의 총합을 유배우 인구로 하고 같은 기간 발생한 전체 이혼건수를 계산한 것이다. 즉, 해당 기간 이혼으로 끝난 결혼이주여성의 혼인비율이다. 김혜순, 2014, '결혼이민여성의 이혼과 다문화정책' 『한국사회학』 48(1), 316-317쪽.
231) 양현아, 2013, '가족 안으로 들어온 한국의 다문화주의 실험' 『저스티스』 2호, 322-324쪽.

이혼을 하게 되면 결혼이주여성은 한국에 남을 것인지, 본국으로 귀환할 것인지를 선택해야 한다. 이혼과 가족해체 이후 결혼이주여성의 지위는 불안정해지고 경제적·사회적으로 더욱 어려워진다. '재정착하기 위해 고향으로 돌아오는 이주자들의 이동'은 '귀환이주'로 간주된다. 몽골과 베트남 결혼이주 여성의 이혼과 귀환이주를 다룬 김현미의 연구에 따르면, 결혼 기간 1-2년 이내에 이혼하는 경우 주된 원인은 남편의 학대와 폭력이었다. 이때 남편의 학대와 폭력에 시달린 결혼이주여성이 가출하게 되면, 남편의 실종신고와 함께 이주여성의 신분은 불법체류자로 변화된다. 이후 남편의 일방적 결정하에 이혼 절차를 밟게 되고, 혼인파탄의 입증을 다하지 못한 상태에서 합의이혼으로 종결되는 경우가 많다. 합의이혼은 남편의 귀책사유 때문에 이혼하는 경우가 아님을 뜻하기 때문에, 이혼 후 체류연장이나 국적신청은 사실상 불가능하다. 이 경우 남편의 폭력과 학대→가출→남편의 일방적 이혼 신청→본국 남성과의 동거→미등록 체류자로의 전락이라는 경로가 형성되기도 한다. 이제 이혼한 결혼이주여성은 남을 것인지, 떠날 것인지를 선택해야 한다.232) 많은 경우 전자는 불법체류자로 살아가는 것이고 후자 역시 모국의 지역사회에서 환영받지 못하거나 낙인이 찍히는 선택이다. 중요한 변수는 '아이'문제인데, 많은 결혼이주여성들은 아이가 한국에서 교육받기를 원하고 아이를 키우기 위해서 돈을 벌어야 하기 때문이다. 또는 결혼이주여성은 이혼 이후 아이의 양육권을 유지하기 위해 일방적으로 귀국을 단행하기도 한다. 귀환한 경우에도 이혼절차를 완전히 마무리한 경우가 많지 않기 때문에 법적으로 모호한 상태로 남는 경우가 많다. 귀국 이후에는 한국인 아버지의 양육비 지원을 기대할 수 없기 때문에 경제적 곤란을 겪거나 모국에서 주변화되는 경우가 많이 발생한다.233)

4. 다문화가족 자녀의 교육

국제결혼이 증가하고 시간이 지나면서 다문화가족 자녀들의 수도 증가하고 있다. 여기에는 한국인 남성과 외국인여성, 외국인남성과 한국인여성 사이에 태어난 자녀

---

232) 김현미, 2012, 앞의 글, 122-127쪽.
233) 김현미, 2012, 앞의 글, 131-140쪽.

들뿐 아니라, 결혼이주 전에 모국에서 태어나 중도 입국한 아이도 있고, 한국에서 태어났지만 모국에서의 위탁 양육을 통해 한동안 외국에서 생활하다 귀국한 아이, 외국인 가정의 아이 등 다양한 형태가 있다.

<표 33>에서 다문화가정 출생아 수의 추이를 보면, 2008년 13,443명으로 전체 출생아 수의 2.9%였던 것으로부터 2009년에는 19,024명 4.3%로 급격히 늘어났다. 이후 2012년 출생아 수 22,908명, 2013년 전체 출생아 수 대비 비중 4.9%를 최고치로 하여 이후부터 약간 감소하는 양상을 보이고 있다. 2015년 현재 다문화가정 출생아동 수는 19,729명으로 전체 출생아 수의 4.5%를 차지하고 있다. 상대적으로 한국인 아버지와 외국인 어머니 사이에서 태어난 아이가 가장 많지만 그 비중은 추세적으로 줄고 있고, 외국인 아버지와 한국인 어머니, 부모 어느 한쪽이 귀화자인 아동의 비중이 늘어나고 있다.

<표 33> 다문화가정 아동의 유형별 비중

	출생아동 수	다문화비중	한국父+외국母	외국父+한국母	기타 (한쪽이 귀화자)	합계
2008	13,443	2.9	74.0	11.6	14.4	100.0
2009	19,024	4.3	78.4	9.7	11.9	100.0
2010	20,312	4.3	75.7	11.0	13.3	100.0
2011	22,014	4.7	73.1	11.5	15.4	100.0
2012	22,908	4.7	72.0	12.7	15.3	100.0
2013	21,290	4.9	70.0	14.0	16.0	100.0
2014	21,174	4.9	67.1	14.9	18.1	100.0
2015	19,729	4.5	65.2	15.2	19.6	100.0

※ 부 또는 모 어느 한쪽이 귀화자 또는 부모 모두 귀화인 경우.
출처: 통계청, 2015년 혼인·이혼통계; 통계청, 2015년 다문화 인구동태 통계

<표 34>에서 2015년 현재, 초·중·고등학교에 재학 중인 다문화학생은 모두 82,536명으로 전년(67,806명)보다 21.7% 증가하였으며, 전체 학생 중 다문화가정 학생의 비중은 1.4%로 2006년 이후 꾸준한 증가세를 보이고 있다. 학교별로 보면, 초등학생이 60,283명으로 73.0%를 차지하며, 중학생이 13,865명으로 16.8%, 고등학생이 8,388명으로 10.2%를 차지하고 있다. 시간이 지날수록 초등학생의 비중이 줄어들고 있는 반면, 중학생은 수적으로는 계속 증가하고 있지만 상대적 비중은 2012년 이후 약간 감소하고 있고, 최근 고등학생의 비중이 급속히 늘어나고 있다.

<표 34> 다문화가정 학생 수의 연도별 추이(단위: 명, %)

	전체학생 (천 명)	다문화 학생 수[1]	초등학교	중학교	고등학교
2006	7,776	9,389(0.1)	7,910(84.2)	1,139(12.1)	340(3.6)
2007	7,735	14,654(0.2)	12,199(83.2)	1,979(13.5)	476(3.2)
2008	7,618	20,180(0.3)	16,785(83.2)	2,527(12.5)	868(4.3)
2009	7,447	26,015(0.3)	21,466(82.5)	3,294(12.7)	1,255(4.8)
2010	7,236	31,788(0.4)	24,701(77.7)	5,260(16.5)	1,827(5.7)
2011	6,987	38,678(0.6)	28,667(74.1)	7,634(19.7)	2,377(6.1)
2012	6,732	46,954(0.7)	33,792(72.0)	9,647(20.5)	3,515(7.5)
2013	6,529	55,780(0.9)	39,430(70.7)	11,294(20.2)	5,056(9.1)
2014	6,334	67,806(1.1)	48,297(71.2)	12,525(18.5)	6,984(10.3)
2015	**6,097**	**82,536(1.4)**	**60,283(73.0)**	**13,865(16.8)**	**8,388(10.2)**

자료: 교육부, 「다문화가정 학생현황」각 연도; 통계청, 2015년 다문화 인구동태 통계.
주: 1) 국제결혼가정 학생(국내출생+중도입국)+외국인가정 학생.
　　 2) 다문화 학생 수/전체 학생 수×100, 3) 다문화 학생 중 구성비.

　대부분의 결혼이민자·귀화자는 자녀 양육과 부모역할에 어려움을 겪고 있다. 언어문제는 자녀교육에서도 어려움을 야기하는데, 모자간의 언어소통이 원만하지 않으면 자녀들의 사회화 과정에서 문제가 발생하기 쉽고, 취학 이후에도 어머니가 숙제를 도와주거나 교과교육을 보충해주는 역할을 수행하기 어렵다. 많은 다문화가정에서 결혼이주여성과 자녀들 사이에 적절한 대화가 이루어지지 못하고, 이로 인하여 자녀들이 어머니를 무시하거나 갈등이 발생하는 경우가 적지 않다.[234] 실제 5세 이하 자녀가 있는 다문화가구의 77.4%가 부모 역할 수행에 어려움을 겪고 있다. 그 이유를 보면, '한국어 가르치기가 어려워서' 31.4%, '바쁠 때 자녀를 돌봐줄 사람이 없어서' 21.5%, '자녀 양육에 대해 배우자와 의견차이가 있어서' 10.9%, '한국의 어린이집이나 유치원, 학교에 대해 잘 몰라서' 10.1% 등으로 나타나고 있다. 특히 한국어 교육의 어려움은 베트남 47.1%, 필리핀 39.6% 등 동남아 여성들에서 높게 나타났다. 학령기 자녀가 있는 경우에는 76.8%가 어려움을 겪는데, 가장 큰 이유는 '자녀가 배우는 교과목이나 학교생활을 잘 알지 못해서' 29.6%, '자녀교육에 대한 경제적 지원의 부족' 12.9%, '다른 학부모와의 대화나 정보습득의 어려움' 12.4%, '자녀의 학교숙제나 준비물 챙기기가 어려움' 10.8%, '학교 행사나 모임에 참여가 어려워서' 10.3%로 나타났다. 역시 베트남을 비롯한 동남아, 중앙아시아 여성들에서 어려

---

234) 김순양, '결혼이주여성의 사회적 배제' 『한국다문화사회의 이방인』, 128-137쪽.

워하는 비중이 높았다.235)

다문화가정 학생이 급격히 증가하면서, 다문화가족 자녀들에 대한 연구가 증가하기 시작했다. 이런 연구들은 주로 청소년의 심리적 적응문제에 집중되고 있는데, 다문화 자녀들의 사회적 적응에 관한 연구와 교육격차 및 학력차이 등 교육문제에 관한 연구들로 나눠볼 수 있다. 심리적 적응의 문제는 주로 적응실태와 적응에 영향을 미치는 요인, 자아정체성에 영향을 미치는 요인들을 포함하며, 특히 학교부적응과 관련하여 지역사회의 부정적 시각, 경제수준, 부모의 양육태도, 친구관계, 차별경험 등의 요인들이 많이 언급되었다.236) 현재 다문화가정 자녀의 상당수는 학습부진, 중도탈락, 따돌림, 소외감 등 어려움을 겪고 있고, 학교 중도탈락률이 높다. 여기에는 다문화가정의 빈곤이나 양육시설의 미비, 부모의 경제적 빈곤, 정보부족, 관심부족, 어머니의 한국어 구사능력 부족과 교과내용에 대한 이해부족 등이 주요한 요인으로 작용하고 있다.

교육문제에서 다문화가정 자녀들이 겪는 가장 큰 어려움은 역시 한국어 능력의 문제이다. 대부분의 다문화가족에서 공통적인 현상은 부모 중 어느 한쪽의 한국어 능력이 부족하고 생계유지를 위한 경제활동 때문에 자녀 교육을 돌보기가 어렵다는 점이다. 많은 국제결혼 자녀들은 말을 배울 시기에 어머니의 한국말이 서투르기 때문에 언어발달이 늦고 의사소통능력이 취약하다. 언어능력의 부족은 일상적 의사소통에는 문제를 일으키지는 않지만, 수업에서 학습부진을 초래하고 있다.237)

김흥주·박길태의 연구는 다문화가정 자녀들의 일상생활에서 가족관계의 긍정적 지지가 청소년의 정서적 안정에 매우 중요하다는 것, 다문화가정 자녀들은 외모에 따른 정체성 혼란과 친구와의 소극적 상호작용으로 사회성 발달이 취약하고, 사람들의 편견으로 인한 정신적 고통이 심각하다는 것, 방과 후에 가정이나 지역사회로부터 제대로 보호를 받지 못하고 있다는 것, 경제활동에 대한 욕구에 비해 학업욕구와 문화욕구가 특히 강하다는 것을 보여주고 있다. 특히 다문화 청소년들이 자신의 학업수준을 낮게 평가해 학업에 대한 낙인과 포기의 경향을 보여주고 있으며, 상대적으로 친구 수도 적고 정서적 지지관계 형성도 미숙한 것으로 보고되고 있다.238)

---

235) 정해숙 외, 2016, 앞의 책, 103-120쪽.
236) 김흥주·박길태, 2010, '다문화가정 청소년의 생활실태와 복지욕구 특징' 『사회과학연구』 49(1), 96-97쪽.
237) 오만석, 2011, '다문화가정 자녀교육의 현실과 과제' 『한국의 다문화주의』, 297쪽.
238) 김흥주·박길태, 2010, 앞의 글, 98-103쪽.

이주노동자 자녀들의 학교생활에서는 입학 후 한국어 능력을 중심으로 학년을 배정하기 때문에 학년과 나이가 일치하지 않아 친구관계 형성에 어려움이 있다는 것, 이들의 수업자세가 소극적이며 교우관계에서도 원만한 듯 보이지만 소외를 경험하며, 국어와 사회과목을 특히 어려워한다는 점이 지적되고 있다. 다문화가정 자녀들의 원활하지 못한 의사소통은 친구들과의 사회관계에서 거친 태도와 약간의 폭력으로 귀결되는 경우가 많다.[239] 오성배는 중학교 학생을 대상으로 한 연구에서 이주노동자가정 자녀들의 태도를 '적극적 동화'와 '거리 두기', '그 사이에서 균형 잡기'로 범주화하고 있다. 국제결혼가정 자녀와 이주노동자 자녀 사이에도 학교생활 적응에 큰 차이가 나타나며, 이주노동자 자녀는 법적 지위가 다르고 한국에서의 계속거주 가능성이 낮기 때문에 더욱 어려움을 겪는다고 보고하고 있다.[240]

한국에서 자녀교육의 어려움 때문에 많은 다문화가족이 자녀의 모국 유학을 고려한다. 『2015년 다문화가족 실태조사』 결과에 따르면, 결혼이민자·귀화자의 47.1% 가 자녀를 모국으로 유학 보내기를 희망하고 있다. 특히 필리핀과 중국, 일본출신의 결혼이주자에서 그 비율이 높고, 베트남이나 동남아시아 국가 이주자들에게서 상대적으로 낮았다. 모국에 유학을 보내려는 이유는 '모국의 언어와 문화를 배우기 위해서' 35.6%, '한국의 교육비가 많이 들어서' 9.8%, '한국보다 모국에서 성공하기 쉬울 것 같아서' 5.4%, '모국의 교육환경이 더 좋아서' 5.3%, '한국에서 학교생활이 어려워서' 3.0%, '한국에서 자녀를 돌보기 어려워서' 2.5% 등이다. 특히 필리핀이주자의 경우 교육비 부담을 지적한 비중이 25.2%로 상대적으로 높았다.[241]

다문화가정 자녀들은 커가면서 정체성 문제에 직면한다. 여기에는 자녀 자신의 차별 경험과 주위의 시선, 부모의 기대가 복합적으로 작용한다. 결혼이민자 부부를 대상으로 본인과 자녀의 정체성을 조사한 연구에 따르면, 결혼이민자들은 자기의 자녀가 한국인이라는 데 97.3%, 한민족이라는 데 97%가 동의하여, 한국인 다수가 결혼이주자 자녀를 외국인으로 타자화하는 데 반발한다. 문제는 일반 국민들의 경우 국제결혼 자녀들이 한국인이라고 생각하는 비율이 68%에 불과하고, 한민족이라고 생각하는 비율은 더욱 낮아 54.4%에 불과하다는 점이다.[242] 문화적 정체성이 타자와

---

239) 배은주, 2007, '차별과 동화: 초등학교 이주노동자 자녀들의 학교생활과 갈등' 『교육비평』 22호, 218-227쪽.
240) 오성배, 2009, '외국인 이주노동자 가정 자녀의 교육 실태와 문제탐색' 『한국청소년연구』 20(3), 307쪽.
241) 정해숙 외, 2016, 앞의 책, 121-124쪽.
242) 설동훈, 2007, '국민, 민족, 인종: 결혼이민자 자녀의 정체성' 『한국적 다문화주의의 이론화』, 84-87쪽.

의 관계 속에서 형성되는 것이기 때문에 개인은 그들이 속한 문화적 집단과의 관계에 따라 자신의 소속집단에 부여하는 의미를 달리한다.[243] 정체성이 사회적 교류 속에서 구성되고 지속적으로 재구성되는 것이라는 점에서, 다문화가정 자녀들을 타자화하는 주위의 시선은 이들로 하여금 끊임없이 자신의 정체성을 협상하고 재구성해야 하는 상황을 만들어낸다.

실제로 2011년 당시 초등학교 4학년이었다가 2015년 현재 중학교 2학년인 다문화학생을 대상으로 한 종단조사에서, 자신이 어느 나라 사람이라고 생각하는지에 대한 질문에 대해 2015년 중학교 2학년 다문화 청소년의 73.7%는 '자신은 한국사람이라고 생각하며, 24.5%는 외국인 부모 나라 사람이라고 생각하는 것으로 나타났다. 같은 학생들이 초등학교 4학년 때는 21.7%만이 자신이 외국인부모의 나라 사람이라고 응답했는데, 중2 때는 이 수치가 24.5%로 증가하고 있다.[244]

이러한 정체성 문제는 아버지가 결혼이주자인 경우 더 심각하게 나타난다. 필리핀과 파키스탄 아버지를 둔 아이들을 대상으로 한 연구에서 김민정은 이들의 민족정체성을 '한국인 유형', '경계인 유형', '갈등적 유형'으로 구분한다. 어머니 주도의 가족관계 속에서 '혼혈'자녀들은 자신을 한국인으로 정체화 할 경우 아버지의 민족이나 문화적 소속으로부터 거리를 두어야 하기 때문에 심리적 갈등을 겪게 된다. 그에 대한 반응으로 '한국인 유형'은 스스로를 적극적으로 한국인으로 정체화하는 경우와 자신이 한국인이어야 한다는 강박을 띠는 경우이다. '경계인 유형'은 부모 양쪽으로 이중적 소속감을 유지하려는 경향으로 둘 다에 속하는 사람이라고 말하지만, 장기적으로 적응과정에서 한국인 유형으로 변화할 가능성이 높다. 갈등형의 경우 부모 양쪽의 소속감 사이에서 혼란스러워하는 유형이다.[245]

---

243) 드니 쿠슈, 앞의 책, 144-145쪽.
244) 통계청, 2015년 다문화 인구동태 통계.
245) 김민정, 2008, '국제결혼 가족과 자녀의 성장' 『혼혈에서 다문화로』.

제9장 조선족 동포의 귀환

한국사회의 다문화현상에서 나타난 가장 중요한 특징의 하나는 외국인 이주자들에 비해 재외동포의 귀환이주가 차지하는 비중이 매우 크다는 점이다. 특히 조선족은 전체 재외동포 중에서 미주동포와 함께 가장 큰 비중을 차지하고 있고, 중국과 북한의 접경에 위치해 북한과의 매개자 역할을 수행하기도 하고 중국에 진출하기 위한 파트너로 기능하기도 했다. 이들은 한국인과 혈연적 관계를 갖고 한국어를 사용하는 같은 민족이지만, 수십 년간 중국사회의 소수민족으로 살아온 중국국적의 중국인이다. 그리하여 민족적 정체성과 국민적 정체성이 일치하지 않으며, 한국을 모국으로 하고 중국을 조국으로 하는 이중적 정체성을 특징으로 한다. 이들은 중국에서도 조선족이라는 정체성을 가진 소수민족으로 살아왔고, 한국이주 이후에는 생활방식과 문화적 차이로 인해 다수 한국인과 구분되는 소수자로 차별을 받아왔다.

1990년대 이후 조선족은 한국으로의 대규모 이주를 통해 우리 사회의 소수자집단을 형성하고 있으며, 이들의 체류자격이나 시민권과 관련한 법제도는 외국인 노동자에 준하는 상태에 있다. 조선족은 1980년대 말부터 한국에 들어오기 시작했고, 1992년 한중수교 이후 초기 결혼이주여성과 산업연수생의 상당 부분을 차지했다. 이후 중국조선족 사회에서는 한국열풍이 불었고, 현재 전체 조선족의 1/4가량이 한국에 들어와 있을 정도로 이들은 대규모 이주를 경험하고 있다. 1990년대 이후 이들의 한국이주는 다른 이주노동자들과 마찬가지로 두 나라 사이의 임금격차를 활용해 보다 나은 삶의 기회를 찾기 위한 경제적 이주의 성격을 갖고 있다.

이들은 다른 이주노동자들에 비해 국내노동시장에 미치는 영향도 클 뿐 아니라, 서울 가리봉동, 대림동 등 특정지역에 밀집 거주하면서 이주민공동체를 형성하고 있다. 이들은 다른 재외동포에 비해 상당한 차별과 소외를 경험하고 있고, 동시에 동포가 아닌 이주노동자들에 비교한다면 체류자격과 고용에서 혜택을 받고 있는 이중적 위치를 점하고 있다. 그동안 한국정부는 조선족에 대한 포섭과 배제를 오가며 이중적인 정책을 취해왔다. 같은 동포이면서도 국내노동시장에서 저숙련 이주노동자로 편입되어 있기 때문에, 정부의 이주정책도 한동안은 이들을 재외동포로 간주하다가 또 한동안은 외국인노동자로 취급했으며, 이제는 재외동포와 이주노동자 사이에 위치한 주변계층으로 간주하고 있다.

이들은 같은 한민족으로서 재외동포이면서, 경제적 목적을 실현하기 위한 이주노동자라는 이중적 지위를 갖고 있고, 국가정책에서도 재외동포정책과 다문화정책 사이에서 혼란스러운 위치를 점하고 있다. 조선족은 한국과 중국 모두에서 주변적 지위를 차지하고 있으며, 두 나라 사이에서 유동적인 정체성을 보여주고 있다. 같은 재외동포이면서도 미국, 일본의 재외동포와 비교해 가난한 재외동포로서 차별을 받고 있다고 하는 박탈감과 서운함도 적지 않다. 그뿐만 아니라 이주노동자나 결혼이주자의 신분으로 이주한 이들이 대부분이면서도, 자신들을 외국인이주자들과 같은 범주로 취급하는 다문화정책에 거부감을 나타내고 있다.

이 장에서는 먼저 조선족 동포를 비롯한 재외동포의 국내귀환 현황과 이에 대한 정부의 정책 변화를 검토하고, 다음으로 조선족 동포들의 국내정착 과정과 가족이산으로 인한 초국적 가족의 특성을 검토한다. 마지막으로 한국사회에서 형성된 조선족 공동체의 특성과 조선족 동포들의 '유동하는 정체성'을 정리한다.

1. 재외동포의 귀환과 법제도상의 변화

2016년 12월 현재 국내에 체류하고 있는 외국국적 동포는 775,715명으로 2009년 43.1만 명에서 2011년 55.1만 명, 2013년 60.2만 명으로 꾸준히 증가하고 있다. 이 중 조선족은 652,028명이다. <표 35>에서 체류자격별로 보면, 전체 재외동포 775,715명은 재외동포(F-4) 372,533명, 방문취업(H-2) 254,950명, 영주권(F-5) 86,549명, 방문동거(F-1) 35,054명, 기타비자 26,629명으로 구분된다.246) 재외동포비자(F-4) 소지자 372,533명 중에는 조선족이 275,342명이며, 그 외에 미국 45,784명, 캐나다 15,846명, 러시아 고려인 14,932명, 호주 4,585명, 뉴질랜드 2,376명, 기타 13,668명이다.247)

<표 35> 재외동포의 체류자격별 현황(2016년 12월)

자격 계	방문취업 (H-2)	재외동포 (F-4)	영주 (F-5)	방문동거 (F-1)	기타
775,715	254,950	372,533	86,549	26,629	35,054

출처: 법무부 출입국·외국인정책본부, 출입국·외국인정책 통계월보 2016년 12월호.

방문취업(H-2) 사증으로 입국한 재외동포 254,950명을 국적별로 보면, 중국조선족이 232,580명, 우즈베키스탄 16,955명, 카자흐스탄 3,030명, 키르기스스탄 1,146명, 기타 1,241명 등으로 대부분 조선족과 고려인(21,131명)이다. 재외동포(F-4) 사증소지자 역시 중국국적의 조선족이 275,342명으로 가장 많고, 영주권자(F-5) 역시 전체 86,549명 중 조선족이 85,663명으로 대부분을 차지하고 있다.248) 방문취업자를 다시 구분해보면, 만기방취(H-2-7)로 입국한 이들이 132,448명으로 가장 많으며, 추첨방식(H-2-5)이 59,202명, 변경방취(H-2-6)가 56,886명, 연고방취(H-2-1)가 4,581명을 차지하고 있다.249) 한 번 입국한 후 3년 기간을 다 채워 출국했다가 재입국하는 만기방취가 전체의 절반을 차지한다는 점에서, 이는 방문취업 입국자들의 장기체류 경향을 보여주는 것이라고 할 수 있다.

---

246) F-4(재외동포) 사증은 단순노무 종사 가능성이 적은 대학졸업자, 기업대표, 기능사 이상 자격증 소지자, 만 60세 이상을 대상으로 발급하고 있다. 유효기간이 없고 3년 단위로 갱신만 하면 한국에서 계속 체류할 수 있으나, '단순하고 일상적인 육체노동을 요하는 업무'에는 종사할 수 없다. 방문취업 비자로 들어온 이들이 컴퓨터 정보처리기능사, 제빵기술사 등과 같은 자격증을 따면 F-4로 변경할 수 있고, 이 경우 최초 2년 체류자격을 부여한 후 계속 동종업종 취업 시에는 연장이 가능하며, 동종업체 3년 근로 후에는 영주(F-5)비자로 변경이 가능하다. 비록 단순노무업과 서비스업 등 53개 직종에 취업할 수 없도록 되어 있지만, 일단 입국한 이후에 이를 통제하는 것은 거의 불가능하다. 한편 방문취업(H-2) 사증이 없는 경우에는 단기비자(C-3)로 들어와 학원에 등록하고 1년 체류가 가능한 일반 비자(D-4)로 변경하기도 하며, 국가자격증을 따는 경우에는 9개월 기술연수 후에 H2비자로 변경하기도 한다.

247) 2016년 5월 현재 외국인고용조사에 따르면, 15세 이상 국내 상주 외국인 142만 5천 명 중 조선족이 60만 5천 명으로 전체의 42.5%를 차지하고 있다. 체류자격으로 보면, 재외동포가 33만 7천 명으로 가장 많이 상주하고 있으며, 방문취업이 26만 9천 명에 달한다. 이 중에서 남자는 방문취업이 13만 4천 명, 재외동포가 11만 6천 명이며, 여자는 방문취업이 8만 7천 명, 재외동포가 8만 3천 명을 차지하고 있다.

248) 법무부 출입국·외국인정책본부, 출입국·외국인정책 통계월보, 2016년 12월호.

249) 연고방취는 국민 및 영주권자인 친인척으로부터 초청을 받은 경우이며, 추첨방취는 법무부의 전산추첨을 통해 방문취업 사증신청자로 선발된 경우이고, 만기방취는 정해진 절차에 따라 자진출국한 자로서 만기출국일 기준 만 60세 미만인 자로 만기 출국 후 6개월 이내 사증을 신청한 경우, 유학방취는 국내에 유학한 자녀로부터 초청을 받은 경우이다. 법무부 출입국·외국인정책본부, 출입국·외국인정책 통계월보, 2016년 12월호.

<표 36>에서 15세 이상 외국인 및 취업자의 연도별 추이를 보면, 방문취업자는 2012년 28.7만 명에서 2016년 26.9만 명으로 약간 감소한 반면, 같은 기간 재외동포는 16만 명에서 33.7만 명으로 급격히 증가하고 있다. 특히 취업자만을 놓고 보면 방문 취업자 수는 20만 명 내외로 일정한 양상을 보이는 반면, 재외동포 취업자는 2012년 9.9만 명에서 2016년 19.9만 명으로 급격히 늘어난 것을 확인할 수 있다. 이는 재외동포들이 체류기간이 3년으로 제한된 방문취업보다 3년마다 갱신만 하면 되는 재외동포 비자를 선호하기 때문이다.

<표 36> 체류자격별 15세 이상 외국인 및 취업자 수 추이(단위: 천 명)

구분	15세 이상 외국인					취업자				
연도	2012	2013	2014	2015	2016	2012	2013	2014	2015	2016
15세 이상 외국인	1,114	1,126	1,256	1,373	1,425	791	760	852	938	962
방문취업(H-2)	287	234	261	288	269	241	186	212	234	221
재외동포(F-4)	160	204	259	301	337	99	124	148	180	199

출처: 통계청, 외국인 고용조사, 각 연도.

<표 37>에서 조선족의 성별·체류자격별 현황을 보면, 2016년 현재 재외동포 275,342명, 방문취업자 233,583명, 영주권자 75,307명, 결혼이민자 17,407명의 순이다. 방문취업자를 포함한 저숙련 이주노동자 수는 2003년 72,273명에서 방문취업제 도입 이후인 2007년 238,134명, 2011년 296,433명으로 급격히 증가했다가 최근에는 오히려 쿼터를 밑돌 정도로 감소하는 양상을 보이고 있다. 대신에 재외동포(F-4) 사증 소유자가 2011년 74,014명에서 2015년 241,065명, 2016년 275,342명으로 급격히 증가하고 있다. 동시에 영주권자 역시 2011년 이후 급격히 증가하는 양상을 보이고 있다. 눈에 띄는 특징은 2016년 현재 남자는 방문취업 13만 4천 명, 재외동포 13만 5천 명인 데 비해, 여자는 방문취업 9만 9천 명, 재외동포 14만 명으로, 방문취업 비자에서는 남성의 비중이 더 높지만, 재외동포 비자에서 여성의 비중이 더 높다는 점이다.

<표 37> 조선족의 성별·체류자격별 인원 추이

연도	성별	전체	결혼 이민 (F-6)	재외동포 (F-4)	영주 (F-5)	저숙련직 E9,H2, E10,D3	전문 기술 E1,2,3,4,5,6,7	유학 (D-2)	일반 연수 (D-4)	기타
1999	소계	20,305	-	-	-	15,160	178	611	152	4,204
	남	11,036				10,064	101	335	65	471
	여	9,269	-	-	-	5,096	77	276	87	3,733
2003	소계	108,283	17,380			72,273	403	2,268	217	15,742
	남	48,993	336			39,715	218	1,134	114	7,476
	여	59,290	17,044			32,558	185	1,134	103	8,266
2007	소계	310,485	36,401	-	119	238,134	789	3,459	434	31,149
	남	153,443	5,564		28	130,497	413	1,597	199	15,145
	여	157,042	30,837		91	107,637	376	1,862	235	16,004
2011	소계	463,412	1,002	74,014	32,186	295,433	171	1,984	12,229	46,393
	남	240,875	304	39,322	16,670	160,726	95	923	6,512	16,323
	여	222,537	698	34,692	15,516	134,707	76	1,061	5,717	30,070
2015	소계	621,147	18,671	241,056	71,306	269,274	66	372	114	20,288
	남	325,255	6,201	119,609	36,725	153,211	42	191	78	9,198
	여	295,892	12,470	121,447	34,581	116,063	24	181	36	11,090
2016	소계	601,915	17,407	275,342	75,307	233,583	52	168	56	-
	남	314,627	5,976	135,004	38,915	134,556	40	95	41	-
	여	287,288	11,431	140,338	36,392	99,027	12	73	15	

출처: 법무부 체류외국인 통계. 각 연도, 2008년 이후 재외동포 비자 추가.

조선족들이 '연변조선족 자치주'를 떠나 해외로 이동하게 된 데에는 1978년 중국 개혁개방정책의 영향이 가장 크다. 조선족의 이출은 1970년대 말 개혁개방정책에 따라 농촌과 도시 호구의 분리, 농촌인구의 도시이주를 인위적으로 제한했던 도농 이원화구조가 붕괴됨으로써 시작되었다. 이후 도농 간의 소득격차와 자녀교육 문제로 많은 농민들이 도시로 이동하기 시작했는데, 1990년대 이후 조선족의 이동은 동북3성 인근의 도시지역으로의 이동, 북경, 상해와 같은 거대도시나 연해지역으로의 이동, 외국으로의 취업이동이라는 3가지 형태를 띠었다.[250]

역사적으로 조선족 동포들이 한국에 들어오기 시작한 것은 1988년 서울올림픽 이후이다. 조선족의 한국입국은 정부정책과 이주목적에 따라 크게 두 시기로 나눌 수 있다. 먼저, 1980년대 중반에서 1990년대 초반까지 친척방문 목적의 이주가 지배적이었던 시기이다.[251] 1986년부터 KBS 라디오를 통해 조선족 상대의 이산가족찾기

---

250) 이장섭·정소영, 2011, '재한조선족의 이주와 집거지형성' 전남대학교 세계한상문화연구단 국내학술회의, 6-7쪽.
251) 이장섭·정소영, 2011, 앞의 글, 8-13쪽.

프로그램이 방송되면서 많은 친척들의 생사 확인이 이루어졌고, 정부는 간단한 여행 증명서 발급만으로 이들의 한국방문을 허용했다. 원래 친척방문자는 취업이 금지되어 있었으나 초기방문자들이 한약재를 가지고 입국하여 큰돈을 벌기도 했고, 이러한 사례들이 알려지면서 한국방문 열풍이 불기 시작했다.[252] 이 당시까지 한국사회에서 조선족은 외국인이라기보다는 동포로 인식되었다.

그러나 불법적인 경제활동을 계속하는 장기체류자가 늘어감에 따라 1990년부터 정부는 이들에 대해 사증을 발급하기 시작하였고, 친척방문은 55세 이상으로 제한되었다. 조선족에 대한 출입국정책이 동포라는 포용적 입장에서 중국국적의 외국인이라는 배제적 입장으로 급선회한 것은 예상치 못했던 조선족 입국자의 불법체류 급증뿐 아니라, 혈통적 민족주의가 탈냉전 신자유주의로 변화되는 상황, 재국민화와 탈국민화라는 모순적 경향 때문이었다.[253] <표 38>을 보면, 1988년 이후 친척방문이 급속히 늘어났다가 비자제도가 정비되는 1993년부터 친척방문이 급격히 감소한 대신 1994년부터 산업연수와 단기상용, 결혼동거의 비중이 크게 늘어났다.

<표 38> 체류목적별 조선족 입국자현황: 1987-1994

	합계	친척방문	산업연수	단기상용	결혼동거	상용	유학	기타
1987	364	354	-	-	-	3	-	7
1988	2,285	1,635	-	-	-	6	-	643
1989	9,338	9,228	-	-	1	42	-	61
1990	25,215	24,960	-	-	3	145	4	103
1991	36,147	36,077	-	-	4	13	3	50
1992	31,021	29,034	1,389	-	4	330	17	190
1993	12,388	6,457	2,247	1,671	61	254	47	516
1994	23,047	9,234	6,261	4,331	1,983	84	74	780

출처: 김창석, 2000; 이장섭·정소영, 2011: 9에서 재인용.

이러한 변화는 한국정부가 조선족을 노동시장 측면에서 외국인노동자로 인식하기 시작한 것과 관련된다. 정부가 조선족 동포를 대하는 태도는 동포에서 외국인으로, 친척방문자에서 불법체류자로 변화되었다.[254] 그리하여 1993년경부터 시작되는 두

---

252) 권태환·박광성, 2004, '국내 조선족의 사회적응과 정책' 『한국의 소수자 실태와 전망』, 427쪽

253) 윤영도, 2011, '조선족 초국적 역/이주와 포스트-국민국가적 규제 국가장치에 관한 연구' 『중어중문학』 50집, 197-199쪽.

254) 서정경, 2014, '중국동포의 귀환과 한국사회의 과제' 『디아스포라연구』 8(1), 75-79쪽; 설동훈, 2002, '국내 재중동포 노동자: 재외동포인가, 외국인인가?' 『동향과 전망』 52호, 203쪽.

번째 시기는 노동이주에 의해 특징지어졌다. 1992년부터 도입된 산업연수생제도에 따라, 조선족 동포들은 외국인 산업연수생 신분으로 입국하기 시작했고, 곧바로 장기체류를 위해 불법체류를 선택하는 이들이 늘어났다. 초기에 친척방문을 목적으로 입국한 이들 역시 체류기간을 넘겨 경제활동을 하는 양상을 보였다. 1990년대 국내에 입국한 조선족은 대부분 단기비자(C비자), 산업연수비자, 동거·동반비자를 통해 입국했고, 단기비자의 비중은 2002년까지 전체 입국자의 60%를 넘었다. 1998년 경제위기까지 조선족 입국자 수는 커다란 변동 없이 1-2만 명 수준에서 유지되었다. 입국자 수는 2000년에 60,176명으로 큰 폭으로 증가한 후 2007년 181,974명으로 다시 한번 큰 폭으로 증가했다.

1990년대까지는 조선족에 대한 입국비자 발급 건수를 철저히 제한했기 때문에 조선족 동포들은 동남아 노동자들보다 오히려 입국이 어려웠다. 이 시기 동안 이주희망자 수에 비해 단기비자 발급 건수가 훨씬 적었기 때문에 불법브로커들이 많이 활동했고, 그 때문에 입국비용이 높아져 불법체류의 유인은 더욱 높아졌다. 당시 입국비용은 한국인 1년 수입에 상응하는 수준으로 연변에서 1년 벌이의 거의 20배에 달해 최소한 2-3년은 쓰지 않고 벌어야 입국비용을 상환할 수 있었다. 1994년 당시 5만2천여 명의 불법체류자 가운데 40%가 넘는 2만 2천 명이 조선족으로 추산되었다. 그 결과 조선족은 초기의 '동포' 이미지로부터 점차 '불법체류자', '저임금 이주노동자' 이미지로 변화되었다.[255]

합법적인 입국통로가 좁아지고 입국비용이 늘어나면서, 조선족 여성들이 한국에 들어오기 위해 결혼이주를 선택하는 경우가 늘어났다. 한중수교가 이루어진 1992년부터 한국남성과 중국여성 간의 결혼이주 건수가 1993년 1,851건, 1995년 8,450건, 1996년 9,271건, 1997년 7,362건으로 폭발적으로 증가해, 1993년에서 2002년까지 10년간 5만 4천 건 이상의 국제결혼이 이루어졌다. 이 시기는 한국에 오려는 사람은 많은 데 비해 입국경로가 좁아진 시기로, 이 시기 이주자들은 대부분 한국에 시집온 여성들의 부모 초청장을 돈 주고 사서 서류를 위조하여 입국했다. 국제결혼으로 이주한 조선족 여성들은 부모초청이나 위장결혼 등을 통해 조선족 이주의 매개역할을 함으로써 연쇄이주의 흐름을 만들어냈다.[256] 그 결과 동거·동반 비자로 입국하는

---

255) 윤영도, 2011, 앞의 글, 199-202쪽.
256) 권태환·박광성, 2004, 앞의 글, 428-431쪽.

이들이 늘어났고, 여전히 단기체류 비자가 많았기 때문에 2002년에 조선족 불법체류자는 10만여 명에 이르렀다.

정부는 '불법체류자방지 종합대책'의 일환으로 이들의 자진출국을 유도하는 한편, 재외동포법의 헌법불합치 판결 이후, 재외동포 관리라는 정치적 차원에서 이들의 법적 지위를 강화하는 정책을 추진했다. 정부는 2002년 불법체류자 방지 종합대책을 발표하면서 자진출국 기간 내에 출국하는 불법체류 외국인에 대한 재입국규제를 면제하고, 취업관리제를 도입하였다.

1997년 외환위기 직후 김대중 정부는 재외동포의 국내 투자를 유치하고, 해외동포들의 경제력을 활용하기 위해 '재외동포의 출입국과 법적 지위에 관한 법률'을 제정하였다. 재외동포법은 재외동포에게 2년간의 체류기간과 함께, 출입국, 재산권행사, 단순노무 취업을 제외한 취업 및 기타 경제활동에서 한국국적자와 동등한 자격과 권리를 부여하고 있다. 문제는 중국정부와의 외교적 마찰을 우려해 재외동포법의 '외국적 동포' 정의에서 "대한민국 수립 이전에 국외로 이주하여 대한민국국적을 명시적으로 확인받기 이전에 외국국적을 취득한 자 및 그 직계비속"을 적용 대상에서 제외했다는 점이다.257) 중국동포들은 헌법소원심판 청구를 제기하였고, 2001년 11월 헌법재판소는 합리적 이유 없이 정부수립 이전 해외동포를 차별하는 것에 대해 헌법불합치 결정을 내렸다. 그러나 시행령이 개정된 2008년이 되어서야 조선족 동포도 재외동포 비자를 받을 수 있게 되었다.

2002년 12월 재외동포법에서 배제된 중국 및 구소련지역 동포들에 대해서 취업관리제(특례고용허가제)가 도입되었다. 취업관리제는 국내 호적이 있거나 친척의 초청을 받은 30세 이상의 외국국적 동포가 방문동거 사증(F-1-4)을 발급받아 입국한 후 서비스업종에서 최장 2년간 취업활동을 할 수 있도록 허용한 제도이다.258) 2004년에는 취업관리제의 적용을 받는 외국국적 동포의 취업 허용연령을 25세로 낮추고, 취업허용 업종을 건설업까지 확대했으며, 2006년에는 다시 제조업, 농축산업, 연근해 어업분야로까지 확대되었다. 취업관리제는 2007년부터 방문취업제로 변경되었다.

조선족 입국 및 체류관리 정책 변화의 특징은 정부가 조선족 불법체류자를 합법

---

257) 재외동포법이 국가별로 재외동포를 차별함으로써 혈통주의적 형평성을 훼손하고 있다는 점과 법 자체가 혈통주의에 입각해 이민족 차별의 소지가 있다는 점, 외국국적자에게 국민의 의무는 면제한 채 국민의 권리만을 부여함으로써 국민들에 대한 역차별이라는 점, 조선족의 경우 중국과의 외교적 마찰을 초래할 수 있다는 점 등이 논란이 되었다.
258) 취업 허용업종은 음식업, 사업지원 서비스업, 사회복지사업, 하수·폐기물처리 및 청소관련서비스업, 개인간병인 및 가사서비스업 등 서비스업종에 한정되었다.

화하고 수용하는 쪽으로 전환하였다는 점이다. 윤영도는 1980년대 이후 조선족에 대한 출입국정책의 변화를 ① '개방과 포용'으로부터 ② '규제와 차별'로, ③ 다시 '제한적 포용'으로 변화한 것으로 요약하고 있다.[259] 이러한 변화에는 저임금노동시장에서 조선족에 대한 수요가 증가했다는 점뿐 아니라, 재외동포법 헌법불합치 판정 이후 불법체류자 단속에 대한 저항과 재외동포 차별에 대한 문제제기가 영향을 미쳤다. 특히 방문취업제는 기존의 단기비자, 동거비자를 통한 입국자와 불법체류자, 신규입국자의 대부분을 흡수했다. 제7장의 <표 24>에서 보듯이, 방문취업제는 조선족 입국자의 대상을 크게 확대했고, 방문취업제하에서 취업이 자유로우며 체류기간도 길고 체류기간 내에는 자유로운 왕래가 가능하게 되었다. 그뿐만 아니라 불법체류 1년 미만인 경우에는 자진신고를 통해 소정의 벌금 추징 후 방문취업 비자를 받을 수 있게 되었다.[260]

그 결과 <표 37>에서 보듯이, 2001년까지 5만 명을 밑돌던 국내 조선족 인구는 2001년부터 급격히 증가하기 시작했고, 2003년에는 10만 명을 넘어섰으며, 2005년에는 15만 명, 2007년에는 30만 명을 넘어섰고, 2011년에는 40만 명을 넘어서기 시작했다. 저숙련 노동이주자는 취업관리제가 도입된 2003년 72,273명으로 급증하였고, 방문취업제가 도입된 2007년 238,134명까지 폭발적으로 증가하였다. 방문취업제를 통해 국내에 연고가 없는 조선족 동포 13만 명이 합법적으로 신규 입국할 수 있었다. 동시에 결혼이주자의 수는 급격히 감소하였다. 2008년에는 재외동포 비자의 취득요건이 완화되면서 조선족 동포들의 재외동포 비자 취득이 급격히 증가하였다.

2. 조선족 동포의 한국살이

1) 국내 정착과정

조선족 동포들은 이주역사가 20여 년을 지나면서 이미 국내 정착단계에 들어갔고,

---

259) 윤영도, 2011, 앞의 글, 208-209쪽.
260) 방문취업제의 문제점으로는 먼저 무연고자에 대한 비자 쿼터가 경제상황에 따라 축소됨으로써 추첨대기자의 적체현상이 발생했다는 점이다. 이를 위해 2010년부터 시행된 '재외동포 기술연수제'는 추첨대기자에게 일단 90일 체류가 가능한 단기종합비자(c-3)로 입국해 등록된 학원에서 9개월간 기술연수를 받으면 방문취업비자로 전환하는 것이다. 또한 방문취업비자의 유효기간이 5년이 지난 후 연령에 따라 1년 유예 후 재입국이나 재외동포 비자를 발급받을 수 있게 했지만, 여전히 노동시장의 수요에 종속되어 있다는 점에서 불리하다고 볼 수 있다(윤영도, 2011, 앞의 글, 210-211쪽; 윤황·김해란, 2011, 51쪽).

독자적인 사회적 네트워크와 거주공동체를 형성하고 있다. <표 39>에서 보면, 2010
년 현재 방문취업제로 입국한 중국동포의 성, 연령, 거주 지역을 보면, 남성이
59.8%로 여성 40.2%보다 약간 많으며, 연령별로는 40대가 36.6%로 가장 많고, 50
대 27.0%, 30대 25.0%, 60세 이상 6.0%, 20대 5.3% 순으로 나타나, 대부분 40-50
대이다. 조선족 동포가 가장 많이 사는 곳은 경기 37.1%, 서울 34.3%로 대부분 수
도권에 집중되어 있다. 이들은 대부분 기혼자들로 부부가 함께 사는 경우가 60%에
가깝다. 특징적인 것은 대부분 자녀가 있지만 자녀가 한국에 거주하는 경우는 18%
에 불과하다는 점이다.[261]

<표 39> 방문취업제 입국 조선족 동포의 특성(단위: %, 명)

		외국인 수	%			외국인 수	%
연령	20-29세	6,685	5.3	거주지	서울	43,204	34.3
	30-39세	31,528	25.0		경기	46,652	37.1
	40-49세	46,079	36.6		인천	6,436	5.1
	50-59세	33,962	27.0		충청	11,464	9.1
	60세 이상	7,611	6.0		강원	895	0.7
	합계	125,865	100.0		호남	4,302	3.4
성별	남성	75,285	59.8		영남	12,726	10.1
	여성	50,580	40.2		제주	186	0.1
	합계	125,865	100.0		합계	125,865	100.0

출처: 법무부, 출입국외국인정책본부 2010; 김석호 외, 2011: 51에서 재인용.

　　재중동포들의 한국사회 정착은 집단거주 지역을 거쳐 주변부 사회의 일원으로 편
입되는 양상을 보였다. 이종구·임선일에 따르면, 보통 이주자들의 현지 정착과정은
몇 가지 단계를 거치는데, 첫 단계에서 소수의 젊은 이주민들이 단신으로 해외취업
을 감행한다. 두 번째 단계에서 이러한 사례가 알려지면서 기혼노동자들까지 이 대
열에 합류하며, 체제기간이 장기화되고 사회적 연결망이 형성된다. 3단계가 되면 돈
을 모아 귀국하겠다는 생각을 접고 가족을 초청하거나 정착하는 사람이 늘어나면서
여성과 아동의 비율이 늘어난다. 마지막 단계가 되면, 준거집단은 체재국사회로 전
환되며 민족공동체를 구성하기도 하고, 가족재결합이 일반화되어 영구정착한 사람
이 늘어난다. 조선족의 한국정착과정에서도, 1986-1991년 이주 시작 단계에는 한국

---

261) 김석호 외, 앞의 책, 53쪽.

의 친족 네트워크와 재접속이 이루어지고, 1992-2004년 이주지속 단계에는 이주노동자의 형태로 이주가 본격화된다. 2004-2007년 가족 재결합 단계에는 정부가 재중동포를 예외적인 새로운 정책대상으로 인식하기 시작했으며, 2007년 이후 영구정착 단계에는 합법적인 장기체제가 허용되고 실질적인 영주화가 진행되었다.[262]

이주 초기의 직업은 건설노동과 하층서비스 노동이 전부였으나, 2007년 방문취업제가 실시되면서 한국과 중국을 오가며 사업하는 사람들이 증가하였고, 조선족 사회 내에서 취업분야가 확장되었다. 방문취업제 재외동포의 업종별·성별 취업개시 신고 현황을 보면, 전체 166,971명 중 남성은 주로 제조업(45,228명)과 건설업(37,738명), 음식점(7,747명)에 취업한 반면, 여성은 음식점(44,337명), 제조업(12,737명), 가구 내 고용(6,363명), 간병인(1,767명) 등 서비스업에 주로 취업해 있다.[263] 한국국적을 취득한 경우 선택할 수 있는 직업의 폭이 넓어졌고, 한국어와 중국어를 능숙하게 구사하는 것은 사업에 유리하게 작용했다.

조선족 동포들은 한국사회에 적응하고 정착하는 과정에서 어떤 어려움을 경험하고 있는가? 소수자집단을 특징짓는 식별가능성, 권력의 열세, 차별적 대우, 소수자집단 성원의식이라는 네 가지 기준에서 보면, 조선족 이주자들은 한국사회 내에서 분명한 소수자집단을 형성하고 있다. 그들은 한국에서 민족적 동질감을 기대했지만, 한국인들로부터의 차별을 확인하면서 실망과 좌절을 경험했다. 국내 조선족 동포들의 법적·경제적·사회적 지위를 보면, 그동안 조선족 이주자들은 법적으로 재외동포이지만, 선진국 재외동포와 동등한 대우를 받지 못했고 외국인노동자와 같은 대우를 받았다. 그러나 2007년 이후 방문취업 비자와 재외동포 비자가 적용됨에 따라 조선족 이주자들의 법적 지위는 크게 향상되었다. 하지만 조선족 이주노동자들의 교육수준이 높지 않고 취업업종도 제한되어 경제적 지위는 열악하다. 인력구성에서 전문기술자의 비율이 매우 낮으며, 이들이 일하는 직종은 대부분 한국인이 꺼리는 일자리들이다. 이들은 한국사회에서 3D업종에 종사하면서 한국인에게 차별과 멸시를 받는 사회적 지위에 머물러 있다.[264]

조선족 동포들의 노동경험에서 특징적인 것은 이직률이 매우 높다는 점이다. 그것은 구직과정에서 조선족 동포들의 사회적 네트워크에 편입되면 더 좋은 일자리를

---

262) 이종구·임선일, 2011, '재중동포의 국내정착과 취업네트워크' 『산업노동연구』 17(2), 314-316쪽.
263) 김석호 외, 2011, 앞의 책, 52쪽.
264) 윤황·김해란, 2011, '한국거주 조선족 이주노동자들의 법적·경제적 사회지위 연구' 『디아스포라연구』 5(1), 37쪽.

찾아 직장을 옮기기 때문이다. 그런데 이들이 이직을 결정하는 가장 큰 이유는 직장 내에서의 무시와 차별이다. 김석호 외의 조사에 따르면, 조선족 동포의 43.2%는 외국인으로서 차별을 받은 경험이 있고, 남성(47.8%)이 여성(34.9%)보다 차별을 더 많이 경험했다. 차별을 경험한 장소는 직장/일터가 52.6%로 가장 많았고, 한국생활에서 느끼는 삶에 대한 만족도 역시 7점 만점에 2.58점으로 일반 이주노동자들보다 훨씬 낮게 나타났다. 이들이 한국생활에서 가장 힘들어하는 것은 중국에 있는 가족문제 21.0%, 외로움 17.8%, 편견과 차별대우 14.4% 등이다.[265]

양한순은 이러한 문제를 한국인으로부터 같은 공동체 구성원으로 인정받지 못하는 '문화적 시민권'의 관점에서 접근한다. '문화적 시민권'이란 '한 공동체 내에서 다른 사람들로부터 무시당하지 않고 인정받는 권리'라고 할 수 있다. 국내 입국 및 체류와 관련한 법적인 권리는 신장되었지만, 일상생활에서 무시와 차별은 여전하다. 중국동포들이 느끼는 차별은 체류자격이나 국적의 문제라기보다 다름에 대한 인정과 상대에 대한 존중을 의미하는 '문화적 시민권' 문제라는 것이다.[266] 조선족은 한국식 언어표현에 익숙하지 않고 외국인 신분이란 이유로 인간적 대우나 노동자로서의 정당한 대우를 받지 못해 자존감의 상처를 받고 있다. 대림동과 같은 조선족 밀집거주 지역에서는 원주민과 이주민 사이의 일상생활 속 거리감이 크게 나타난다. 다문화주의 담론은 중국동포를 다른 외국인노동자과 같은 범주로 인식하는 경향이 강하다. 특히 다문화정책이 주로 결혼이주여성을 정책대상으로 하기 때문에 조선족은 자신들이 한국에서 외국인보다 못한 대우를 받고 있다고 여기며 다문화담론에 거부감을 갖고 있다. 다문화담론 속에서 조선족은 완전한 한국인도 아니고, 순수한 외국인도 아닌 모호한 위치를 점하고 있다.[267]

2) 초국적 가족의 형성

최근의 많은 연구들은 조선족의 한국이주를 '이주의 여성화'와 '초국가적 가족' 형성의 맥락에서 분석하고 있다. 기존의 이민이 송출국에서 유입국으로 단일한 방향의 이주패턴을 보이는 반면, 초국가적 이주에서는 이주자들이 모국과 거주국 사회를

---

265) 김석호 외, 2011, 앞의 책, 90-94쪽.
266) 양한순, 2015, '다문화주의시대 귀환 중국동포의 문화적 시민권: 대림동 사례를 중심으로' 『동북아문화연구』 45, 233-236쪽.
267) 양한순, 2015, 앞의 글, 244-246쪽.

연결하는 다양한 사회적 관계를 형성하고 유지한다. 초국가적 이주에서는 태어나고 자란 모국을 떠나 이주하였지만 떠나온 곳과 머무는 곳 사이의 연결이 단절되기보다 강화되며, 경계를 넘어 두 나라를 가로지르는 공간이 창출됨으로써 물리적인 영토성을 넘어 탈영토화가 진행된다. 이주자는 여전히 가족, 경제, 종교, 정치, 사회와 같은 다양한 층위의 상호관계를 유지함으로써 국민국가의 영토적 경계를 넘나드는 실천을 수행한다.268) '초국가적 가족'은 가족구성원들이 여러 나라에 분산되어 살면서도 가족관계가 국경을 초월하여 유지되는 현상을 의미한다. 기혼여성이 장기간 해외취업을 하게 되면 그 역할 공백을 메우기 위해 가족 내 역할 재분배가 불가피하다.

80여 명의 조선족 이주여성을 대상으로 한 이혜경 외의 연구에 따르면, 이미 2000년대 초에 조선족 이주자들에서 이주의 여성화와 초국적 가족 현상이 나타나고 있다. 조선족의 한국이주는 가족전략의 차원에서 결정되며, 개별 가구의 가족주기와 계층적 지위에 따라 선택하는 가족전략에도 차이가 있다.269) 조선족 여성들이 한국취업을 결정하는 근본 동기는 세대 간 계층상승에 대한 욕구지만, 그 구체적인 목적은 연령이나 가족주기에 따라 주택 및 사업자금 마련(30대), 자녀교육이나 유학비용, 혼인비용(40-50대), 노후자금과 자녀의 사업자금이나 주택마련 비용(60대) 등으로 다양하다. 부부 중 누가 한국취업에 나갈 것인가를 결정하는 것 역시 가족의 계급적 지위와 가족주기에 따라 다르지만, 주로 남편은 중국에 남고 부인이 한국으로 이주하는 패턴이 50대 이상 부부에게 전형적이다. 한국취업이나 저축에서 남자보다 여자가 유리하다고 생각하기 때문에 가족들은 여성의 취업이주를 적극 지원한다. 남겨진 자녀를 누가 돌보는가의 문제는 자녀의 연령에 따라 달라진다. 이주여성의 사회적 연결망은 친정식구 위주로 이루어져 있으며, 여성의 이주는 형제자매나 친척의 연쇄이주로 이어진다. 조선족 여성의 한국취업이 장기화하면서 부부 혹은 자녀와 떨어져 생활하는 경우가 많아 자녀가 탈선하거나 이혼으로 이어지는 후유증도 많이 발생하고 있다.270)

그러나 조선족 사회의 '가족해체' 현상에도 불구하고 그 이면에는 '초국적 가족'의 형성이라는 현상이 존재한다. 해외 이주노동을 동반한 초국가적 가족에서 생계와

---

268) 이장섭·정소영, 2011, '재한조선족의 이주와 집거지형성' 전남대학교 세계한상문화연구단 국내학술회의, 5-6쪽; 우명숙·이나영, 2013, '조선족 기혼여성의 초국적 이주와 생애과정 변동' 『한국사회학』 47(5), 144-146쪽.
269) 이혜경·정기선 외, 2006, '이주의 여성화와 초국가적 가족' 『한국사회학』 40(5), 259-263쪽.
270) 이혜경·정기선 외, 2006, 앞의 글, 272-292쪽.

자녀양육, 교육, 노부모 부양 등 가족기능은 두 개 이상의 나라에 분산 거주하는 식구들의 공동협력에 의해 수행된다. 조선족의 경우, 가족 생계에 필요한 자녀교육, 결혼비용, 주택구입 자금, 사업자금이나 투자비용은 모두 이주자의 송금에 의존하고 있다. 송금에는 자녀의 생활비와 교육비용, 도시 유학을 위한 주거비나 생활비, 결혼비용이 포함된다. 조선족 가족에는 돈을 버는 사람과 쓰는 사람이 따로 있으며, 한국은 이주노동자가 돈을 버는 곳이고 중국에 남겨진 가족은 주요한 소비자가 된다. 이러한 초국적 가족의 유지는 송금과 일상적 커뮤니케이션을 통해 유지된다.[271]

한편, 우명숙·이나영은 떠나온 곳과 이주한 곳의 연결을 두 장소의 연결성과 함께 이주자의 생애 시간적 연속성이라는 측면에서 접근한다. 이주자들은 이주를 긴 생애과정 안에서 일시적인 것으로 수용하며, 가족분산 역시 조만간 재결합을 기대하기 때문에 가능하다는 것이다.[272] 조선족 기혼여성의 초국적 이주는 개인의 생애시간과 긴밀한 관계를 가지며, 조선족 기혼여성들은 이주를 가족부양의 실천이자 가족의 미래를 위한 정상적인 생애과정으로 수용한다. 이들은 고된 노동을 생애단계에서 잠정적인 것으로 한정함으로써 견뎌낸다. 조선족 여성들에게 한국이주는 돈 벌 기회를 제공하고 자식교육과 미래의 삶을 약속받는 길로 간주되지만, 초국적 이주에 따른 가족분산은 아이들이 크고 취업할 때까지만 감수해야 할 생애과정의 한 단계로만 간주된다. 한국에서의 삶은 그들의 부재에도 불구하고 중국에서 이어지고 있는 삶과 연결되며, 자식 세대의 삶이라는 시간 축과도 연결되어 있다. 이들의 삶의 준거점은 한국이 아니라 자신의 과거이자 자식의 미래인 중국에 있기 때문에, 한국인들과의 일상적 교류는 불필요하다. 이처럼 조선족 여성들은 자녀양육과 교육을 중심으로 한 생애단계에서 초국적 이주를 결정하고, 한국에서의 삶과 중국에서의 삶, 자신의 생애단계와 자식의 생애단계를 연결시켜 나간다.[273]

특히 초국적 가족의 형성과 유지에서 가장 중요한 것은 초국가적 자녀양육이다. 이는 한국이주의 중요한 목적이 자녀교육과 세대 간 계층상승이기 때문이다. 그럼에도 불구하고 조선족 이주여성이 아이를 중국에 남겨놓는 이유는 아이가 있으면 마음대로 일을 할 수 없거나 경제적으로 부담이 되기도 하고, 중국에서 교육을 받게 하고 싶거나 중국이 더 장래성이 있어 보이기 때문이다. 학령기 아이를 둔 농촌지역

---

271) 리화, 2012b, '초국가적 자녀양육으로 보는 조선족 가족의 문화적 지속성과 변용' 『중앙사론』 39집, 514-531쪽.
272) 우명숙·이나영, 2013, '조선족 기혼여성의 초국적 이주와 생애과정 변동' 『한국사회학』 47(5), 140-147쪽.
273) 우명숙·이나영, 2013, 앞의 글, 156-165쪽.

의 조선족들은 아이교육을 위해 도시로 이주하고, 부모가 해외취업을 하는 경우는 아이를 돌보기 위해 조부모들도 도시로 이주하게 된다. 조선족 기혼여성은 초국적 자녀양육을 실천하는데, 주로 분유와 같은 영유아용품의 선정, 구매, 조달을 통해 자녀양육을 위한 협력관계를 구축한다. 또한 전화나 메일, 카카오톡, 인터넷을 통해 아이와의 커뮤니케이션을 유지하거나, 국내의 양육자, 친구, 교사 등과의 빈번한 교류를 통해 국경을 넘는 교육적 지원을 수행한다.[274]

이러한 현상에 대해, 김현미는 조선족 여성들이 왕래가 용이해진 교통과 통신조건을 활용하여 적극적으로 '원거리 모성'을 실현하는 것으로 파악한다. 조선족은 중국과 한국이라는 초국적 장을 횡단하며, 이들의 이주 서사의 축은 이주노동을 통해 획득한 경제적 자원으로 중국에 주택을 마련하고 아이들을 좋은 학교에 진학시키거나 유학을 보내는 '성공 스토리'다. 자식을 성공시키기 위해 자식과의 친밀한 관계 형성을 포기한 채 해외 유학을 보내는 것이다. 이처럼 조선족 이주자는 중국과 한국에서 모두 소수자지만 양쪽에 거점을 갖고 연결성을 확보할 수 있는 '양쪽에 속한 자'이며, 두 국가 모두에서 완전한 소속감을 갖기 어려운 '경계인'이기도 하다. 그들은 모국을 찾아 귀환했지만 역귀환의 가능성을 동시에 고려하는 유동적인 존재다.[275]

3. 조선족의 '유동하는 정체성'

1) 조선족 공동체의 형성과 지위분화

<표 39>에서 본 것처럼 조선족 동포의 71.4%가 수도권에 집중되어 있다. 이들은 경기도 안산과 수원, 서울 영등포구 대림동, 구로구 구로동과 가리봉동, 금천구 독산동과 가산동, 광진구의 자양동과 화양동 등에 밀집되어 있고, 특히 대림동과 가리봉동은 조선족 동포타운이라고 할 정도의 대규모 조선족 공동체를 형성하고 있다. 영등포구는 전체인구 38만 명의 16%가 조선족이며, 대림2동은 불법체류자를 포함해 2/3가 조선족이고, 이 지역 초등학교 재학생의 45%가 다문화 학생이다.[276] 조선족이 이 지역에 밀집 거주하는 것은 교통이 편리하고 주거비가 쌀뿐 아니라, 조선족

274) 리화, 2012b, '초국가적 자녀양육으로 보는 조선족 가족의 문화적 지속성과 변용'『중앙사론』 39집, 84-104쪽.
275) 김현미, 2014, 앞의 글, 118-119쪽.
276) 신혜란, 2016, 『우리는 모두 조선족이다』, 24쪽.

거주자가 늘어나면서 조선족 네트워크 효과가 더해지고 있기 때문이다. 특히 이곳에는 혈연관계를 통한 연쇄이주 현상이 뚜렷하며, 최근에는 초기 이주자 자녀들이 유입되면서 세대 이동의 이주가 진행되고 있다.[277]

이 지역은 단순히 인구밀집 지역일 뿐만 아니라 중국동포들의 각종 네트워크와 정보, 경제활동, 사회활동의 중심지이다. 이 지역의 상권은 대부분 중국동포를 상대로 형성되어 있고, 행사와 모임의 공간일 뿐 아니라, 각종 업무를 처리하고 정보를 획득할 수 있는 여행사, 환전소, 한국어 및 자격증 학원, 상담소 등이 밀집되어 있다. 각종 중국동포들의 모임은 초국적 성격을 띠며, 행사에는 중국에서부터 친척과 친구들이 입국해 참여하는 경우가 흔하다. 이곳에는 중국동포 언론사들과 다양한 성격의 중국동포 단체들이 활동하고 있다.[278] 그러나 이곳에서는 조선족 동포들과 한국인 사이에 일상적 거리감이 나타나고 있는데, 원주민들 중에는 중국동포를 같은 공동체 성원으로 인정하지 않는 이들이 많고, 중국동포들도 자신들만의 격리된 공동체를 유지하고 있다. 국내 이주자집단 중 유일하게 조선족 동포들이 소수자집단의 문화적 공동체를 대규모로 형성하고 있는 것이다

조선족은 대림동과 가리봉동에 동질적인 집단거주 지역을 구성하고 있는데, 집단거주 지역에서의 사회적 네트워크는 두 나라 사회를 매개하면서 조선족만의 경제활동 공간, 여가공간의 기능을 수행한다. 이곳에서 조선족 동포들은 제조업과 단순서비스업, 건설일용직을 벗어나 중국식당이나 여행사, 환전소, 마작방 같은 자영업, 건설 하청업, 화물운송업이나 무역업, 지하경제 등 많은 직종으로 진출하고 있다. 이 집단거주지에서 조선족들이 자체의 취업네트워크와 독자적인 노동력 공급 집단을 가진 비공식부문을 확장하고 독립자영업자로 변신하고 있는 것은 이들이 한국사회의 주변부로 편입되고 있음을 의미한다.[279]

그러나 김석호 외의 조사에 따르면, 조선족의 사회적 관계는 매우 제한적이어서 모국인 중심의 폐쇄적 사회 연결망의 특성을 보이고 있다. 조선족의 한국 내 모국인 친구 수는 평균 2.93명으로 매우 적은 편이며, 가까운 한국인 친구 역시 평균 1.3명에 불과하다. 이는 한국체류기간이 증가해도 조선족 동포들의 모국인 및 한국인 친구와의 만남이 늘어나지 않는다. 중국동포들의 모임 및 단체 참여에서 두드러진 특

---

277) 김현선, 2010, '한국체류 조선족의 밀집거주지역과 정주의식' 『사회와 역사』 87집.
278) 양한순, 2015, 앞의 글, 242쪽.
279) 이종구·임선일, 2011, 앞의 글, 321-327쪽.

징은 모임에 전혀 참여하지 않는 사람들이 아주 많다는 것이다.[280]

이정은에 따르면, 조선족 커뮤니티는 재외동포법 개정 이후 교회 중심에서 재중동포 당사자 중심으로, 정치활동에서 일상문화 중심으로 변화되고 있다. 조선족 동포들은 연변지역의 축소판이라 할 수 있는 중국동포 타운을 만들고자 노력하며 새로운 조선족 문화를 형성하고 있다는 것이다. 조선족 동포들은 불법체류자가 많았던 1990년대부터 국내 종교단체들의 지원으로 민족담론의 인정투쟁을 전개해왔는데, 재외동포법 개정 이후에는 그 활동이 조선족 단체들 중심으로 변화하고 있다. 이미 국내 조선족은 독자적인 '조선족 문화'를 구성해가고 있으며, 성별과 계층, 귀화 여부에 따라 재중동포 사회 내에서의 소통과 갈등의 양상도 다변화되고 있다.[281]

그 결과 재한 조선족 사회 내부에서 지위분화 현상이 나타나고 있다. 조선족은 입국시기와 국적 획득 여부에 따라 초기자본에서 차이를 보이고 있으며, 그 차이가 계급화·위계화 된 것은 아니지만 분명한 지위분화가 진행되고 있다는 것이다. 이정은은 조선족 동포 2-3세의 지위분화 현상을 ① 엘리트 지식인 집단, ② 중소자영업 집단, ③ 영세자영업 집단, ④ 3D업종 종사자 집단으로 유형화하고 있다. 먼저 엘리트·지식인집단은 유학을 목적으로 한국에 들어와 교육을 통해 지위상승을 이룬 조선족 3세들로 언론사, 대기업, 대학을 중심으로 형성되고 있다. 둘째, 3인 이상의 종업원이나 2개 이상의 점포를 운영하는 중소자영업 집단은 상대적으로 일찍 한국에 들어와 한국사정에 익숙한 이들로, 조선족 동포 거주 지역을 중심으로 상권을 형성하여 경제적 기반을 마련한 이들이다. 셋째, 영세자영업 집단은 뒤늦게 음식점, 도매상, 환전소 등의 자영업을 시작하였지만, 어려운 조건에서 개업과 폐업을 반복하고 있다. 마지막으로 대다수의 조선족은 건설노동자, 식당종업원, 입주가정부, 간병인 등으로 3D업종에 종사하고 있다.[282]

조선족 사회의 지위분화 양상은 다음과 같다. 먼저, 이들의 지위분화 현상은 입국시기에 따라 뚜렷하게 구분되는데, 중소자영업자들은 1990년대에 입국하여 미등록 상태로 있다가 2004년 이후 합법화된 경우가 많다. 영세자영업자들은 2000년대 후반에 입국해 이미 조선족 상점들이 포화상태인 상황에서 소규모가게를 열어 운영하고 있다. 둘째, 재한조선족은 사회경제적 지위가 분화되면서 성격이 다양한 공동체

---

280) 김석호 외, 2011, 앞의 책, 81-83쪽.
281) 이정은, 2011, '재중동포사회의 차이와 소통의 문화정치' 『민주주의와 인권』 11(3).
282) 이정은, 2012, '외국인과 동포 사이의 성원권' 『경제와 사회』 96호, 402-410쪽.

를 구축하고 있다. '조선족연합회'가 주로 3D업종 노동자의 권익향상을 위한 것이라면, '재한동포연합총회'는 조선족 상인들의 연합체이다. 엘리트·지식인층은 '조선족 유학생네트워크'를 형성하고 있는 반면, 영세자영업자들은 시간적·경제적 어려움으로 독자적인 커뮤니티를 꾸리지 못하고 있다. 셋째, 국적취득 여부도 중요하다. 중소자영업자들은 이미 국적을 취득한 경우가 많고, 영세자영업자나 3D업종 노동자들은 자유롭게 한국을 오가며 경제활동을 할 수 있기를 바랄 뿐, 한국에 정착할 계획은 거의 없다. 넷째, 사회적 지위에 따라 이들의 경험과 전략도 상이하다. 가장 많은 차별과 무시를 경험하는 3D업종 종사자들은 '동포'로서의 섭섭함을 표현하며, 대부분 중국으로 다시 돌아가고자 한다. 이들은 한민족으로서의 민족성이 강한 만큼 '조선족'에 대한 자긍심이 강하며 한국으로의 이동도 중국사회에 뿌리내리기 위한 수단일 뿐이다. 반면, 경제적인 기반을 마련한 중소자영업자들은 한국사회에 정착하여 동화되고자 노력한다.[283]

2) 조선족의 '유동하는 정체성'

조선족의 정체성 문제에서 핵심적인 것은 민족정체성과 국민정체성의 불일치이다. 중국으로의 이주와 전 세계로 재이주하는 과정에서 조선족은 항상 중국 내 소수민족으로서 정체성 문제에 직면했다. 조선족은 동북3성, 특히 연변조선족 자치주에서 소수민족의 삶을 살아가는 동안 한족을 타자로 한 소수민족의 문화적 정체성을 유지하고 보존하기 위해 분투해야 했다. 그러나 1990년대 이후 대도시와 한국으로의 국제이주가 보편화되고 연변지역 공동체가 약화되면서, 한국인을 타자로 한 소수자 정체성과 한족을 타자로 한 소수민족 정체성 사이에서 '중국조선족'이라는 새로운 정체성이 강화되는 양상이 나타나고 있다.

중국 내 조선족의 정체성과 관련한 담론은 ① 중국인으로서의 국민정체성을 강조한 조선족 정체성, ② 디아스포라 성격을 강조한 이중정체성, ③ 이중문화 성격을 반영한 변연(邊緣)문화론이 있다. 먼저, 국민정체성론에 따르면, 조선족은 한민족이라는 종족집단의 한 부분이지만 중국소수민족의 일원으로 중국의 국민이라는 국민정체성을 갖는다. 이러한 시각은 그동안 조선족의 이중적 정체성에 대한 비판으로 제

---

283) 이정은, 2012, 앞의 글, 418-423쪽.

기된 것으로 중국공민은 국적과 관련된 것이고 조선 민족은 민족과 관련된 것이기 때문에 완전히 다른 개념을 묶어 이중성을 논할 수 없다는 것이다. 조선족 정체성의 이중성 담론은 중국주류사회에 진입해야 할 조선족 젊은이들에게 걸림돌이 되며, 조선족이라는 말 자체가 조선에서 이주해온 조선 민족 집단이며 중국국적을 소유한 중국소수민족의 일원이라는 내용을 함께 포함하고 있다는 것이다.[284] 조선족의 국민정체성은 장기간의 이주정착과 항일투쟁의 역사적 과정을 거쳐 중국의 국민이 된 것이며, 한중수교 이후, 같은 민족인 한국인들로부터 차별을 받으면서 중국인이라는 국민정체성이 강화되었다는 것이다.

둘째, 디아스포라적 성격의 이중정체성론에 따르면, 조선족은 정치적으로 중국화되었지만, 문화적으로 코리안 디아스포라의 한 형태이다. 조선족 문화는 한반도에서 비롯되었고 중국으로 이주한 이후 중국문화의 영향을 받아 그와 융합하면서, 오늘의 '조선족 문화'를 형성하였다는 것이다. 조선족의 역사가 중국으로 이주한 이주민집단이 중국 내 소수민족으로 정착하는 과정이기 때문에, 두 문화의 지위도 변화하여 이민 초기에는 조선 문화가 우세하다면 점차 중국적 특성이 중요해졌다는 것이다. 해방 전까지 조선족의 조국은 조선이었다. 그것은 조선족이 이주민들로서 언어와 문화 측면에서 한반도의 조선 민족과 동질성을 갖고 있으며, 그들의 부모나 친지들이 살고 있는 한반도에 강한 감정적 애착을 갖고 있었으며, 조선의 독립을 위해 실제로 투쟁하였기 때문이다. 그러나 시간이 지나면서 세대가 달라지고 현재의 조선족은 대부분 중국에서 태어나 성장한 중국공민이자 중국 내 소수민족이다. 중국조선족 문화는 두 가지 문화의 이중적 성격을 띠며, '중국에 시집간 딸'이라는 비유로 설명된다. 그리하여 조선족은 민족문화의 정체성을 보전하면서 한족문화를 수용해 다원적 문화를 보전해야 한다는 것이다.

셋째 이중문화적 성격을 반영한 변연(邊緣)문화론은 중국 '조선족'의 독립적인 정체성을 유지하면서, 중국문화에의 동화보다는 중국문화와 한반도문화의 취사선택을 통해 특유의 조선족문화를 발전시켜야 한다는 것이다.[285] 조선족은 '중국의 일원'으로 편입되는 과정에서 사회주의 체제이데올로기와 가치를 내면화하였고 항일전쟁에서의 선구자, 사회주의 건설에서의 주력군, 동북지역 삶의 개척자로서 자긍심을 형

---

284) 허명철, 2012, '조선족 정체성 담론' 『중국사논집』 36집, 456-458쪽.
285) 강수옥, 2013, 앞의 글, 93쪽.

성해왔다. 조선족의 '소수민족' 정체성에는 중국이라는 국가적 소속, 사회주의 가치, 조선족으로서의 자긍심 등의 요소를 내포하고 있다.[286] 강진웅 역시 연변조선족의 정체성이 연변자치주의 영토를 바탕으로 한 독립적인 종족정체성으로 변화해왔다는 점을 강조한다. 연변사회에서는 종족정체성이 강화되고 정체성의 정치를 통해 종족 공동체의 재영토화가 진행되고 있다는 것이다. 한국이주의 경험으로 남북한을 향한 상상된 관념으로서의 민족정체성은 사그라지고, 한민족이 아니라 조선족이라는 독립된 종족 정체성이 강화되고 있다. 조선족은 하나의 종족사회로 중국주류사회와 경쟁하며 한국사회와도 분리된 공동체로 변화했고, 이주노동을 통한 사회경제적 지위 상승에 힘입어 자신들만의 부강한 종족공동체를 상상하고 있는 것이다.[287] 이러한 시각은 조선족 기혼여성에 대한 연구에서도 확인되는데, 조선족 기혼여성들은 한민족 공동체에 대한 소속감을 가지고 있지만, 이는 남한이나 북한이라는 구체적 사회에 대한 소속감이 아니라, 뚜렷한 조선족으로서의 정체성이라는 것이다.[288]

조선족 내부에서 이러한 정체성 논쟁은 다민족 국가 안에서의 국민정체성, 소수민족으로서 문화적 정체성, 전 세계적인 인구이동을 통한 다중적 정체성이 중첩되고 교차하고 있는 조선족의 현실을 반영하는 것이다. 문제는 정체성이 고정불변의 것이 아니며, 준거가 되는 타자와의 관계 속에서 정의된다는 것이다. 강수옥에 따르면, 조선족의 정체성이 타민족 집단과의 관계 속에서 형성되는 것인 한, 그것은 다원적일 수밖에 없다. 조선족은 중국 내 다른 민족과 구분되는 소수민족으로 인식되며, 다른 국가와 관련해서는 중국공민의 정체성을 지니며, 혈연적·문화적 맥락에서는 한민족이라는 정체성을 갖는다. 이는 조선족의 조국과 고국, 모국 개념에서 나타난다. 조국은 조상 때부터 살아온 곳으로 자기가 태어나서 자란 곳이다. 고국은 조상들이 살아왔던 고향의 나라로 문화적 뿌리와 역사적 혈연관계가 얽혀 있는 곳이다. 조국이 국적과 태어난 곳, 정치적 충성까지 포함하는 것이라면, 고국은 민족과 혈연의 의미를 포함해 선조의 고향으로 문화적 유대를 강조하는 개념이다.[289] 따라서 조선족에게 해방 전까지는 조선이 조국이었지만, 현재의 조국은 중국이며 조선은 고국이다. 그러나 한국말에서 조국은 국적 개념이라기보다 조상 때부터 살아온 나라, 조상의

---

286) 방미화, 2013a, '재한 조선족의 실천전략별 귀속의식과 정체성' 『사회와 역사』 98집, 232-233쪽.
287) 강진웅, 2012, '디아스포라와 현대연변조선족의 상상된 공동체' 『한국사회학』 46(4), 110-124쪽.
288) 우명숙·이나영, 2013, 앞의 글, 165쪽.
289) 강수옥, 2013, 앞의 글, 95쪽.

나라를 의미한다는 점에서, 조선족의 조국은 한반도가 된다.[290]

　허명철에 따르면, 조선족의 정체성은 한민족 공동체의 일부라는 형태로 타자인 한족과의 관계에서 형성된 것이기 때문에, 민족공동체에 대한 소속을 부정한다면 독립적 범주로서의 조선족은 성립할 수 없다. 정체성의 구성에서 개개인의 주관적 소속감과 소속의지가 매우 중요한데, 현재 중국조선족의 문화가 한반도 내의 생활문화나 가치의식과는 상당히 다르기 때문에, 현재 민족적 정체성의 근거는 전통문화가 아니라 공유되는 역사적 기억이라는 것이다. 중국 내 소수민족이라는 경험이 '조선족'이라는 정체성을 만들어낸 것처럼, 한국에서의 배제와 차별을 경험하면서 한국과 북한을 타자로 한 '중국조선족'이라는 개념이 출현했다는 것이다. 그 결과 혈연과 언어, 국적이 아니라, 한민족의 역사와 문화에 대한 공감과 귀속의식이 민족정체성의 핵심적 내용으로 간주되면서, 정체성 역시 개인적 선택의 대상이 되고 있다.[291]

　특히 조선족의 중국인 정체성과 한국사회의 동포관이 충돌하는 가운데, 조선족의 한국체류가 장기화하면서 조선족 내부의 사회적 분화가 발생하고 그에 따라 정체성역시 분화하고 있다. 재한조선족은 거주기간과 취업형태, 소득수준에 따라 사회적으로 다양화되고 있다. 일시적으로 돈을 벌어 중국으로 귀환하려는 이들이 많지만, 한국에서 경제적 기반을 마련한 자영업자들은 한국국적을 취득하기도 한다.[292] 이미 귀화나 국적 회복절차를 마친 조선족이 13만 명, 조선족 결혼이민자가 3만 명에 달하는 상황에서, 중국으로 귀환할 것인가, 한국에 영구 정착할 것인가, 한국과 중국 사이에서 초국적 활동을 영위할 것인가 등 개인적 미래에 따라 정체성에도 분화가 발생하고 있다.

　정체성의 변용과정에서 주류 한국인과의 가치충돌 현상도 나타나고 있다. 박민철에 따르면, 조선족, 고려인, 재일조선인, 탈북자를 포함한 코리안 디아스포라의 정체성은 한국인들의 민족 내 위계화와 차별에 대항하는 평등 요구, 강고한 국적=정체성이라는 프레임에 반발하는 민족적 연대의 요구, 자본주의와 사회주의 생활양식의 모순적 공존을 특징으로 한다.[293] 이들의 정체성은 공통적으로 거주국 중심의 국민정체성과 한반도 중심의 민족정체성의 이중적 정체성을 특징으로 한다. 조선족과 고려

290) 허명철, 2012, 앞의 글, 460-549쪽.
291) 허명철, 2012, 앞의 글, 462-467쪽.
292) 서정경, 2014, '중국동포의 귀환과 한국사회의 과제' 『디아스포라연구』 8(1), 79-84쪽.
293) 박민철, 2014, '국내이주 코리언 디아스포라의 정체성 변용과 가치지향' 『디아스포라연구』 8(2), 41쪽.

인의 대다수에게는 같은 민족이라는 심리적 기대와 돈을 벌 수 있다는 막연한 환상이 공존하고 있다. 이들의 이주동기에서, 거주국의 경제상황에 따른 현실적 요구는 역사적 뿌리의식과 결합하며, 한국에서 경제적 기회를 꿈꾸는 코리언 드림과 함께, 기왕이면 같은 민족이 거주하는 한국으로 가고 싶다는 민족적 동일화의 욕망이 결합되어 있다. 이들의 민족적 동일화 욕망은 중국과 러시아에서의 차별과 배제에 기인한 것이다. 그러나 이러한 동일화 욕망은 한국인으로부터의 차별, 배제, 무관심으로 인해 좌절을 경험한다. 인정욕구의 좌절은 자신들이 같은 민족으로 받아들여지기보다 타민족 이주노동자와 동일시되어 차별과 멸시를 받고 있다는 인식에 기인한다. 박민철은 이를 '대한민국중심주의', '경제중심주의'로 요약한다. 분단체제는 이중정체성을 인정하지 않는 '대한민국 중심주의'를 낳고, 신자유주의적 자본주의는 재외동포들이 가난한 나라에서 온 경제적 부담이자 사회적 문제집단이라는 '경제주의'를 강화한다는 것이다. 이러한 차별과 배제, 좌절은 정체성의 분화와 변용을 가져온다. 이 유동하는 정체성은 ① 한국에 대한 거부감을 통해 거주국의 국민정체성을 강화하는 경향, ② 한국에 대한 친화감을 통해 한국인이 되고자 노력하는 경향, ③ 자신들의 이중적 정체성에서 민족과 국가를 상호매개하고 공존시키는 경향, ④ 어느 한쪽도 선택하지 않고 어느 한쪽도 배제하지 않는 탈-국가적 삶의 다양한 경향을 만들어낸다.[294]

이주민의 정체성 변용에 대한 분석은 대부분 베리(Berry, 1997)의 분석틀을 따라, 원래의 문화적 정체성을 유지하는가, 이주국 사회에서 주류집단과의 관계를 발전시키려고 노력하는가에 따라 정체성의 '통합'과 '동화', '분리', '주변화'라는 유형을 구분하는 방식을 취하고 있다.

<표 40> 이주민집단의 문화변용

		주류사회와의 관계	
		높음	낮음
문화적 정체성의 유지	높음	통합	분리
	낮음	동화	주변화

Berry, John W., 1987, Finding Identity: Segregation, Integration, Assimilation or Marginality, *Ethnic Canada*.

이 분석틀을 활용한 이종구·임선일의 연구는 조선족 동포들의 에스니시티 변용

---

294) 박민철, 2014, 앞의 글, 44-55쪽.

을 ① 자신의 문화적 정체성을 유지하면서 주류사회에 대한 적응을 추구하는 '통합' 형, ② 이입국 사회에 편입되면서 출신국의 문화적 정체성을 포기하는 '동화'형, ③ 모국의 문화를 유지하면서 새로운 문화의 수용을 거부하는 '분리'형, ④ 모국의 문화를 유지하지 못하면서 새로운 문화에도 적응하지 못하는 '주변화'형으로 구분한다. 먼저, '통합'형(현지 적응형)은 중국귀환을 생각하지 않으며, 귀환을 하더라도 중국사회 주류에 편입되기 어려운 고령층, 친족의 대부분이 한국으로 이입된 사람들에서 많이 나타난다. 둘째, '분리'형(귀소지향형)은 한국에 정착하고자 하지 않으며 돈을 벌어 중국으로 귀환하는 것을 목적으로 한다. 여기에는 본국에 부양가족이 있는 경우, 한국과의 무역을 시도하려는 경우, 한국에서 심한 차별을 당한 경우가 해당한다. 셋째, '동화'형(귀화지향형)은 중국정체성을 포기하면서 한국사회와의 관계를 확장하려는 결혼이주여성에서 많이 나타난다. 넷째, '주변화'유형(상황선택형)은 한국정부의 정책 변화에 민감하게 반응하면서 정책 변화가 거취 결정에 큰 영향을 미치는 유형이다. 이들은 한국과 중국 사이에서 돈을 더 많이 벌 수 있는 공간에서의 삶을 선호하며 이러한 거취결정에 한국정부의 재외동포정책이 큰 영향을 미친다.[295] 그러나 현실에서, 조선족들은 대부분 이중정체성을 유지한 채, 한국국적 취득보다는 한국과 중국 사이를 자유롭게 오가면서 경제적 기회를 극대화하기를 기대한다. 특히 젊은 세대일수록 중국정착 욕구가 강하며, 중국에서의 잠재적 기회를 기대하면서 상황선택형의 특징을 보여주고 있다. 그리하여 이주 초기의 '편의적 동화'형은 현지적응형, 귀소지향형, 상황선택형으로 다양하게 분화되어 간다.[296]

방미화 역시 재한조선족이 '조선족'이라는 '소수민족' 정체성을 유지하는지, 한국 주류사회에 적극적으로 진입하려고 노력하는지에 따라, 다양한 실천전략을 보인다는 점을 지적한다. 첫째, '조선족' 정체성을 유지하면서 한국주류사회에 진입하고자 하는 '동포지향형'이다. 여기에는 동포로서의 지위를 인정받으면서 한국주류사회에 진입하려는 경우와 스스로를 사이에 낀 존재로 규정하며 적당히 정체성을 드러내며 주류사회와 관계를 유지하려는 경우가 있다. 둘째, 기존의 정체성을 강화하면서 한국주류사회에 진입하기를 거부하는 '조국 지향형'이다. 여기에는 한국정부의 정책을 개선해 자유왕래를 실현하며 중국에서 성공적으로 정착하기를 원하는 경우, 조선족

---

295) 이종구·임선일, 2010, '재한 중국동포의 에스니시티 변용에 관한 연구' 『산업노동연구』17(2), 351-364쪽.
296) 이종구·임선일, 2010, 앞의 글, 365-370쪽.

신분을 숨기며 살아가는 경우, 돈을 버는 것 외에는 한국인과의 접촉을 거부하며 중국귀환을 생각하는 경우가 있다. 이들은 중국 '조선족'이라는 정체성을 바탕으로 중국주류사회에 진입해야 한다고 생각한다. 셋째, 기존 조선족의 정체성을 거부하면서 한국주류사회에 진입하려고 하는 '귀화동화형'이다. 이들은 스스로를 한국인으로 규정하며 한국국민으로 살아가고자 한다. 마지막으로 기존 조선족 정체성과 한국주류사회로의 진입 모두를 거부하는 '미래지향형'이다. 이들은 스스로를 탈영토화가 진행되는 과정에서 실체 없는 공간에 존재하는 것으로 생각하며, 민족적 실체에 대한 강한 부정을 표명한다.297)

특히 주목되는 것이 '귀속의식의 도구화'이다. 귀속의식 자체를 전략적으로 활용한다는 것은 조선족들이 '민족적 소속'을 자기정체성과 동일시하는 것이 아니라, 국가, 민족의 경계를 넘나들면서 귀속의식을 다르게 표출하는 전략적 행위를 수행함을 의미한다. 재한조선족이 가변적이고 유동적인 '경계인' 정체성을 갖는 이유는 한국국적을 취득해도 '한국인'으로 살아갈 수 없음을 인지하고 귀속의식을 도구화함으로써 현실에 대응하려고 하기 때문이다.298)

이러한 측면에서 조선족의 유동적인 정체성은 그들의 존재조건 자체로부터 유래하는 것이라기보다, 조선족과 한국인, 조선족과 중국인들 사이의 관계 속에서 형성되고 재생산되는 것이다. 조선족을 타자화하고 차별·배제하는 한국사회의 반응이 이들을 소수자집단, 고립된 문화적 공동체로 남게 만들고 있는 것이다.

---

297) 방미화, 2013a, 앞의 글, 236-245쪽.
298) 방미화, 2013a, 앞의 글, 246-251쪽.

제10장 탈북이주민의 증가와 정체성

　1990년대 후반 북한 사회가 체제위기에 직면하면서, 식량을 찾아 북한을 탈출하는 경제적 난민이 급격히 증가했다. 2000년대 들어 탈북의 동기는 달라졌지만, 북한을 떠나 남한으로 들어오는 탈북자들은 꾸준히 이어지고 있다. 탈북이주민은 월남자에서 귀순용사, 북한 이탈주민, 새터민 등 다양한 이름으로 불려왔고, 분단의 희생자이자 통일의 가능성을 담보하는 존재로 간주되어 왔다. 탈북이주민은 국경을 넘어 다른 나라로 이주하는 국제이주자라기보다 우리 사회의 통일을 준비하고 통일 이후의 남북통합을 대비하기 위한 실험대상으로 인식되었다. 탈북이주민은 같은 이주민이지만 이주노동자나 결혼이주여성, 재외동포와는 다른 특징을 갖고 있다.

　먼저 탈북이주민 문제는 국제이주와 민족적 다양성에서 출발하는 다문화사회의 의제라기보다는 분단과 통일이라는 한국사회의 특수한 맥락에서 출현한 민족 내부의 문제이다. 하나의 민족이라는 집합의식, 민족정체성에 대한 공감을 전제하는 남북관계에서 탈북이주민에 대한 인식과 태도는 다른 언어와 인종에 속하는 이주민들에 대한 다문화정책과 충돌하기도 하고 모순적이기도 하다. 그러나 탈북이주민의 이주목적이 체제에 대한 불만이나 정치적 망명으로부터 점차 경제적 난민, 새로운 삶의 기회를 찾아 이주하는 것으로 변화되면서, 다른 국제이주자와의 구분이 모호해지고 있다. 분단이 장기화되면서 남북한의 문화적 이질화가 심화되는 가운데 세계화와 다문화사회로의 이행이 뚜렷한 상황에서, 민족공동체의 과제와 다문화현상의 확산, 민족주의와 다문화주의 사이에는 상당한 딜레마가 존재한다. 분단시대 민족적 통일의 과제와 세계화시대 다문화적 통합의 과제를 어떻게 결합할 것인가가 어려운 문제로 제기된다.[299] 바로 이러한 딜레마의 한가운데 탈북이주민이 존재한다.

이러한 맥락에서 탈북이주민의 지위는 이중적이다. 이들은 다른 국제이주자들과 달리 처음부터 대한민국국적을 가진 '국민'이다. 그러나 탈북자들은 헌법상 국민으로서 온전한 시민권을 갖고 있지만, 실상은 심각한 문화적 차이와 한국사회 최하층에 위치하는 소수자의 지위를 점하고 있다. 특히 체제경쟁에서 남북한의 우열이 뚜렷해지는 만큼, 이들을 보는 시선 역시 남한체제의 우월성을 입증하는 존재에서 점차 보호와 도움이 필요한 사회적 소수자로 변화되어 왔다. 탈북자를 바라보는 한국사회의 모순적이고 양가적인 시선은 이들이 한국사회에 정착하는 데 상당한 어려움으로 작용하고 있다. 남북관계의 특수성에서 북한에 대한 대결의식과 혐오는 고스란히 탈북이주민들에게 투영되고 있다. 더욱이 이들은 폐쇄적인 사회주의체제에서 생활해왔기 때문에 극도로 경쟁적인 남한 사회의 신자유주의적 자본주의체제에 적응하는 데 어려움을 겪고 있다. 그 결과 이들은 다른 이주민집단에 비해서도 한국사회에서 경제적 효용성이 떨어지고, 정치적으로 의심스러우며, 사회적으로 부담스러운 존재로 간주되고 있다. 이들은 같은 대한민국 국민이면서 외국인보다 더 많은 사회적 거리감을 경험하고 있는 소수자이다.

또한 탈북이주민은 돌아갈 곳이 없는 이주민이다. 이들은 남북 간의 적대적 관계라는 지정학적 특수성 속에서 탈북과 중국에서의 유랑, 남한 사회로의 이주라는 복잡한 과정을 겪은 이주민이며, 남한으로 이주한 이상 북한으로의 귀환은 원천적으로 봉쇄되어 있다. 따라서 이들은 국민으로서의 신분과 상관없이, 국제이주자이면서 경제적 난민이고 동시에 정치적 난민의 성격도 갖고 있다. 이들은 한국에서 번 돈으로 본국에 돌아가 중산층으로 상승하는 꿈을 기대할 수 없으며, 한국사회에 적응하고 정착하는 것 외에는 다른 대안이 없다. 현실적인 여건과 이들의 인적자본을 감안한다면, 이들은 한국사회의 하층에 편입되는 것 외에 다른 가능성이 별로 없어 보인다. 한국국민으로서의 유사성이 클수록 다른 한국인으로부터의 구별 짓기와 배제의 압력도 크며, 문화적 갈등과 좌절감도 클 수밖에 없다. 한국사회 적응과정에서, 처음 입국했을 때 간첩 여부를 취조 받다가 갑자기 귀순용사로 대접받기도 하며, 귀순동포에서 곧바로 생활보호대상자이자 실업자로 전락하고, 감시대상자이자 보호관찰이

---

299) 박명규, 2012, 『남북경계선의 사회학』, 313-326쪽.

필요한 사람이 되기도 하며, 불평불만자로 여기기도 하고 학교에서는 학습부진아로 여겨진다.[300]

다른 이주민집단과 달리 탈북이주민의 이러한 복잡한 특성 때문에, 탈북자연구는 국제이주의 이론적 맥락에서 이루어지기보다는 통일을 대비한 순조로운 남한 사회 정착이라는 정책적 과제에 초점을 맞추어왔다. 그동안 이들이 남한 사회에 적응하는 과정에서 어떤 어려움을 겪고 있고 어떤 정책적 지원방안이 필요한가가 주요한 관심의 대상이었다. 그러나 최근 들어서 탈북이주민의 규모가 커지고 그 성격이 변화하면서, 다문화이론의 맥락에서 탈북이주민의 문제를 접근하는 시각이 늘어나고 있다. 이는 탈북이주민을 보는 시각에서도 분단과 체제위기의 희생자라는 시각으로부터 보다 나은 삶을 찾아 이동하는 적극적 행위자라는 성격을 강조하는 양상이 나타나고 있기 때문이다.

이 장에서는 먼저, 북한이탈주민들의 이주현황과 정착과정에서의 특징과 문제점을 검토하고, 최근의 연구 성과들을 반영하여 문화적 차이의 문제, 이주의 여성화와 초국적 가족 현상, 정체성의 변화를 검토한다.

1. 탈북자의 입국현황과 정부의 지원정책

1) 입국현황과 탈북동기

<표 41>에서 탈북이주민의 입국추이를 보면, 북한의 체제위기가 가장 심각했던 1994-1998년 사이 탈북이주민 수는 306명으로 그 이전 시기에 비해 급격히 늘어났고, 2000년대에는 매년 1,000여 명에서 2,000여 명이 입국했다. 특히 2009년에 2,914명으로 가장 많은 수의 탈북자가 입국했고 2012년 이후 약간 감소세를 보여 매년 1,000여 명에서 1,500여 명이 입국하고 있다. 주목할 만한 것은 탈북이주민의 여성화 현상이 뚜렷하다는 점이다. 1994년 이전과 달리, 1994-1998년 사이 여성의 비중이 23.2%로 증가했고, 이 추세는 2000년대 들어 더욱 가속화되어 2002년 54.9%, 2006년에는 70%를 넘어섰고, 2015년에는 80%까지 육박하고 있다.

---

300) 정병호, 2004, '환상과 부적응: 탈북이주민에 대한 남한사회의 인식혼란과 그 영향' 『한국의 소수자 실태와 전망』, 392쪽.

<표 41> 북한이탈주민 관련 추이(단위: 명)('16.12월 말 입국자 기준)

연도	합계	남	여	여성비율
-89 이전	607	564	43	7.1
90-93	34	32	2	5.9
94-98	306	235	71	23.2
99-01	1,043	564	479	45.9
2002	1,142	510	632	54.9
2003	1,285	474	811	63.5
2004	1,898	626	1,272	67.0
2005	1,384	424	960	69.5
2006	2,028	515	1,513	74.8
2007	2,554	573	1,981	77.6
2008	2,803	608	2,195	78.3
2009	2,914	662	2,252	77.0
2010	2,402	591	1,811	75.0
2011	2,706	795	1,911	71.0
2012	1,502	404	1,098	73.0
2013	1,514	369	1,145	76.0
2014	1,397	305	1,092	78.0
2015	1,275	251	1,024	80.0
2016 잠정	1,418	299	1,119	79.0
합계	30,212	8,802	21,410	71.0

출처: 통일부 북한정보포탈, 2016; 윤인진, 2009: 112에서 재구성

<표 42>에서 연령별로 보면, 전체 입국자의 57.5%가 20-29세의 젊은 층이지만, 미성년층이 15.9%, 60세 이상 노년층도 4.2%를 차지해 가족단위 입국의 비중이 커지고 연령층도 다양해지고 있다. 상대적으로 남성은 청소년층의 비중이 높은 대신, 여성은 중장년층의 비중이 보다 높게 나타난다. 여성의 경우 30-39세 층이 31.5%로 가장 많은 비중을 차지하며, 전체 입국자의 55.4%가 20-49세 사이의 젊은 여성이다.

<표 42> 연령별 입국현황('16.12월 말 입국자 기준)

구분	0-9세	10-19세	20-29세	30-39세	40-49세	50-59세	60세 이상	계
남	624 (4.2)	1,572 (18.0)	2,406 (27.6)	2,028 (23.2)	1,286 (14.7)	491 (5.6)	325 (3.7)	8,732 (100.0)
여	620 (2.9)	1,918 (9.1)	6,092 (28.7)	6,661 (31.5)	3,801 (18.0)	1,147 (5.4)	920 (4.3)	21,159 (100.0)
합계	1,244 (4.2)	3,490 (11.7)	8,498 (28.4)	8,689 (29.1)	5,087 (17.0)	1,638 (5.5)	1,245 (4.2)	29,891 (100.0)

출처: 통일부 북한정보포탈.

<표 43>에서 탈북이주민의 출신지역을 보면, 함경북도 61.9%, 양강도 14.1%, 함

경남도 8.9%, 평안남도 3.4%, 평안북도 2.7% 등으로 압도적 다수가 중국과 국경을 맞대고 있는 함경북도와 양강도 출신이다.

<표 43> 재북 출신지역별 현황('16.12월 말 입국자 기준)

구분	강원	남포	양강	자강	평남	평북	평양
남	214	64	1,183	66	429	358	383
여	356	71	3,044	140	585	447	302
합계	570 (1.9)	135 (0.5)	4,227 (14.1)	206 (0.7)	1014 (3.4)	805 (2.7)	685 (2.3)
구분	함남	함북	황남	황북	개성	기타	계
남	752	4,727	260	167	44	85	8,732
여	1,900	13,761	180	248	28	97	21,159
합계	2,652 (8.9)	18,488 (61.9)	440 (1.5)	415 (1.4)	72 (0.2)	182 (0.7)	29,891 (100.0)

출처: 통일부 북한정보포털.

<표 44>에서 한국에 입국하기 이전 북한에서의 직업을 보면, 전체의 48%인 13,008명이 무직이거나 가정주부이며, 노동자가 10,328명으로 38.1%를 차지하고 있다. 이는 입국자의 다수가 저학력의 젊은 여성이며, 주로 북한 사회에서 주변부인 함경도 출신이 많기 때문이다.

<표 44> 북한에서의 직업별 현황('14.8월 말 입국자 기준)

구분	관리직	군인	노동자	무직 부양	봉사 분야	예술 체육	전문직	비대상 (아동)	기타	계
남	335	613	3,503	2,981	69	69	198	299	67	8,134
여	104	95	6,825	10,027	981	159	374	266	115	18,946
합계(명)	439 (1.6)	708 (2.6)	10,328 (38.1)	13,008 (48.0)	1,050 (3.9)	228 (0.8)	572 (2.1)	565 (2.1)	182 (0.7)	27,080 (100.0)

출처: 통일부 북한정보포털.

<표 45>에서 입국자의 학력을 보면, 전체의 69.6%인 20,809명이 우리의 고등중학교의 학력이며, 다음으로 전문대 2,805명 9.4%, 대학 이상 2,075명, 6.9%의 비중을 보이고 있다.

구분	취학 전 아동	유치원	인민학교 (소학교)	중학교 (고등중)	전문대	대학 이상	무학 (북)	기타 (불상)	계
남	406	135	749	5,305	741	995	351	50	8,732
여	394	189	1,258	15,504	2,064	1,080	483	187	21,159
합계	800 (2.7)	324 (1.1)	2,007 (6.7)	20,809 (69.6)	2,805 (9.4)	2,075 (6.9)	834 (2.8)	237 (0.8)	29,891 (100.0)

출처: 통일부 북한정보포털(해당 학력별 중퇴자 포함).

탈북이주민들은 전국에 분산배치가 원칙이지만, 현실적으로 대부분 서울·경기·인천 등 수도권에 거주하고 있다. 탈북이주민의 거주 지역을 보면, 2016년 현재, 경기도가 8,200명으로 29.8%, 서울이 6,914명으로 24.8%, 인천이 2,624명, 9.4%로 수도권이 17,828명으로 전체의 64.0%를 차지하고 있다. 그 외에 부산·경남·울산이 9.4%, 대구·경북이 6.3%, 대전·충남이 4.6%, 광주·전남 4.4%, 충북 4.0% 등으로 분포되어 있다(통일부 북한정보포털, 2016). 최근에는 탈북이주민이 국내에서 다시 제3국으로 난민신청을 하는 사례가 늘어나 영국, 미국, 독일, 캐나다 등으로 이주하는 사례도 많이 나타나고 있다.[301]

탈북이주민의 입국현황에서 나타난 특성을 보면, 먼저, 가족단위 입국이 증가하고 있다. 가족 단위입국은 국내 탈북이주민이 북한이나 중국에 남겨두고 온 가족을 국내로 데려오는 경우가 늘어나고 있기 때문이다. 또한 탈북자들의 해외 체류기간이 장기화되고 국제결혼의 성격을 갖는 입국자들이 늘고 있다. 탈북 후 국내 입국까지의 해외 체류기간은 남한 내 가족이나 조력자가 있느냐에 따라 달라진다. 남한 내 가족의 도움을 받는 경우 6개월 이내에 입국하지만, 그렇지 않은 경우 보통 3-5년 정도 해외에 체류하는 경우가 많았다. 여성의 경우 탈북 후 중국에서 현지 남성과 결혼하는 사례가 많아 해외체류기간이 길었고, 입국 후 북한과 중국에 남겨진 가족을 데려오는 경우도 많다.[302]

탈북이주민들이 북한을 탈출해 남한으로 입국하는 이유와 동기는 매우 다양하지만, 가장 많은 이들은 북한의 체제위기 상황에서 식량배급이 중단되자 식량을 찾아 탈북한 경제적 난민이다. 1990년대 중후반 대부분의 탈북자들은 극심한 식량난과

---

301) 조요셉, 2014, '북한이탈주민의 국내외 정착지원과 제도' 김복수 외, 『21세기 디아스포라 북한이탈주민』, 26-27쪽; 신혜란, 2016, 『우리는 모두 조선족이다』.
302) 윤인진, 2009, 『북한이주민: 생활과 의식, 그리고 정착지원 정책』, 116쪽.

실직, 배급 중단으로 생존을 위해 탈북을 결심한 사람들이다. 그러나 최근 들어 단순히 생존을 위해서라기보다 좀 더 나은 삶의 기회를 찾아 남한으로 입국하는 사례가 증가하고 있다.

북한을 떠나 해외에 나와 있는 탈북자들의 규모는 정확히 알려져 있지 않지만, 1998-1999년 사이에 최대치에 달했다가 2000년대 식량난이 완화되면서 재중탈북자는 3-5만 명 규모로 감소된 것으로 추정된다.[303] 탈북자 대부분은 두만강 유역의 국경을 넘어 중국으로 유입되었으며, 언어소통이 가능한 중국 내 조선족 생활근거지에 밀집되어 있다. 그러나 이들은 중국정부의 단속과 강제송환 정책으로 항상적인 불안과 긴장의 생활을 영위하고 있으며, 중국정부의 단속이 강화됨에 따라 점차 몽골이나 태국, 라오스, 미얀마 등 중국과 인접해 있는 동남아시아지역으로 이동하기도 한다.[304]

탈북이주민의 탈북동기에 대해 2012년 북한이탈주민지원재단 실태조사에 따르면, 복수응답으로 '식량부족과 경제적 어려움'이 52.8%로 가장 많으며, 다음으로 '자유를 찾아서' 32%, '북한 체제가 싫어서' 23.6%, '돈을 더 많이 벌기 위해' 19.0%, '가족을 따라서' 15.0%, '가족을 찾거나 결합을 위해서' 9.4%, '신변위협' 9.4%로 나타났다. 반면, 2000년 중국에 거주하는 탈북여성의 탈북 동기에 대한 조사결과에서, '배가 고파 먹고살기 위해서'가 81.7%로 가장 많고, '중국에서 일을 하면 돈을 잘 벌 수 있다고 해서' 75.2%, '북조선에 있는 가족을 지원하기 위해서'가 50.5%였던 것과 비교하면, 탈북 원인에서 식량부족이나 경제적 이유는 줄어든 반면, 체제에 대한 불만이나 가족 재결합의 비중이 늘어났음을 알 수 있다.[305]

탈북동기에 대해 윤인진은 ① 일시적으로 식량이나 약을 구해 돌아가기 위한 단기 경제적 동기, ② 생계가 어려워 중국에서 정착하는 장기 생계적 동기, ③ 북한체제에 대한 비판적 시각을 가지고 탈출한 정치적 동기, ④ 북한에서 처벌적 상황을 피하기 위하여 탈북한 인권적 동기, ⑤ 남은 가족을 데리고 탈북하는 복합적 동기로 구분하고 있다.[306] 전우택 외(2011) 역시 탈북동기를 ① 배고픔, 식량부족, 고난의 10년 등 경제적 어려움, ② 자유로운 경제활동에 대한 북한 당국의 제재, 징벌, 구속

303) 윤인진, 2009, 앞의 책, 72-75쪽.
304) 윤인진, 2009, 앞의 책, 75-76쪽.
305) 정정애·손영철·이정화, 2013, '북한이탈주민의 탈북동기와 남한사회적응에 관한 연구' 『통일정책연구』 22(2), 219쪽.
306) 윤인진, 2009, 앞의 책, 82쪽.

상황에서 자유에 대한 희망, ③ 자녀교육이나 중국과의 비교를 통한 발달된 문명에 대한 동경, ④ 해외에 거주하는 가족으로부터의 정보 획득이나 이들과의 재결합, ⑤ 가족에 대한 부양의무와 같은 개인적 연고관계의 변화 등 다섯 가지 범주로 분류하고 있다.[307]

정정애 외(2013)에 따르면, 탈북 동기는 점차 가족 상봉과 보다 나은 삶을 추구하기 위한 것으로 변화하고 있다. 이들은 탈북 동기를 정치형, 경제형, 사회형, 미래형으로 구분하고 탈북동기에 따라 남한 사회 적응에 차이가 있다는 점을 강조한다. ① 정치형의 탈북동기에는 '정치체제 불만'형과 '신변위협 모면'형이 있고, ② 경제형에는 '식량 조달'형과 '생계유지'형이 있다. ③ 사회형의 탈북동기에는 '출신성분 탈피'형, '가족·친척 상봉'형이 있다. '가족·친척 상봉'형은 중국 등에서 잠시 가족·친척을 상봉하고 다시 북한으로 돌아가는 경우와 북한에 있을 때부터 중국·한국의 가족들과 함께 살기로 결심하고 탈북한 경우이다. ④ 미래형은 북한을 벗어나 새로운 세상을 경험하고 싶은 '자유 갈망'형과 교육여건과 같이 본인이나 가족들의 더 나은 삶을 영위하기 위해 탈북한 '삶의 질 향상'형이 있다.[308]

한편, 탈북자들의 대부분이 북·중 경계지역 출신이라는 점에서, 탈북자들의 월경이 국가를 등지고 국경을 넘어 이주한 것이라기보다 오래된 일상의 공간이라는 측면에서 파악되어야 한다는 시각도 있다. 김성경에 따르면, 상당수의 탈북자들이 단기간 중국에 체류하다가 다시 북한으로 돌아가기를 반복했으며, 경계지역 출신들 중에서 조선족 사회와 교류를 해온 함경북도 주민들이 주로 월경과 이주를 선택했다는 점, 상당수의 탈북자들이 남한 이주보다는 중국에 정주하고 있다는 점에서, 북·중 경계지역은 국경이나 상이한 환경으로 구분되는 곳이 아니라 언어와 문화적 유사성, 친인척 관계 등 다중의 네트워크로 연결된 유동하는 공간이자 일상의 장소이다. 탈북자들은 중국/러시아와 강 하나를 두고 맞닿아 있는 경계지역에서 끊임없는 소통과 교류를 지속해왔고 이 과정에서 확장된 생활세계가 경제난 시기에 능동적으로 이주를 결정하게 한 동인으로 작동하였다는 것이다.[309]

북한 여성들이 남성보다 더 많이 월경하는 현상에 대해, 박경숙은 북한 내부에서 여성의 지위, 아시아지역 돌봄 노동에 대한 수요 증가, 북한 여성과 결혼시장을 연결

---

307) 전우택·유시은·이연우, 2011, '북한이탈주민의 국가정체성 형성과 유형' 『통일정책연구』 20(2), 12-14쪽.
308) 정정애·손영철·이정화, 2013, 앞의 글, 219-221쪽.
309) 김성경, 2013, '북한이탈주의의 월경과 북중 경계지역' 『한국사회학』 47(1), 223-233쪽.

하는 브로커 네트워크로 설명한다. 남성들은 공식적인 생산조직에 얽매여 있었기 때문에 이동에 제약을 받았던 반면, 공식적 생산조직으로부터 상대적으로 자유로운 여성들은 이동하여 장사를 하거나 물품을 교류할 수 있었다는 것이다. 동시에 중국정부의 출산통제로 인한 성비불균형, 고령화에 따른 돌봄 수요 증가로 인해, 탈북한 젊은 여성에 대한 중국 내 수요가 증가했다는 것이다. 즉, 여성의 이주화 추세가 그렇듯이 탈북자의 여성화 역시 송출국과 수용국 모두에서 여성의 낮은 지위와 젠더 불평등을 강화하는 글로벌-로컬 시스템, 결혼과 가사노동의 상품화를 촉진하는 중개산업과 연관되고 있다는 것이다.[310]

2) 법제도상의 변화와 지원체계

탈북이주민에 대한 지원제도로는 1962년 「국가유공자 및 월남 귀순용사 특별원호법」이 처음 제정되었고, 이후 귀순자는 국가유공자와 동등한 지위를 갖는 원호대상자로 우대받았다. 1979년 이 법이 「월남 귀순용사 특별보상법」으로 대체되면서, 탈북이주민은 보훈대상에서 체제선전 대상으로 전환되었다. 1980년대 후반 냉전체제가 변화하고 문민정부가 들어서면서 1993년 「귀순북한동포 보호법」이 제정되었고, 소관부처 역시 국가보훈처에서 보건사회부로 이전되었다. 이에 따라 귀순자는 귀순용사가 아니라 생활보호대상자로 신분이 변동하였고 지원 규모 역시 축소되었다. 탈북이주민에 대한 지원정책은 1997년 「북한이탈주민의 보호 및 정착지원에 관한 법률」이 제정되면서 다시 한번 크게 변화되었다. 탈북자 지원정책의 방향이 통일 대비차원으로 정해졌고, 이에 따라 탈북이주민 지원정책은 **이**들이 자립 자활능력을 갖고 통일에 대비한 인적자원으로서 남한 사회에 정착할 수 있도록 제도적 기반을 구축하는 것을 목표로 하였다. 소관부처 역시 보건사회부에서 통일부로 이전되었다.[311]

북한이주민의 정착지원체계는 ① 초기입국 단계, ② 시설보호 단계, ③ 교육단계, ④ 거주지 보호단계로 구분된다. 먼저 초기입국단계에서는 보호대상자의 보호신청 및 임시보호조치가 이루어지고, 사실관계 조사 후 보호결정이 이루어진다. 시설보호단계에서는 합동 신문소에서 신원 및 북한 이탈동기를 확인한다. 교육단계에서는 하나원에서 12주간 사회적응교육을 받으며, 거주지보호 단계에서는 거주지보호 담당

---

310) 박경숙, 2012, '탈북이주자 생애사에 투영된 집단적 상흔과 거시권력구조' 『경제와 사회』 95호, 292-295쪽.
311) 정진화·손상희, 2015, 『여성 북한이탈주민의 경제적 적응』, 48-52쪽.

관에 의해 거주지보호를 받으며 희망할 경우 직업훈련과 학교교육을 받게 된다.[312]

북한 이탈주민에게는 가족관계 등록 이후 주택알선과 함께, 기본급, 장려금, 가산금으로 구성된 정착지원금과 주거지원금을 지원하며, 이는 가족 수에 따라 1,900만 원에서 5,100만 원에 달한다. 이와 함께 고용센터의 취업보호담당관을 통해 직업 상담과 직업훈련을 실시하며, 고용지원금을 지급한다. 500시간 이상의 직업훈련에 참가하면 훈련비를 지급받으며, 취업하면 취업기간에 따라 250만 원에서 650만 원까지 취업 장려금을 지급한다. 마찬가지로 취업보호대상 북한이탈주민을 고용한 사업주에게는 3년까지 월 70만 원 한도 내에서 임금의 1/2을 지급한다. 또한 재외국민 특별전형으로 원하는 학교에 편입학이 가능하며, 국공립학교는 학비 전액면제, 사립학교는 국가와 학교가 각각 1/2을 분담 지원한다. 사회보장지원으로 근로무능력 가구에 대해서는 거주지 전입 이후 5년, 근로능력이 있으면 3년 동안 생계급여를 지원한다. 사회배출 6개월까지는 조건 없이 급여를 지급하고 6개월 이후에는 자활사업에 참여하는 조건으로 현금급여를 지급한다.[313]

그러나 외견상 상당히 관대한 지원제도에도 불구하고 이러한 제도들은 탈북이주민의 정착에 큰 효과를 거두지 못하고 있는 것으로 평가된다. 여러 지원제도에도 불구하고 경제적 자립 수준은 크게 개선되지 않고 있으며, 탈북이주민의 증가속도에 비추어 현재와 같은 수준의 지원정책이 지속 가능할지도 미지수이다. 탈북이주민의 다양성이 커지는 가운데 3개월의 하나원교육과 거주지보호기간 5년 동안의 교육훈련과 취업지원은 이들의 다양한 욕구와 수준에 걸맞은 맞춤형 지원이 되지 못하는 것으로 평가되고 있다.[314]

2. 한국사회 적응과정과 문제점

1) 경제적 어려움과 사회문화적 배제

<표 46>에서 탈북이주민의 경제활동 참가율은 2007년 47.9%에 불과했으나 매년 약간씩 높아져 2015년 59.4%까지 상승했다. 그러나 이는 같은 시기 일반 국민의 경

---

312) 윤인진, 2009, 앞의 책, 266-270쪽.
313) 조요셉, 2014, 앞의 글, 35-44쪽.
314) 정진화·손상희, 2015, 앞의 책, 62-66쪽; 윤인진, 2009, 앞의 책, 271-274쪽.

제활동 참가율 61.8%, 62.6%에 비하면 낮은 수준이다. 고용률도 2007년 36.9%에서 꾸준히 상승해 2015년 54.6%까지 향상되었지만, 마찬가지로 일반 국민의 고용률에 비하면 크게 낮은 수치이다. 실업률 역시 2007년 22.9%에서 지속적으로 하락하여 2015년에는 4.8%까지 감소했으나, 같은 시기 일반 국민의 실업률 3.2%, 3.6%보다 높다. 이처럼 탈북이주민의 경제활동 참여는 꾸준히 개선되고 있지만, 일반 국민의 경제활동 참여에 비교하면 여전히 많이 낮은 상황이다.

<표 46> 북한이탈주민 경제활동 현황 추이(단위: %)

구분	'07	'08	'09	'10	'11	'12	'13	'14	'15
경제활동 참가율	47.9	49.6	48.6	42.6	56.5	54.1	56.9	56.6	59.4
고용률	36.9	44.9	41.9	38.7	49.7	50	51.4	53.1	54.6
실업률	22.9	9.5	13.7	9.2	12.1	7.5	9.7	6.2	4.8

출처: 통일부 북한정보포털.

탈북이주민의 구직활동에서 가장 큰 애로사항은 건강문제와 경력·기술·기능의 부족, 가사와 육아, 일자리에 대한 정보부족과 낮은 급여수준으로 나타나고 있다. 또한 직장생활에서의 애로사항으로는 언어장벽, 영어와 컴퓨터 지식 부족으로 인한 직무수행의 어려움, 강도 높은 노동과 노동규율, 동료관계에서의 이기주의와 경쟁의식, 의사소통의 차이, 남한 사람들의 편견과 부정적 태도 등이 지적되고 있다.[315]

한국사회 적응과정에서 탈북이주민들은 경제적 빈곤과 정신적·육체적 질병, 낯선 자본주의체제에서의 사회문화적 배제를 경험했기 때문에, 남한 사람들에게 탈북이주민들은 정부의 지원과 시혜에 의존하는 무기력한 존재로 표상되며, 스스로에게도 이등시민, 이방인으로 인식되고 있다. 유해숙은 탈북이주민의 핵심적 특징을 '무력감'으로 파악하고 그 원인으로 ① 경제적 빈곤과 ② 사회적 낙인, ③ 사회적 고립을 들고 있다.[316]

먼저, 경제적 빈곤은 자본주의 노동시장에 대한 부적응과 취약한 경쟁력에서 비롯된다. 탈북이주민들은 상대적인 빈곤상태에 대한 자각, 불안정한 일자리, 낮은 임금으로 경제적 문제에 대해 무력감을 느끼며 살아가고 있다. 이들은 정부의 정착금과 사회복지제도의 혜택을 받지만, 북한에서의 학력이나 경력, 자격증을 거의 인정받지

---

315) 정진화·손상희, 2015, 『여성 북한이탈주민의 경제적 적응』, 32쪽.
316) 유해숙, 2009, '새터민의 무력감 원인과 임파워먼트 전략' 『동향과 전망』 77호, 353-360쪽.

못해 자신의 인적자원과 경력을 활용하지 못하며, 직업훈련을 받아도 구직정보의 부족과 사회적 편견으로 취업에 어려움을 겪고 있다. 또한 이들의 경제적 불안정성은 입국과정에서 지출한 브로커 비용, 북한이나 중국에 남아 있는 가족 친지들에 대한 송금, 탈북과정에서 경험한 정신적·신체적 외상에 대한 의료비 때문에 더욱 심화되고 있다.

탈북이주민의 취업직종을 보면, 남녀 모두 단순노무직 종사자가 30%에 달하며, 그 외에 남성은 기능직, 여성은 서비스직과 사무직에 많이 취업하고 있다. 2013년 현재, 남성 탈북이주민 취업자의 65%, 여성 탈북이주민 취업자의 73%가 근속 연수 2년 미만의 근로자이다. 짧은 근속기간은 낮은 고용안정성과 낮은 숙련을 의미하기 때문에, 이들의 취약한 노동시장 지위를 보여주고 있다. 이는 인적자본 축적이 취약하기 때문이기도 하지만, 탈북이주민들이 취업 장려금이나 보조금을 받기 위해 단기 일자리를 전전하거나 한계기업들이 고용지원금 수령을 위해 단기채용과 해고를 반복하기 때문이기도 하다. 2013년 조사 자료에서, 탈북남성의 평균 근로소득은 170만 원으로 일반 남성 소득의 65% 수준이며, 탈북여성의 평균 근로소득은 130만 원으로 일반 여성 소득의 75% 수준에 불과하다.[317]

그러나 최근 들어 탈북이주민의 종사상 지위변화는 주목할 만하다. <표 47>에서 임금근로자에서 상용직 비중은 2011년 45.4%에서 2015년 60.5%로 꾸준히 증가하고 있으며, 임시직 비중은 큰 변화가 없으나 일용직 비중은 2011년 32.2%에서 2015년 15.7%로 감소하고 있다.

<표 47> 탈북이주민의 종사상 지위 변화

구분		북한이탈주민(%)					2015년 전체국민
		2011	2012	2013	2014	2015	
임금 근로자	상용직	45.4	52.2	51.5	53.2	60.5	48.5
	임시직	15.2	17.6	16.4	15.9	15.6	19.5
	일용직	32.2	22.6	20.7	19.8	15.7	5.9
비임금 근로자	자영업자	5.2	4.6	5.7	6.1	4.9	15.4
	고용주	1.2	2.4	4.4	3.4	2.8	6.1
	무급가족종사자	0.8	0.5	0.8	0.7	0.5	4.6

출처: 남북하나재단, 2015년 북한이탈주민 경제활동실태조사 및 사회조사 결과(김현정·박선화, 2016: 179에서 재인용).

---

317) 정진화·손상희, 2015, 앞의 책, 34-38쪽.

이들의 생활비 중에는 임대료와 관리비 등 주거비용의 비중이 절대적으로 높고 식료품비, 통신비, 교육비, 의료비 비중이 높다. 하지만 탈북이주민의 생계급여 수급률은 2008년 54.8%에서 꾸준히 낮아져, 2013년 35.0%, 2016년 24.4%로 최근 몇 년간 급격히 낮아지고 있다(통일부 북한정보포탈, 2016). 그럼에도 불구하고 탈북이주민의 1/4이 생계급여 수급자라는 점은 이들 다수가 우리 사회 극빈층에 위치하고 있음을 보여주고 있다. 그 결과 탈북이주민의 주관적 계층의식은 중하류층 10%, 하류층 57.3%, 극빈층 28%로, 탈북이주민의 85%가 스스로를 한국사회에서 하층계급이라고 인지하는 것으로 나타났다.[318]

둘째, 사회적 낙인은 스스로가 인식하는 자신의 처지와 사회의 부정적 평가에서 비롯된 것이다. 이들은 북한이나 중국에 두고 온 가족에 대한 그리움과 죄책감으로 자학적 태도를 갖는 경우가 많으며, 사회적 시선 역시 가족과 조국을 버린 배신자, 간첩이나 빨갱이, 한국사회에 부담을 주는 귀찮은 존재, 게으르고 이기적이며 믿을 수 없는 사람이라는 등의 편견을 보이고 있다. 이처럼 탈북이주민들이 남한생활에 적응하는 데 가장 큰 장애물은 남한 사람들의 부정적 인식과 이중적 태도이다. 겉으로는 통일의 상징으로 환대하는 듯하지만 이면으로는 무시하고 항상 경계해야 하는 경계인 취급하는 이중적 태도가 탈북이주민들의 적응을 어렵게 한다.

이길상은 탈북이주민의 적응을 방해하는 남한 사람들의 무시와 편견, 문화적 이질감을 ① 우월의식, ② 다양성에 대한 무시, ③ 정치적 인식의 과잉으로 요약한다.[319] 먼저 남한 사람들은 탈북이주민을 마치 미지의 저개발국가에서 온 사람을 대하듯이, "한국에 왔더니 무엇이 제일 좋은가"를 질문하며, 항상 남한의 우월성을 전제한다는 것이다. 탈북이주민을 특별한 사람으로 규정하고 자신의 우월성을 보여주는 열등한 집단으로 대상화하는 태도는 탈북이주민을 이등국민으로 취급하는 결과를 가져온다. 또한, 남한 사람들은 탈북이주민들의 다양성에 주목하지 않으며, 모든 탈북이주민을 북한체제에 염증을 느끼거나 남한체제의 우수성과 경제적 부유함에 이끌려 입국한 동질적 집단으로 간주한다는 것이다. 나아가 탈북이주민을 정치적 시각에 의존해서 보려는 경향이 적지 않다. 실제 탈북동기를 보면 보다 나은 삶의 기회를 찾아 이주하는 경우가 많음에도, 여전히 이들을 특수한 정치적 난민으로 간주하는 경우가 많

318) 윤인진, 2009, 앞의 책, 138-139쪽.
319) 이길상, 2014, '북한이탈주민의 남한교육적응의 난점들' 김복수 외, 『21세기 디아스포라 북한이탈주민』, 77-90쪽.

다. 탈북이주민을 자유의 투사 혹은 '먼저 온 통일'로 간주하면서도 다른 한편으로 빨갱이로 취급하려는 의식이 강해, 탈북이주민 전체를 정치와 이념의 잣대에 따라 하나의 집단으로 타자화하고 있다는 것이다.320)

남한 사람들이 탈북이주민에 대해 편견을 갖는 주된 이유에 대해, 남한 주민들은 '북한정권에 대한 혐오감', '남한 사회에 대한 지식수준이 낮아서', '북한에서 왔기 때문에' 등으로 응답한 반면, 탈북이주민들은 '못사는 나라에서 왔기 때문에', '북한에서 왔기 때문에', '북한 정권이 싫기 때문에'로 응답하고 있다.321) 이 때문에 탈북이주민들은 자신이 북한 출신이라는 것을 숨기는 경향이 있으며, 입국 초기에는 생계를 위해 북한 출신임을 활용하기도 하지만 시간이 지날수록 북한 출신이라는 점을 남한 사회 적응의 장애물로 인식하고 있다.

사회적 낙인은 탈북이주민과 남한 사람들의 집단적 경계를 고착화하고 은밀한 적대감을 강화시키는 결과를 가져올 수 있다. 탈북이주민에 대한 경멸과 무시의 부정적 시선은 이들에게 문화적 차이와 갈등으로 경험된다. 탈북이주민들은 문화적 갈등을 경험하면서 스스로에 대해 부정적 정체성, 이등국민의 정체성을 강요받게 된다.322) 탈북이주민이 겪는 문화적 차이는 언어소통과 남녀 성역할에서 두드러지게 나타난다. 탈북이주민들이 언어 차이를 크게 느끼는 것은 낯선 외래어 사용으로 상대방의 의도를 파악하지 못하기 때문이다. 언어적 어려움은 그들의 능력을 평가절하하고 남한 주민과의 대화 단절, 자신감 상실을 초래한다. 또한 언어 차이와 관련하여 중요한 점은 북한에서는 언어의 명시성을 강조하는데 남한에서는 언어의 예절을 강조한다는 것이다. 탈북이주민들이 자신의 의견을 직설적으로 주장하는 것에 대해 남한 사람들은 공격적이라고 생각하며 당황해한다. 또한 북한사람들은 직접화법이 일상적이어서 간접적 경험도 직접 경험한 것처럼 말하는 경향이 있는데, 이 때문에 거짓말을 잘하는 것으로 오해받는 경우가 많다는 것이다.323)

이러한 이유로 탈북이주민들은 항상 남한 사람들의 부정적 시선을 인식하게 되고, 자기방어 과정에서 문화적 경계를 만들게 된다. 탈북이주민들은 자신의 신분이 노출

---

320) 이길상, 2014, 앞의 글, 77-90쪽.
321) 신미녀, 2009: 52, 윤인진, 2009, 앞의 책, 159쪽에서 재인용.
322) 전영선, 2014, '북한이탈주민과 한국인의 집단적 경계 만들기 또는 은밀한 적대감' 『통일인문학』 58호, 104-109쪽.
323) 이는 박경숙의 연구에서도 확인되는데, 그에 따르면, 탈북이주민들은 북한사람들이 솔직한 데 반해 남한사람들은 생각하는 것과 밖으로 표현하는 것이 다르다고 인식하며, 남한과 북한에서 자신을 표현하는 방식과 사람들 사이 관계를 맺는 방식이 달라 조직생활에 어려움이 많다는 것이다. 박경숙, 2012, 앞의 글.

될 때, '이상한 나라에서 온 이상한 사람'이라는 불편한 시선을 감내해야 하며, 환대 속의 차별의식, 친절 속의 거리감, 세련된 방식의 적대감이 이들의 좌절감을 불러일으킨다.324) 이 때문에 탈북이주민들은 상당한 불안과 불신, 심리적 부적응의 문제를 안고 있고, 주로 외로움, 북한에 두고 온 가족에 대한 죄책감, 정서적 불안감, 한국에서의 열등감과 정체성 갈등, 심리적 갈등상태를 경험한다.325)

셋째, 사회적 고립이라는 측면에서 이들은 남한 사회로부터 고립되어 있을 뿐 아니라, 스스로를 사회로부터 고립시키고 있고 탈북이주민들 간의 왕래도 별로 없다. 탈북이주민들은 경제적 이유로 사회생활의 여유가 없고 타인과의 접촉을 통제로 인식하는 경향이 있다. 또한 탈북이주민은 서로가 서로에게 별다른 도움이 되지 못하며 자신의 존재가 노출되면 북에 두고 온 가족에 해가 될지도 모른다는 두려움을 안고 있다. 그리하여 사회관계망이 부족하거나 매우 제한적이다.326)

탈북이주민의 사회연결망에 대한 염유식·김여진(2011)의 연구는 탈북이주민들의 사회적 연결망 유형이 다양하며, 그에 따라 생활만족도도 차이가 난다는 것을 보여주고 있다. 탈북이주민들은 남한 입국과 함께 모든 사회적 지지망이 단절되고 기존의 지위도 상실하며 문화적·제도적 단절을 경험하게 된다. 그리하여 남한에 입국한 이후 새로운 사회연결망을 형성해야 하는 과제에 직면한다. 이때, 탈북이주민의 사회연결망 유형은 ① 남한 가족들만의 연결망, ② 남한인 중심의 사회연결망, ③ 북한 출신가족 중심의 연결망, ④ 자발적 절연의 유형으로 구분된다.327)

먼저 남한 가족에 한정된 제한적 사회연결망 유형은 주로 자녀가 없는 미혼·이혼 여성들인데, 이들은 남한인 배우자나 이성 친구의 가족연결망 형성에 적극적이지만 다른 사회연결망에는 관심이 없다. 둘째, 남한인 중심의 적극적이고 다양한 사회연결망 유형은 남한 사회에서 인정받고 남한 사람처럼 살고 싶어 하며, 남한 사람들과의 사회연결망을 통해 일정한 지위를 획득하고자 한다. 그러나 자신의 과거 지위 상실과 남한에서의 지위 획득의 어려움은 좌절감을 가져오기도 한다. 셋째, 북한 출신 가족에 한정된 소극적 사회연결망 유형은 북한에 있는 가족을 초청하는 경우로, 북한 출신이라는 이유로 차별받은 경험 때문에 남한 사람과의 연결망 형성에 소극

---

324) 전영선, 2014, 앞의 글, 110-114쪽.
325) 정정애·손영철·이정화, 2013, 앞의 글, 224쪽.
326) 유해숙, 2009, 앞의 글, 370-375쪽.
327) 염유식·김여진, 2011, '북한이탈주민의 사회연결망 형성과 유형에 대한 근거이론연구' 『한국사회학』 45(2), 95-118쪽.

제2부 한국 다문화의 역사와 다문화집단 327

적이다. 마지막으로 자발적 절연은 주로 자녀가 있는 여성들에서 나타나는데, 사회연결망 형성을 자발적으로 포기하는 대신에 자녀들의 적응에 심혈을 기울인다. 이 연구가 강조하는 것은 사회연결망의 규모나 범위가 이들의 생활만족도와 무관하다는 점이다. 예상과 달리 사회연결망이 다양하고 적극적인 경우에 오히려 심리적 좌절감이 큰 반면, 소극적 사회연결망을 추구하는 이들의 만족도가 높다는 것이다. 이는 북한에서 사회경제적 지위가 달랐던 이들이 남한에 와서도 양극화된 사회연결망 유형을 보여주기 때문이다.[328]

이러한 사회적 고립은 탈북청소년에게서도 유사하게 나타난다. 탈북청소년은 전체 북한 이탈주민의 약 28%를 차지하는데, 학력결손 비율이 높고, 학령기 탈북청소년의 상당수가 학교로부터 소외되어 있다. 학생들의 학교 중도탈락률은 2016년 2.1%로, 과거에 비해 꾸준히 감소하고 있기는 하지만 여전히 일반 학생에 비하면 높은 편이다. 탈북청소년의 사회적 지지망을 정서적 지지, 정보적 지지, 평가적 지지, 경제적 지지로 구분하고 있는 박윤숙·윤인진의 연구(2007)에 따르면, 탈북청소년들의 평균 지지망은 2.1명으로 사회적 지지기반이 취약하다. 정서적 지지를 받을 가능성은 높지만, 물질적 지지는 상대적으로 취약하다. 사회적 지지망에는 가족, 남한친구, 북한친구, 공동체가족, 후견인과 같은 비공식적 지지망의 중요성이 더욱 크며, 보통 이상의 사회적 지지를 받고 있는 것으로 나타났다. 탈북청소년들은 문화적 적응이나 가족관계보다 정서적 적응, 주로 내현화된 심리적 문제에서 어려움을 겪고 있다는 것이다.[329]

탈북이주민 집단거주지에서의 사회적 관계를 분석한 김영순의 연구에 따르면, 집단거주지 내부에서 탈북이주민들은 경제적인 이유, 탈북경로, 하나원 교육동기 등에 따라, 혹은 신분이 드러나 북한가족에 해를 끼치게 될까 봐 서로 간의 '경계 짓기'를 수행한다. 그뿐만 아니라 이들은 직장에서의 차별대우나 남한 사람들의 편견을 우려하여 지역사회와도 '경계 짓기'를 유지한다. 그러나 동시에 공동체 내에서 공동육아센터와 같은 일상생활의 공조활동, 봉사단체 결성, 정보교환 활동을 통해 공동체 내의 '경계 넘기'를 시도하기도 한다.[330]

그럼에도 불구하고 탈북이주민들의 경제적 어려움과 사회문화적 배제는 이들로

---

328) 염유식·김여진, 2011, 앞의 글, 119-125쪽.
329) 박윤숙·윤인진, 2007, '탈북청소년의 사회적 지지 특성과 남한사회 적응과의 관계' 『한국사회학』 41(1), 139-152쪽.
330) 김영순, 2014, '인천논현동 북한이탈주민공동체의 경계 짓기와 경계 넘기' 『로컬리티 인문학』 12집, 135-148쪽.

하여금 자신들이 추구하는 '동화'가 현실적으로 불가능하다는 좌절감을 불러일으킨다. 이러한 좌절감은 스스로 남한과 북한 사이의 경계인, 남한 사회에서의 이등국민이라는 소외감을 재생산하고 있다. 탈북이주민들은 '돌아갈 곳이 없는 이주민'이라는 점에서, 이들을 디아스포라의 하나로 접근하려는 시각도 존재한다. 최원오에 따르면, 탈북이주민은 남한 사회에서의 법적 지위와 무관하게 '국민'과 '비국민'의 경계에서 있기 때문에 특별한 디아스포라, 다문화사회의 구성원으로 인식할 필요가 있다는 것이다. 탈북이주민은 남한사회 구성원과 똑같이 보기에는 정치적·경제적·사회적·문화적으로 너무 이질적이다. 그리하여 국제이주자들이 일반적으로 경험하는 차별, 적응, 문화변용, 동화의 과정을 통해서 탈북이주민 문제를 인식해야 한다는 것이다.331) 이들은 분단체제하에서 적대국 출신이면서 동시에 헌법상 대한민국 국민이라는 이중적 지위를 갖기 때문에 이러한 조건을 감안해 차별과 배제의 극복, 이들 집단의 차이에 대한 인정이 필요하다는 것이다.332)

2) 탈북이주여성과 가족이산

최근 들어 탈북이주민의 다수가 여성으로 변화하면서, '이주의 여성화'라는 일반적 경향 속에서 탈북여성의 행위성과 초국가적 가족관계를 이해하려는 시각이 늘어나고 있다. 최근 탈북입국자의 70-80%가 여성으로, 그에 따라 가족동반 입국의 비중이 늘고 있고, 탈북동기에서도 더 나은 삶의 기회를 찾아서 이주하는 사람들이 늘고 있다. 탈북여성은 남성보다 해외체류기간이 긴 것으로 알려져 있고, 이는 중국에서의 결혼, 출산, 육아의 경험과 관련되어 있다. 탈북이주민의 대부분은 북한에 가족을 두고 남한으로 이주한 사람이고, 이주과정에서 중국에 장기간 체류하면서 생존을 위해 중국에서 가족을 형성한 경우도 적지 않다. 북한, 중국, 남한으로 이어지는 가족형성과 이산은 송금과 같은 형태의 '초국적 가족'의 형태로 나타나기도 하고, 가족동반 입국과 같은 연쇄이주와 재결합 양상을 보이기도 한다.

탈북이주민 가족에 관한 선행연구들은 주로 남한 사회 적응과정에서 가족의 기능이나 적응상의 어려움, 탈북과정과 남한 사회 정착 후 가족관계나 성역할의 변화, 가족특성에 따른 적응이나 가족 구성원들 사이의 적응 차이와 가족갈등을 다루고 있

331) 최원오, 2012, '다문화사회와 탈북이주민 디아스포라적 관점의 적용을 통한 이해' 『통일인문학논총』 54집, 263-266쪽.
332) 김현정·박선화, 2016, '다문화정책관점에서 본 북한이탈주민' 건국대학교 인문학연구원, 『통일인문학』 66호, 163-171쪽.

다. 이러한 연구결과에 따르면, 탈북이주민은 남한 입국 이후 가족 내 남성과 여성의 성역할에 대한 인식의 변화가 생기고, 사회문화적 적응과정에서 가족갈등이 생겨나 이별, 이혼, 별거 등 가족 해체 경향이 높다는 것이다. 그뿐만 아니라 북한이나 중국에 남아 있는 가족들이 이미 형성된 사회적 연결망을 따라 이동하는 시차적 탈북이 증가하고 있으며 남한으로의 연쇄적 이주가 제도화되어 가고 있다. 그 결과 탈북이주민의 탈북동기, 탈북과정, 중국체류, 남한정착이라는 이주과정에서 가족관계의 해체와 재구조화 양상이 나타나고 있다.[333]

탈북이주민의 이산과 초국적 가족에 대한 한미라의 연구에 따르면, 탈북이주민은 북한에서의 식량난과 빈곤, 탈북과정에서 이미 가족이산과 해체를 경험했으며, 중국 체류 과정에서 조선족이나 한족과 혼인해 자녀를 출산하는 등 새로운 가족을 형성한다. 그러나 중국정부의 단속과 강제 북송의 위험 때문에 불가피하게 남한 이주를 선택하게 되고, 이는 또 다른 가족이산으로 이어진다. 남한으로 이주 이후에도 많은 탈북이주민들은 북한과 중국에 남아 있는 가족과의 연락에 적극적이며 이들을 데려오려는 의지가 강하다. 그러나 탈북이주민의 가족재결합을 위해서는 탈출과 이주의 위험을 감수해야 하며, 높은 브로커 비용을 지불해야 한다. 이들은 브로커를 통해 중국휴대폰으로 북한가족과 연락을 취하기도 하고, 송금이나 물자와 같은 경제적 지원을 하기도 한다. 2011년 조사에서 조사대상자의 절반가량은 북한 가족에게 한두 차례 이상 송금한 적이 있으며, 금액은 51-100만 원이 가장 많았다. 송금은 북한 가족뿐 아니라 중국에 두고 온 가족과 자녀에게 이루어지기도 한다.[334] 그리하여 탈북이주민들에게는 정착금이나 근로소득으로 브로커 비용을 마련해 북한과 중국에 남아 있는 가족을 남한으로 데려와 재결합하는 것이 중요한 실천행위가 되고 있다.

이처럼 북한-중국-남한으로 이어지는 초국가적 네트워크 속에서 가족의 이산과 재결합은 탈북여성의 이주과정에서 나타나는 중요한 특징이다. 김성경은 탈북여성의 이주과정이 북·중 경계지역 내 조선족 사회의 변화와 연동되어 있으며, 50만 명 이상의 조선족이 남한 사회로 이주한 빈자리를 탈북자들이 채워나갔다는 점을 주목한다. 탈북자의 다수를 이루는 북한 여성은 남한으로 떠난 조선족 여성의 역할을 수행하고 있으며, 조선족 여성의 빈자리를 더 값싸고 신분적으로 취약한 북한 여성들이

---

333) 한미라, 2014, '북한이탈주민의 이주경험과 초국가적 가족', 『21세기 디아스포라 북한이탈주민』, 143-145쪽.
334) 한미라, 2014, 앞의 글, 149-160쪽.

채우면서 취약한 중국농촌의 조선족 사회가 유지되고 있다는 것이다. 이들은 불법적 신분으로 정주가 가능한 농촌지역에서 조선족이나 한족과 결혼하여 농사일을 수행하거나, 도시에서 성노동 산업에 종사하고 있다. 그러한 점에서 이미 한국과 중국, 북한 사이에는 경제적 지위에 따라 한국인-조선족-탈북자의 민족 내 서열이 구축되고 있는 것이다.[335)

탈북여성의 생애사를 분석한 이희영 역시 탈북여성의 경우 북한-중국-남한으로 이어지는 초국적 이주의 과정에서 탈북과 결혼이주, 노동이주가 중층적으로 교차되고 있다는 점을 강조한다. 특히 식량난에 처한 탈북여성이 북한-중국-남한 사이의 복합적 이주네트워크에서 조선족 남성가족의 초국적 이주를 위한 도구적 역할을 하고 있다는 것이다. 사례분석에서 탈북여성은 중국에서 매매혼을 경험하며, 조선족 신분의 결혼이주형태로 남한에 입국해 조선족 양부모를 초청하는 계약을 맺기도 하고, 다시 북한으로 들어가 결혼한 후 가족과 함께 한국에 재입국하기도 한다. 이런 형태로 탈북여성의 정체성은 결혼이주, 노동이주, 탈북이 중층적으로 결합한 형태로 교차되고 있다.[336)

강진웅 역시 탈북이주여성들이 권력과 사회질서에 대해 비판적으로 교섭하는 적극적 행위자라는 점을 강조한다. 탈북이주여성들은 북한 사회에서 사적 가부장제와 국가적 가부장제 속에서 억압과 통제된 삶을 경험했으나, 경제난 이후 가족의 생계를 실질적으로 책임지면서 가정 내 성별분업과 위계구도에 변화가 일어났다는 것이다. 중국체류 과정에서 사실혼 관계의 경험은 북한에서의 가부장적 관계와 구별되는 자아에 대한 새로운 정체성 형성을 자극한다. 그는 한국정착 이후 탈북이주여성의 정체성 분화를 ① '한국여성 되기'의 '동화'형, ② '이방인으로서의 한국여성'이라는 '비판적 교섭'형, ③ '한국에서 북한여성으로 살기'라는 '전통지속'형으로 유형화하고 있다. '한국여성 되기'의 '동화'형은 한국정착 이후 북한사회의 가부장적 질서에 대한 비판적 인식을 강화하고 새롭게 자아에 대한 관심을 갖게 된 경우이다. '이방인으로서의 한국여성'이라는 '비판적 교섭'형은 과거와 현재 사이, 북한과 남한 사이에서, 과거의 정체성을 부정하고 유지하는 것 사이에서 끊임없이 갈등하고 성찰하는 유형이다. '한국에서 북한여성으로 살기'라는 '전통지속'형은 북한에서의 전통적

---

335) 김성경, 2013, 앞의 글, 240-244쪽.
336) 이희영, 2012, '탈북-결혼이주-이주노동의 교차적 경험과 정체성의 변위' 『현대사회와 다문화』 2(1), 12-39쪽.

인 여성성을 고수하며 적응하는 형태이다.337)

3. 탈북이주민의 정체성 변용

사회적 구성주의의 입장에서 어떤 집단이나 개인도 고정된 하나의 정체성에 구속되지 않으며, 정체성은 다양한 해석과 조정을 통해 변화한다. 여러 문화에 참여하는 개인은 다양한 재료를 결합해 자신만의 개인적 정체성을 만들어내며, 개인의 정체성은 주체의 전략을 통해 구성되고 조절된다. 경계는 경계를 긋는 집단과 그것을 용인하는 집단 사이에서 이루어진 타협의 결과인 만큼, 정체성은 역동적이며 유연하다.338) 이러한 맥락에서 이주민의 정체성 역시 주류사회와 이주민 사이의 상호작용속에서 변용되고 재구성된다. 베리에 따르면, 이주민들의 정체성은 '동화', '통합', '분리'와 '주변화'라는 다양한 형태의 변용과정을 겪는다.339) 다른 국제이주자와 마찬가지로, 탈북이주민들 역시 한국사회에 적응하는 과정에서 상당한 문화적 충격과 정체성 변용을 경험하게 된다. 이들은 떠나온 조국인 북한의 폐쇄적 사회주의체제와 새로운 정착지인 남한의 신자유주의적 자본주의체제 사이에서 문화적·심리적 적응의 어려움을 겪으며, 이는 국가정체성의 분화, 정체성에서의 문화변용으로 나타난다.

탈북이주민들은 하나원을 나온 후 주민등록증을 발급받고 대한민국국적을 부여받게 된다. 그러나 모든 탈북이주민이 대한민국 국민으로서의 정체성을 획득하거나 이를 목표로 삼고 있는 것은 아니다. 많은 탈북이주민들이 남한 사회에 적응하지 못해 제3국으로 다시 이주하고 있고, 남한 사회에서의 차별과 배제의 경험으로 남북한 어디에도 소속되지 못한 경계인의 정체성을 갖는 경우도 적지 않다. 탈북이주민은 단일한 집단이 아니다. 이들은 성별, 연령, 학력, 중국체류 기간, 차별 경험, 배우자의 국적, 남한에서의 소득과 직업 등에 따라 정체성의 분화를 경험한다.

윤인진은 베리의 분석틀을 따라 탈북이주민의 적응유형을 통합형, 동화형, 고립형, 주변화형으로 구분한다. 통합형은 남한 사회에 적극적으로 참여하면서도 북한문화와 정체성을 강하게 유지하는 상태이며, 동화형은 남한 사회에 적극적으로 참여

---

337) 강진웅, 2013, '이산 속의 북한여성'『아세아연구』56(2), 267-288쪽.
338) 드니 쿠슈, 2004, 앞의 책, 148-158쪽.
339) 베리(Berry, 1997)의 논의에 대해서는 이 책의 9장 3절을 참조.

하지만 북한 정체성은 부정하거나 상실한 상태이다. 고립형은 남한 사회에 소속감을 갖지 못하고 북한 문화와 정체성을 유지하는 형태이다. 주변화형은 남한 사회와 북한 이주민 집단 모두에게 배제되어 어디에도 소속되지 못한 사람들이다.[340] 이러한 구분에 따르면, 탈북이주민의 대부분은 동화형(65.6%)과 통합형(33.3%)에 속하며, 고립형(0.2%)과 주변화형(0.9%)은 극소수에 불과하다.[341]

탈북이주민은 탈북과 제3국 체류과정에서 국가정체성의 혼란을 경험하며 남한 입국 이후 국가정체성을 새롭게 정립하는 과정을 거친다. 전우택 등에 따르면, 탈북이주민들은 북한 탈출동기와 맥락적 조건(북한과 제3국 거주 당시의 경험, 인구학적 변수)에 따라 난민/실향민 의식과 유랑민 의식이라는 국가정체성 혼란을 경험한다. 이들은 한국입국 이후 다양한 적응전략을 선택하며, 이에 따라 네 가지 유형의 국가정체성이 형성된다. 탈북이주민의 국가정체성은 ① 고향이 북한인 한국사람, ② 북한 출신의 한국국적자, ③ 탈북한 한국국적자, ④ 탈국가적 개인주의라는 네 가지 유형으로 구분된다. 먼저, '고향이 북한인 한국사람' 유형은 북한인으로서의 정체성을 거부하지 않으면서 한국시민으로서의 자부심과 사회통합 정도가 높은 사람들이다. 이들은 한국사회 적응도가 높으며, 두 정체성이 충돌하지 않으면서 효율적인 이중정체성을 구성한 경우이다. 둘째, '북한 출신의 한국국적자' 유형은 자신이 북한 출신이어서 차별을 받고 있다고 생각하는 경우이다. 북한 출신이라는 정체성은 긍정적이라기보다 사회적 낙인에 의해 형성된 부정적인 것이며, 그럼에도 한국국적 소유에 대해 큰 의미를 부여해 한국인으로 동화되고 싶지만 현실에서 좌절하는 경우이다. 셋째, '탈북한 한국국적자' 유형은 자신의 북한 정체성을 강하게 거부하고 단지 차별을 받는 한국사람이라고 생각하는 사람이다. 마지막으로 '탈국가적 개인주의' 유형은 국가정체성이 약화되고 개인주의나 다른 집단정체성으로 대체된 경우이다. 이는 한 아이의 엄마나 한 남자의 아내로 자신의 정체성을 구성하거나 코스모폴리탄적인 정체성을 갖고 있는 경우이다. 이러한 국가정체성의 재확립은 그들이 이주과정에서 경험한 환경 및 개인의 상호작용 전략에 따라 크게 달라지며, 여기에는 성별이나 연령 같은 인구학적 변수가 중요한 요인으로 작용한다.[342]

이희영은 탈북이주민들이 시민적 권리를 확보하기 위해 '헌신', '동화', '우월',

---

340) 윤인진, 2009, 앞의 책, 64-68쪽.
341) 윤인진, 2015, '전환기의 북한이탈주민과 사회통합'(김현정·박선화, 2016, 앞의 글 173-174쪽에서 재인용).
342) 전우택·유시은·이연우, 2011, '북한이탈주민의 국가정체성 형성과 유형' 『통일정책연구』 20(2).

'비판'과 같은 다양한 형태의 일상적인 인정투쟁을 전개하고 있다고 주장한다. 이러한 인정투쟁은 자신이 적대국가 출신이자 식량난민으로 평가되는 현실에서 자기존중과 자신의 사회적 가치를 확보하기 위한 정체성 구성과정이라는 것이다. 그는 탈북자 지원 단체 실무자, 대학생, 사업가, 지식인 등 다양한 특징을 가진 탈북이주민들이 생애사를 통해 자신이 체험한 일상적인 상호작용으로부터 사회정치적 정체성을 재구성하고 있음을 보여주고 있다.343)

그에 따르면, 먼저 '헌신'의 행위지향은 '나를 인정하는 어디서나 헌신하는 사람'으로서의 정체성이다. 이 유형은 북한 사회주의나 남한 자본주의의 정치적 이념과 상관없이 자신이 현재 속한 사회의 도덕적 가치와 규범을 최대한 존중하고 '헌신'함으로써 자신의 사회적 가치를 인정받고자 하는 생애사적 노력을 보여준다. 둘째, '동화'의 행위지향은 '남한 사회에 동화될 수 있는 능력을 가진 사람'이라는 정체성이다. 이들은 남한 사회에서 '인정의 철회'를 체험하면서, 자신의 사회적 가치를 인정받고 상호 연대의 관계를 맺고자 노력한다. 셋째, '우월'의 행위지향은 '국제적으로 단련된 자본주의 사업가'로서의 정체성이다. 이는 북한 엘리트가 남한 사회에서 사회적인 평가절하를 경험하면서, 상실한 사회적 명예와 인정을 경제활동 능력의 '우월함'으로 극복하려는 행위지향이다. 넷째 '비판'의 행위지향은 북한 인텔리가 남한에서 지식인으로서의 평가절하를 체험하면서, 대한민국의 경계를 넘어 북한 주민과 연대하려는 '비판적 지식인'의 모습을 보여주는 경우이다.344)

강진웅 역시 탈북이주민이 한국시민으로 전환되는 과정을 사회문화적 시민권과 정체성 변용의 측면에서 분석하고 있다. 정착과 재사회화에 초점을 둔 정부-시민사회의 규율적 거버넌스는 곧 탈북이주민을 시민으로 만드는 과정이며, 이는 주체의 정체성이 재구성되는 과정이다. 345) 그는 탈북이주민의 정체성 분화를 ① 북한정체성을 부정하는 동화형, ② 남북정체성을 인정하는 통합형, ③ 남북정체성을 혼돈하는 혼돈형, ④ 남북정체성을 부정하는 저항형으로 구분한다. 먼저, 동화형은 분단현실에서 북한 정체성을 의식적으로 포기하거나 거부하면서, 한국시민이 된다는 것에 자부심을 느끼며, 차이를 이해하고 정상의 범주 속으로 진입하기 위해 노력하는 유

---

343) 이희영, 2010, '새로운 시민의 참여와 인정투쟁'『한국사회학』44(1), 234-238쪽.
344) 이희영, 2010, 앞의 글, 217-233쪽.
345) 강진웅, 2011, '한국 시민이 된다는 것: 한국의 규율적 거버넌스와 탈북 정착자들의 정체성 분화'『한국사회학』45(1), 192-200쪽.

형이다. 이들의 다수는 가족이 정치적 숙청을 당했거나 반혁명가족에 속했던 경우이다. 둘째, 통합형은 남과 북을 모두 인정하는 한국시민 유형으로, 북한 정체성을 열등하거나 과거로 망각되어야 할 기억으로 간주하는 것이 아니라 현재의 정체성과 함께 긍정적으로 바라본다. 셋째, 혼동형은 현재가 아닌 미래 통일한국의 시민으로 스스로를 상상하며, 한국시민으로서 현재의 정체성을 유보한다. 이들은 오직 북에 두고 온 가족과의 재결합에 관심을 가지며, 남과 북 모두로부터 거리를 두는 입장을 견지한다. 마지막으로, 저항형은 한국사회에서 강한 피해의식과 열등감을 가지며, 자신의 과거와 현재, 나아가 통일 조국의 긍정적 미래 모두를 부정하는 유형이다. 이들은 스스로를 사회적 타자가 된 이등시민 또는 비한국인으로 평가하여, 한국시민이 되기를 거부하고 제3국으로 망명하기도 한다.[346]

이처럼 탈북이주민의 정체성 변용은 다른 국제이주자들과 달리 인종이나 언어, 국적의 차이가 아니라 이념적 적대국인 북한 출신의 한국 '국민'이라는 이중적 정체성으로부터 비롯되는 것이다. 폐쇄적 사회주의사회에서의 경험과 극단적 자본주의 현실에의 부적응, 그럼에도 불구하고 돌아갈 곳이 없는 디아스포라적 존재조건이 이들의 정체성을 규정한다. 따라서 이들은 다른 국제이주자들과 마찬가지로 낯선 문화에 적응해야 하는 이주자이면서도, 인종적 차이나 시민권으로부터의 배제가 아니라, 민족 내부의 적대관계 속에서 '국민'으로서의 법적 신분과 현실적인 차별 배제라는 모순적 위치, 경계인적 상황에 처해 있다. 따라서 다른 어떤 이주민집단에 비해서도 정체성에 대한 고민과 사회심리적 갈등이 크다. 북에 두고 온 가족에 대한 죄책감과 신자유주의적 자본주의체제에 대한 부적응, 취약한 인적자본, 탈북이주민들의 개별적 차이를 인정하지 않는 집단적 낙인, 탈북이주민에 대한 남한 사람들의 특별한 동정과 편견, 남북관계 악화에 따른 불편한 시선, 가족 내부의 문화적 갈등과 같은 특징들은 다른 국제이주자나 재외동포와 구분되는 탈북이주민들의 어려움이다. 이러한 의미에서 이들의 사회적 통합은 민족적 동질성에 기반을 둔 민족공동체의 시각이나 문화적 차이에 기반을 둔 다문화주의의 시각 어느 일방의 논리만으로 달성하기 어렵다. 장기적으로 박명규(2012)가 지적하는 바와 같이, 탈북이주민의 현실은 민족 내부적으로 자율적인 독자적 하위공동체를 포괄하고, 외부적으로도 경계가 유연한 복합적 정치공동체를 상상할 필요성을 제기한다.

---

346) 강진웅, 2011, 앞의 글, 210-222쪽.

맺음말

1.

한국사회의 다문화현상은 서구에서 산업화 격차에 따른 인구이동과 이주민공동체가 형성되는 양상과는 다른 모습을 보여 왔다. 서구의 이주민사회가 소수민족에 대한 차별이나 이주민공동체에 대한 문화적 인정을 둘러싸고 갈등을 겪고 있다면, 한국사회 다문화의 쟁점은 국적과 경제적 지위에 따른 동포의 위계화와 차별, 이주자들의 노동권과 정주권의 인정 여부, 다문화가족 구성원들의 사회경제적 통합 문제를 포함하고 있다. 이 책에서 우리는 한국사회 다문화현상을 세계화시대에 새롭게 등장한 현상이 아니라, 근대 이후 민족 및 국가 정체성의 형성과 변용에 뿌리를 두고 있는 것으로 파악했다. 이 책은 근대로의 이행과정에서 문명, 인종, 민족 개념이 도입된 이후 우리 공동체 구성원들이 스스로를 어떻게 인식해왔는지, 식민지화, 분단과 전쟁, 냉전의 역사적 경험 속에서 타 민족과의 접촉과 갈등, 민족의 이산이 21세기 탈냉전·세계화 시대에 우리와 타자의 재구성에 어떠한 영향을 미치고 있는지에 주목했다.

그동안 한국사회는 동포, 비동포를 불문하고, 이주자들을 민족, 국적, 인종, 사회경제적 지위에 따라 위계화 하고 차별하는 시선을 보여 왔다. 이는 같은 민족과 이민족을 구분하고 차별·배제하는 것뿐 아니라, 민족 내부에서 국적과 사회경제적 지위에 따라 민족구성원들을 위계화하고, 이민족 이주자들 역시 인종과 출신국의 경제력에 따라 서열화 하는 양상을 띠고 있다. 이는 국민국가의 필요에 의해 국적과 인종, 민족, 사회경제적 지위 중 어느 하나를 차별과 배제의 기제로 선택적으로 활용하고, 행정적 편의에 따라 시민적 권리를 제한하는 양상을 보여 왔다.

한국사회의 다문화현상은 민족 및 국민 정체성을 형성하고 재구성해가는 역사적 과정의 일부이고, 이 과정에서 우리로부터 배제되고 우리 내부로 통합되지 못한 존재들을 끊임없이 재생산하는 과정이었다. 그것은 인종적 다양성의 증가일 뿐 아니라, 민족과 인종, 국적, 언어와 계급의 차이를 갖는 집단들을 '우리'와 타자로 구분하는 경계설정의 문제이기도 하다. 정체성이 항상 타자와의 상호작용 속에서 형성되고 변화된다는 점에서, '우리'라는 정체성의 형성과 재구성은 우리와 타자의 경계, 우리 내부의 차이에 대한 공동체 구성원들의 성찰과 대화를 통해 이루어진다. 이는 우리 '민족'과 '국민'에 속할 수 있는 자격과 요건은 무엇이며, 민족, 인종의 차이는 어떻게 다루어져야 하는지, 시민권은 어떤 내용을 담아야 하는지, 나아가 이러한 자격과 요건을 완전하게 충족시키지 못하는 경계에 있는 사람들의 권리를 어떻게 보장할 것인지와 같은 쟁점들을 포함한다.

한민족 디아스포라의 산물인 조선족, 고려인, 재일조선인, 나아가 탈북이주민은 지난 1세기 이상 민족의 역사적 고난에 대한 공통의 기억과 민족적 정체성, 민족적 동일시에 대한 욕망을 가지고 있다. 그러나 이들은 국가정체성과 민족정체성이 일치하지 않는 혼종적 존재이며, 경계인의 삶을 살아왔다. 이들의 정체성은 국적과 영토, 혈연, 언어에 기반한 한국인 정체성만으로 설명할 수 없으며 국민국가의 틀을 넘어 타자와의 관계 속에서 재구성된 것이다. 이들은 민족적 정체성과 고난의 역사를 공유하면서도 '대한민국'이라는 국민국가로 완전히 흡수되지 않는다는 점에서, 우리의 '순수한' 한국인 정체성에 대해 의문을 제기하는 존재들이다. '순수한' 한국인이 되기엔 '부족한' 이들은 비국민이기 때문에 공동체 외부의 타자로 간주되어야 하는지, 아니면 공동체의 경계를 유연하게 확장함으로써 차이를 가진 내부의 구성원으로 인정할 것인지를 묻고 있다. 이는 과거 혼혈인들이 그랬고, 앞으로 북한 주민들이 그럴 것이며, 현재 민족 디아스포라 존재들이 제기하고 있는 질문이다.

현재와 같은 순혈주의적 '한국인' 개념은 근대로의 이행과정에서 인종적 위계의 세계관에 기반하고, 일본제국주의 침탈과정에서 일본인을 타자로 하여 형성된 것이다. 우리시대의 다문화문제는 상당한 정도 민족 내부의 단절과 문화적 이질화의 결과이다. 21세기 '우리'의 정체성은 '대한민국'이라는 국가정체성이나 순혈주의적 민족정체성만으로 규정되기 어려우며, 동아시아 근대의 역사적 상흔과 공통의 기억, 민족에 대한 귀속감과 동일화에 대한 욕망, 민주적 공동체의 헌법적 가치에 대한 헌신을 고려해야 한다. 문제는 대한민국을 중심으로 한 국가정체성이 재외동포들의 이중적 정체성, 경계인적 위치를 인정하지 않으며, 한국인 다수의 신자유주의적 사고가 경제적으로 어려운 재외동포에 대해 모순적 태도를 보이고 있다는 점이다. 해외에서 성공한 재외동포는 우리의 일부로 호명하면서, 그렇지 않은 재외동포는 외국인으로 배제하는 이중적 태도가 우리 내부에 적지 않다. 민족 통합을 위한 우선적 과제는 대한민국중심주의, 경제우월주의 사고에서 벗어나는 것이다.

이를 위해서는 한국계 미국인을 우리의 일부로 포용하는 것처럼, 한국계 일본인, 한국계 중국인, 한국계 러시아인, 북한출신 한국인, 중국계 한국인(화교), 다문화가족의 베트남계 한국인을 포괄하는 유연한 '한국인' 개념이 필요하다. 이는 곧 민족공동체에 대한 자발적 결합 의지를 중시하는 '열린 민족주의'와 우리 내부의 문화적 차이를 인정하고 존중하는 '다문화주의'를 전제한다. 차이를 인정하는 유연한 한국인 개념은 한편으로 정치공동체의 정체성에 대한 성찰과 대화, 토론을 통해 구체화되어야 하며, 다른 한편으로 우리 내부의 차이나 우리와 그들 사이의 경계선에 존재하는 이들에 대한 존중과 인정을 필요로 한다. 전자는 우리가 지향해야할 열린 공동체, 개방적 민족주의의 과제라면, 후자는 문화적 차이에 대한 존중과 경계인들의 시민권을 제도적으로 보장하는 문제이다.

2.

한국사회의 다문화현상은 동아시아 근대의 맥락에서 민족·국가 정체성의 변용에 뿌리를 두고 있을 뿐 아니라, 지구화에 수반된 국제이주라는 보편적 현상의 일부이기도 하다. 사실 코리안 디아스포라의 귀환 역시 그 본질은 지구화의 흐름 속에서 삶의 기회를 향상시키고자 하는 국제적 노동이주다. 지구적 수준의 경제적 상호의존과 가속화 된 자본이동, 문화적 세계화와 국경을 넘어선 일상적 이동, 인터넷을 통한 실시간 접촉 등 사람들의 인식과 활동의 지평은 이미 국민국가의 범위를 넘어서고 있다. 지구화 시대에 모든 사회는 단순히 공동체의 내부와 외부, 우리와 그들을 명쾌한 경계선에 따라 구분할 수 없게 되었다.

이러한 상황에서 문화적 차이는 익숙한 것과 낯선 것의 구분을 넘어 다른 문화에 대한 선망, 불편함과 혐오가 교차하는 상황을 만들어 내고 있다. 차이는 차별로 귀결되기 쉽고, 낯선 존재는 문화적 편견과 오해에 노출되기 쉽다. 모든 나라에서 다문화

현상이 확산되고 있고, 이는 국민정체성에 대한 위협과 사회통합의 문제, 이주민들에 대한 시민권의 제한과 차별의 문제를 낳고 있다. 이는 개방과 이동의 흐름이 강화되는 지구화시대에 우리 속의 일부가 된 비국민의 시민권을 어떻게 규정하고 보장할 것인가의 문제이다. 시민권이 계급불평등에 대항해 국민국가 차원에서 시민적 평등을 확보하기 위한 것이라면, 이주민의 적절한 권리를 보장하는 것은 지구화된 세계의 새로운 시민권이 어떤 형태를 띠어야 하는가와 관련된 문제이다.

이는 우리나라도 예외가 아니다. 한국의 노동이주자들은 기본적인 노동권과 정주권을 부정당함으로써 온전한 시민으로부터 배제된 존재이다. 이들은 인종적 차이와 자본의 요구, 행정적 편의에 의해 기본적인 노동권을 제약당하고 있고 가족을 이루고 정주할 수 있는 권리를 부정당하고 있다. 한국사회가 저출산과 노동력 부족을 해결하기 위해 이주노동자를 활용하고 있으면서도 다문화정책에서 이들을 아예 배제하고 있다. 다문화정책의 주 대상인 결혼이민자 역시 일방적인 동화의 대상이지 다문화사회의 주체로 간주되지는 않는다. 이주민에게 시민권을 부여하지 않는 한국식 다문화정책은 이주자들을 기업과 가부장의 사적 통치에 방치하고 있다. 시민권 없는 다문화주의는 있을 수 없다. 이주자들의 법적인 자격과 상관없이, 우리사회의 일원으로 살고 있고 공동체 성원으로서 의무를 다하고 있는 타자들의 권리에 대한 감수성이 필요하다.

다문화주의는 소수자 문화에 대한 존중을 강조한다. 우리와 그들의 차이를 자연스러운 것과 부자연스러운 것, 익숙한 것과 불편한 것, 우월한 것과 열등한 것으로 단순화하는 익숙한 시선으로부터 벗어나야만 차이에 대한 상호인정과 존중, 협력이 가능해진다. 다문화사회에서 차이를 존중하는 것은 단지 한국인과 외국인의 문화적 차이로 한정되지 않는다. 그것은 여성과 아이, 노인과 젊은이, 장애인, 민족적 소수자, 성적 소수자, 양심적 병역거부자, 빈곤층 등 우리 속의 소수자들을 어떻게 존중할 것인가의 문제이기도 하다. 동성애에 대한 혐오, 강성 귀족노조에 대한 공격, 빨갱이에 대한 적대, 노인에 대한 혐오는 우리 속의 이질성, 우리속의 타자로 규정된 이들에 대한 혐오와 배제, 분노가 얼마나 위험할 수 있는지를 보여준다. 문화적 다양성과 혼종성을 긍정적으로 평가하는 '다문화주의는 민족, 인종, 계급, 성 등 다양한 정체성을 가진 집단들의 차이에 대한 인정과 비판적 대화를 지향한다. 다른 가치, 다른 삶의 양식을 가진 사람들에 대한 존중과 인정은 다원적 사회에서 모두가 함께 할 수 있는 정의의 원칙을 세워나가는 것이다. 그것은 타자로 규정된 사람들에 대한 인정과 경제적으로 배제된 약자의 권리를 어떻게 보장할 것인지에 대한 토론을 필요로 한다.

3.

분단이 장기화되고 남북한의 문화적 이질화가 심화되는 가운데, 다문화현상의 확산은 완전한 민족국가의 과제를 실현하기 위한 민족주의와, 공동체의 유동적 경계 및 차이를 강조하는 다문화주의 사이에 상당한 긴장을 만들어내고 있다. 분단시대 민족 통일의 과제와 세계화시대 다문화적 통합의 과제를 어떻게 결합할 것인가? 사실 이는 어느 한 이념에 대한 선택의 문제가 아니다. 그것은 우리사회의 역사적 맥락에서 정치공동체의 경계와 구성원의 자격, 권리와 의무에 대한 비판적 숙고와 대화를 필요로 하는 문제이다. 그것은 곧 한민족 공동체의 역사적 경험과 세계화 시대의 변화에 맞게 미래의 정치공동체의 모습을 상상하는 것이다. 미래의 정치공동체에 대한 상상은 다원적 사회에서 공동체 구성원 모두를 구속하는 헌법적 가치를 민주적으로 합의하고 그에 따라 구성원들의 권리와 의무를 배분하는 문제이다.

정치공동체의 집합적 정체성은 끊임없이 변화하며, 환경과의 상호작용과정에서 새롭게 재구성된다. 이미 국민의 경계도 유동화 되고 있다. 공동체 구성원들은 국경의 범위를 넘어 끊임없이 이동하며, 정체성은 더 이상 운명적으로 부여된 것이라기보다 개인의 선택과 의지의 산물이 되고 있다. 우리 공동체를 '헬조선'으로 규정하고 이곳을 떠나고 싶어 하는 젊은이들이 많고 실제로 많은 사람들이 대한민국을 떠난다. 이런 상황에서 우리의 정치공동체를 묶어주고 소속감과 자긍심의 원천이 되어야 할 헌법적 가치에 대한 성찰이 시급하다. 미래의 대한민국 공동체는 어떤 모습이어야 하고, 우리의 범위를 어디까지 개방할 것인가, 우리에 속하는 사람과 그렇지 않은 사람들의 권리와 의무를 어떻게 규정할 것인가는 성찰과 대화를 통해 정당화되어야 할 문제이다. 국민과 비국민의 권리와 의무를 정하는 것, 문화적 차이에 대한 적절한 조치는 지속적인 공론화와 토론, 최종적으로 법 개정을 통해 실현해가야 할 민주적 숙의의 과정이다. 그것은 우리사회의 정의와 헌법적 가치에 동의하는 자발적 의지로 뭉친 사람들의 정치공동체를 상상하는 일이다.

참고문헌

제1장 문화

야나부 아키라, 2013, 『한 단어 사전, 문화』, 푸른역사.
길진숙, 2004, '독립신문, 매일신문에 수용된 문명/야만 담론의 의미층위' 『근대계몽기 지식개념의 수용과 그 변용』, 소명출판사.
김현미, 2013, '문화란 무엇인가' 이주여성인권포럼 『우리 모두 조금 낯선 사람들』.
누마자키 이치로, 2006, '문화상대주의' 『문화인류학의 20가지 이론』, 일조각.
드니 쿠슈, 2004, 『사회과학에서의 문화개념』, 한울.
박정심, 2016, 『한국근대사상사』 천년의 상상.
비판사회학회 엮음, 2012, 『사회학: 비판적 사회읽기』, 한울아카데미.
오타니 히로후미, 2006, '탈식민론' 『문화인류학의 20가지 이론』, 일조각.
요네야마 리사, 2006, '다문화주의론' 『문화인류학의 20가지 이론』, 일조각.
이야베 스네오, 2006, '에스니시티론' 『문화인류학의 20가지 이론』, 일조각.
외르크 피쉬, 2010, 코젤렉 개념사 사전1 『문명과 문화』, 한림대한림과학원.
한경구, 2008, '다문화사회란 무엇인가' 『다문화사회의 이해』, 동녘.
함동주, 2004, '근대일본의 문명론과 그 이중성' 『근대계몽기 지식개념의 수용과 그 변용』, 소명출판사.
헨리 스튜어트, 2006, '문화진화론' 『문화인류학의 20가지 이론』, 일조각.

제2장 민족과 민족주의

고모리 요이치, 2013, 『인종차별주의』, 한림대하교한림과학원, 푸른 역사.
권보드래, 2004, '동포의 역사적 경험과 정치성' 『근대계몽기 지식개념의 수용과 그 변용』.
김현경, 2015, 『사람, 장소, 환대』, 문학과지성사.
김현미, 2013, '누가 100퍼센트 한국인인가' 『우리 모두 조금 낯선 사람들』.
박노자, 2012, '근대 한국의 인종 및 인종주의 담론: 1890-1910년대' 『개념의 번역과 창조: 개념사로 본 동아시아 근대』, 돌베개.
박노자, 2008, '민족의 위대성과 타민족의 종복' 『근대한국, 제국과 민족의 교차로』, 책과 함께.
박노자, 2004, '개화기의 국민담론과 그 속의 타자들' 『근대계몽기 지식개념의 수용과 그 변용』, 소명출판.
박명규, 2009, 『국민, 인민, 시민: 개념사로 본 한국의 정치주체』, 소화.
박찬승, 2010, 『민족, 민족주의』, 소화.
베네딕트 앤더슨, 2002, 『상상의 공동체』, 윤형숙 역, 나남출판사.
브라이언 젠킨스, 2011, 『프랑스 민족주의: 1789년 이후의 계급과 민족』, 나남.
신기욱, 2009, 『한국민족주의의 계보와 정치』, 이진준 역, 창비.

앤서니 스미스, 2012, 『민족주의란 무엇인가』, 강철구 역, 용의 숲.

앤서니 스미스, 2016, 『족류상징주의와 민족주의: 문화적 접근방법』, 아카넷.

어네스트 겔너, 2009, 『민족과 민족주의』, 한반도국제대학원대학교 출판부.

에르네스트 르낭, 2002, 『민족이란 무엇인가』, 책세상.

에릭 홉스바움, 1994, 『1780년 이후의 민족과 민조주의』, 창작과 비평사.

유명기, 2001, '한국의 제3국인, 외국인노동자' 『우리 안의 파시즘』, 삼인.

이종일, 2013, 『다문화사회와 타자이해』, 교육과학사.

장문석, 2011, 『민족주의』, 책세상.

정선태, 2008, '근대계몽기 국민담론과 문명국가의 상상' 『근대한국, 제국과 민족의 교차로』, 책과 함께.

정선태, 2004, '독립신문의 조선, 조선인론' 『근대계몽기 지식개념의 수용과 그 변용』, 소명출판.

지그문트 바우만, 2013a, 『홀로코스트와 현대성』, 새물결.

한건수, 2003, '우리는 누구인가: 민족, 종족, 인종' 『처음 만나는 문화인류학』, 일조각.

한경구, 2008, '다문화 사회란 무엇인가?' 『다문화 사회의 이해』, 동녘.

한경구·한건수, 2007, '한국적 다문화사회의 이상과 현실' 한국사회학회 편, 『한국적 다문화주의의 이론화』.

한승완, 2014, '한국 국민정체성의 민주적 반추와 통일문제' 『한중일 사회에서의 소수자가족』, 하우.

황정미 외, 2007, '한국인의 국민정체성과 다문화 시티즌십' 『한국사회의 다민족다문화 지향성에 대한 조사연구』, 한국여성정책연구원.

제3장 지구화와 국제이주

데이비드 하비, 1994, 『포스트모더니티의 조건』, 한울.

데이비드 헬드 외, 2002, 『전 지구적 변환』, 창비사.

로버트슨, 2013, 『세계화: 사회이론과 전 지구적 문화』, 한국문화사.

마누엘 카스텔, 2014, 『커뮤니케이션 권력』, 한울아카데미.

마뉴엘 카스텔, 2003, 『네트워크 사회의 도래』, 한울아카데미.

마뉴엘 카스텔, 2008, 『정체성 권력』, 한울아카데미.

앤서니 기든스, 2015, 『사회학의 핵심개념들』, 동녘.

앤서니 기든스, 1991, 『포스트 모더니티』, 민영사.

엄한진, 2011, 『다문화 사회론』, 소화.

울리히 벡, 2012, 『세계화시대의 권력과 대항권력』, 길.

이영민, 2013, '글로벌시대의 트랜스이주와 장소의 재구성' 『이주와 로컬리티의 재구성』, 소명.

장세용, 2013, '공간과 이동성, 이동성의 연결망' 『이주와 로컬리티의 재구성』, 소명.

존 어리, 2012, 『사회를 넘어선 사회학』, 휴머니스트.

지그문트 바우만, 2014, 『빌려온 시간을 살아가기』, 새물결.

지그문트 바우만, 2013b, 『방황하는 개인들의 사회』, 봄아필.

지그문트 바우만, 2013c, 『부수적 피해』, 민음사.

지그문트 바우만, 2011, 『사회학적으로 생각하기』, 서울경제경영.

지그문트 바우만, 2010, 『새로운 빈곤』, 천지인.

지그문트 바우만, 2009, 『유동하는 공포』, 산책자.

지그문트 바우만, 2003, 『지구화, 야누스의 두 얼굴』, 한길사.

코헨 외, 2012, 『글로벌 사회학』, 인간사랑.

롤런드 로버트슨, 2013, 『세계화 사회이론과 전 지구적 문화』, 한국문화사.

마이클 새머스, 2013, 『이주』, 푸른길,

스티븐 카슬·마크 밀러, 2013, 『이주의 시대』, 일조각.

제4장 다문화주의의 철학과 이론

Charles Taylor, 2011, 'The Politics of Recognition' Gutmann ed. *Multi-Culturalism*, Princeton uni. Press. 25-74.

Gerd Bauman, 2011, 'The Value and The Valid' Gutmann ed. *Multi-Culturalism*, Princeton uni. Press.

김영옥, 2013, '타자에 대한 환대와 상호인정' 『우리 모두 조금 낯선 사람들』.

김은기, 2014, '다문화주의에 대한 고찰: 이론적 접근과 국가별 현황', 윤인진·황정미 엮음, 『한국다문화주의의 성찰과 전망』, 아연출판부.

김은희, 2014, '샌델: 중립주의적 자유주의를 넘어서 시민공화주의로' 『현대정치철학의 테제들』, 사월의 책.

김현경, 2015, 『사람, 장소, 환대』, 문학과 지성사.

김현미, 2014, '다시, 다문화주의란 무엇인가' 『우리는 모두 집을 떠난다』, 돌베개.

김희강, 2016, '다문화주의의 역설' 『한국다문화주의 비판』, 앨피.

남기호, 2014, '테일러: 현대사회 위기와 진정한 자아의 공동체' 『현대정치철학의 테제들』.

낸시 프레이저·악셀 호네트, 2014, 『분배냐, 인정이냐』, 사월의 책.

문성훈, 2014, '왈저: 정의란 독점이 아닌 지배극복의 문제' 『현대정치철학의 테제들』.

백승대, 2014, '다문화사회에 대한 사회학적 이해' 『한국 사회의 다문화현상 이해』, 정림사.

선우현, 2012, '다문화주의' 『다문화사회의 이해: 9가지 접근』, 태영출판사.

설한, 2014, '킴리카의 자율성과 문화' 『좋은 삶의 정치사상』, 이학사.

스테판 뮬홀·애덤 스위프트, 2001, 『자유주의와 공동체주의』, 한울아카데미.

악셀 호네트, 2011, 『인정투쟁: 사회적 갈등의 도덕적 형식론』, 사월의 책.

엄한진, 2011, '다문화주의와 다문화주의 비판' 『다문화 사회론』, 소화.

윌 킴리카, 2005, 『현대정치철학의 이해』, 장동진 외 역, 동명사.

윌 킴리카, 2009, 『다문화주의 개론: 자기언어의 정치』, 박명섭 역, 실크로드.

윌 킴리카, 2010, 『다문화주의 시민권』, 장동진 역, 동명사.

이동희, 2010, '이주노동자와 시민공동체' 『이주노동자들의 권익과 시민공동체』, 백산서당.

이양수, 2014, '매킨타이어: 덕과 공동체, 살아 있는 전통' 『현대정치철학의 테제들』.

정원섭, 2014, '롤스: 평화의 정치철학' 『현대정치철학의 테제들』, 사월의 책.

조광제, 2012, '다문화: 같음과 다름' 『다문화사회의 이해』, 태영출판사.

존 롤스, 2003, 『정의론』, 황경식 역, 이학사.

존 롤스, 1998, 『정치적 자유주의』, 장동진 역, 동명사.

찰스 테일러, 2010, 『근대의 사회적 상상』, 이상길 역, 이음.

프란세스코 피스테티, 2015, 『다문화주의 이론』, 경진출판사.

하버마스, 2000, 『이질성의 포용: 정치이론연구』, 황태연 역, 나남.
한경구, 2008, '다문화 사회란 무엇인가?' 『다문화 사회의 이해』, 동녘.

제5장 한국의 다문화 역사

강수옥, 2013, '중국 조선족의 역사적 형성과 정체성' 『디아스포라연구』 7(1).
곽승지, 2013, 『조선족, 그들은 누구인가』, 인간사랑.
곽영초, 2012, '1990년대 이후 한국의 이주민통합정책 성격분석: 화교집단 통합정책을 중심으로', 전남대학교 세계한상문화연구단 국제학술회의.
국가인권위원회, 2003, 『기지촌 혼혈인 인권실태조사』.
권향숙, 2015, 『이동하는 조선족』, 한국학중앙연구원출판부.
김경학, 2015, '광주지역 화교의 초국가적 성격과 전망' 『경계를 넘나드는 사람들』, 전남대학교출판부.
김아람, 2014, '1950년대 혼혈인에 대한 인식과 해외 입양' 『고아, 족보 없는 자』, 책과 함께.
김중규, 2007, '화교의 생활사와 정체성의 변화과정: 군산 여씨가' 『지방사와 지방문화』 10(2).
김청강, 2014, '보이지 않는 혼혈인' 『고아, 족보 없는 자』, 책과 함께.
김현선, 2009, '국적과 재일코리안의 정체성' 비판사회학회, 『경제와 사회』 83호.
김현선, 2011, '재일의 귀화와 아이덴티티' 한국사회사학회, 『사회와 역사』 91집.
김혜란·여병창, 2012, '한국화교의 디아스포라적 다중정체성에 대한 고찰' 『국제언어문학』 25.
김호준, 2013, 『유라시아 고려인: 디아스포라의 아픈 역사 150년』, 주류성.
남영호, 2008, '주둔지 혼혈인과 생물학적 시민권' 『혼혈에서 다문화로』.
박경태, 2013, '사라지는 혼혈인' 『우리 모두 조금 낯선 사람들』.
박경태, 2008, '화교, 우리 안의 감춰진 이웃' 『소수자와 한국사회』, 후마니타스.
박경태, 2008, '우리 곁을 떠난 혼혈인' 『소수자와 한국사회』, 후마니타스.
박경태, 2004, '한국사회에서 화교들이 느끼는 차별의 수준' 『한국의 소수자 실태와 전망』, 한울.
박규택, 2013, '전이공간의 관점으로 본 부산화교 터전과 삶의 변화' 『이주와 로컬리티의 재구성』, 소명출판사.
박명규, 2004, '한인 디아스포라론의 사회학적 함의' 『한국의 소수자 실태와 전망』, 한울.
박영균, 2015, '코리언 디아스포라, 이산 트라우마와 상상적 동일화 욕망의 박탈' 『역사가 우리에게 남긴 9가지 트라우마』, 패러다임.
박은경, 2002, '한국인과 비한국인: 단일혈통의 신화가 남긴 차별의 논리' 『당대비평』 19호.
비린더 칼라·라민더 카우르·존 허트닉, 2014, 『디아스포라와 혼종성』, 에코리브르.
서정경, 2014, '중국동포의 귀환과 한국사회의 과제' 『디아스포라연구』 8(1).
설동훈, 2007, '혼혈인의 사회학: 한국인의 위계적 민족성' 영남대인문과학연구소, 『인문연구』 52.
송승석, 2010, '한국화교 연구의 현황과 미래' 『중국현대문학』 55호.
신혜란, 2016, 『우리는 모두 조선족이다』 이매진.
안미정, 2011, '부산 화교의 가족 분산과 국적의 함의' 부산경남사학회, 『역사와 경계』 78.
안미정·우양호, 2015, '한국화교로 본 한국다문화주의 성찰' 『한국민족문화』 56.
양계민, 2011, '화교 청소년들의 정체성 고민' 『한국의 다문화 공간』, 한양대학교 글로벌다문화연구원.
여병창·곽영초, 2012, '1990년대 이후 화교정책에 대한 다문화적 고찰' 『중국학연구』 59.

여지연, 2007, 『기지촌의 그늘을 넘어』, 삼인.

왕춘식, 2002, '한국 화교2세의 질곡과 소망'『당대비평』 19호.

윤인진, 2010, '코리안 디아스포라와 다문화'『지식의 지평』 8호.

윤인진, 2007, 『코리안 디아스포라』, 고려대학교 출판부.

윤황・김해란, 2011, '한국거주 조선족 이주노동자들의 법적, 경제적 사회지위 연구'『디아스포라연구』 5(1).

이광규, 2012, '세계화와 디아스포라'『다문화사회의 이해: 9가지 접근』, 태영출판사.

이나영, 2007, '기지촌의 공고화과정에 대한 연구 1950-1960'『여성학연구』 23(4).

이민호, 2014, '소수자로서 조선족의 이주 역사와 정체성 변동'『한중일 사회에서의 소수자가족』, 하우.

이우관, 2014, '한국사회의 다문화주의와 화교'『한중일 사회에서의 소수자가족』, 하우.

이윤희, 2004, '인천거주 화교의 인권실태 및 정체성'『한국의 소수자 실태와 전망』, 한울.

이진원, 2014, '재일 코리안의 역사적 성격과 아이덴티티'『한중일 사회에서의 소수자가족』.

이창호, 2011, '한국 화교의 사회적 공간: 인천 차이나타운 네트워크'『한국의 다문화 공간』, 한양대학교 글로벌다문화연구원

이태주, 2008, '국경을 넘어 세계로 나간 한국인들의 다문화 경험' 유네스코, 『다문화 사회의 이해』, 동녘.

장수현, 2004, '한국화교의 현실과 도전'『한국의 소수자 실태와 전망』, 한울.

장수현, 2002, '한화, 그 배제의 역사'『당대비평』 19호.

정찬원, 2010, 『재일한국인의 백년을 생각한다』, 문.

조경희, 2011, '탈냉전기 재일조선인의 한국이동과 경계정치' 한국사회사학회, 『사회와 역사』 91집.

조하나・박은혜, 2013, '혼혈에 대한 사회적 의미'『다문화콘텐츠연구』 14호.

허명철, 2012, '조선족 정체성 담론'『중국사논집』 36집.

허병식, 2014, '고아와 혼혈, 근대의 잔여들'『고아, 족보 없는 자』, 책과 함께.

제6장 1990년대 이후 한국사회의 다문화현상

권숙인, 2010, '다문화정책 선진국의 경험과 한국사회에 대한 함의'『지식의 지평』 8호.

김남국, 2008, '한국에서 다문화주의 논의의 전개와 수용'『경제와 사회』 겨울(80호).

김남일, 2007, '열린사회 구현을 위한 외국인정책 방향'『한국적 다문화주의의 이론화』.

김수경, 2015, '이주민문제의 정치적 탈이념화: 미디어의 이념적 성향에 따른 이주노동자와 결혼이민자 프레임분석'『한국사회학』 49(1).

김원, 2011, '한국 이주민 지원 단체는 다문화주의적인가'『한국의 다문화주의』, 이매진.

김정선, 2011, '시민권 없는 복지정책으로서 한국식 다문화주의에 대한 비판적 고찰'『경제와 사회』, 겨울(92호).

김정선, 2013, '반다문화주의의 이데올로기적인 환상에 대하여'『우리 모두 조금 낯선 사람들』.

김정주, 2005, '경제위기 이후 산업구조의 변화와 대안적 산업정책 방향의 모색'『혁신과 통합의 한국경제모델을 찾아서』, 함께 읽는 책.

김정주, 2004, '시장, 국가, 그리고 한국자본주의모델: 1980년대 축적체제의 전환과 국가후퇴의 현재적 의미'『박정희모델과 신자유주의 사이에서』, 함께 읽는 책.

김종태, 2014, '서구중심주의와 한국의 다문화논의' 윤인진·황정미 엮음,『한국다문화주의의 성찰과 전망』, 아연출판부.

김현미, 2014, '다시, 다문화주의란 무엇인가'『우리는 모두 집을 떠난다』.

김현미, 2014, '이주는 왜 일어나는가, 이주자는 누구인가'『우리는 모두 집을 떠난다』, 돌베개.

김현미, 2013, '누가 100퍼센트 한국인가'『우리 모두 조금 낯선 사람들』.

김혜순, 2007, '서론. 한국적 다문화주의의 모색'『한국적 다문화주의의 이론화』1장.

김희정, 2007, '한국의 관주도형 다문화주의'『한국에서의 다문화주의』, 한울.

박상섭, 2012, '다문화의 시대적 추세와 새로운 민족개념의 가능성과 당위성'『지식의 지평』13호.

배은경, 2012,『현대한국의 인간재생산: 여성, 모성, 가족계획사업』, 시간여행.

설동훈, 2015, '한국의 인구고령화와 이민정책'『경제와 사회』여름(100호).

설동훈, 2012, '한국의 다문화 사회정책의 문제점과 대안' 한국학술협의회,『지식의 지평』13호.

엄한진, 2011,『다문화 사회론』, 소화.

엄한진, 2007, '세계화시대 이민과 한국적 다문화사회의 과제'『한국적 다문화주의의 이론화』.

오경석, 2007, '어떤 다문화주의인가?'『한국에서의 다문화주의: 현실과 쟁점』, 한울아카데미.

유철규, 2004, '1980년대 후반 경제구조 변화와 외연적 산업화의 종결'『박정희모델과 신자유주의 사이에서』, 함께 읽는 책.

육주원, 2016, '반다문화담론의 타자 만들기를 통해 본 다문화: 반다문화담론의 협력적 경쟁관계'『한국사회학』50(4).

윤인진, 2014, '한국에서 다문화주의는 가능한가?' 윤인진·황정미 엮음,『한국다문화주의의 성찰과 전망』, 아연출판부.

윤인진, 2014, '구별 짓기 이민자통합정책' 윤인진·황정미 엮음,『한국다문화주의의 성찰과 전망』, 아연출판부.

윤인진, 2007, '국가주도 다문화주의와 시민주도 다문화주의'『한국적 다문화주의의 이론화』7장.

이병렬·김희자, 2011, '한국이주정책의 성격과 전망'『경제와 사회』여름(90호).

이병천, 2007, '양극화의 함정과 민주화의 깨어진 약속'『세계화시대 한국자본주의』, 한울.

이상림, 2013, '국제이주와 이주자'『인구와 보건의 사회학』, 다산출판사.

이용승, 2012, '한국의 다문화정책: 비판적 검토'『다문화사회의 이해-9가지 접근』.

이정은, 2012, '외국인과 동포 사이의 성원권'『경제와 사회』96호.

이정화, 2014, '다문화사회의 전개와 단일민족주의'『한국사회의 다문화 현상 이해』, 정림사.

이종두·백미연, 2014, '한국의 특수성과 다문화정책', 윤인진·황정미 엮음,『한국다문화주의의 성찰과 전망』, 아연출판부.

이철우, 2010, '다문화주의, 민족주의, 소속의 법제화'『지식의 지평』8호.

이철우, 2008, '주권의 탈영토화와 재영토화'『한국사회학』42(1).

이혜경, 2007, '이민 정책과 다문화주의: 정부의 다문화 정책 평가' 한국사회학회 편,『한국적 다문화주의의 이론화』6장.

전영평, 2011,『한국의 소수자운동과 인권정책』, 집문당.

전의령, 2015, '선량한 이주민, 불량한 이주민: 한국의 주류 이주, 다문화담론과 반다문화담론'『경제와 사회』여름(100호).

전창환, 2004, '1980년대 발전국가의 재편, 구조조정, 금융자유화'『박정희모델과 신자유주의 사이에서』, 함께 읽는 책.

조정문·장상희, 2001,『가족사회학』, 아카넷.

조지영·서정민, 2013, '누가 다문화사회를 노래하는가? 신자유주의적 통치술로써의 한국 다문화담론과 그 효과'『한국사회학』 47(5).

최은영, 2007, '한국사회 저출산 원인'『민주사회와 정책연구』 통권11호.

한건수, 2014, '한국사회의 다문화주의 혐오증과 실패론', 윤인진·황정미 엮음,『한국다문화주의의 성찰과 전망』, 아연출판부.

한건수, 2012, '통합과 분열의 기로에 선 한국의 다문화정책'『지식의 지평』 13호.

한건수, 2008, '비판적 다문화주의'『다문화 사회의 이해』, 동녘.

한경구·한건수, 2007, '한국적 다문화 사회의 이상과 현실'『한국적 다문화주의의 이론화』 2장.

황정미 외, 2007,『한국사회의 다민족·다문화 지향성에 대한 조사연구』, 한구여성정책연구원.

제7장 이주노동자의 역사와 노동실태

김경학, 2015, '광주체류 네팔 이주노동자의 초국적 가족유대'『경계를 넘나드는 사람들』, 전남대학교출판부.

김데이지, 2013, '미등록 이주민 정책, 추방과 인권 사이'『우리 모두 조금 낯선 사람들』, 오월의 봄.

김민옥, 2014, '자본축적으로서 이주노동자정책, 고용허가제'『사회과학연구』 32호.

김석호 외, 2011,『노동이주의 추이와 사회통합정책의 과제』, 여성정책연구원보고서.

김순양, 2013,『한국다문화사회의 이방인』, 집문당.

김현미, 2014, '불법 사람의 성실 인생'『우리는 모두 집을 떠난다』.

김현미, 2014, '한국적인, 너무나 한국적인: 고용허가제 이주노동자'『우리는 모두 집을 떠난다』, '농업부문의 외국인노동자', 한겨레21, 2014.

민주노총, 2014,『이주노동자 노조조직화 사례 연구』.

박경태, 2011, '한국인의 시선: 경기도 마석 가구공단에 거주하는 한국인들의 이주노동자에 대한 인식'『이주민의 에스니시티와 거주지역 분석』, 이담북스.

박경태, 2008, '이주노동자와 코리안 드림'『소수자와 한국사회』 3장.

박경태, 2006, '이주노동자를 보는 시각과 이주노동자운동의 성격'『경제와 사회』 67호.

사회통합위원회, 2012,『한국의 다문화 사회통합정책: 종합평가와 대안』 4장.

석원정, 2013, '미등록 이주민의 인권: 아동을 중심으로' 이주정책포럼 심포지엄,『이주민 분리와 차별을 넘어서』.

설동훈, 2009, '빈곤의 길목에 선 이주노동자'『황해문화』 2009 가을호.

설동훈, 2004, '한국의 외국인노동운동, 1993-2004: 이주노동자 저항의 기록'『한국의 소수자 실태와 전망』, 한울.

설동훈, 2003, '한국의 외국인노동자운동, 1992-2002'『저항, 연대, 기억의 정치2』, 문화과학사.

설동훈, 1996, '한국사회의 외국인노동자에 대한 사회학적 연구: 외국인노동자의 유입과 적응을 중심으로', 서울대학교 사회학과 박사학위 논문.

안창혜, 2016, '이주민의 시민적 계층화: 체류자격 구분을 중심으로'『페미니즘연구』 16(2).

양혜우, 2013, '자베르 형사가 된 한국 사회'『우리 모두 조금 낯선 사람들』.

양혜우, 2013, '귀환 이주노동자 제이의 삶'『우리 모두 조금 낯선 사람들』.

이광수, 2012, '구술사를 통해 본 방글라데시인 이주노동자 샤골 씨의 한국사회 적응에 미친 요인'『코기토』 72호.

이규용 외, 2011,『외국인력 노동시장 분석』, 한국노동연구원.

이규용, 2014, '고용허가제 10주년 성과 및 향후 정책과제', 고용허가제 10주년 세미나.

이다혜, 2014, '시민권과 이주노동'『사회보장법연구』3(1).

이선옥, 2007, '한국에서의 이주노동운동과 다문화주의,『한국에서의 다문화주의』, 한울.

이종구, 2011, '한국의 이주노동자와 다문화 담론'『이주민의 에스니시티와 거주지역 분석』, 이담북스.

임운택, 2013, '이주노동자의 인권보호를 위한 이론적 논의와 국제적 실천의 시사점'『산업노동연구』19(2).

장서연, 2013, '트랜스젠더 이주노동자 미셸 이야기'『우리 모두 조금 낯선 사람들』.

전종휘, 2010, '불법사람 노동일기'『4천원 인생』, 한겨레출판.

정영섭, 2012, '한국의 노동운동과 이주노동자의 아름다운 연대는 가능한가?' e-Journal *Homo Migrans* vol. 5, 6.

정정훈, 2011, '이주노동자운동 혹은 국가를 가로지르는 정치적 권리투쟁'『진보평론』49호.

최인이, 2014, '대전충남지역 이주노동자의 사회문화적 적응전략' 충남대학교 사회과학연구소,『사회과학연구』25(2).

한건수, 2004, '타자 만들기: 한국사회와 이주노동자의 재현'『한국의 소수자 실태와 전망』, 한울.

한국노동연구원, 2014,『체류외국인 및 이주자 노동시장 정책과제』.

한국여성정책연구원, 2011,『노동이주 추이와 사회통합정책의 과제』.

희정, 2014, '아무도 모르게 일하다 죽다'『노동자, 쓰러지다』.

제8장 결혼이주자와 다문화가족

김동심, 2013, '쉼터, 다/문화와 치유가 있는 공간'『우리 모두 조금 낯선 사람들』.

김민정, 2008, '국제결혼 가족과 자녀의 성장'『혼혈에서 다문화로』.

김복수, 2011, '국제결혼 이주여성의 삶의 이야기'『한국의 다문화주의』.

김순양, 2013,『한국다문화사회의 이방인』, 집문당.

김영숙·우정한, 2012, '다문화가정의 실태와 지원정책'『다문화콘텐츠연구』13집.

김영옥·김현미, 2013, '글로벌 가구 구성의 관점으로 본 한국-베트남 국제결혼 가족'『젠더와 문화』6(2).

김영주, 2010, '결혼이주여성의 자녀출산, 양육정책에 대한 비판적 고찰: 젠더관점과 다문화관점을 중심으로'『한국인구학』33(1).

김은실, 2004, '지구화시대의 성매매 이주여성, 국민국가, 그리고 시민권'『한국의 소수자 실태와 전망』, 한울.

김이선·이아름·황정미, 2014,『다문화가족의 초국가적 가족연계망과 정책적 시사점』, 한국여성정책연구원.

김정선, 2015, '아시아지역 이주-발전정책/담론에 대한 비판적 고찰: 네팔 귀환여성의 경험을 중심으로'『경제와 사회』105호.

김정선, 2013, '나의 'home'은 어디인가: 필리핀 이주여성들의 'home' 만들기'『우리 모두 조금 낯선 사람들』.

김정선, 2010, '아래로부터의 초국적 귀속의 정치학: 필리핀 결혼이주여성의 경험을 중심으로'『한국여성학』26(2).

김정선·김재원, 2010, '결혼중개업의 관리에 관한 법률, 의미 없지만 유효한 법'『경제와 사회』

86호.

김한성·이유신, 2013, '결혼이주여성의 삶의 만족도: 지역사회 특성과 차별경험을 중심으로' 『한국사회학』 47(2).

김현미, 2014, '송금과 사랑: 베트남 결혼이주 여성의 가족 만들기' 『우리는 모두 집을 떠난다』.

김현미, 2014, '아이의 눈으로: 이주 아동/청소년의 성장기' 『우리는 모두 집을 떠난다』.

김현미, 2012, '결혼이주여성들의 귀환결정과 귀환경험' 『젠더와 문화』 5(2).

김현미, 2006, '국제결혼의 전 지구적 젠더정치학' 『경제와 사회』 70호.

김현미·김민정·김정선, 2008, '안전한 결혼이주?: 몽골여성들의 경험' 『한국여성학』 24호.

김형균, 2007, '여성결혼이민자 실태와 사회통합방안: 부산지역을 중심으로' 한국사회학회 편, 『한국적 다문화주의의 이론화』.

김혜순, 2014, '결혼이민여성의 이혼과 다문화정책' 『한국사회학』 48(1).

김혜순, 2008, '결혼이주여성과 한국의 다문화실험: 최근 다문화담론의 사회학' 『한국사회학』 42(2).

김혜순, 2007, '한국의 다문화사회 담론과 결혼이주여성: 적응과 통합의 정책마련을 위한 기본 전제들' 한국사회학회 편, 『한국적 다문화주의의 이론화』.

김흥주·박길태, 2010, '다문화가정 청소년의 생활실태와 복지욕구 특징' 『사회과학연구』 49(1).

단효홍·김경학, 2015, '광주지역 한족 결혼이주여성의 초국적 가족유대' 『경계를 넘나드는 사람들』, 전남대출판부.

박진옥, '다문화가족의 이해' 『한국 사회의 다문화 현상 이해』 6장.

배은주, 2007, '차별과 동화: 초등학교 이주노동자 자녀들의 학교생활과 갈등' 『교육비평』 22호.

사회통합위원회, 2012, '결혼이민자정책의 평가와 대안' 『한국의 다문화 사회통합정책: 종합평가와 대안』 5장.

서종남, 2011, '결혼이민자 가정의 문제점과 해결방안 연구' 김원, 『한국의 다문화주의: 가족, 교육, 정책』, 이매진.

서호철, 2011, '국제결혼 중개 장치의 형성: 몇 가지 역사적 계기들' 『한국의 다문화주의』.

설동훈, 2014, '국제결혼이민과 국민·민족정체성' 『경제와 사회』 103호.

설동훈, 2007, '국민, 민족, 인종: 결혼이민자 자녀의 정체성' 한국사회학회 편, 『한국적 다문화주의의 이론화』.

설동훈·이혜경, 2013, '다문화가족의 복지와 한국의 미래' 『화합사회를 위한 복지』, 나남.

소라미, '합법과 불법의 경계에 선 이주여성' 『우리 모두 조금 낯선 사람들』.

양현아, 2013, '가족 안으로 들어온 한국의 다문화주의 실험' 『저스티스』 134-2호.

오만석, 2011, '다문화가정 자녀교육의 현실과 과제' 『한국의 다문화주의』.

오성배, 2009, '외국인 이주노동자 가정 자녀의 교육 실태와 문제탐색' 『한국청소년연구』 20(3).

유성용, 2011, '도시 국제결혼 부부의 결혼안정성과 다문화정책' 『한국의 다문화주의』.

윤형숙, 2004, '국제결혼 배우자의 갈등과 적응' 『한국의 소수자 실태와 전망』, 한울.

이기연, 2015, '네팔 결혼이주여성의 한국이주와 임금노동' 『경계를 넘나드는 사람들』, 전남대학교출판부.

이혜원, 2012, '이주노동자 자녀의 학교생활 적응에 영향을 미치는 요인' 『민주사회와 정책연구』 22호.

이희영, 2014, '결혼-관광-유학의 동맹과 신체-공간의 재구성' 『경제와 사회』 102호.

정경운, 2007, '이주여성의 사회문화적 정체성에 관한 연구' 『아시아여성연구』 46(1).

정해숙 외, 2016, 『2015년 전국 다문화가족 실태조사 분석』, 여성가족부 용역보고서.

정혜실, 2007, '파키스탄 이주노동자와 결혼한 여성들의 이야기' 『한국에서의 다문화주의』.

천정훈·최정욱, 2012, '결혼이주여성의 직업의 유무에 따른 연결망비교분석' 『여성학연구』 22(1).

최종렬, 2009, '탈영토화된 공간에서의 베트남 이주여성의 행위전략' 『한국사회학』 43(4).

최종렬·최민영, 2008, '국제결혼 이주여성에 대한 문화사회학적 접근' 『문화와 사회』 4권.

한건수, 2008, '국내체류 이주노동자자녀, 청소년 이주민 삶과 정체성' 『다문화 사회의 이해』, 동녘.

황정미, 2014a, '젠더와 한국다문화주의의 재고찰: 다문화가족에서 이주어머니로', 윤인진·황정미, 『한국다문화주의의 성찰과 전망』, 아연출판부.

황정미, 2014b, '지구화시대의 이주와 젠더' 『젠더와 사회』, 동녘.

제9장 조선족 동포의 귀환

강수욱, 2013, '중국 조선족의 역사적 형성과 정체성' 『디아스포라연구』 7(1).

강진웅, 2012, '디아스포라와 현대 연변조선족의 상상된 공동체' 『한국사회학』 46(4).

권태환 편저, 2005, 『중국조선족 사회의 변화』, 서울대학교출판부.

권태환·박광성, 2004, '국내 조선족의 사회적응과 정책: 조선족 노동자집단의 형성' 『한국의 소수자 실태와 전망』, 한울.

권태환·박광성, 2004, '중국조선족 대이동과 공동체의 변화' 『한국인구학』 27(2).

권향숙, 2015, 『이동하는 조선족』, 한국학중앙연구원출판부.

김경학, 2015, '우즈베키스탄 고려인의 한국이주와 가족유형의 성격' 『경계를 넘나드는 사람들』, 전남대학교출판부.

김경학, 2015, '중앙아시아 고려인의 한국이주와 정착: 광주 고려인마을' 『경계를 넘나드는 사람들』, 전남대출판부.

김현미, 2014, '나의 집은 어디인가' 『우리는 모두 집을 떠난다』, 돌베개.

김현선, 2010, '한국체류 조선족의 밀집거주지역과 정주의식' 『사회와 역사』 87집.

김호준, 2013, 『유라시아 고려인: 디아스포라의 아픈 역사 150년』, 주류성.

박민철, 2014, '국내이주 코리언 디아스포라의 정체성 변용과 가치지향' 『디아스포라연구』 8(2).

박우, 2011, '한국체류 조선족 단체의 변화와 인정투쟁에 관한 연구' 『경제와 사회』 가을(91호).

박정희·조명기, 2013, '연변조선족 자치주의 공간변화와 상상력' 『이주와 로컬리티의 재구성』, 소명출판사.

방미화, 2013a, '재한 조선족의 실천전략별 귀속의식과 정체성' 『사회와 역사』 여름 98집.

방미화, 2013b, '연길시 소영진 오봉촌 조선족의 삶과 이주' 중국학연구회, 중국학연구회 학술발표회, 2013.11.

리화, 2012a, '국경을 초월하여 공생하는 조선족 가족' 『중앙사론』 36집.

리화, 2012b, '초국가적 자녀양육으로 보는 조선족 가족의 문화적 지속성과 변용' 『중앙사론』 39집.

사벨리에프, 2013, '변화하는 국경지대와 이주자의 이동성: 고려인의 귀환' 성공회대 동아시아연구소, 『아시아의 접촉지대』, 그린비.

서정경, 2014, '중국동포의 귀환과 한국사회의 과제' 『디아스포라연구』 8(1).

설동훈, 2002, '국내 재중동포 노동자: 재외동포인가, 외국인인가?' 한국사회과학연구소, 『동향과 전망』 52호.

신명직, 2013, '가리봉을 둘러싼 탈영토와 재영토화' 『이주와 로컬리티의 재구성』, 소명출판사.

신현준, 2013, '두만강 과경권역의 개발과 조선족의 이동성' 성공회대학교 동아시아연구소, 『아시아의 접촉지대』, 그린비.

신혜란, 2016, 『우리는 모두 조선족이다』, 이매진.

양은경, '민족의 역이주와 위계적 민족성 담론구성: 조선일보의 조선족 담론분석' 『한국방송학보』 24-5. 2010

양한순, 2015, '다문화주의시대 귀환 중국동포의 문화적 시민권: 대림동 사례를 중심으로' 『동북아문화연구』 45.

우명숙・이나영, 2013, '조선족 기혼여성의 초국적 이주와 생애과정 변동' 『한국사회학』 47(5).

윤영도, 2011, '조선족 초국적 역/이주와 포스트-국민국가적 규제 국가장치에 관한 연구' 『중어중문학』 50집.

윤황・김해란, 2011, '한국거주 조선족 이주노동자들의 법적, 경제적 사회지위 연구' 『디아스포라연구』 5(1).

이민호, 2014, '소수자로서 조선족의 이주 역사와 정체성 변동' 『한중일 사회에서의 소수자가족』, 하우.

이장섭・정소영, 2011, '재한조선족의 이주와 집거지형성: 서울시 가리봉동을 중심으로', 전남대학교 세계한상문화연구단 국내학술회의.

이장섭・김해란・양양, 2011, '한국다문화시대 조선족 이주노동자들의 사회적 지위에 관한 고찰' 전남대학교 세계한상문화연구단 국제학술회의.

이정은, 2012, '외국인과 동포 사이의 성원권' 『경제와 사회』 96호.

이정은, 2011, '재중동포사회의 차이와 소통의 문화정치' 『민주주의와 인권』 11(3).

이종구・임선일, 2011, '재중동포의 국내정착과 취업네트워크' 『산업노동연구』 17(2).

이종구・임선일, 2010, '재한 중국동포의 에스니시티 변용에 관한 연구' 『산업노동연구』 17(2).

이진원, 2014, '재일 코리안의 역사적 성격과 아이덴티티' 『한중일 사회에서의 소수자가족』.

이해응, 2014, '중장년 조선족 여성 이주노동자의 몸 아픔 경험에 관한 연구' 『한국여성학』 30(1).

이해응, 2010, '다문화제도화의 포함/배제논리와 조선족 이주여성의 위치성' 한국사회학회 사회학대회 논문집.

이현욱, '20-30대 조선족의 초국가적 이주의 특성: 화이트칼라를 중심으로' 『디아스포라연구』 7(1), 2013.

이혜경・정기선 외, 2006, '이주의 여성화와 초국가적 가족: 조선족사례를 중심으로' 『한국사회학』 40(5).

임선일, 2010, '에스니시티의 변형을 통한 한국사회 이주노동자의 문화변용연구' 『산업노동연구』 16(2).

주영하, 2004, '소수자로서의 재중 조선족' 『한국의 소수자 실태와 전망』, 한울.

허명철, 2012, '조선족 정체성 담론' 『중국사논집』 36집.

강진웅, 2013, '이산 속의 북한여성' 『아세아연구』 56(2).

강진웅, 2011, '한국 시민이 된다는 것: 한국의 규율적 거버넌스와 탈북정착자들의 정체성 분화' 『한국사회학』 45(1).

곽정래·이준웅, 2009, '김대중·노무현 정부시기 탈북자 문제에 한 언론의 프레임 유형 연구: 조선일보·한겨레 등 5일간지 사설을 심으로' 『한국언론학보』 53(6).

김나경·선봉규, 2015, '광주광역시 거주 북한이탈주민의 문화접변 성향' 『경계를 넘나드는 사람들』, 전남대출판부.

김복수 외, 2014, 『21세기 디아스포라 북한이탈주민』, 한국학중앙연구원출판부.

김성경, 2013, '북한이탈주의의 월경과 북중 경계지역: 감각되는 장소와 북한이탈여성의 젠더화된 장소감각' 『한국사회학』 47(1).

김성경, 2011, '북한이탈주민 일상생활 및 이주패러다임 신고찰' 『아태연구』 18(3).

김순양, 2013, 『한국다문화사회의 이방인』, 집문당.

김영순, 2014, '인천논현동 북한이탈주민공동체의 경계 짓기와 경계 넘기' 『로컬리티 인문학』 12집.

김현정·박선화, 2016, '다문화정책관점에서 본 북한이탈주민' 건국대학교 인문학연구원, 『통일인문학』 66호.

노귀남, 2012, '새터민의 이방성 이해: 소통을 위한 문화담론을 찾아서' 『한국여성철학』 17권.

박경숙, 2012, '탈북이주자 생애사에 투영된 집단적 상흔과 거시권력구조' 『경제와 사회』 95호.

박명규 외, 2011, 『노스코리안 디아스포라: 북한주민의 해외탈북이주와 정착실태』, 서울대학교 통일평화연구원.

박명규, 2012, 『남북경계선의 사회학』, 창비.

박윤숙·윤인진, 2007, '탈북청소년의 사회적 지지 측성과 남한사회 적응과의 관계' 『한국사회학』 41(1).

박채순, 2011, '북한이탈주민의 한국사회 유입과 적응실태연구: 서울시 노원구를 중심으로' 『디아스포라연구』 5(2).

송윤정, '새터민의 적응과 구별 짓기: 계층의 재생산.'

신이정·박선아, 2009, '새터민 대학생의 체험에 관한 질적 사례연구' 『한국사회복지질적연구』 3(1).

염유식·김여진, 2011, '북한이탈주민의 사회연결망 형성과 유형에 대한 근거이론연구' 『한국사회학』 45(2).

유해숙, 2009, '새터민의 무력감 원인과 임파워먼트 전략' 『동향과 전망』 77호.

윤인진, 2009, 『북한이주민: 생활과 의식, 그리고 정착지원 정책』, 집문당.

윤인진, 2006, '북한이주민의 사회적응과 사회통합' 『동북아 다문화시대 한국사회의 변화와 통합』.

윤인진, 2004, '탈북자의 사회적응실태와 지원방안' 『한국의 소수자 실태와 전망』, 한울.

이기현, 2012, '중국의 탈북자정책 동학과 한국의 대응전략' 『통일정책연구』 21(2).

이길상, 2014, '북한이탈주민의 남한교육적응의 난점들', 김복수 외, 『21세기 디아스포라 북한이탈주민』.

이숙자, 2009, '한국정부의 재중탈북자정책' 『국제정치논총』 49(5).

이순형·김창대·진미정, 2011, 『탈북인의 공·사적 관계와 의사소통』, 서울대출판문화원.

이희영, 2012, '탈북-결혼이주-이주노동의 교차적 경험과 정체성의 변위: 북한여성의 생애사 분석을 중심으로'『현대사회와 다문화』2(1).

이희영, 2010, '새로운 시민의 참여와 인정투쟁'『한국사회학』44(1).

전영선, 2014, '북한이탈주민과 한국인의 집단적 경계 만들기 또는 은밀한 적대감', 건국대학교 인문학연구원,『통일인문학』58호.

전영평, 2011,『한국의 소수자운동과 인권정책』, 집문당.

전우택·유시은·이연우, 2011, '북한이탈주민의 국가정체성 형성과 유형'『통일정책연구』20(2).

정병호, 2004, '환상과 부적응: 탈북이주민에 대한 남한사회의 인식혼란과 그 영향'『한국의 소수자 실태와 전망』, 한울.

정정애·손영철·이정화, 2013, '북한이탈주민의 탈북동기와 남한사회적응에 관한 연구: 적응 유연성의 조절효과를 중심으로'『통일정책연구』22(2).

정진헌, 2011, '탈분단·다문화 시대, 마이너리티 민족지: 새터민, '우리'를 낯설게 하다'『한국에서의 다문화주의』.

정진화·손상희, 2015,『여성 북한이탈주민의 경제적 적응: 취업, 소득, 소비』, 서울대학교출판문화원.

정해숙·최윤정·최자은, 2012,『북한이탈청소년의 성별실태분석 및 여성청소년 지원방안』, 한국여성정책연구원.

조요섭·한미라, 2014, '북한이탈주민의 취업실태와 직업교육훈련', 김복수 외,『21세기 디아스포라 북한이탈주민』.

조요섭, 2014, '북한이탈주민의 국내외 정착지원과 제도', 김복수 외,『21세기 디아스포라 북한이탈주민』.

주은주·오정수, 2011, '새터민에 대한 지역사회주민의 사회적 지지 영향요인', 충남대학교 사회과학연구소,『사회과학연구』22(2).

최대석·박영자, 2011, '북한이탈주민 정책연구의 동향과 과제'『국제정치논총』51(1).

최원오, 2012, '다문화사회와 탈북이주민 디아스포라적 관점의 적용을 통한 이해'『통일인문학논총』54집.

하지현, 2012, '북한이탈주민의 정서적 소통방법 이해', 건국대학교 인문학연구원,『통일인문학논총』53호.

한미라, 2014, '북한이탈주민의 이주경험과 초국가적 가족', 김복수 외,『21세기 디아스포라 북한이탈주민』.

조효래

서울대학교 사회학과 졸업
서울대학교 사회학과 박사
현) 창원대학교 사회학과 교수/ 사회과학대학장
    경남지방노동위원회 공익위원
    미래를 준비하는 노동사회교육원 부소장

주요논문)
  '노동조합공론장에서의 감정동학' "산업노동연구" 22(3) 2016.
  '지역공론장으로서 TV시사토론 프로그램의 가능성과 한계' "지역사회학" 15(4) 2014.
  '노동조합공론장의 특성과 변동' "산업노동연구" 19(2) 2013.

주요저서)
  『노동조합 민주주의』 (후마니타스, 2010)
  『87년 이후 노동조합과 노동운동』 (한국노동연구원, 2008, 공저),
  『노동과 조직, 그리고 민주주의』 (한울아카데미, 2005, 공저)

우리 속의 타자

한국사회의 다문화 현상

===============================

2017년 7월 18일 초판 인쇄
2017년 7월 18일 초판 인쇄
  저자 조 효 래
  발행처 창원대학교 출판부
      한국학술정보(주)

===============================

ISBN 978-89-6042-257-5 03330